# Mustergültiger Betriebsrat

*Vorlagen und Beispiele für Beschlüsse und Schreiben von Betriebsräten*

**Dr. Henning Kluge**

**Bibliografische Informationen der Deutschen Nationalbibliothek**

Die Deutsche Nationalbibliothek verzeichnet diese Publikation in der Deutschen Nationalbibliografie; detaillierte bibliografische Daten sind im Internet abrufbar unter https://portal.dnb.de

1. Auflage 2022


Printed in the EU

**Verfasser**
Dr. Henning Kluge, Schiffgraben 17, 30159 Hannover

**Druck**
Design and Publishing JSC KOPA, Industrijos Str. 12, 54469 Biruliškės, Litauen

**Gestaltung, Satz, Lithografie, Produktion**
Cord Warnecke Design GmbH & Co. KG, Hannover
www.corddesign.de

**Illustrationen**
TUTTICONFETTI, Valencia

**Konzept**
Heine Warnecke Design GmbH, Hannover

**Lektorat**
Dr. Hermann Eisele, Heidelberg

ISBN Softcover: 978-3-96597-004-5
ISBN E-Book: 978-3-96597-005-2

info@kluge-seminare.de
www.kluge-seminare.de

## Über den Autor

Dr. Henning Kluge ist Rechtsanwalt und Fachanwalt für Arbeitsrecht mit Kanzleisitz in Hannover und auf die Bereiche Arbeitsrecht und Betriebsverfassungsrecht spezialisiert. Er ist ausschließlich auf der Arbeitnehmerseite tätig und betreut sowohl Arbeitnehmer als auch Betriebsräte.

Betriebsräte unterstützt der Autor insbesondere bei der außergerichtlichen und gerichtlichen Durchsetzung von Mitbestimmungsrechten sowie als Sachverständiger. Außerdem steht er Betriebsräten in Verhandlungen vor der Einigungsstelle zur Seite.

Neben seiner Anwaltstätigkeit führt Herr Dr. Kluge regelmäßig Schulungen für Betriebsratsmitglieder durch. In dieses Buch hat der Autor seine Erfahrungen aus vielen Jahren Anwalts- und Referententätigkeit einfließen lassen.

Weitere Informationen über den Autor finden Sie unter www.kluge-recht.de.

Die in diesem Buch **vorgestellten Muster** können auf der folgenden Internetseite als **Word-** und **PDF-Dateien heruntergeladen** werden:

https://www.kluge-seminare.de/buch-mustergueltiger-betriebsrat/

*Das Passwort lautet:* NyBA8hCr

# Inhalt

## 3 Die Betriebsratsarbeit 109

# 4 Aufgaben des Betriebsrats 261

## 5 Die Betriebsratsmitglieder 433

# Inhalte und Aufbau dieses Buches

*Wissen was drin steckt.*

Damit schnell und effektiv mit unseren Vorlagen gearbeitet werden kann, möchten wir an dieser Stelle die Inhalte und den Aufbau dieses Buches erklären.

## Muster und Vorlagen

Dieses Buch ist in die vier großen Themenblöcke „Allgemeines“, „Die Betriebsratsarbeit“, „Aufgaben des Betriebsrats“ und „Die Betriebsratsmitglieder“ unterteilt. Diese großen Themenblöcke sind wiederum in verschiedene Themenbereiche untergliedert. Zu Beginn eines jeden solchen Themenbereichs werden kurz die wichtigsten rechtlichen Grundlagen zu den dort behandelten Themen zusammengefasst.

Die meisten Themenbereiche sind dann in zwei Unterabschnitte unterteilt. Im ersten Unterabschnitt finden sich Vorlagen für **„Beschlüsse“** des Betriebsrats zu den behandelten Themen. Im zweiten Unterabschnitt eines Themenbereichs finden sich unter der Überschrift **„Schreiben“** Vorlagen für Briefe bzw. E-Mails des Betriebsrats, des Betriebsratsvorsitzenden oder einzelner Betriebsratsmitglieder. In einigen Fällen gibt es noch einen dritten Abschnitt unter der Überschrift **„Wahlen“,** da der Betriebsrat einige Entscheidungen nicht durch Beschluss, sondern durch Wahlen zu treffen hat. Hier finden sich Vorlagen für Stimmzettel und für die Feststellung des Wahlergebnisses im Protokoll der Betriebsratssitzung.

Der Themenbereich „Betriebsratssitzung“ verfügt noch über einen zusätzlichen Abschnitt mit der Überschrift „Weitere Muster“. Hier finden sich Vorlagen für die Tagesordnung, das Protokoll und die Anwesenheitsliste einer Betriebsratssitzung.

### 01. Beschlüsse

Immer dann, wenn der Betriebsrat rechtsverbindlich nach außen handeln will oder muss, hat er zunächst einen Beschluss zu fassen. Der Betriebsrat fasst einen Beschluss, indem er auf einer Betriebsratssitzung zunächst über das Beschlussthema berät und anschließend über einen vorformulierten Beschlusstext abstimmt. Vorlagen für solche Beschlusstexte finden sich zu den einzelnen Themenbereichen jeweils in dem Abschnitt „Beschlüsse“.

Zu Beginn eines jeden Unterabschnitts mit einer Beschlussvorlage zu einem bestimmten Thema wird unter der Überschrift **„Situation“** zunächst kurz und knapp beschrieben, um was es bei der jeweiligen Beschlussfassung geht bzw. in welcher Situation sich der Betriebsrat hier jeweils befindet.

Anschließend werden unter der Überschrift **„Hintergrund“** die wichtigsten rechtlichen Aspekte zu dem Beschlussthema kurz erläutert.

Danach ist unter **„Rechtsgrundlage“** der genaue Paragraf aus dem Betriebsverfassungsgesetz angegeben, der die rechtliche Grundlage für den Beschluss bildet. Diese Angabe dient insbesondere dazu, schnell in einem Gesetzeskommentar weitere Informationen zu dem jeweiligen Thema nachlesen zu können.

Unter **„Erforderliche Stimmenmehrheit“** findet sich sodann die Angabe, welche Stimmenanzahl erreicht werden muss, damit der zur Abstimmung gestellte Beschlusstext als angenommen gilt. Für eine *einfache Mehrheit* ist es erforderlich, dass die Mehrheit der an der Abstimmung teilnehmenden Betriebsratsmitglieder mit „Ja“ gestimmt hat. Wenn eine *absolute Mehrheit* vorausgesetzt wird, muss nicht nur die Mehrheit der an der Abstimmung teilnehmenden, sondern die Mehrheit der insgesamt vorhandenen Betriebsratsmitglieder mit „Ja“ gestimmt haben.

**Beispiel**

*Ein Betriebsrat mit neun Betriebsratsmitgliedern stimmt darüber ab, ob er als Gremium zurücktreten soll. Ein Rücktritt des Betriebsrats setzt einen Betriebsratsbeschluss voraus, der mit absoluter Mehrheit gefasst werden muss. Bei der Abstimmung sind nur sieben Betriebsratsmitglieder anwesend. Vier Betriebsratsmitglieder stimmen mit „Ja“ und drei Betriebsratsmitglieder stimmen mit „Nein“. Damit ist der Rücktritt abgelehnt. Denn es hat nicht die Mehrheit der insgesamt vorhandenen Betriebsratsmitglieder für den Rücktritt gestimmt. Die Mehrheit der insgesamt vorhandenen Betriebsratsmitglieder liegt bei einem Betriebsratsgremium mit neun Betriebsratsmitgliedern bei fünf Betriebsratsmitgliedern. Für einen Rücktritt wären also fünf Ja-Stimmen erforderlich gewesen.*

In einigen Fällen verlangt das Gesetz eine *Dreiviertelmehrheit.* Dann müssen mindestens drei Viertel der insgesamt vorhandenen Betriebsratsmitglieder mit „Ja“ gestimmt haben.

Wie die Abstimmungen im Betriebsrat durchgeführt werden, ist grundsätzlich die Entscheidung des Betriebsrats bzw. des Betriebsratsvorsitzenden. In einigen Fällen muss die Abstimmung jedoch zwingend geheim durchgeführt werden. Wenn dies der Fall ist, wird darauf unter dem Punkt **„Verfahren“** hingewiesen.

Bei den allermeisten Beschlussthemen liegt bereits unmittelbar nach der Abstimmung ein rechtswirksamer Beschluss vor, der sofort rechtliche Wirkung entfaltet. In einigen Ausnahmefällen muss der Beschluss aber erst noch aufgeschrieben und vom Betriebsratsvorsitzenden unterschrieben werden, bevor er wirksam ist. Wenn das der Fall ist, ist unter dem Punkt **„Form“** Schriftform angegeben. Die Schriftform ist aber übrigens auch dann eingehalten, wenn der Beschlusstext später in das Protokoll der Betriebsratssitzung aufgenommen wird und dieses von dem Betriebsratsvorsitzenden und einem weiteren Betriebsratsmitglied unterschrieben wird.

Unter **„Nächste Schritte“** wird schließlich darauf hingewiesen, was der Betriebsrat nach der Beschlussfassung als Nächstes tun sollte. Häufig wird nach der Beschlussfassung ein Schreiben des Betriebsrats anzufertigen sein. In einem solchen Fall findet sich dort ein Hinweis, auf welcher Seite dieses Buches das entsprechende Musterschreiben zu finden ist.

## Muster für Tagesordnungspunkt und Beschlusstext

Bei den eigentlichen Beschlussvorlagen findet sich zunächst immer ein **Muster für den Tagesordnungspunkt** der Betriebsratssitzung. Hierbei handelt es sich um einen Vorschlag dazu, wie das Beschlussthema auf der Tagesordnung der Betriebsratssitzung angegeben werden kann. Die konkrete Angabe des Beschlussthemas in der Tagesordnung der Betriebsratssitzung ist eine wesentliche Voraussetzung für die Wirksamkeit eines Betriebsratsbeschlusses.

**Beispiel**

**Muster für den Tagesordnungspunkt**

*Beschlussfassung zu der Betriebsvereinbarung ... [Name der Betriebsvereinbarung]*

Anschließend folgt das **Muster für den Beschlusstext.** Dabei handelt es sich um den Text, über den die Betriebsratsmitglieder nach einer Beratung des Themas abstimmen, indem sie entweder mit „Ja“ oder mit „Nein“ stimmen oder sich enthalten.

**Beispiel**

**Muster für den Beschlusstext**

*Der Betriebsrat stimmt dem Entwurf der Betriebsvereinbarung ... [Name der Betriebsvereinbarung] vom ... [Datum] zu.*

*Abstimmungsergebnis:*
*Ja ... / Nein ... / Enthaltungen ...*

Die Muster für den Tagesordnungspunkt und den Beschlusstext sind jeweils so formuliert, dass sie auf möglichst viele Fallgestaltungen passen. Wie in dem soeben vorgestellten Beispiel sind die Muster für den Einsatz in der Praxis häufig noch um bestimmte Angaben zu ergänzen. In einem solchen Fall enthält das Muster an der entsprechenden Stelle drei Punkte (...) und dahinter findet sich in eckigen Klammern ein Hinweis darauf, welche Angaben an dieser Stelle einzufügen sind.

Zur Veranschaulichung sind nach den abstrakten Mustern in vielen Fällen noch konkrete **Beispiele** aufgeführt, sowohl für **die Formulierung des Tagesordnungspunkts** als auch **für den Beschlusstext.**

### Beispiel

#### Beispiel für den Tagesordnungspunkt

*Beschlussfassung zu der Betriebsvereinbarung „Arbeitszeit“*

#### Beispiel für den Beschlusstext

*Der Betriebsrat stimmt dem Entwurf der Betriebsvereinbarung „Arbeitszeit“ vom 30.06.2022 zu.*

*Abstimmungsergebnis:*
*Ja … / Nein … / Enthaltungen …*

## 02. Wahlen

Einige Entscheidungen muss der Betriebsrat durch Wahlen treffen. Dies gilt zum Beispiel für die Bestellung von Ausschussmitgliedern und für die Wahl des Betriebsratsvorsitzenden. Für diese Wahlen finden sich in den entsprechenden Abschnitten Vorlagen für Wahlzettel (Stimmzettel) und Muster für die Feststellung des Wahlergebnisses im Protokoll der Betriebsratssitzung.

## 03. Schreiben

Im zweiten bzw. dritten Unterabschnitt der einzelnen Themenbereiche finden sich Vorlagen und Beispiele für Schreiben (Briefe oder E-Mails) des Betriebsrats, des Betriebsratsvorsitzenden und einzelner Betriebsratsmitglieder. In den meisten Fällen handelt es sich dabei um an den Arbeitgeber gerichtete Schreiben. Es finden sich aber auch Schreiben an andere Adressaten, zum Beispiel an einzelne Betriebsratsmitglieder oder an außenstehende Dritte. Bei jeder Vorlage ist ausdrücklich mit angegeben, wer genau **„Absender“** des Schreibens ist und an wen das Schreiben als **„Empfänger“** gerichtet ist.

Zu jeder Vorlage ist wie bei den Beschlussmustern eine kurze Erläuterung zum **„Hintergrund“** des jeweiligen Schreibens zu finden. Wenn einem Schreiben allerdings eine Beschlussfassung des Betriebsrats vorauszugehen hat, findet sich an dieser Stelle in vielen Fällen nur ein Verweis auf die Erläuterungen zu dem entsprechenden Betriebsratsbeschluss.

Unter **„Rechtsgrundlage“** sind anschließend die wichtigsten Gesetzesparagrafen angegeben, die im Hinblick auf den Inhalt des Schreibens eine Rolle spielen. Wie bei den Betriebsratsbeschlüssen dient diese Angabe auch hier insbesondere dazu, den Leser in die Lage zu versetzen, schnell in einem Gesetzeskommentar weitere Informationen zu dem jeweiligen Thema nachlesen zu können.

Bei Schreiben, die vom Betriebsrat stammen, ist schließlich unter **„Vorherige Beschlussfassung?“** angegeben, ob der Betriebsrat einen Beschluss fassen muss bzw. fassen sollte, bevor ein solches Schreiben versendet wird.

## Paragrafenregister und Stichwortverzeichnis

Im Anschluss an den Hauptteil des Buches finden sich ein Paragrafenregister und ein Stichwortverzeichnis.

In dem Paragrafenregister sind die Beschlussvorlagen und Musterschreiben den jeweiligen Paragrafen des Betriebsverfassungsgesetzes zugeordnet. Mit einem Blick in das Paragrafenregister lassen sich schnell sämtliche Vorlagen zu einer bestimmten gesetzlichen Vorschrift finden.

Den Abschluss des Buches bildet das Stichwortverzeichnis, über das sämtliche Vorlagen zu einem bestimmten Stichwort schnell gefunden werden können.

# Allgemeines

*Wir tragen gemeinsame Fair-Antwortung.*

2

→

# Vertrauensvolle Zusammenarbeit

Das Gesetz schreibt vor, dass Arbeitgeber und Betriebsrat vertrauensvoll zum Wohl der Arbeitnehmer und des Betriebs zusammenarbeiten müssen. Durch diesen Grundsatz der vertrauensvollen Zusammenarbeit soll insbesondere darauf hingewirkt werden, dass Betriebsrat und Arbeitgeber ihre Meinungsverschiedenheiten möglichst einvernehmlich beilegen sollen.

Für den Betriebsrat bedeutet der Grundsatz der vertrauensvollen Zusammenarbeit außerdem, dass er sich mit Anliegen, mit denen der Arbeitgeber auf den Betriebsrat zukommt, immer auseinandersetzen und dem Arbeitgeber eine Rückmeldung geben sollte.

Wenn der Arbeitgeber sich schriftlich mit einem Anliegen an den Betriebsrat wendet, kann es angebracht sein, dem Arbeitgeber den Eingang seiner Mitteilung zunächst kurz zu bestätigen und ihm zu signalisieren, dass sich der Betriebsrat mit der Angelegenheit befassen wird Muster M2. Wenn der Betriebsrat sich mit der Angelegenheit dann befasst hat, sollte er – gegebenenfalls nach mehr oder weniger intensiven Gesprächen oder Verhandlungen mit dem Arbeitgeber – darüber entscheiden, ob er dem Anliegen des Arbeitgebers zustimmen oder ob er dieses ablehnen will Muster M1. Anschließend sollte er den Arbeitgeber über seine Entscheidung informieren Muster M3.

Der Grundsatz der vertrauensvollen Zusammenarbeit verpflichtet den Betriebsrat nicht dazu, den Forderungen des Arbeitgebers nachzugeben oder Kompromisse mit dem Arbeitgeber einzugehen. Wenn der Arbeitgeber dem Betriebsrat vorwirft, gegen den Grundsatz der vertrauensvollen Zusammenarbeit zu verstoßen, weil der Betriebsrat in Verhandlungen keine Kompromissbereitschaft zeige, kann der Betriebsrat diesen Vorwurf zurückweisen Muster M4.

## 01. Beschlüsse

### Zustimmung oder Ablehnung zu einem Anliegen des Arbeitgebers – M1

#### → Situation

Der Arbeitgeber ist mit einem bestimmten Anliegen an den Betriebsrat herangetreten. Der Betriebsrat muss entscheiden, ob er diesem Anliegen zustimmen oder es ablehnen will.

#### → Hintergrund

Wenn der Arbeitgeber mit einem Anliegen auf den Betriebsrat zukommt, ist der Betriebsrat wegen des Grundsatzes der vertrauensvollen Zusammenarbeit dazu verpflichtet, sich damit auseinanderzusetzen. Wenn sich der Betriebsrat mit dem Anliegen auseinandergesetzt hat, kann der Betriebsrat es aber ablehnen, sich weiter mit dem Thema zu befassen. Dies gilt jedenfalls dann, wenn es aus der Sicht des Betriebsrats keine erfolgversprechenden Verhandlungsmöglichkeiten zu dem Thema gibt bzw. wenn die Verhandlungsmöglichkeiten ausgeschöpft sind.

**Hinweis**
Hierbei handelt es sich um ein allgemeines Muster. Vor der Verwendung sollte geprüft werden, ob nicht ein Muster zu einem speziellen Thema besser zu dem Anliegen des Arbeitgebers passt.

| | |
|---|---|
| Rechtsgrundlage | § 2 Absatz 1 BetrVG,<br>§ 74 Absatz 1 Satz 2 BetrVG |
| Erforderliche Stimmenmehrheit | Einfache Mehrheit |
| Form | – |
| Nächste Schritte | Arbeitgeber informieren (bei Ablehnung → Muster M3). |

#### → M1

**Muster für den Tagesordnungspunkt**

*… [Anliegen des Arbeitgebers beschreiben]*

**Muster für den Beschlusstext**

*Der Arbeitgeber möchte … [Anliegen des Arbeitgebers beschreiben].*

*Der Betriebsrat stimmt dem zu / lehnt dies ab.*

*Abstimmungsergebnis:*
*Ja … / Nein … / Enthaltungen …*

**Beispiel für den Tagesordnungspunkt**

*Betriebsvereinbarung zur Leiharbeit*

**Beispiel für den Beschlusstext**

*Der Arbeitgeber möchte mit dem Betriebsrat eine Betriebsvereinbarung zur Regelung der Leiharbeit abschließen. Der Betriebsrat lehnt den Abschluss einer solchen Betriebsvereinbarung ab.*

*Abstimmungsergebnis:*
*Ja … / Nein … / Enthaltungen …*

## 02. Schreiben

### Bestätigung über Erhalt eines Schreibens des Arbeitgebers – M2

Muster für ein Schreiben, mit dem der Betriebsrat dem Arbeitgeber den Eingang eines Schreibens bestätigt.

Absender → Betriebsrat
Empfänger → Arbeitgeber

#### → Hintergrund

Wenn der Arbeitgeber mit einem Anliegen auf den Betriebsrat zukommt, gebietet es der Grundsatz der vertrauensvollen Zusammenarbeit, dass der Betriebsrat dem Arbeitgeber eine Rückmeldung dazu gibt. Wenn absehbar ist, dass der Betriebsrat einige Zeit brauchen wird, bis er eine inhaltliche Stellungnahme zu einem Anliegen des Arbeitgebers abgeben kann, könnte der Betriebsrat dem Arbeitgeber zunächst einmal nur bestätigen, dass er die entsprechende Mitteilung vom Arbeitgeber erhalten hat und er sich alsbald damit befassen wird.

#### → Rechtsgrundlage

§ 2 Absatz 1 BetrVG

#### → Vorherige Beschlussfassung?

Nein.

#### → M2

*Ihre Mitteilung vom ... [Datum]*

*Sehr geehrte Damen und Herren,*

*hiermit bestätige ich Ihnen, dass ich Ihre Mitteilung vom ... [Datum] erhalten habe.*

*Der Betriebsrat wird sich so schnell wie möglich mit Ihrem Anliegen befassen. Anschließend werde ich wieder auf die Angelegenheit zurückkommen.*

*Mit freundlichen Grüßen*

___________________________

*(BETRIEBSRATSVORSITZENDE/R)*

## Endgültige Ablehnung eines Anliegens des Arbeitgebers – M3

Beispiel für ein Schreiben, mit dem der Betriebsrat ein Anliegen des Arbeitgebers endgültig ablehnt.

Absender → Betriebsrat
Empfänger → Arbeitgeber

### → Hintergrund

Siehe die Erläuterung zu dem entsprechenden Betriebsratsbeschluss Muster M1.

### → Rechtsgrundlage

§ 2 Absatz 1 BetrVG, § 74 Absatz 1 Satz 2 BetrVG

### → Vorherige Beschlussfassung?

Ja, siehe Muster M1.

### → M3

*Freiwillige Betriebsvereinbarung „Leiharbeit“*

*Sehr geehrte Damen und Herren,*

*auf Ihre Initiative hin haben wir in den letzten Monaten mehrfach über den Abschluss einer freiwilligen Betriebsvereinbarung zu dem Thema „Einsatz von Leiharbeitnehmern“ gesprochen.*

*Der Betriebsrat hat über dieses Thema auf seiner letzten Sitzung erneut beraten. Auch wenn wir Ihr Interesse, den Einsatz von Leiharbeitnehmern flexibler handhaben zu wollen, im Ansatz nachvollziehen können, lehnt der Betriebsrat ein Aufweichen des Beteiligungsverfahrens nach den §§ 99 ff. BetrVG durch die von Ihnen angestrebte Betriebsvereinbarung nach wie vor ab.*

*Aus der Sicht des Betriebsrats sind die Verhandlungsmöglichkeiten zu diesem Thema nunmehr ausgeschöpft, so dass wir die Verhandlungen als abgeschlossen betrachten möchten. Eine Wiederaufnahme der Gespräche zu diesem Thema macht nach unserer Auffassung allenfalls dann Sinn, wenn Sie grundlegend neue Vorschläge haben.*

*Mit freundlichen Grüßen*

______________________________

*(BETRIEBSRATSVORSITZENDE/R)*

## Zurückweisen des Vorwurfs eines Verstoßes gegen den Grundsatz der vertrauensvollen Zusammenarbeit - M4

Beispiel für ein Schreiben, mit dem der Betriebsrat den Vorwurf des Arbeitgebers zurückweist, der Betriebsrat habe gegen den Grundsatz der vertrauensvollen Zusammenarbeit verstoßen.

### → Hintergrund

Es kommt vor, dass Arbeitgeber ihren Betriebsräten vorwerfen, gegen den Grundsatz der vertrauensvollen Zusammenarbeit zu verstoßen. Anlass dafür kann zum Beispiel sein, dass der Betriebsrat in Verhandlungen mit dem Arbeitgeber auf seinem Standpunkt besteht und den Forderungen des Arbeitgebers nicht nachgibt. Mit einem solchen Vorgehen verstößt ein Betriebsrat aber nicht gegen den Grundsatz der vertrauensvollen Zusammenarbeit. Dieser Grundsatz verpflichtet den Betriebsrat nicht dazu, von seinem Standpunkt abzurücken und einen Kompromiss mit dem Arbeitgeber einzugehen.

### → Rechtsgrundlage

§ 2 Absatz 1 BetrVG, § 74 Absatz 1 Satz 2 BetrVG

### → Vorherige Beschlussfassung?

Nein.

### → M4

*Vertrauensvolle Zusammenarbeit*

*Sehr geehrte Damen und Herren,*

*in unseren Verhandlungen über eine Betriebsvereinbarung „Arbeitszeit“ haben Sie den Vorwurf erhoben, der Betriebsrat würde gegen den Grundsatz der vertrauensvollen Zusammenarbeit verstoßen, weil er sich kompromisslos zeige.*

*Wir haben uns dazu entschieden, diesen Vorwurf ausdrücklich zurückzuweisen.*

*Wir haben mit Ihnen mehrfach Ihre Vorstellungen zu einer Betriebsvereinbarung „Arbeitszeit“ erörtert und Vorschläge dazu gemacht, wie eine solche Betriebsvereinbarung aus Sicht des Betriebsrats aussehen könnte. Der Grundsatz der vertrauensvollen Zusammenarbeit verpflichtet uns dazu, dass wir uns mit Ihren Vorschlägen auseinandersetzen, diese mit Ihnen erörtern und gegebenenfalls eigene Vorschläge machen. Der Grundsatz der vertrauensvollen Zusammenarbeit verpflichtet uns aber nicht dazu, von unseren Positionen abzurücken und Ihren Forderungen nachzugeben. Aus dem Grundsatz der vertrauensvollen Zusammenarbeit folgt keine Pflicht zum Kompromiss.*

*Mit freundlichen Grüßen*

____________________________

*(BETRIEBSRATSVORSITZENDE/R)*

# Allgemeines

→

# Arbeitsgericht

Es kann vorkommen, dass ein Betriebsrat ein Gerichtsverfahren vor dem Arbeitsgericht führen will oder sogar führen muss.

Häufig ist es der Betriebsrat selbst, der ein Arbeitsgerichtsverfahren einleiten will, um seine Rechte durchzusetzen. Wenn der Arbeitgeber ein dem Betriebsrat zustehendes Recht missachtet, kann der Betriebsrat mit Hilfe des Arbeitsgerichts erreichen, dass der Arbeitgeber dieses Recht in Zukunft beachtet. Um ein Arbeitsgerichtsverfahren einzuleiten, muss der Betriebsrat zunächst einen entsprechenden Beschluss fassen Muster M5.

Es kann aber auch Situationen geben, in denen der Arbeitgeber ein Verfahren beim Arbeitsgericht einleitet, an dem der Betriebsrat dann beteiligt ist. Dies kann zum Beispiel dann der Fall sein, wenn der Betriebsrat seine Zustimmung zur Einstellung eines neuen Mitarbeiters verweigert hat, der Arbeitgeber aber dennoch an der von ihm beabsichtigten Einstellung festhalten will.

Wenn es vor Gericht geht, kann der Betriebsrat einen Rechtsanwalt mit seiner Vertretung beauftragen. Die dadurch entstehenden Rechtsanwaltskosten sind grundsätzlich vom Arbeitgeber zu tragen. Für die Beauftragung eines Rechtsanwalts muss der Betriebsrat einen Beschluss fassen Muster M5 und M6.

Die erstinstanzlichen Entscheidungen der Arbeitsgerichte sind nicht immer richtig. Wenn der Betriebsrat ein Verfahren in erster Instanz vor dem Arbeitsgericht verloren hat, kann er gegen die Entscheidung des Arbeitsgerichts Beschwerde beim Landesarbeitsgericht einreichen Muster M7.

## 01. Beschlüsse

### Gerichtsverfahren einleiten - M5

**→ Situation**
Der Betriebsrat möchte ein ihm zustehendes Recht mit Hilfe des Arbeitsgerichts durchsetzen.

**→ Hintergrund**
Der Betriebsrat kann jedes ihm zustehende Recht mit Hilfe des Arbeitsgerichts durchsetzen. Es ist üblich, dass ein Betriebsrat mit der Einleitung und Durchführung eines Arbeitsgerichtsverfahrens einen auf das Rechtsgebiet Betriebsverfassungsrecht spezialisierten Rechtsanwalt beauftragt. Die dadurch entstehenden Rechtsanwaltsgebühren sind grundsätzlich vom Arbeitgeber zu tragen.

| | |
|---|---|
| Rechtsgrundlage | § 40 Absatz 1 BetrVG |
| Erforderliche Stimmenmehrheit | Einfache Mehrheit |
| Form | – |
| Nächste Schritte | 1. Rechtsanwalt informieren und Beschlusstext übermitteln.<br>2. Eventuell den Arbeitgeber informieren Muster M8. |

**→ M5**

**Muster für den Tagesordnungspunkt**

*Beauftragung eines Rechtsanwalts mit Einleitung eines Gerichtsverfahrens wegen ... [Sachverhalt]*

**Muster für den Beschlusstext**

*... [Kurze Schilderung des Sachverhalts].*

*Es soll ein Arbeitsgerichtsverfahren mit dem Ziel eingeleitet werden, dass dem Arbeitgeber vom Gericht aufgeben wird / dass vom Gericht festgestellt wird, ... [Zielsetzung des Betriebsrats beschreiben].*

*Der Betriebsrat beauftragt Rechtsanwalt / Rechtsanwältin ... [Name, Kanzleianschrift] mit der Einleitung und Durchführung dieses Verfahrens.*

*Abstimmungsergebnis:*
*Ja ... / Nein ... / Enthaltungen ...*

**Beispiel für den Tagesordnungspunkt**

*Beauftragung eines Rechtsanwalts zur Einleitung eines Gerichtsverfahrens wegen der angekündigten Samstagsarbeit*

**Beispiel für den Beschlusstext**

*Der Arbeitgeber hat angekündigt, Arbeitnehmer an den nächsten vier Samstagen arbeiten zu lassen, obwohl der Betriebsrat dem nicht zugestimmt hat.*

*Es soll deshalb ein Arbeitsgerichtsverfahren mit dem Ziel eingeleitet werden, dass dem Arbeitgeber untersagt wird, Arbeitnehmer an Samstagen arbeiten zu lassen, solange der Betriebsrat dem nicht zugestimmt hat.*

*Der Betriebsrat beauftragt Frau Rechtsanwältin Dr. Schlau, Kanzleistraße 17, 30159 Hannover, mit der Einleitung und Durchführung dieses Verfahrens.*

*Abstimmungsergebnis:*
*Ja ... / Nein ... / Enthaltungen ...*

## Rechtsanwalt beauftragen, weil Arbeitgeber ein Gerichtsverfahren eingeleitet hat – M6

### → Situation

Der Arbeitgeber hat ein Arbeitsgerichtsverfahren eingeleitet, in dem der Betriebsrat der Antragsgegner ist. Der Betriebsrat möchte sich in diesem Verfahren von einem Rechtsanwalt vertreten lassen.

### → Hintergrund

Auch wenn der Arbeitgeber ein Gerichtsverfahren eingeleitet hat, an dem der Betriebsrat beteiligt ist, ist es üblich, dass der Betriebsrat sich in diesem Verfahren durch einen Rechtsanwalt vertreten lässt. Die entstehenden Rechtsanwaltsgebühren sind grundsätzlich vom Arbeitgeber zu tragen.

| | |
|---|---|
| Rechtsgrundlage | § 40 Absatz 1 BetrVG |
| Erforderliche Stimmenmehrheit | Einfache Mehrheit |
| Form | – |
| Nächste Schritte | Rechtsanwalt informieren und Beschlusstext übermitteln. |

→ M6

### Muster für den Tagesordnungspunkt

*Beauftragung eines Rechtsanwalts zur Vertretung des Betriebsrats vor dem Arbeitsgericht im Verfahren mit dem Aktenzeichen ... [Aktenzeichen des Arbeitsgerichts]*

### Muster für den Beschlusstext

*Der Arbeitgeber hat beim Arbeitsgericht ... [Ort] ein Verfahren eingeleitet, das dort unter dem Aktenzeichen ... [Aktenzeichen des Arbeitsgerichts] geführt wird.*

*Der Betriebsrat beauftragt Rechtsanwalt/Rechtsanwältin ... [Name, Kanzleianschrift] mit seiner Vertretung in diesem Arbeitsgerichtsverfahren.*

*Abstimmungsergebnis:*
*Ja ... / Nein ... / Enthaltungen ...*

### Beispiel für den Tagesordnungspunkt

*Beauftragung eines Rechtsanwalts zur Vertretung des Betriebsrats vor dem Arbeitsgericht im Verfahren mit dem Aktenzeichen 13 BV 10/22*

### Beispiel für den Beschlusstext

*Der Arbeitgeber hat beim Arbeitsgericht Hannover ein Verfahren eingeleitet, das dort unter dem Aktenzeichen 13 BV 10/22 geführt wird.*

*Der Betriebsrat beauftragt Frau Rechtsanwältin Dr. Schlau, Kanzleistraße 17, 30159 Hannover, mit seiner Vertretung in diesem Arbeitsgerichtsverfahren.*

*Abstimmungsergebnis:*
*Ja ... / Nein ... / Enthaltungen ...*

## Beschwerde gegen Beschluss des Arbeitsgerichts einlegen – M7

### → Situation

Der Betriebsrat möchte eine Entscheidung des Arbeitsgerichts nicht akzeptieren.

### → Hintergrund

Wenn der Betriebsrat ein Gerichtsverfahren vor dem Arbeitsgericht in erster Instanz verloren hat, kann er Beschwerde gegen die Entscheidung des Arbeitsgerichts beim Landesarbeitsgericht einlegen. Das Landesarbeitsgericht muss dann überprüfen, ob die Entscheidung des Arbeitsgerichts richtig war.

| | |
|---|---|
| Rechtsgrundlage | § 87 Absatz 1 ArbGG, § 40 Absatz 1 BetrVG |
| Erforderliche Stimmenmehrheit | Einfache Mehrheit |
| Form | – |
| Nächste Schritte | 1. Rechtsanwalt informieren und Beschlusstext übermitteln.<br>2. Eventuell den Arbeitgeber informieren. |

### → M7

**Muster für den Tagesordnungspunkt**

*Beschwerde gegen die Entscheidung des Arbeitsgerichts vom ... [Datum], Aktenzeichen ... [Aktenzeichen des Arbeitsgerichts], und Beauftragung eines Rechtsanwalts*

**Muster für den Beschlusstext**

*Der Betriebsrat hat das vor dem Arbeitsgericht ... [Ort] geführte Beschlussverfahren mit dem Aktenzeichen ... [Aktenzeichen des Arbeitsgerichts] in erster Instanz verloren.*

*Der Betriebsrat legt gegen diese Entscheidung Beschwerde beim Landesarbeitsgericht ein und beauftragt Rechtsanwalt / Rechtsanwältin ... [Name, Kanzleianschrift] mit seiner Vertretung in dem Beschwerdeverfahren.*

*Abstimmungsergebnis:*
*Ja ... / Nein ... / Enthaltungen ...*

**Beispiel für den Tagesordnungspunkt**

*Beschwerde gegen die Entscheidung des Arbeitsgerichts Hannover vom 19.10.2022, Aktenzeichen 13 BV 2/22, und Beauftragung eines Rechtsanwalts*

**Beispiel für den Beschlusstext**

*Der Betriebsrat hat das vor dem Arbeitsgericht Hannover geführte Beschlussverfahren mit dem Aktenzeichen 13 BV 2/22 in erster Instanz verloren.*

*Der Betriebsrat legt gegen diese Entscheidung Beschwerde beim Landesarbeitsgericht ein und beauftragt Frau Rechtsanwältin Dr. Schlau, Kanzleistraße 17, 30159 Hannover, mit seiner Vertretung in dem Beschwerdeverfahren.*

*Abstimmungsergebnis:*
*Ja … / Nein … / Enthaltungen …*

## 02. Schreiben

### Arbeitgeber über die Einleitung eines Gerichtsverfahrens informieren - M8

Muster für ein Schreiben, mit dem der Betriebsrat den Arbeitgeber über seinen Beschluss informiert, zur Durchsetzung seiner Rechte ein Arbeitsgerichtsverfahren einzuleiten.

Absender → Betriebsrat
Empfänger → Arbeitgeber

**→ Hintergrund**

Wenn der Betriebsrat ein Arbeitsgerichtsverfahren gegen den Arbeitgeber einleiten möchte, ist er nicht dazu verpflichtet, darüber den Arbeitgeber zu informieren. Damit der Arbeitgeber aber nicht überrascht ist, wenn er plötzlich Post vom Arbeitsgericht bekommt und er sich nicht vor den Kopf gestoßen fühlt, kann es gegebenenfalls angebracht sein, den Arbeitgeber über die Einleitung eines Gerichtsverfahrens vorab zu informieren.

**→ Rechtsgrundlage**

§ 2 Absatz 1 BetrVG

**→ Vorherige Beschlussfassung?**

Ja, für die Einleitung des Gerichtsverfahrens Muster M5, nicht unbedingt für die Information an den Arbeitgeber.

**→ M8**

*Mitbestimmung bei Dienstplänen*

*Sehr geehrte Damen und Herren,*

*hiermit möchten wir Sie darüber informieren, dass der Betriebsrat auf seiner letzten Sitzung beschlossen hat, die Einhaltung seines Mitbestimmungsrechts bei der Änderung von Dienstplänen nunmehr mit Hilfe des Arbeitsgerichts durchzusetzen.*

*Wir hatten Sie mehrfach darauf hingewiesen, dass die Änderung von Dienstplänen mitbestimmungspflichtig ist. Trotz dieser Hinweise ist es auch in letzter Zeit wiederholt vorgekommen, dass Dienstplanänderungen umgesetzt worden sind, denen der Betriebsrat zuvor nicht zugestimmt hatte.*

*Wir haben keine andere Möglichkeit mehr gesehen als das Arbeitsgericht einzuschalten, um die Rechte des Betriebsrats bei der Mitbestimmung bei Dienstplänen durchzusetzen. Selbstverständlich stehen wir Ihnen aber trotz der Einleitung des Gerichtsverfahrens für Gespräche in dieser Angelegenheit zur Verfügung.*

*Mit freundlichen Grüßen*

________________________

*(BETRIEBSRATSVORSITZENDE/R)*

→

# Einigungsstelle

Wenn sich Arbeitgeber und Betriebsrat in einer mitbestimmungspflichtigen Angelegenheit nicht einigen können, besteht die Möglichkeit, die Einigungsstelle anzurufen. Die Einigungsstelle hat dann die Aufgabe, in der mitbestimmungspflichtigen Angelegenheit für den Arbeitgeber und den Betriebsrat die Entscheidung zu treffen. Mit dem Begriff „Anrufen“ der Einigungsstelle ist die Einleitung eines Einigungsstellenverfahrens gemeint. Bei den meisten mitbestimmungspflichtigen Themen kann die Einigungsstelle sowohl vom Arbeitgeber als auch vom Betriebsrat angerufen werden.

Eine Einigungsstelle besteht aus einem unparteiischen Einigungsstellenvorsitzenden und einer gleich großen Anzahl von Beisitzern der Arbeitgeber- und der Betriebsratsseite. Über die Person des Einigungsstellenvorsitzenden und die Anzahl der Beisitzer müssen sich Arbeitgeber und Betriebsrat verständigen, wenn eine Einigungsstelle gebildet werden soll. Wenn der Betriebsrat die Einigungsstelle einschalten will, muss er deshalb per Beschluss entscheiden, wen er dem Arbeitgeber als Einigungsstellenvorsitzenden vorschlagen will und wie viele Beisitzer es geben soll Muster M9. Über diesen Beschluss informiert der Betriebsrat anschließend den Arbeitgeber Muster M15. Wenn sich Betriebsrat und Arbeitgeber nicht auf die Person des Einigungsstellenvorsitzenden oder die Anzahl der Beisitzer einigen können, wird die Einigungsstelle auf Antrag vom Arbeitsgericht eingesetzt Muster M10.

Wenn der Arbeitgeber ein Einigungsstellenverfahren einleiten will, wird der Arbeitgeber dem Betriebsrat eine bestimmte Person als Einigungsstellenvorsitzenden und eine bestimmte Anzahl an Beisitzern vorschlagen. Der Betriebsrat muss dann entscheiden, ob er mit den Vorschlägen des Arbeitgebers einverstanden ist Muster M11, und gegebenenfalls alternative Vorschläge unterbreiten Muster M12.

Wenn sich Arbeitgeber und Betriebsrat über die Details der Einigungsstelle verständigt haben oder wenn die Einigungsstelle vom Arbeitsgericht eingesetzt worden ist, hat der Betriebsrat anschließend seine Beisitzer für die Einigungsstelle zu bestellen Muster M13.

In den meisten Fällen kommen Betriebsrat und Arbeitgeber in einem Einigungsstellenverfahren zu einer einvernehmlichen Lösung und schließen eine entsprechende Betriebsvereinbarung ab. Wenn aber keine Einigung zwischen Betriebsrat und Arbeitgeber gelingt, muss die Einigungsstelle eine Regelung durch einen Einigungsstellenspruch aufstellen. Ein solcher Einigungsstellenspruch hat dieselben rechtlichen Wirkungen wie eine Betriebsvereinbarung. Wie eine Betriebsvereinbarung kann ein Einigungsstellenspruch auch gekündigt werden Muster M14.

## 01. Beschlüsse

### Betriebsrat will Einigungsstelle anrufen – M9

**→ Situation**
Der Betriebsrat möchte ein Einigungsstellenverfahren einleiten.

**→ Hintergrund**
Wenn der Betriebsrat ein Einigungsstellenverfahren einleiten möchte, muss er entscheiden, wen er dem Arbeitgeber als Vorsitzenden der Einigungsstelle vorschlagen will und mit wie vielen Beisitzern pro Seite die Einigungsstelle besetzt sein soll.

| | |
|---|---|
| Rechtsgrundlage | §76 Absätze 2 und 5 BetrVG |
| Erforderliche Stimmenmehrheit | Einfache Mehrheit |
| Form | – |
| Nächste Schritte | Arbeitgeber informieren Muster M15. |

**→ M9**

**Muster für den Tagesordnungspunkt**

*Anrufen der Einigungsstelle zum Regelungsgegenstand ... [Thema bezeichnen]*

**Muster für den Beschlusstext**

1. *Der Betriebsrat stellt fest, dass die Verhandlungen mit der Arbeitgeberseite zu dem Regelungsgegenstand ... [Thema bezeichnen] gescheitert sind. Der Betriebsrat ruft daher die Einigungsstelle an.*

2. *Als Einigungsstellenvorsitzende/n schlägt der Betriebsrat Herrn/Frau ... [Name] vor.*

3. *Die Einigungsstelle soll mit ... [Anzahl] Beisitzern pro Seite besetzt sein.*

*Abstimmungsergebnis:*
*Ja ... / Nein ... / Enthaltungen ...*

**Beispiel für den Tagesordnungspunkt**

*Anrufen der Einigungsstelle zum Thema „Arbeitszeiten und Pausen“*

**Beispiel für den Beschlusstext**

1. *Der Betriebsrat stellt fest, dass die Verhandlungen mit der Arbeitgeberseite zum Thema „Festlegung der Arbeitszeiten und Pausen“ gescheitert sind. Der Betriebsrat ruft daher die Einigungsstelle an.*
2. *Als Einigungsstellenvorsitzenden schlägt der Betriebsrat den Richter am Arbeitsgericht Hamburg Herrn Dr. Müller vor.*
3. *Die Einigungsstelle soll mit zwei Beisitzern pro Seite besetzt sein.*

*Abstimmungsergebnis:*
*Ja ... / Nein ... / Enthaltungen ...*

## Gerichtliches Bestellungsverfahren einleiten – M10

**→ Situation**
Der Betriebsrat möchte die Einsetzung einer Einigungsstelle mit Hilfe des Arbeitsgerichts durchsetzen.

**→ Hintergrund**
Wenn der Arbeitgeber die Bildung einer Einigungsstelle ablehnt, wenn er nicht fristgemäß auf das Schreiben des Betriebsrats zur Bildung einer Einigungsstelle reagiert oder wenn er die Vorschläge des Betriebsrats zur Person des Einigungsstellenvorsitzenden oder zur Anzahl der Beisitzer ablehnt, kann der Betriebsrat die Einsetzung der Einigungsstelle durch das Arbeitsgericht herbeiführen.

| | |
|---|---|
| Rechtsgrundlage | § 76 Absatz 2 BetrVG |
| Erforderliche Stimmenmehrheit | Einfache Mehrheit |
| Form | – |
| Nächste Schritte | Rechtsanwalt des Betriebsrats informieren. |

→ **M10**

### Muster für den Tagesordnungspunkt

*Einleitung eines Arbeitsgerichtsverfahrens zur Einsetzung einer Einigungsstelle zum Regelungsgegenstand ... [Thema bezeichnen]*

### Muster für den Beschlusstext

*Es soll ein Arbeitsgerichtsverfahren mit dem Ziel der Einsetzung einer Einigungsstelle zu dem Regelungsgegenstand ... [Thema bezeichnen] eingeleitet werden. Zum Vorsitzenden der Einigungsstelle soll Herr / Frau ... [Name] bestimmt werden. Die Anzahl der Beisitzer soll auf ... [Anzahl] pro Seite festgelegt werden.*

*Der Betriebsrat beauftragt Rechtsanwalt / Rechtsanwältin ... [Name, Kanzleianschrift] mit der Einleitung und Durchführung dieses Verfahrens.*

*Abstimmungsergebnis:*
*Ja ... / Nein ... / Enthaltungen ...*

### Beispiel für den Tagesordnungspunkt

*Einleitung eines Arbeitsgerichtsverfahrens zur Einsetzung einer Einigungsstelle zum Thema „Vergütungssystem"*

### Beispiel für den Beschlusstext

*Es soll ein Arbeitsgerichtsverfahren mit dem Ziel der Einsetzung einer Einigungsstelle zu dem Regelungsgegenstand „Vergütungssystem" eingeleitet werden. Zum Vorsitzenden der Einigungsstelle soll der Richter am Arbeitsgericht Hamburg Herr Dr. Müller bestimmt werden. Die Anzahl der Beisitzer soll auf drei pro Seite festgelegt werden.*

*Der Betriebsrat beauftragt Frau Rechtsanwältin Dr. Schlau, Kanzleistraße 17, 30159 Hannover, mit der Einleitung und Durchführung dieses Verfahrens.*

*Abstimmungsergebnis:*
*Ja ... / Nein ... / Enthaltungen ...*

## Arbeitgeber will Einigungsstelle anrufen – M11

### → Situation
Der Arbeitgeber möchte ein Einigungsstellenverfahren einleiten und hat dem Betriebsrat dazu jemanden als Einigungsstellenvorsitzenden und eine bestimmte Anzahl an Beisitzern vorgeschlagen.

### → Hintergrund
Auch der Arbeitgeber kann die Einigungsstelle anrufen. In diesem Fall muss der Arbeitgeber dem Betriebsrat einen Vorschlag zum Einigungsstellenvorsitzenden und zur Anzahl der Beisitzer unterbreiten. Der Betriebsrat muss dann entscheiden, ob er mit der Einleitung eines Einigungsstellenverfahrens an sich, mit dem vorgeschlagenen Vorsitzenden sowie mit der vorgeschlagenen Anzahl an Beisitzern einverstanden ist.

| | |
|---|---|
| Rechtsgrundlage | § 76 Absätze 1, 2 und 5 BetrVG |
| Erforderliche Stimmenmehrheit | Einfache Mehrheit |
| Form | – |
| Nächste Schritte | → Bei Einverständnis des Betriebsrats → Schreiben an Arbeitgeber nach Muster M16.<br>→ Bei Ablehnung, je nach Ablehnungsgrund:<br>→ Betriebsrat lehnt Einigungsstellenverfahren an sich ab → Schreiben an Arbeitgeber Muster M17.<br>→ Betriebsrat lehnt vorgeschlagenen Vorsitzenden und/oder die vorgeschlagene Anzahl an Beisitzern ab → alternativen Vorschlag unterbreiten Muster M12. |

### → M11

**Muster für den Tagesordnungspunkt**

*Einigungsstelle zum Regelungsgegenstand ... [Thema bezeichnen]*

**Muster für den Beschlusstext**

*Der Betriebsrat stimmt dem Vorschlag des Arbeitgebers zur Bildung einer Einigungsstelle zu dem Regelungsgegenstand ... [Thema bezeichnen] mit Herrn/Frau ... [Name] als Einigungsstellenvorsitzende/n und einer Anzahl von ... [Anzahl] Beisitzern pro Seite zu.*

*Abstimmungsergebnis:*
*Ja .../Nein .../Enthaltungen ...*

## Anderen Vorsitzenden oder andere Anzahl an Beisitzern vorschlagen – M12

### → Situation

Der Arbeitgeber möchte ein Einigungsstellenverfahren einleiten, womit der Betriebsrat auch einverstanden ist. Der Betriebsrat lehnt aber den vom Arbeitgeber vorgeschlagenen Einigungsstellenvorsitzenden oder die vorgeschlagene Anzahl an Beisitzern ab.

### → Hintergrund

Wenn der Arbeitgeber eine Einigungsstelle bilden will, muss er dem Betriebsrat einen Vorschlag dazu machen, wer Vorsitzender dieser Einigungsstelle sein und wie viele Beisitzer es pro Seite geben soll. Wenn der Betriebsrat mit dem vom Arbeitgeber vorgeschlagenen Einigungsstellenvorsitzenden oder mit der vorgeschlagenen Anzahl an Beisitzern nicht einverstanden ist, sollte der Betriebsrat dem Arbeitgeber einen anderen Vorsitzenden bzw. die von ihm gewünschte Anzahl an Beisitzern nennen.

| | |
|---|---|
| Rechtsgrundlage | §76 Absatz 2 BetrVG |
| Erforderliche Stimmenmehrheit | Einfache Mehrheit |
| Form | – |
| Nächste Schritte | Arbeitgeber informieren Muster M18 und M19. |

### → M12

**Muster für den Tagesordnungspunkt**

*Einigungsstelle zum Regelungsgegenstand ... [Thema bezeichnen]*

**Muster für den Beschlusstext**

*Für die Einigungsstelle zum Regelungsgegenstand ... [Thema bezeichnen] schlägt der Betriebsrat dem Arbeitgeber Herrn / Frau ... [Name] als Einigungsstellenvorsitzende/n und eine Anzahl von ... [Anzahl] Beisitzern pro Seite vor.*

*Abstimmungsergebnis:*
*Ja ... / Nein ... / Enthaltungen ...*

## Beisitzer bestellen - M13

### → Situation

Der Betriebsrat möchte seine Beisitzer für eine Einigungsstelle bestellen.

### → Hintergrund

Wenn sich Betriebsrat und Arbeitgeber auf die Einsetzung einer Einigungsstelle verständigt haben oder wenn eine Einigungsstelle vom Arbeitsgericht eingesetzt worden ist, muss der Betriebsrat seine Beisitzer für die Einigungsstelle benennen.

| | |
|---|---|
| Rechtsgrundlage | §76 Absatz 2 Satz 1 BetrVG |
| Erforderliche Stimmenmehrheit | Einfache Mehrheit |
| Form | – |
| Nächste Schritte | → Beisitzer informieren.<br>→ Den Einigungsstellenvorsitzenden oder den Betriebsratsanwalt informieren. |

### → M13

**Muster für den Tagesordnungspunkt**

*Bestellung der Beisitzer für die Einigungsstelle zum Regelungsgegenstand ... [Thema bezeichnen]*

**Muster für den Beschlusstext**

*Der Betriebsrat bestellt für die Einigungsstelle zum Regelungsgegenstand ... [Thema bezeichnen] die folgenden Beisitzer:*

*Herr / Frau ________________ [Name]*

*Herr / Frau ________________ [Name]*

*Abstimmungsergebnis:*
*Ja ... / Nein ... / Enthaltungen ...*

**Beispiel für den Tagesordnungspunkt**

*Bestellung der Beisitzer für die Einigungsstelle „Vergütungssystem“*

**Beispiel für den Beschlusstext**

*Der Betriebsrat bestellt für die Einigungsstelle zum Regelungsgegenstand „Vergütungssystem“ die folgenden Beisitzer:*

*Herrn Horst Held (Betriebsratsmitglied)*

*Frau Rechtsanwältin Dr. Schlau*

*Abstimmungsergebnis:*
*Ja … / Nein … / Enthaltungen …*

## Kündigung eines Einigungsstellenspruchs - M14

### → Situation

Der Betriebsrat möchte einen Einigungsstellenspruch nicht mehr gelten lassen.

### → Hintergrund

Ein Einigungsstellenspruch kann sowohl vom Betriebsrat als auch vom Arbeitgeber mit Wirkung für die Zukunft gekündigt werden. Ein besonderer Grund ist für die Kündigung nicht erforderlich.

| | |
|---|---|
| Rechtsgrundlage | § 77 Absatz 5 BetrVG |
| Erforderliche Stimmenmehrheit | Einfache Mehrheit |
| Form | – |
| Nächste Schritte | Der Betriebsrat erklärt die Kündigung gegenüber dem Arbeitgeber Muster M20. |

### → M14

**Muster für den Tagesordnungspunkt**

*Kündigung des Einigungsstellenspruchs zum Regelungsgegenstand ... [Thema bezeichnen]*

**Muster für den Beschlusstext**

*Der Betriebsrat kündigt den Spruch der Einigungsstelle zum Regelungsgegenstand ... [Thema bezeichnen] vom ... [Datum].*

*Abstimmungsergebnis:*
*Ja ... / Nein ... / Enthaltungen ...*

**Beispiel für den Tagesordnungspunkt**

*Kündigung des Einigungsstellenspruchs zum Regelungsgegenstand „Festlegung der Arbeitszeiten“*

**Beispiel für den Beschlusstext**

*Der Betriebsrat kündigt den Spruch der Einigungsstelle zum Regelungsgegenstand „Festlegung der Arbeitszeiten“ vom 30.04.2022.*

*Abstimmungsergebnis:*
*Ja ... / Nein ... / Enthaltungen ...*

## 02. Schreiben

### Anrufen der Einigungsstelle – M15

Muster für ein Schreiben des Betriebsrats an den Arbeitgeber, mit dem der Betriebsrat die Einigungsstelle anruft.

Absender → Betriebsrat
Empfänger → Arbeitgeber

#### → Hintergrund

Wenn der Betriebsrat ein Einigungsstellenverfahren einleiten will, muss er darüber den Arbeitgeber informieren und ihm einen Vorschlag dazu machen, wer zum Vorsitzenden der Einigungsstelle bestimmt werden soll und wie viele Beisitzer die Einigungsstelle haben soll. Wenn der Arbeitgeber mit den Vorschlägen des Betriebsrats einverstanden ist und die für den Vorsitz der Einigungsstelle ausgewählte Person zur Übernahme dieses Amtes bereit ist, kann das Einigungsstellenverfahren beginnen.

#### → Rechtsgrundlage

§76 Absätze 2 und 5 BetrVG

#### → Vorherige Beschlussfassung?

Ja, siehe Muster M9.

#### → M15

*Einigungsstelle zum Regelungsgegenstand … [Thema bezeichnen]*

*Sehr geehrte Damen und Herren,*

*wir haben mit Ihnen über eine Regelung des Themas … [Regelungsgegenstand bezeichnen] verhandelt, sind aber leider nicht zu einer Einigung gekommen. Der Betriebsrat hat in seiner Sitzung am … [Datum] festgestellt, dass die Verhandlungen zu diesem Thema gescheitert und deshalb beschlossen, nunmehr die Einigungsstelle anzurufen.*

*Wir schlagen vor, dass Arbeitgeber und Betriebsrat jeweils … [Anzahl] Beisitzer für diese Einigungsstelle benennen. Als Vorsitzende/n der Einigungsstelle schlagen wir Herrn / Frau … [Name] vor.*

*Wir bitten Sie um Rückäußerung zu unseren Vorschlägen binnen einer Woche. Vorsorglich weisen wir darauf hin, dass der Betriebsrat gegebenenfalls das arbeitsgerichtliche Bestellungsverfahren einleiten wird, wenn Sie innerhalb einer Woche keine Stellungnahme zu unseren Vorschlägen abgeben oder innerhalb dieser Frist keine Einigung über die Person des Vorsitzenden oder die Anzahl der Beisitzer zustande kommen sollte.*

*Mit freundlichen Grüßen*

______________________

*(BETRIEBSRATSVORSITZENDE/R)*

## Antwort auf Schreiben des Arbeitgebers bei Einverständnis – M16

Muster für ein Schreiben, mit dem der Betriebsrat den Arbeitgeber darüber informiert, dass er der Bildung einer Einigungsstelle mit dem vom Arbeitgeber vorgeschlagenen Vorsitzenden und der vorgeschlagenen Anzahl an Beisitzern zustimmt.

Absender → Betriebsrat
Empfänger → Arbeitgeber

### → Hintergrund

Siehe die Erläuterung zu dem entsprechenden Betriebsratsbeschluss Muster M11.

### → Rechtsgrundlage

§76 Absatz 2 Satz 1 BetrVG

### → Vorherige Beschlussfassung?

Ja, siehe Muster M11.

### → M16

*Einigungsstelle zum Regelungsgegenstand … [Thema bezeichnen]*

*Sehr geehrte Damen und Herren,*

*mit E-Mail vom … [Datum] haben Sie uns darüber informiert, dass Sie zur Regelung des Themas … [Regelungsgegenstand bezeichnen] eine Einigungsstelle bilden wollen.*

*Der Betriebsrat ist damit sowie mit dem / der von Ihnen vorgeschlagenen Einigungsstellenvorsitzenden und der vorgeschlagenen Anzahl an Beisitzern einverstanden.*

*Mit freundlichen Grüßen*

____________________________

*(BETRIEBSRATSVORSITZENDE/R)*

## Ablehnung der Bildung einer Einigungsstelle – M17

Muster für ein Schreiben, mit dem der Betriebsrat die Bildung einer Einigungsstelle ablehnt.

Absender → Betriebsrat
Empfänger → Arbeitgeber

### → Hintergrund

Wenn der Arbeitgeber in einer mitbestimmungspflichtigen Angelegenheit eine Einigungsstelle bilden will, kann der Betriebsrat dies nur ablehnen, wenn diese Angelegenheit bereits in einer Betriebsvereinbarung geregelt ist, die noch nicht gekündigt worden ist, oder wenn Betriebsrat und Arbeitgeber über die Angelegenheit noch nicht mit dem „ernsten Willen zur Einigung" verhandelt haben.

### → Rechtsgrundlage

§76 Absatz 1 BetrVG und §74 Absatz 1 Satz 2 BetrVG

### → Vorherige Beschlussfassung?

Ja, siehe Muster M11.

### → M17

*Einigungsstelle zum Regelungsgegenstand ... [Thema bezeichnen]*

*Sehr geehrte Damen und Herren,*

*mit E-Mail vom ... [Datum] haben Sie uns darüber informiert, dass Sie zur Regelung des Themas ... [Regelungsgegenstand bezeichnen] eine Einigungsstelle bilden wollen.*

*Der Betriebsrat lehnt die Bildung einer Einigungsstelle zur Regelung dieses Themas zum jetzigen Zeitpunkt ab. Aus unserer Sicht sind in dieser Angelegenheit die Verhandlungsmöglichkeiten auf betrieblicher Ebene noch nicht ausgeschöpft. Wir gehen davon aus, dass wir auch ohne ein kostspieliges Einigungsstellenverfahren zu einer für beide Seiten passenden einvernehmlichen Lösung kommen können.*

*Mit freundlichen Grüßen*

______________________________

*(BETRIEBSRATSVORSITZENDE/R)*

## Ablehnung des vorgeschlagenen Vorsitzenden – M18

Muster für ein Schreiben, mit dem der Betriebsrat ablehnend auf den Vorschlag des Arbeitgebers zur Person des Einigungsstellenvorsitzenden antwortet.

Absender → Betriebsrat
Empfänger → Arbeitgeber

### → Hintergrund

Der Betriebsrat kann den vom Arbeitgeber vorgeschlagenen Einigungsstellenvorsitzenden ablehnen, ohne die Ablehnung begründen zu müssen. Wenn der Betriebsrat den vom Arbeitgeber vorgeschlagenen Einigungsstellenvorsitzenden ablehnt, sollte er aber einen alternativen Vorschlag unterbreiten.

### → Rechtsgrundlage

§ 76 Absatz 2 BetrVG

### → Vorherige Beschlussfassung?

Ja, siehe Muster M11 und M12.

### → M18

*Einigungsstelle zum Regelungsgegenstand ... [Thema bezeichnen]*

*Sehr geehrte Damen und Herren,*

*mit E-Mail vom ... [Datum] haben Sie als Vorsitzende/n für die Einigungsstelle zu dem Thema ... [Regelungsgegenstand bezeichnen] Herrn / Frau ... [Name] vorgeschlagen.*

*Der Betriebsrat lehnt Herrn / Frau ... [Name] als Vorsitzende/n für diese Einigungsstelle ab. Wir schlagen stattdessen Herrn / Frau ... [Name] als Vorsitzende/n vor.*

*Mit freundlichen Grüßen*

______________________________

*(BETRIEBSRATSVORSITZENDE/R)*

## Ablehnung der Anzahl der Beisitzer - M19

Muster für ein Schreiben, mit dem der Betriebsrat ablehnend auf den Vorschlag des Arbeitgebers zur Anzahl der Beisitzer einer Einigungsstelle antwortet.

Absender → Betriebsrat
Empfänger → Arbeitgeber

### → Hintergrund

Wenn der Betriebsrat mit der vom Arbeitgeber vorgeschlagenen Anzahl an Beisitzern nicht einverstanden ist, sollte der Betriebsrat dem Arbeitgeber die von ihm gewünschte Anzahl mitteilen.

### → Rechtsgrundlage

§76 Absatz 2 BetrVG

### → Vorherige Beschlussfassung?

Ja, siehe Muster M11 und M12.

### → M19

*Einigungsstelle zum Regelungsgegenstand ... [Thema bezeichnen]*

*Sehr geehrte Damen und Herren,*

*mit E-Mail vom ... [Datum] haben Sie vorgeschlagen, die Einigungsstelle zu dem Thema ... [Regelungsgegenstand bezeichnen] mit ... [Anzahl] Beisitzern pro Seite zu besetzen.*

*Wir halten eine Anzahl von zwei Beisitzern pro Seite für diese Einigungsstelle für nicht ausreichend. Aufgrund der Komplexität des Themas schlagen wir ... [Anzahl] Beisitzer pro Seite vor.*

*Mit freundlichen Grüßen*

____________________________

*(BETRIEBSRATSVORSITZENDE/R)*

## Kündigung eines Einigungsstellenspruchs - M20

Muster für ein Schreiben, mit dem der Betriebsrat einen Einigungsstellenspruch kündigt.

Absender → Betriebsrat
Empfänger → Arbeitgeber

### → Hintergrund

Siehe die Erläuterung zu dem entsprechenden Betriebsratsbeschluss Muster M14.

### → Rechtsgrundlage

§77 Absatz 5 BetrVG

### → Vorherige Beschlussfassung?

Ja, siehe Muster M14.

### → M20

*Kündigung des Einigungsstellenspruchs zum Regelungsgegenstand ... [Thema bezeichnen]*

*Sehr geehrte Damen und Herren,*

*der Betriebsrat hat sich in seiner Sitzung am ... [Datum] mit dem Einigungsstellenspruch zu dem Regelungsgegenstand ... [Thema bezeichnen] befasst und beschlossen, diesen Einigungsstellenspruch zu kündigen.*

*Der Betriebsrat kündigt den Einigungsstellenspruch hiermit zum nächstmöglichen Termin.*

*Mit freundlichen Grüßen*

______________________________

*(BETRIEBSRATSVORSITZENDE/R)*

→

# Störung und Behinderung des Betriebsrats

Es gibt Arbeitgeber und Vorgesetzte, die versuchen, dem Betriebsrat die Arbeit zu erschweren. Um dem entgegenzuwirken, gibt es das ausdrücklich im Gesetz festgeschriebene Verbot der Störung oder Behinderung der Betriebsratstätigkeit. Danach ist es jedermann – insbesondere aber natürlich dem Arbeitgeber – verboten, die Amtsausübung des Betriebsrats in unzulässiger Weise zu erschweren. Die vorsätzliche Behinderung oder Störung der Betriebsratstätigkeit stellt sogar eine Straftat dar, die mit Freiheitsstrafe bis zu einem Jahr oder mit Geldstrafe bestraft werden kann.

Wenn der Betriebsrat in seiner Tätigkeit gestört oder behindert wird, steht ihm ein Unterlassungsanspruch gegen den Störer zu. Der Betriebsrat kann verlangen, dass der Störer sein unzulässiges Verhalten unterlässt Muster M21. In besonders gravierenden Fällen kann ein Betriebsrat sogar die Erstattung einer Strafanzeige in Erwägung ziehen Muster M22.

## 01. Beschlüsse

### Zur Unterlassung der Störung und Behinderung der Betriebsratstätigkeit auffordern – M21

**→ Situation**

Der Arbeitgeber hat durch ein bestimmtes Verhalten die Betriebsratsarbeit gestört oder behindert. Der Betriebsrat möchte den Arbeitgeber dazu auffordern, ein solches Verhalten in Zukunft zu unterlassen.

**→ Hintergrund**

Wenn der Arbeitgeber die Tätigkeit des Betriebsrats durch ein bestimmtes Verhalten stört oder behindert, kann der Betriebsrat vom Arbeitgeber verlangen, ein solches Verhalten in Zukunft zu unterlassen. Der Betriebsrat kann diesen Unterlassungsanspruch gegebenenfalls auch mit Hilfe des Arbeitsgerichts durchsetzen. Vor der Einschaltung des Arbeitsgerichts sollte der Betriebsrat den Arbeitgeber in der Regel aber zunächst einmal schriftlich auffordern, die Störung oder Behinderung der Betriebsratstätigkeit zukünftig zu unterlassen.

| | |
|---|---|
| Rechtsgrundlage | § 78 Satz 1 BetrVG, § 119 Absatz 1 Nr. 2 BetrVG |
| Erforderliche Stimmenmehrheit | Einfache Mehrheit |
| Form | – |
| Nächste Schritte | Arbeitgeber auffordern Muster M23. |

**→ M21**

**Muster für den Tagesordnungspunkt**

*Störung und Behinderung der Betriebsratstätigkeit durch den Arbeitgeber*

**Muster für den Beschlusstext**

*Der Arbeitgeber hat die Tätigkeit des Betriebsrats dadurch gestört und behindert, dass er ... [Verhalten des Arbeitgebers beschreiben].*

*Der Arbeitgeber soll aufgefordert werden, eine derartige Störung und Behinderung der Betriebsratstätigkeit in Zukunft zu unterlassen.*

*Abstimmungsergebnis:*
*Ja ... / Nein ... / Enthaltungen ...*

**Beispiel für den Tagesordnungspunkt**

*Entfernung eines Aushangs des Betriebsrats vom Schwarzen Brett*

**Beispiel für den Beschlusstext**

*Der Arbeitgeber hat die Tätigkeit des Betriebsrats dadurch gestört und behindert, dass er einen Aushang des Betriebsrats vom 30.06.2022 mit Informationen über die Sprechstunden des Betriebsrats vom Schwarzen Brett entfernt hat.*

*Der Arbeitgeber soll aufgefordert werden, eine derartige Störung und Behinderung der Betriebsratstätigkeit in Zukunft zu unterlassen.*

*Abstimmungsergebnis:*
*Ja ... / Nein ... / Enthaltungen ...*

## Strafanzeige gegen Arbeitgeber – M22

### → Situation

Der Betriebsrat möchte eine Strafanzeige gegen den Arbeitgeber erstatten, weil der Arbeitgeber die Arbeit des Betriebsrats behindert oder gestört hat.

### → Hintergrund

Die vorsätzliche Behinderung oder Störung der Betriebsratstätigkeit stellt eine Straftat dar. Damit eine Behinderung oder Störung der Betriebsratstätigkeit von den Strafverfolgungsbehörden verfolgt wird, muss aber zunächst einmal ein Strafantrag gestellt werden. Einen solchen Strafantrag kann unter anderem der betroffene Betriebsrat stellen. Der Strafantrag muss innerhalb von drei Monaten gestellt werden, gerechnet ab dem Zeitpunkt, in dem der Betriebsrat von der Störung oder Behinderung erfahren hat.

Nach Meinung des Autors sollte ein Betriebsrat aber nur in krassen Ausnahmesituationen tatsächlich eine Strafanzeige gegen den Arbeitgeber erstatten, wenn alle anderen Mittel, den Arbeitgeber zu einem betriebsverfassungskonformen Verhalten zu bewegen, ausgeschöpft sind.

| | |
|---|---|
| Rechtsgrundlage | § 119 Absatz 1 Nr. 2 und Absatz 2 BetrVG |
| Erforderliche Stimmenmehrheit | Einfache Mehrheit |
| Form | – |
| Nächste Schritte | Strafanzeige erstatten Muster M24. |

→ **M22**

**Muster für den Tagesordnungspunkt**

*Störung der Betriebsratstätigkeit durch den Arbeitgeber*

**Muster für den Beschlusstext**

*Der Arbeitgeber hat die Tätigkeit des Betriebsrats dadurch gestört und behindert, dass er … [Verhalten des Arbeitgebers beschreiben].*

*Der Betriebsrat stellt wegen dieses Verhaltens des Arbeitgebers Strafantrag wegen Störung und Behinderung der Betriebsratstätigkeit.*

*Abstimmungsergebnis:*
*Ja … / Nein … / Enthaltungen …*

**Beispiel für den Tagesordnungspunkt**

*Entfernung eines Aushangs des Betriebsrats vom Schwarzen Brett*

**Beispiel für den Beschlusstext**

*Der Arbeitgeber hat die Tätigkeit des Betriebsrats dadurch gestört und behindert, dass er einen Aushang des Betriebsrats vom 30.06.2022 mit Informationen über die Sprechstunden des Betriebsrats vom Schwarzen Brett entfernt hat.*

*Der Betriebsrat stellt wegen dieses Verhaltens des Arbeitgebers Strafantrag wegen Störung und Behinderung der Betriebsratstätigkeit.*

*Abstimmungsergebnis:*
*Ja … / Nein … / Enthaltungen …*

## 02. Schreiben

### Zur Unterlassung der Störung und Behinderung der Betriebsratstätigkeit auffordern - M23

Muster für ein Schreiben, mit dem der Betriebsrat den Arbeitgeber aufgrund eines bestimmten Vorfalls dazu auffordert, die Betriebsratstätigkeit nicht zu stören oder zu behindern.

**→ Hintergrund**
Siehe die Erläuterung zu dem entsprechenden Betriebsratsbeschluss Muster M21.

**→ Rechtsgrundlage**
§78 Satz 1 BetrVG, §119 Absatz 1 Nr. 2 BetrVG

**→ Vorherige Beschlussfassung?**
Ja, siehe Muster M21.

**→ M23**

*Unterlassung der Störung und Behinderung der Betriebsratstätigkeit*

*Sehr geehrte Damen und Herren,*

*der Betriebsrat hat davon erfahren, dass Sie ... [Verhalten des Arbeitgebers beschreiben].*

*Mit dieser Maßnahme haben Sie die Tätigkeit des Betriebsrats gestört und behindert und damit gegen §78 Satz 1 BetrVG verstoßen.*

*Der Betriebsrat fordert Sie auf, derartige Störungen und Behinderungen der Betriebsratstätigkeit zukünftig zu unterlassen.*

*Der Betriebsrat hat aus §78 Satz 1 BetrVG einen gesetzlichen Anspruch auf Unterlassung der Störung und Behinderung der Betriebsratstätigkeit. Diesen Anspruch kann der Betriebsrat auch mit gerichtlicher Hilfe durchsetzen, gegebenenfalls auch in einem gerichtlichen Eilverfahren mit einer einstweiligen Verfügung. Wir müssen Sie außerdem darauf hinweisen, dass die Behinderung und Störung der Betriebsratstätigkeit nach §119 Absatz 1 Nr. 2 BetrVG eine Straftat darstellt, die mit Freiheitsstrafe von bis zu einem Jahr oder mit Geldstrafe bestraft wird.*

*Mit freundlichen Grüßen*

______________________________

*(BETRIEBSRATSVORSITZENDE/R)*

## Strafanzeige gegen den Arbeitgeber – M24

Beispiel für ein Schreiben, mit dem der Betriebsrat eine Strafanzeige gegen den Arbeitgeber wegen Behinderung oder Störung der Betriebsratstätigkeit erstattet.

### → Hintergrund

Siehe die Erläuterung zu dem entsprechenden Betriebsratsbeschluss Muster M22.

### → Rechtsgrundlage

§ 119 Absatz 1 Nr. 2 und Absatz 2 BetrVG

### → Vorherige Beschlussfassung?

Ja, siehe Muster M22.

### → M24

*Strafantrag wegen Störung und Behinderung der Betriebsratstätigkeit*

*Sehr geehrte Damen und Herren,*

*ich wende mich als Vorsitzender des Betriebsrats der Firma ... [Name] an Sie. Der Betriebsrat möchte einen Strafantrag wegen Störung und Behinderung der Betriebsratstätigkeit stellen.*

*Der Anlass für diesen Strafantrag besteht darin, dass in den letzten Wochen und Monaten wiederholt Aushänge des Betriebsrats vom Schwarzen Brett entfernt worden sind.*

*Am 30.06.2022 hatte der Betriebsrat am Schwarzen Brett einen Aushang veröffentlicht, mit dem der Betriebsrat die Belegschaft über die Sprechstunden des Betriebsrats informieren wollte. Am 01.07.2022 mussten wir feststellen, dass dieser Aushang entfernt worden ist. Am 09.05.2022 hatte der Betriebsrat einen Aushang veröffentlicht, mit dem der Betriebsrat zu der nächsten Betriebsversammlung einlud. Auch dieser Aushang ist vom Schwarzen Brett entfernt worden. Bereits in den Monaten zuvor sind wiederholt Aushänge des Betriebsrats vom Schwarzen Brett entfernt worden.*

*Dem Betriebsrat ist leider nicht bekannt, von wem die Aushänge entfernt worden sind. Ihm ist aber zugetragen worden, dass die Entfernung der Aushänge wohl von dem Geschäftsführer Herrn Vogel veranlasst worden sein soll.*

*Die Entfernung der Aushänge des Betriebsrats stellt einen Verstoß gegen das Verbot der Behinderung und Störung der Betriebsratstätigkeit dar. Der Betriebsrat hat deshalb auf seiner Sitzung am 08.07.2022 beschlossen, wegen dieses Verstoßes Strafantrag nach § 119 Absatz 1 Nr. 2, Absatz 2 BetrVG zu stellen. Der Betriebsrat beantragt, ein strafrechtliches Ermittlungsverfahren einzuleiten.*

*Mit freundlichen Grüßen*

______________________________

*(BETRIEBSRATSVORSITZENDE/R)*

→

# Auskünfte und Informationen einholen

Damit ein Betriebsrat seine Aufgaben erfüllen kann, ist er in vielen Fällen auf Informationen angewiesen, über die nur der Arbeitgeber verfügt. Aus diesem Grund hat der Gesetzgeber den Betriebsrat mit umfangreichen Informations- und Auskunftsansprüchen gegen den Arbeitgeber ausgestattet. Der Betriebsrat kann vom Arbeitgeber verlangen, alle Informationen und Auskünfte zu bekommen, die er für eine ordnungsgemäße Erledigung seiner Aufgaben benötigt.

Wenn der Betriebsrat gegenüber dem Arbeitgeber einen Anspruch auf Übermittlung bestimmter Informationen hat, dann kann er in der Regel zugleich verlangen, dass der Arbeitgeber dem Betriebsrat auch alle Unterlagen vorlegt, über die der Arbeitgeber zu dem entsprechenden Thema verfügt. Mit Unterlagen sind dabei nicht nur Unterlagen in Papierform gemeint, sondern auch Unterlagen in elektronischer Form, zum Beispiel Excel-Tabellen oder PDF-Dateien.

Wenn der Betriebsrat vom Arbeitgeber Informationen bekommen will, kann er den Arbeitgeber grundsätzlich direkt zur Übermittlung der begehrten Informationen auffordern, ohne darüber zuvor einen Beschluss fassen zu müssen. Denn da der Arbeitgeber dem Betriebsrat die für die Betriebsratsarbeit erforderlichen Informationen normalerweise unaufgefordert von sich aus zur Verfügung stellen muss, hält der Betriebsrat den Arbeitgeber mit einer solchen Aufforderung eigentlich nur dazu an, seine bestehenden gesetzlichen Informationspflichten zu erfüllen. Es kann aber auch nicht schaden, wenn der Betriebsrat zunächst durch einen Beschluss darüber entscheidet, den Arbeitgeber zur Übermittlung bestimmter Informationen aufzufordern. Vor allem wenn es sich um umfangreiche oder besonders wichtige Informationen handelt oder wenn es zwischen Arbeitgeber und Betriebsrat streitig ist, ob der Arbeitgeber die begehrten Informationen überhaupt liefern muss, kann eine vorherige Beschlussfassung Sinn machen Muster M25.

Wenn der Betriebsrat den Arbeitgeber zur Vorlage von Unterlagen auffordern möchte, sollte der Betriebsrat darüber in der Regel zunächst einen Beschluss fassen Muster M26. Denn Unterlagen muss der Arbeitgeber dem Betriebsrat nach den gesetzlichen Vorschriften in den meisten Fällen erst dann vorlegen, wenn der Betriebsrat ein entsprechendes Verlangen geäußert hat. Und über die Frage, ob der Betriebsrat vom Arbeitgeber die Vorlage von Unterlagen verlangen will, muss er zunächst einmal durch eine Beschlussfassung entscheiden.

Der Betriebsrat hat auch die Möglichkeit, vom Arbeitgeber Informationen über die an die Arbeitnehmer gezahlten Gehälter zu bekommen. Über den Betriebsausschuss bzw. über einzelne beauftragte Betriebsratsmitglieder kann Einsicht genommen werden in die vom Arbeitgeber geführten Gehaltslisten Muster M27 und M28.

Eine weitere Informationsquelle für den Betriebsrat können sachkundige Arbeitnehmer des Betriebs sein. Der Betriebsrat kann vom Arbeitgeber verlangen, Arbeitnehmer des Betriebs befragen zu dürfen, wenn dies zur Erfüllung seiner Aufgaben erforderlich ist Muster M30.

## 01. Beschlüsse

### Auskunftsverlangen – M25

**→ Situation**
Der Betriebsrat möchte den Arbeitgeber dazu auffordern, ihm Informationen zukommen zu lassen, die er für die Wahrnehmung einer Betriebsratsaufgabe benötigt.

**→ Hintergrund**
Wenn der Betriebsrat für die Wahrnehmung einer Betriebsratsaufgabe Informationen benötigt, über die der Arbeitgeber verfügt, kann der Betriebsrat vom Arbeitgeber verlangen, dass er ihm diese Informationen zukommen lässt. Soweit erforderlich, kann der Betriebsrat außerdem verlangen, dass der Arbeitgeber ihm etwaige Unterlagen vorlegt, über die der Arbeitgeber zu dem jeweiligen Thema verfügt.

| | |
|---|---|
| Rechtsgrundlage | § 80 Absatz 2 Satz 1 und 2 BetrVG |
| Erforderliche Stimmenmehrheit | Einfache Mehrheit |
| Form | – |
| Nächste Schritte | Arbeitgeber zur Auskunft auffordern (siehe als Beispiele Muster M31 und M35). |

**→ M25**

**Muster für den Tagesordnungspunkt**

*Auskunftsverlangen gegenüber dem Arbeitgeber über ... [Thema]*

**Muster für den Beschlusstext**

*Der Arbeitgeber soll aufgefordert werden, dem Betriebsrat Auskunft zu erteilen über ... [Thema] und dem Betriebsrat die hierzu vorhandenen Unterlagen zur Verfügung zu stellen.*

*Abstimmungsergebnis:*
*Ja ... / Nein ... / Enthaltungen ...*

**Beispiel für den Tagesordnungspunkt**

*Auskunft über die Arbeitszeiten*

**Beispiel für den Beschlusstext**

*Der Arbeitgeber soll aufgefordert werden, dem Betriebsrat Auskunft über Beginn und Ende der täglichen Arbeitszeit sämtlicher Arbeitnehmer für jeden Arbeitstag des Monats Juli 2022 zu erteilen und dem Betriebsrat die dazu vorhandenen Arbeitszeitaufzeichnungen zur Verfügung zu stellen.*

*Abstimmungsergebnis:*
*Ja ... / Nein ... / Enthaltungen ...*

## Vorlage von Unterlagen – M26

### → Situation

Der Betriebsrat möchte Einsicht in Unterlagen nehmen, über die der Arbeitgeber zu einem bestimmten Thema verfügt.

### → Hintergrund

Der Arbeitgeber muss dem Betriebsrat auf Verlangen jederzeit die zur Durchführung seiner Aufgaben erforderlichen Unterlagen zur Verfügung stellen.

| | |
|---|---|
| Rechtsgrundlage | § 80 Absatz 2 Satz 2 BetrVG |
| Erforderliche Stimmenmehrheit | Einfache Mehrheit |
| Form | – |
| Nächste Schritte | Arbeitgeber auffordern Muster M32. |

### → M26

**Muster für den Tagesordnungspunkt**

*Einsicht in Unterlagen des Arbeitgebers zu … [Thema]*

**Muster für den Beschlusstext**

*Der Betriebsrat verlangt vom Arbeitgeber, ihm Unterlagen zu … [Thema] zur Verfügung zu stellen.*

*Abstimmungsergebnis:*
*Ja … / Nein … / Enthaltungen …*

**Beispiel für den Tagesordnungspunkt**

*Einsicht in das Gutachten des Wirtschaftsprüfers zu der geplanten Umstrukturierung*

**Beispiel für den Beschlusstext**

*Der Betriebsrat verlangt vom Arbeitgeber, ihm das Gutachten der Wirtschaftsprüfungsgesellschaft KPMG AG zu der geplanten Umstrukturierung des Betriebs zur Verfügung zu stellen.*

*Abstimmungsergebnis:*
*Ja … / Nein … / Enthaltungen …*

## Einblick in die Gehaltslisten (Betriebsrat mit Betriebsausschuss) – M27

### Situation

Ein Betriebsrat mit Betriebsausschuss möchte Einsicht in die Gehaltslisten nehmen.

### Hintergrund

Dem Betriebsrat steht gegen den Arbeitgeber ein Recht auf Einsichtnahme in die Listen der Bruttolöhne und -gehälter zu. Die Einsichtnahme muss vom Betriebsausschuss vorgenommen werden, wenn der Betriebsrat aus neun oder mehr Betriebsratsmitgliedern besteht.

Mit dem Einsichtsrecht in die Gehaltslisten kann der Betriebsrat zum Beispiel kontrollieren, ob der Arbeitgeber bei den Gehaltszahlungen den arbeitsrechtlichen Gleichbehandlungsgrundsatz einhält. Außerdem kann der Betriebsrat mit Hilfe des Einsichtsrechts Informationen gewinnen, die er im Zusammenhang mit der Ausübung seines Mitbestimmungsrechts bei der betrieblichen Lohngestaltung benötigen kann.

| | |
|---|---|
| Rechtsgrundlage | § 80 Absatz 2 Satz 2 BetrVG |
| Erforderliche Stimmenmehrheit | Einfache Mehrheit |
| Form | – |
| Nächste Schritte | Arbeitgeber informieren Muster M33. |

### M27

**Muster für den Tagesordnungspunkt**

*Einsichtnahme in die Gehaltslisten*

**Muster für den Beschlusstext**

*Der Betriebsausschuss wird damit beauftragt, für den Betriebsrat Einblick in die Listen über die Bruttolöhne und -gehälter zu nehmen.*

*Abstimmungsergebnis:*
*Ja … / Nein … / Enthaltungen …*

## Einblick in die Gehaltslisten (Betriebsrat ohne Betriebsausschuss) - M28

### → Situation

Ein Betriebsrat, der aufgrund seiner Größe keinen Betriebsausschuss bilden kann (Betriebsrat mit sieben oder weniger Betriebsratsmitgliedern), möchte Einsicht in die Gehaltslisten nehmen.

### → Hintergrund

Der Betriebsrat hat das Recht, über den Betriebsausschuss Einblick in die Listen über die Bruttolöhne und -gehälter zu nehmen (siehe dazu Muster M27). Nach dem Gesetzeswortlaut muss das Einsichtsrecht in die Gehaltslisten über den Betriebsausschuss wahrgenommen werden. Ein Betriebsausschuss kann aber nur gebildet werden, wenn der Betriebsrat aus mindestens neun Betriebsratsmitgliedern besteht.

Es ist jedoch anerkannt, dass auch kleineren Betriebsratsgremien das Einsichtsrecht zusteht. Bei kleineren Betriebsratsgremien kann zum Beispiel anstelle des Betriebsausschusses der Betriebsratsvorsitzende das Einsichtsrecht wahrnehmen. Der Betriebsrat muss durch einen Beschluss entscheiden, welches Betriebsratsmitglied die Einsichtnahme vornehmen soll.

| | |
|---|---|
| Rechtsgrundlage | § 80 Absatz 2 Satz 2 BetrVG |
| Erforderliche Stimmenmehrheit | Einfache Mehrheit |
| Form | – |
| Nächste Schritte | Arbeitgeber informieren Muster M34. |

### → M28

**Muster für den Tagesordnungspunkt**

*Einsichtnahme in die Gehaltslisten*

**Muster für den Beschlusstext**

*Das Betriebsratsmitglied ... [Name] wird damit beauftragt, für den Betriebsrat Einblick in die Listen über die Bruttolöhne und -gehälter zu nehmen.*

*Abstimmungsergebnis:*
*Ja ... / Nein ... / Enthaltungen ...*

## Auskunft gegenüber dem Wirtschaftsausschuss – M29

### → Situation

Der Betriebsrat möchte den Arbeitgeber dazu auffordern, dem Wirtschaftsausschuss eine Auskunft in einer wirtschaftlichen Angelegenheit zu erteilen.

### → Hintergrund

Der Arbeitgeber ist verpflichtet, den Wirtschaftsausschuss rechtzeitig und umfassend über die wirtschaftlichen Angelegenheiten des Unternehmens zu informieren. Wenn der Arbeitgeber dies nicht macht, hat der Wirtschaftsausschuss selbst aber keine Möglichkeit, den Arbeitgeber zur Erfüllung seiner Informationspflicht zu zwingen. In einer solchen Situation kann an Stelle des Wirtschaftsausschusses der Betriebsrat aktiv werden und den Arbeitgeber zur Erfüllung seiner Informationspflicht gegenüber dem Wirtschaftsausschuss auffordern. Denn der Betriebsrat hat die Möglichkeit, den Arbeitgeber über ein Einigungsstellenverfahren dazu zu zwingen, dem Wirtschaftsausschuss eine Auskunft in einer wirtschaftlichen Angelegenheit zu erteilen.

| | |
|---|---|
| Rechtsgrundlage | § 106 Absatz 2 und Absatz 3 BetrVG, § 109 BetrVG |
| Erforderliche Stimmenmehrheit | Einfache Mehrheit |
| Form | – |
| Nächste Schritte | Arbeitgeber zur Auskunft auffordern Muster M39. |

### → M29

**Muster für den Tagesordnungspunkt**

*Auskunft gegenüber dem Wirtschaftsausschuss über ... [Thema]*

**Muster für den Beschlusstext**

*Der Arbeitgeber soll aufgefordert werden, dem Wirtschaftsausschuss zu den folgenden Fragen Auskunft zu erteilen und ihm die hierzu vorhandenen Unterlagen vorzulegen:*

- → *... [Thema 1]*
- → *... [Thema 2]*
- → *... [Thema 3]*

*Abstimmungsergebnis:*
*Ja ... / Nein ... / Enthaltungen ...*

### Beispiel für den Tagesordnungspunkt

*Auskunft gegenüber dem Wirtschaftsausschuss über eventuellen Verkauf des Betriebs*

### Beispiel für den Beschlusstext

*Der Arbeitgeber soll aufgefordert werden, dem Wirtschaftsausschuss zu den folgenden Fragen Auskunft zu erteilen und ihm die hierzu vorhandenen Unterlagen vorzulegen:*

- → *Ist oder war ein Verkauf des Betriebs beabsichtigt?*
- → *Wird über einen Verkauf des Betriebs verhandelt oder wurde in der Vergangenheit über den Verkauf des Betriebs verhandelt?*

*Abstimmungsergebnis:*
*Ja … / Nein … / Enthaltungen …*

## Betriebliche Auskunftsperson – M30

### → Situation

Der Betriebsrat möchte einen sachkundigen Arbeitnehmer des Betriebs zu einem bestimmten Thema befragen.

### → Hintergrund

Es kann sein, dass der Betriebsrat für die Erledigung einer bestimmten Betriebsratsaufgabe Kenntnisse benötigt, über die keines der Betriebsratsmitglieder verfügt. Wenn der Betriebsrat sich in einer solchen Situation befindet und es im Betrieb Arbeitnehmer gibt, die dem Betriebsrat hier mit Auskünften weiterhelfen können, kann der Betriebsrat verlangen, dass der Arbeitgeber ihm diese Arbeitnehmer als sogenannte Auskunftspersonen zur Verfügung stellt.

| | |
|---|---|
| Rechtsgrundlage | § 80 Absatz 2 Satz 4 BetrVG |
| Erforderliche Stimmenmehrheit | Einfache Mehrheit |
| Form | – |
| Nächste Schritte | Arbeitgeber auffordern Muster M40 . |

→ M30

**Muster für den Tagesordnungspunkt**

*Betriebliche Auskunftsperson zu … [Thema]*

**Muster für den Beschlusstext**

*Der Betriebsrat verlangt vom Arbeitgeber, ihm Herrn / Frau … [Name] als Auskunftsperson im Sinne des § 80 Absatz 2 Satz 4 BetrVG zu dem Thema … zur Verfügung zu stellen.*

*Abstimmungsergebnis:*
*Ja … / Nein … / Enthaltungen …*

**Beispiel für den Tagesordnungspunkt**

*Betriebliche Auskunftsperson zum Thema „Microsoft 365"*

**Beispiel für den Beschlusstext**

*Der Betriebsrat verlangt vom Arbeitgeber, ihm Herrn Müller als Auskunftsperson im Sinne des § 80 Absatz 2 Satz 4 BetrVG zu dem Thema „Microsoft 365" zur Verfügung zu stellen.*

*Abstimmungsergebnis:*
*Ja … / Nein … / Enthaltungen …*

**02. Schreiben**

## Auskunft über Arbeitszeiten - M31

Muster für ein Schreiben, mit dem der Betriebsrat vom Arbeitgeber eine Auskunft über die von den Arbeitnehmern geleisteten Arbeitszeiten verlangt.

Absender → Betriebsrat
Empfänger → Arbeitgeber

### → Hintergrund

Zu den Aufgaben des Betriebsrats gehört es, die Einhaltung der arbeitnehmerschützenden Gesetze im Betrieb zu überwachen. Zu den wichtigsten arbeitnehmerschützenden Gesetzen zählt das Arbeitszeitgesetz. Damit der Betriebsrat die Einhaltung des Arbeitszeitgesetzes kontrollieren kann, muss er wissen, an welchen Tagen und zu welchen Uhrzeiten die Arbeitnehmer gearbeitet haben.

### → Rechtsgrundlage

§ 80 Absatz 2 Satz 1 BetrVG in Verbindung mit § 80 Absatz 1 Nr. 1 BetrVG

### → Vorherige Beschlussfassung?

Ja, siehe Muster M25.

### → M31

*Auskunft über Arbeitszeiten*

*Sehr geehrte Damen und Herren,*

*zu den gesetzlichen Aufgaben des Betriebsrats gehört nach § 80 Absatz 1 Nr. 1 BetrVG die Überwachung der Einhaltung der zugunsten der Arbeitnehmer geltenden Gesetze. Zu diesen arbeitnehmerschützenden Gesetzen zählt insbesondere das Arbeitszeitgesetz.*

*Um seiner gesetzlichen Überwachungspflicht nachkommen zu können, bittet der Betriebsrat Sie um eine Auskunft über Beginn und Ende der täglichen Arbeitszeit sämtlicher Arbeitnehmer für jeden Tag des Monats Juni 2022. Der Betriebsrat ist auf diese Auskunft angewiesen, um prüfen zu können, ob die Vorschriften des Arbeitszeitgesetzes eingehalten wurden.*

*Wir erlauben uns den Hinweis, dass der Betriebsrat einen gesetzlichen Anspruch auf die begehrte Auskunft nach § 80 Absatz 2 BetrVG hat (vgl. Bundesarbeitsgericht, Beschluss vom 06.05.2003 - 1 ABR 13/02).*

*Mit freundlichen Grüßen*

___________________________

*(BETRIEBSRATSVORSITZENDE/R)*

## Vorlage von Unterlagen – M32

Muster für ein Schreiben, mit dem der Betriebsrat vom Arbeitgeber die Vorlage von Unterlagen verlangt.

Absender → Betriebsrat
Empfänger → Arbeitgeber

### → Hintergrund

Wenn der Betriebsrat das Recht hat, vom Arbeitgeber bestimmte Informationen zu bekommen, kann er in der Regel außerdem verlangen, dass der Arbeitgeber ihm auch sämtliche Unterlagen vorlegt, über die der Arbeitgeber zu diesem Thema verfügt. Mit Unterlagen sind dabei nicht nur schriftliche Aufzeichnungen in Papierform gemeint, sondern auch elektronische Dateien.

### → Rechtsgrundlage

§ 80 Absatz 2 Satz 2 BetrVG

### → Vorherige Beschlussfassung?

Ja, siehe Muster M26.

### → M32

*Gutachten der Wirtschaftsprüfungsgesellschaft KPMG*

*Sehr geehrte Damen und Herren,*

*der Betriebsrat hat davon erfahren, dass Sie bei der Wirtschaftsprüfungsgesellschaft KPMG ein Gutachten in Auftrag gegeben haben, welches die Auswirkungen der von Ihnen beabsichtigten Umstrukturierungsmaßnahmen einschätzen soll. Der Betriebsrat hat beschlossen, von Ihnen die Vorlage dieses Gutachtens zu verlangen.*

*Nach § 80 Absatz 2 Satz 2 BetrVG hat der Betriebsrat einen Anspruch darauf, dass ihm auf sein Verlangen jederzeit die zur Durchführung seiner Aufgaben erforderlichen Unterlagen zur Verfügung gestellt werden. Zu den Aufgaben des Betriebsrats gehört es nach den §§ 111, 112 BetrVG, im Falle einer Betriebsänderung mit dem Arbeitgeber über einen Interessenausgleich zu verhandeln und gegebenenfalls einen Sozialplan abzuschließen. Um diese Aufgaben wahrnehmen zu können, insbesondere um abschätzen zu können, ob und in welchem Maße aufgrund Ihrer Planungen mit Nachteilen für die Arbeitnehmer zu rechnen ist, benötigt der Betriebsrat Einsicht in das Gutachten.*

*Wir bitten darum, uns das Gutachten innerhalb einer Woche zur Verfügung zu stellen.*

*Mit freundlichen Grüßen*

______________________________

*(BETRIEBSRATSVORSITZENDE/R)*

## Einblick in die Gehaltslisten (Betriebsrat mit Betriebsausschuss) – M33

Muster für ein Schreiben, mit dem ein Betriebsrat mit Betriebsausschuss vom Arbeitgeber Einsicht in die Listen der Bruttolöhne und -gehälter verlangt.

Absender → Betriebsausschuss
Empfänger → Arbeitgeber

### → Hintergrund

Siehe die Erläuterung zu dem entsprechenden Betriebsratsbeschluss Muster M27.

### → Rechtsgrundlage

§ 80 Absatz 2 Satz 2 BetrVG

### → Vorherige Beschlussfassung?

Ja, siehe Muster M27.

### → M33

*Einsicht in die Listen der Bruttolöhne und -gehälter*

*Sehr geehrte Damen und Herren,*

*der Betriebsrat hat in seiner letzten Sitzung beschlossen, dass der Betriebsausschuss Einblick in die Listen über die Bruttolöhne und -gehälter nehmen soll.*

*Die Einsichtnahme in die Gehaltslisten ist erforderlich, damit der Betriebsrat die ihm gesetzlich übertragenen Aufgaben ordnungsgemäß wahrnehmen kann. Zu den gesetzlichen Aufgaben des Betriebsrats gehört unter anderem die Überwachung der Einhaltung des Gleichbehandlungsgrundsatzes (vgl. § 75 Absatz 1 BetrVG). Schon aus diesem Grund benötigt der Betriebsrat Informationen über die gezahlten Bruttolöhne und -gehälter.*

*Wir erlauben uns den Hinweis, dass sich das Einsichtsrecht auf sämtliche Gehaltsbestandteile bezieht, also unter anderem auch auf Prämien, Zulagen, Zuschläge, Tantiemen, Sonderzahlungen usw.*

*Der Betriebsausschuss beabsichtigt, die Einsicht in die Gehaltslisten am 18.07.2022 um 10:00 Uhr vorzunehmen. Bitte teilen Sie uns kurz mit, ob von Ihrer Seite aus Einverständnis mit diesem Termin besteht.*

*Mit freundlichen Grüßen*

______________________________

*(BETRIEBSRATSVORSITZENDE/R)*

## Einsicht in die Gehaltslisten (Betriebsrat ohne Betriebsausschuss) – M34

Muster für ein Schreiben, mit dem ein Betriebsrat ohne Betriebsausschuss vom Arbeitgeber Einsicht in die Listen der Bruttolöhne und -gehälter verlangt.

Absender → Betriebsrat
Empfänger → Arbeitgeber

### → Hintergrund

Siehe die Erläuterung zu dem entsprechenden Betriebsratsbeschluss Muster M28.

### → Rechtsgrundlage

§ 80 Absatz 2 Satz 2 BetrVG

### → Vorherige Beschlussfassung?

Ja, siehe Muster M28.

### → M34

*Einsicht in die Listen der Bruttolöhne und -gehälter*

*Sehr geehrte Damen und Herren,*

*der Betriebsrat hat in seiner letzten Sitzung beschlossen, dass das Betriebsratsmitglied Manfred Mutig Einblick in die vorhandenen Listen über Bruttolöhne und -gehälter nehmen soll.*

*Nach § 80 Absatz 2 Satz 2 BetrVG ist der Betriebsrat berechtigt, in die Listen über die Bruttolöhne und -gehälter Einblick zu nehmen. Nach dem Wortlaut der Vorschrift steht dieses Recht zwar nur dem Betriebsausschuss oder einem nach § 28 BetrVG gebildeten Ausschuss zu. Es ist jedoch in der Rechtsprechung des Bundesarbeitsgerichts anerkannt, dass der Betriebsrat in kleineren Betrieben, in denen ein Betriebsausschuss nicht gebildet werden kann, ein Betriebsratsmitglied mit der Einsichtnahme beauftragen kann.*

*Die Einsichtnahme in die Gehaltslisten ist erforderlich, damit der Betriebsrat die ihm gesetzlich übertragenen Aufgaben ordnungsgemäß wahrnehmen kann. Zu den gesetzlichen Aufgaben des Betriebsrats gehört unter anderem die Überwachung der Einhaltung des Gleichbehandlungsgrundsatzes (vgl. § 75 Absatz 1 BetrVG). Schon aus diesem Grund benötigt der Betriebsrat Informationen über die gezahlten Bruttolöhne und -gehälter.*

*Wir erlauben uns den Hinweis, dass sich das Einsichtsrecht auf sämtliche Gehaltsbestandteile bezieht, also unter anderem auch auf Prämien, Zulagen, Zuschläge, Tantiemen, Sonderzahlungen usw.*

*Das Betriebsratsmitglied Manfred Mutig beabsichtigt, die Einsicht in die Gehaltslisten am 18.07.2022 um 10:00 Uhr vorzunehmen. Bitte teilen Sie uns kurz mit, ob von Ihrer Seite aus Einverständnis mit diesem Termin besteht.*

*Mit freundlichen Grüßen*

______________________________

*(BETRIEBSRATSVORSITZENDE/R)*

## Auskunft über zusätzliche Gehaltsbestandteile – M35

Muster für ein Schreiben, mit dem der Betriebsrat vom Arbeitgeber eine Auskunft darüber verlangt, ob er zusätzlich zum Grundgehalt weitere Gehaltsbestandteile an Arbeitnehmer zahlt.

Absender → Betriebsrat
Empfänger → Arbeitgeber

### → Hintergrund

Der Betriebsrat hat die Aufgabe, darauf zu achten, dass der Arbeitgeber den arbeitsrechtlichen Gleichbehandlungsgrundsatz einhält. Außerdem hat der Betriebsrat aufgrund seines Mitbestimmungsrechts bei der betrieblichen Lohngestaltung die Aufgabe, mit dem Arbeitgeber ein transparentes und gerechtes Gehaltssystem zu vereinbaren. Für die Wahrnehmung dieser beiden Aufgaben kann der Betriebsrat die Information benötigen, ob der Arbeitgeber Arbeitnehmern zusätzlich zum Grundgehalt weitere Gehaltsbestandteile zahlt.

### → Rechtsgrundlage

§ 80 Absatz 2 Satz 1 BetrVG in Verbindung mit § 80 Absatz 1 Nr. 1 BetrVG und § 87 Absatz 1 Nr. 10 BetrVG

### → Vorherige Beschlussfassung?

Ja, siehe Muster M25.

### → M35

*Auskunft über zusätzliche Gehaltsbestandteile*

*Sehr geehrte Damen und Herren,*

*zu den gesetzlichen Aufgaben des Betriebsrats gehört nach § 80 Absatz 1 Nr. 1 BetrVG die Überwachung der Einhaltung der zugunsten der Arbeitnehmer geltenden gesetzlichen Vorschriften. Zu diesen gesetzlichen Vorschriften zählt auch der arbeitsrechtliche Gleichbehandlungsgrundsatz. Um seine Überwachungsaufgabe erfüllen zu können, bittet der Betriebsrat Sie um eine Auskunft darüber, ob Sie Arbeitnehmern zusätzlich zum Grundgehalt weitere, zusätzliche Entgeltbestandteile zahlen wie zum Beispiel Prämien, Zuschläge, Zulagen, Sonderzahlungen, Gratifikationen, Weihnachtsgeld, Urlaubsgeld, Boni, Gewinnbeteiligungen, Provisionen usw. Der Betriebsrat benötigt diese Information auch, um prüfen zu können, ob und inwieweit hier ein Mitbestimmungsrecht des Betriebsrats nach § 87 Absatz 1 Nr. 10 BetrVG in Betracht kommt bzw. ob er von diesem Mitbestimmungsrecht Gebrauch machen will. Nach § 87 Absatz 1 Nr. 10 BetrVG hat der Betriebsrat bei Fragen der betrieblichen Lohngestaltung mitzubestimmen.*

*Wir erlauben uns den Hinweis, dass der Betriebsrat einen gesetzlichen Anspruch auf die begehrte Auskunft nach § 80 Absatz 2 BetrVG hat.*

*Mit freundlichen Grüßen*

______________________________
*(BETRIEBSRATSVORSITZENDE/R)*

## Auskunft über Teilzeitarbeitsplätze - M36

Muster für ein Schreiben, mit dem der Betriebsrat vom Arbeitgeber Informationen im Hinblick auf Teilzeitarbeitsplätze verlangt.

Absender → Betriebsrat
Empfänger → Arbeitgeber

### → Hintergrund

Der Betriebsrat hat die Aufgabe, die Vereinbarkeit von Familie und Erwerbstätigkeit zu fördern. Unter anderem für die Wahrnehmung dieser Aufgaben kann es für den Betriebsrat wichtig sein, Informationen über die im Betrieb vorhandenen oder geplanten Teilzeitarbeitsplätze zu bekommen. Der Arbeitgeber ist dazu verpflichtet, den Betriebsrat über Teilzeitarbeit im Betrieb und Unternehmen zu informieren, insbesondere über vorhandene oder geplante Teilzeitarbeitsplätze und über die Umwandlung von Teilzeitarbeitsplätzen in Vollzeitarbeitsplätze oder umgekehrt.

### → Rechtsgrundlage

§7 Absatz 4 Teilzeit- und Befristungsgesetz

### → Vorherige Beschlussfassung?

Ja, siehe Muster M25.

### → M36

*Auskunft über Teilzeitarbeitsplätze*

*Sehr geehrte Damen und Herren,*

*nach §7 Absatz 4 Satz 1 Teilzeit- und Befristungsgesetz (TzBfG) hat der Arbeitgeber den Betriebsrat über Teilzeitarbeit im Betrieb und Unternehmen zu informieren, insbesondere über vorhandene und geplante Teilzeitarbeitsplätze und über die Umwandlung von Teilzeitarbeitsplätzen in Vollzeitarbeitsplätze und umgekehrt. Wir bitten Sie, uns diese Informationen innerhalb von zwei Wochen zukommen zu lassen. Sofern Ihnen weitere Daten im Zusammenhang mit Teilzeitarbeit zur Verfügung stehen (zum Beispiel geschlechtsbezogene Aufteilung der Teilzeitarbeit, Anteil der Teilzeitarbeitnehmer an der Gesamtbelegschaft usw.), bitten wir Sie, uns auch diese Daten zu übermitteln.*

*Wir bitten Sie, uns auch die in diesem Zusammenhang bei Ihnen vorhandenen Unterlagen zur Verfügung zu stellen (zum Beispiel Planungsunterlagen, Stellenbedarfs- und Stellenbesetzungspläne). Der Betriebsrat hat einen Anspruch auf diese Unterlagen aus §7 Absatz 4 Satz 2 Teilzeit- und Befristungsgesetz (TzBfG).*

*Mit freundlichen Grüßen*

___________________________

*(BETRIEBSRATSVORSITZENDE/R)*

## Auskunft über befristete Arbeitsverträge – M37

Muster für ein Schreiben, mit dem der Betriebsrat vom Arbeitgeber Auskunft über die Anzahl der befristet beschäftigten Arbeitnehmer und ihren Anteil an der Gesamtbelegschaft verlangt.

Absender → Betriebsrat
Empfänger → Arbeitgeber

### → Hintergrund

Der Betriebsrat hat die Aufgabe, sich für den Erhalt von Arbeitsplätzen im Betrieb einzusetzen und die Einhaltung der gesetzlichen Vorschriften über befristete Arbeitsverhältnisse zu überwachen. Als Ausgangspunkt für die Wahrnehmung dieser Aufgabe kann es sinnvoll sein, sich zunächst einmal einen Überblick über die Größenordnung des Problems „Befristete Verträge" im Betrieb zu verschaffen.

Der Arbeitgeber ist dazu verpflichtet, den Betriebsrat über die Anzahl der befristet beschäftigten Arbeitnehmer und ihren Anteil an der Gesamtbelegschaft des Betriebs und des Unternehmens zu informieren.

### → Rechtsgrundlage

§ 20 Teilzeit- und Befristungsgesetz

### → Vorherige Beschlussfassung?

Ja, siehe Muster M25.

### → M37

*Auskunft über befristete Arbeitsverträge*

*Sehr geehrte Damen und Herren,*

*nach § 20 Teilzeit- und Befristungsgesetz (TzBfG) hat der Arbeitgeber den Betriebsrat über die Anzahl der befristet beschäftigten Arbeitnehmer und ihren Anteil an der Gesamtbelegschaft des Betriebs und des Unternehmens zu informieren. Wir bitten Sie, uns diese Informationen innerhalb von zwei Wochen zukommen zu lassen.*

*Mit freundlichen Grüßen*

______________________________

*(BETRIEBSRATSVORSITZENDE/R)*

## Auskunft in einer wirtschaftlichen Angelegenheit mit Hilfe des Wirtschaftsausschusses – M38

Muster für ein Schreiben, mit dem der Betriebsrat den Wirtschaftsausschuss bittet, für ihn in einer wirtschaftlichen Angelegenheit eine Auskunft vom Arbeitgeber einzuholen.

Absender → Betriebsrat
Empfänger → Wirtschaftsausschuss

### → Hintergrund

Der Betriebsrat hat grundsätzlich nur dann einen Informations- oder Auskunftsanspruch gegen den Arbeitgeber, wenn der Betriebsrat eine bestimmte Information oder Auskunft für die Wahrnehmung einer konkreten Betriebsratsaufgabe benötigt. Etwas anderes gilt aber bei den Themen, die zu den sogenannten wirtschaftlichen Angelegenheiten gehören. Informationen zu den wirtschaftlichen Angelegenheiten kann der Betriebsrat fortlaufend bekommen, ohne dass er eine konkrete Betriebsratsaufgabe benennen muss, für die er die Informationen benötigt. Zu den wirtschaftlichen Angelegenheiten gehört zum Beispiel ein vom Arbeitgeber beabsichtigter Verkauf des Betriebs.

Allerdings steht der Anspruch auf Informationen zu wirtschaftlichen Angelegenheiten nicht direkt dem Betriebsrat zu, sondern erst einmal nur dem Wirtschaftsausschuss. Wenn der Betriebsrat eine Information in einer wirtschaftlichen Angelegenheit bekommen möchte, er aber noch keine konkrete Betriebsratsaufgabe aufzeigen kann, für die er die Information benötigt, muss er deshalb einen Umweg über den Wirtschaftsausschuss gehen und die Information mit Hilfe des Wirtschaftsausschusses einholen.

### → Rechtsgrundlage

§ 106 Absatz 2 und Absatz 3 BetrVG

### → Vorherige Beschlussfassung?

Nein.

### → M38

*Auskunft über eventuellen Verkauf des Betriebs*

*Liebe Kolleginnen und Kollegen,*

*in unserem Betrieb kursiert in der Belegschaft das Gerücht, dass der Betrieb verkauft werden soll. Der Betriebsrat konnte hierzu bislang leider keine gesicherten Erkenntnisse gewinnen.*

*Wir bitten deshalb den Wirtschaftsausschuss, den Arbeitgeber zur Erteilung einer Auskunft darüber aufzufordern, ob ein Verkauf des Betriebs beabsichtigt ist oder war und ob über einen Verkauf des Betriebs verhandelt wird oder in der Vergangenheit verhandelt worden ist.*

*Der Arbeitgeber ist gemäß § 106 Absatz 2 in Verbindung mit Absatz 3 Nr. 10 BetrVG dazu verpflichtet, den Wirtschaftsausschuss in dieser Angelegenheit rechtzeitig und umfassend zu unterrichten.*

*Wir bitten darum, unserem Anliegen so schnell wie möglich nachzukommen, da in der Belegschaft eine erhebliche Unruhe herrscht.*

*Mit freundlichen Grüßen*

________________________

*(BETRIEBSRATSVORSITZENDE/R)*

## Aufforderung an Arbeitgeber, dem Wirtschaftsausschuss eine Auskunft zu erteilen – M39

Muster für ein Schreiben, mit dem der Betriebsrat den Arbeitgeber auffordert, dem Wirtschaftsausschuss eine Auskunft in einer wirtschaftlichen Angelegenheit zu erteilen.

Absender → Betriebsrat
Empfänger → Arbeitgeber

### → Hintergrund

Siehe die Erläuterung zu dem entsprechenden Betriebsratsbeschluss Muster M29.

### → Rechtsgrundlage

§ 106 Absatz 2 und Absatz 3 BetrVG, § 109 BetrVG

### → Vorherige Beschlussfassung?

Ja, siehe Muster M29.

### → M39

*Auskunft gegenüber dem Wirtschaftsausschuss*

*Sehr geehrte Damen und Herren,*

*in unserem Betrieb kursiert in der Belegschaft das Gerücht, dass der Betrieb verkauft werden soll.*

*Der Wirtschaftsausschuss hatte Sie deshalb zur Erteilung einer Auskunft darüber aufgefordert, ob ein Verkauf des Betriebs beabsichtigt ist oder war und ob über einen Verkauf des Betriebs verhandelt wird oder in der Vergangenheit verhandelt worden ist. Sie sind gemäß § 106 Absatz 2 in Verbindung mit Absatz 3 Nr. 10 BetrVG dazu verpflichtet, dem Wirtschaftsausschuss in dieser Angelegenheit rechtzeitig und umfassend eine Auskunft zu erteilen.*

*Bis heute sind Sie Ihrer Verpflichtung zur Auskunftserteilung nicht nachgekommen. Wir fordern Sie deshalb auf, dem Wirtschaftsausschuss nunmehr innerhalb von einer Woche die begehrte Auskunft zu erteilen. Sollten Sie diese Frist ungenutzt verstreichen lassen, wird der Betriebsrat darüber beraten müssen, ob er in dieser Frage gemäß § 109 BetrVG die Einigungsstelle anruft.*

*Mit freundlichen Grüßen*

____________________________

*(BETRIEBSRATSVORSITZENDE/R)*

## Betriebliche Auskunftsperson – M40

Muster für ein Schreiben, mit dem der Betriebsrat den Arbeitgeber auffordert, ihm einen Arbeitnehmer als Auskunftsperson zur Verfügung zu stellen.

Absender → Betriebsrat
Empfänger → Arbeitgeber

### → Hintergrund

Siehe die Erläuterung zu dem entsprechenden Betriebsratsbeschluss Muster M30.

### → Rechtsgrundlage

§ 80 Absatz 2 Satz 4 BetrVG

### → Vorherige Beschlussfassung?

Ja, siehe Muster M30.

### → M40

*Betriebliche Auskunftsperson*

*Sehr geehrte Damen und Herren,*

*der Betriebsrat beabsichtigt, mit Ihnen eine Betriebsvereinbarung abzuschließen, mit der der Einsatz des Softwarepakets „Microsoft 365“ geregelt wird. Leider verfügt aber keines der Betriebsratsmitglieder über ausreichende Kenntnisse über den Funktionsumfang dieses Softwarepakets, um diese Aufgabe sachgerecht wahrnehmen zu können.*

*Bei uns im Betrieb gibt es mit Herrn Müller aus der IT-Abteilung einen Arbeitnehmer, der sich sehr gut mit „Microsoft 365“ auskennt. Wir bitten Sie daher, uns für unsere nächste Betriebsratssitzung Herrn Müller als Auskunftsperson im Sinne des § 80 Absatz 2 Satz 4 BetrVG zur Verfügung zu stellen. Unsere nächste Betriebsratssitzung findet am 04.07.2022 um 10:00 Uhr im Betriebsratsbüro statt. Bitte schicken Sie Herrn Müller an diesem Tag um 10:30 Uhr zu uns.*

*Mit freundlichen Grüßen*

___________________________

*(BETRIEBSRATSVORSITZENDE/R)*

→

# Rechtsanwälte und Sachverständige hinzuziehen

Ein Betriebsrat wird häufig mit Aufgaben konfrontiert, für deren effektive Wahrnehmung bestimmte Fachkenntnisse erforderlich sind. Wenn der Arbeitgeber zum Beispiel ein neues IT-System im Betrieb einführen will, hat der Betriebsrat die Aufgabe, gemeinsam mit dem Arbeitgeber die Einzelheiten des Einsatzes dieses IT-Systems zu regeln. Für die Wahrnehmung dieser Aufgabe benötigt der Betriebsrat IT-Kenntnisse.

Wenn der Betriebsrat vor einer Aufgabe steht, die besondere Fachkenntnisse erfordert, aber keines der Betriebsratsmitglieder über die entsprechenden Kenntnisse verfügt, kann der Betriebsrat das Recht haben, auf Kosten des Arbeitgebers einen externen Sachverständigen mit der Unterstützung des Betriebsrats zu beauftragen Muster M41. Das können Sachverständige aus den verschiedensten Bereichen sein, zum Beispiel

- IT-Sachverständige,
- betriebswirtschaftliche Sachverständige oder
- Arbeitsmediziner.

Betriebsräte können auch in die Situation geraten, einen Rechtsanwalt einschalten zu wollen. Dies kann zum Beispiel dann der Fall sein, wenn sich einem Betriebsrat im Zusammenhang mit dem Abschluss einer Betriebsvereinbarung schwierige rechtliche Fragen stellen Muster M42. Oder zum Beispiel auch dann, wenn der Arbeitgeber Rechte des Betriebsrats missachtet und der Betriebsrat dies nicht länger hinnehmen will Muster M43 und M44.

# 01. Beschlüsse

## Externen Sachverständigen hinzuziehen – M41

### → Situation

Der Betriebsrat möchte sich zu einem bestimmten Thema von einem externen Sachverständigen beraten lassen.

### → Hintergrund

Wenn ein Betriebsrat nicht über die erforderlichen Kenntnisse verfügt, um eine Betriebsratsaufgabe sachgerecht erledigen zu können, kann dem Betriebsrat das Recht zustehen, einen externen Sachverständigen hinzuzuziehen. Bevor der Betriebsrat seinen Beschluss über die Hinzuziehung eines externen Sachverständigen fasst, sollte er ein Angebot eines Sachverständigen einholen, über das er dann abstimmen kann.

**Wichtig**
Bevor der Betriebsrat einen externen Sachverständigen beauftragen darf, muss der Arbeitgeber der Beauftragung ausdrücklich zustimmen!

| | |
|---|---|
| Rechtsgrundlage | § 80 Absatz 3 BetrVG |
| Erforderliche Stimmenmehrheit | Einfache Mehrheit |
| Form | – |
| Nächste Schritte | 1. Arbeitgeber informieren und um Zustimmung bitten Muster M46.<br>2. Sachverständigen informieren (Beschlusstext und Zustimmung des Arbeitgebers übermitteln). |

### → M41

**Muster für den Tagesordnungspunkt**

*Hinzuziehung eines Sachverständigen zu dem Thema ... [Thema benennen]*

**Muster für den Beschlusstext**

*Der Betriebsrat beschließt, Herrn / Frau ... [Name, Anschrift] zu den Bedingungen seines / ihres Angebots vom ... [Datum] zu dem Thema ... [Thema benennen] als Sachverständige/n nach § 80 Absatz 3 BetrVG für die Beantwortung der folgenden Fragestellungen hinzuzuziehen und dazu eine entsprechende Vereinbarung mit dem Arbeitgeber zu treffen:*

*... [Fragen an den Sachverständigen]*

*Abstimmungsergebnis:*
*Ja ... / Nein ... / Enthaltungen ...*

### Beispiel für den Tagesordnungspunkt

*Beauftragung eines Sachverständigen zum Thema Gefährdungsbeurteilung*

### Beispiel für den Beschlusstext

*Der Betriebsrat beschließt, Frau Dr. Gabriele Sorge, Platz der Medizin 11, 30159 Hannover, zu den Bedingungen ihres Angebots vom 24.06.2022 als Sachverständige nach § 80 Absatz 3 BetrVG zu dem Thema Gefährdungsbeurteilungen für die Beantwortung der folgenden Fragestellungen hinzuzuziehen und dazu eine entsprechende Vereinbarung mit dem Arbeitgeber zu treffen:*

- → *Wie können in unserem Betrieb die psychischen Gesundheitsgefährdungen am besten ermittelt werden?*
- → *Welche Arbeitsschutzmaßnahmen sollten in unserem Betrieb getroffen werden, um psychischen Gesundheitsgefährdungen zu begegnen?*

*Abstimmungsergebnis:*
*Ja ... / Nein ... / Enthaltungen ...*

## Externen Sachverständigen als Berater bei einer Betriebsänderung hinzuziehen

### → Situation

Der Betriebsrat kann auch dann einen externen Sachverständigen als Berater hinzuziehen, wenn der Arbeitgeber eine Betriebsänderung durchführen will.

→ siehe dazu Muster M239 und M240 .

## Rechtsanwalt als Sachverständigen hinzuziehen – M42

### → Situation
Der Betriebsrat möchte sich zu einem bestimmten Thema von einem Rechtsanwalt beraten lassen, ohne dass ein rechtlicher Konflikt mit dem Arbeitgeber vorliegt.

### → Hintergrund
Der Betriebsrat kann in bestimmten Situationen auch einen Rechtsanwalt als Sachverständigen hinzuziehen. Voraussetzung für die Hinzuziehung eines Rechtsanwalts als Sachverständiger ist, dass der Betriebsrat vor einer Aufgabe steht, für die spezielle Rechtskenntnisse erforderlich sind, über die der Betriebsrat selbst nicht verfügt. Dies kann zum Beispiel dann der Fall sein, wenn der Betriebsrat über eine vom Arbeitgeber vorgeschlagene komplexe Betriebsvereinbarung beraten muss.

Um den Rechtsanwalt beauftragen zu dürfen, benötigt der Betriebsrat in einem solchen Fall die vorherige Zustimmung des Arbeitgebers.

| | |
|---|---|
| Rechtsgrundlage | § 80 Absatz 3 BetrVG |
| Erforderliche Stimmenmehrheit | Einfache Mehrheit |
| Form | – |
| Nächste Schritte | 1. Arbeitgeber informieren und um Zustimmung bitten Muster M47.<br>2. Rechtsanwalt informieren, Beschlusstext und Zustimmung des Arbeitgebers übermitteln. |

### → M42

**Muster für den Tagesordnungspunkt**

*Beauftragung eines Rechtsanwalts als Sachverständiger zu dem Thema ... [Thema benennen]*

**Muster für den Beschlusstext**

*Der Betriebsrat beschließt, Herrn Rechtsanwalt / Frau Rechtsanwältin ... [Name, Anschrift] zu den Bedingungen seines / ihres Angebots vom ... [Datum] zu dem Thema ... [Thema benennen] als Sachverständige/n nach § 80 Absatz 3 BetrVG für die Beantwortung der folgenden Fragestellungen hinzuzuziehen und dazu eine entsprechende Vereinbarung mit dem Arbeitgeber zu treffen:*

*... [Fragen an den Sachverständigen]*

*Abstimmungsergebnis:*
*Ja ... / Nein ... / Enthaltungen ...*

**Beispiel für den Tagesordnungspunkt**

*Beauftragung eines Rechtsanwalts als Sachverständiger zu dem Thema „12-Stunden-Schichten“*

**Beispiel für den Beschlusstext**

*Der Betriebsrat beschließt, Frau Rechtsanwältin Dr. Schlau, Kanzleistraße 17, 30159 Hannover, zu den Bedingungen ihres Angebots vom 24.06.2022 zu dem Thema „12-Stunden-Schichten“ als Sachverständige nach § 80 Absatz 3 BetrVG für die Beantwortung folgender Fragen hinzuzuziehen und dazu eine entsprechende Vereinbarung mit dem Arbeitgeber zu treffen:*

- → *Ist die in dem Betriebsvereinbarungsentwurf des Arbeitgebers vorgesehene Regelung zu „12-Stunden-Schichten“ rechtlich zulässig?*
- → *Wenn die Regelung unzulässig ist: Wie könnte eine wirksame Regelung dieses Themas aussehen?*

*Abstimmungsergebnis:*
*Ja … / Nein … / Enthaltungen …*

## Rechtsanwalt als Berater bei einer Betriebsänderung hinzuziehen

### → Situation

Der Betriebsrat kann auch dann einen Rechtsanwalt als Berater hinzuziehen, wenn der Arbeitgeber eine Betriebsänderung durchführen will.

→ siehe dazu Muster M239 und M240.

## Rechtsanwalt als Berater in einem rechtlichen Konflikt beauftragen – M43

### → Situation

Der Betriebsrat befindet sich in einem rechtlichen Konflikt mit dem Arbeitgeber und möchte sich dazu von einem Rechtsanwalt beraten lassen.

### → Hintergrund

Wenn der Betriebsrat der Auffassung ist, dass der Arbeitgeber ein dem Betriebsrat zustehendes Recht verletzt hat, oder wenn aus der Sicht des Betriebsrats die Verletzung eines ihm zustehenden Rechts durch den Arbeitgeber droht, kann der Betriebsrat einen Rechtsanwalt beauftragen, um sich in diesem rechtlichen Konflikt mit dem Arbeitgeber beraten zu lassen.

| | |
|---|---|
| Rechtsgrundlage | § 40 Absatz 1 BetrVG |
| Erforderliche Stimmenmehrheit | Einfache Mehrheit |
| Form | – |
| Nächste Schritte | Rechtsanwalt informieren und Beschlusstext übermitteln. |

### → M43

**Muster für den Tagesordnungspunkt**

*Beauftragung eines Rechtsanwalts zur Beratung des Betriebsrats wegen … [Thema benennen]*

**Muster für den Beschlusstext**

*… [Kurze Schilderung des Konflikts mit dem Arbeitgeber].*

*Der Betriebsrat beauftragt Herrn / Frau Rechtsanwalt / Rechtsanwältin … [Name, Anschrift] mit der Beratung des Betriebsrats in dieser Angelegenheit.*

*Abstimmungsergebnis:*
*Ja … / Nein … / Enthaltungen …*

**Beispiel für den Tagesordnungspunkt**

*Beauftragung eines Rechtsanwalts mit der Beratung des Betriebsrats wegen der angekündigten Samstagsarbeit*

**Beispiel für den Beschlusstext**

*Der Arbeitgeber hat angekündigt, Arbeitnehmer an den nächsten vier Samstagen arbeiten zu lassen, obwohl der Betriebsrat dem nicht zugestimmt hat.*

*Der Betriebsrat beauftragt Frau Rechtsanwältin Dr. Schlau, Kanzleistraße 17, 30159 Hannover, mit der Beratung des Betriebsrats in dieser Angelegenheit.*

*Abstimmungsergebnis:*
*Ja ... / Nein ... / Enthaltungen ...*

## Rechtsanwalt mit außergerichtlicher Tätigkeit beauftragen – M44

### → Situation

Der Betriebsrat möchte einen Rechtsanwalt damit beauftragen, ein dem Betriebsrat zustehendes Recht gegenüber dem Arbeitgeber geltend zu machen, ohne das Arbeitsgericht einzuschalten.

### → Hintergrund

Wenn der Betriebsrat der Auffassung ist, dass der Arbeitgeber ein dem Betriebsrat zustehendes Recht verletzt hat, oder wenn aus der Sicht des Betriebsrats die Verletzung eines ihm zustehenden Rechts durch den Arbeitgeber droht, kann der Betriebsrat einen Rechtsanwalt mit dem Versuch beauftragen, den Arbeitgeber ohne Inanspruchnahme der Hilfe des Arbeitsgerichts zur Beachtung des Rechts des Betriebsrats zu bewegen. Der Rechtsanwalt könnte dann zum Beispiel ein anwaltliches Aufforderungsschreiben an den Arbeitgeber senden.

| | |
|---|---|
| Rechtsgrundlage | § 40 Absatz 1 BetrVG |
| Erforderliche Stimmenmehrheit | Einfache Mehrheit |
| Form | – |
| Nächste Schritte | Rechtsanwalt informieren und Beschlusstext übermitteln. |

→ M44

**Muster für den Tagesordnungspunkt**

*Beauftragung eines Rechtsanwalts wegen ... [Thema benennen]*

**Muster für den Beschlusstext**

*... [Kurze Schilderung des Konflikts mit dem Arbeitgeber].*

*Der Betriebsrat beauftragt Herrn Rechtsanwalt / Frau Rechtsanwältin ... [Name, Anschrift] mit der außergerichtlichen Interessenwahrnehmung des Betriebsrats in dieser Angelegenheit.*

*Abstimmungsergebnis:*
*Ja ... / Nein ... / Enthaltungen ...*

**Beispiel für den Tagesordnungspunkt**

*Beauftragung eines Rechtsanwalts wegen der angekündigten Samstagsarbeit*

**Beispiel für den Beschlusstext**

*Der Arbeitgeber hat angekündigt, Arbeitnehmer an den nächsten vier Samstagen arbeiten zu lassen, obwohl der Betriebsrat dem nicht zugestimmt hat.*

*Der Betriebsrat beauftragt Frau Rechtsanwältin Dr. Schlau, Kanzleistraße 17, 30159 Hannover, mit der außergerichtlichen Interessenwahrnehmung des Betriebsrats in dieser Angelegenheit.*

*Abstimmungsergebnis:*
*Ja ... / Nein ... / Enthaltungen ...*

## Rechtsanwalt mit Vertretung in einem Gerichtsverfahren beauftragen

### → Situation

Der Betriebsrat kann einen Rechtsanwalt auch damit beauftragen, seine Rechte mit Hilfe des Arbeitsgerichts durchzusetzen oder den Betriebsrat in einem vom Arbeitgeber eingeleiteten Gerichtsverfahren zu vertreten.

→ siehe dazu Muster M5 und M6.

## 02. Schreiben

### Angebot eines Sachverständigen einholen – M45

Muster für ein Schreiben, mit dem der Betriebsrat ein Angebot für eine Beratung durch einen externen Sachverständigen einholt.

Absender → Betriebsrat
Empfänger → Sachverständiger

**→ Hintergrund**
Der Betriebsrat muss über die Hinzuziehung eines Sachverständigen durch einen Beschluss entscheiden (siehe Muster M41). Damit der Betriebsrat über die Beauftragung eines Sachverständigen beraten und abstimmen kann, sollte er in einem ersten Schritt ein Angebot eines Sachverständigen einholen, aus dem die durch die Beauftragung entstehenden Kosten hervorgehen.

**→ Rechtsgrundlage**
§ 80 Absatz 3 BetrVG

**→ Vorherige Beschlussfassung?**
Nein.

**→ M45**

*Unterstützung des Betriebsrats der Firma ... [Name]*

*Sehr geehrte/r Herr / Frau ... [Name],*

*ich wende mich als Vorsitzender des Betriebsrats der Firma ... [Name] an Sie.*

*Unser Arbeitgeber plant die Einführung eines neuen IT-Systems, welches erhebliche Auswirkungen für unsere Kolleginnen und Kollegen haben wird. Der Betriebsrat steht vor der Aufgabe, mit dem Arbeitgeber eine Betriebsvereinbarung abzuschließen, die den Einsatz dieses IT-Systems im Detail regelt.*

*Leider verfügt der Betriebsrat nicht über die nötigen Fachkenntnisse, um die Auswirkungen des neuen IT-Systems und den sich daraus ergebenden Regelungsbedarf für die Betriebsvereinbarung abschätzen zu können.*

*Wir möchten Sie deshalb fragen, ob Sie dazu bereit sind, uns in dieser Angelegenheit als IT-Sachverständiger zu unterstützen. Wir würden uns sehr über ein entsprechendes Angebot von Ihnen freuen, welches wir dem Arbeitgeber zum Zwecke der Zustimmung zur Kostenübernahme vorlegen können.*

*Mit freundlichen Grüßen*

________________________

*(BETRIEBSRATSVORSITZENDE/R)*

## Arbeitgeber um Zustimmung zur Hinzuziehung eines Sachverständigen bitten – M46

Muster für ein Schreiben, mit dem der Betriebsrat den Arbeitgeber um seine Zustimmung zur Hinzuziehung eines Sachverständigen bittet.

Absender → Betriebsrat
Empfänger → Arbeitgeber

### → Hintergrund

Siehe die Erläuterung zu dem entsprechenden Betriebsratsbeschluss Muster M41.

### → Rechtsgrundlage

§ 80 Absatz 3 BetrVG

### → Vorherige Beschlussfassung?

Ja, siehe Muster M41.

### → M46

*Hinzuziehung eines Sachverständigen*

*Sehr geehrte Damen und Herren,*

*der Betriebsrat steht vor der Aufgabe, ... [Aufgabe beschreiben].*

*Leider verfügt der Betriebsrat nicht über die nötigen Fachkenntnisse, um diese Aufgabe sachgerecht wahrnehmen zu können. Der Betriebsrat verfügt insbesondere nicht über die nötigen Kenntnisse, um abschätzen und beurteilen zu können, ob und inwieweit sich in dieser Angelegenheit Beteiligungsrechte des Betriebsrats und Regelungsbedarfe für eine eventuelle Betriebsvereinbarung ergeben.*

*Da es dem Betriebsrat bzw. seinen Mitgliedern nicht möglich ist, sich das erforderliche Wissen selbst anzueignen, hat der Betriebsrat in seiner Sitzung am ... [Datum] den Beschluss gefasst, einen externen Sachverständigen hinzuzuziehen. Dabei hat sich der Betriebsrat für Herrn / Frau ... [Name] als Sachverständige/n entschieden. Anliegend überreichen wir Ihnen das von uns eingeholte Angebot des / der Sachverständigen für die Unterstützung des Betriebsrats.*

*Damit der Betriebsrat Herrn / Frau ... [Name] beauftragen kann, bitten wir Sie um Ihre Zustimmung zu der Beauftragung des / der Sachverständigen zu den Bedingungen des vorliegenden Angebots. Wir erlauben uns den Hinweis, dass der Betriebsrat in der vorliegenden Angelegenheit einen gesetzlichen Anspruch auf die Hinzuziehung eines externen Sachverständigen nach § 80 Absatz 3 BetrVG hat.*

*Mit freundlichen Grüßen*

________________________

*(BETRIEBSRATSVORSITZENDE/R)*

## Arbeitgeber um Zustimmung zur Hinzuziehung eines Rechtsanwalts als Sachverständigen bitten – M47

Muster für ein Schreiben, mit dem der Betriebsrat den Arbeitgeber um seine Zustimmung zur Hinzuziehung eines Rechtsanwalts als Sachverständigen bittet.

Absender → Betriebsrat
Empfänger → Arbeitgeber

### → Hintergrund

Siehe die Erläuterung zu dem entsprechenden Betriebsratsbeschluss Muster M42.

### → Rechtsgrundlage

§ 80 Absatz 3 BetrVG

### → Vorherige Beschlussfassung?

Ja, siehe Muster M42.

### → M47

*Hinzuziehung eines Rechtsanwalts als Sachverständiger*

*Sehr geehrte Damen und Herren,*

*Sie haben uns einen Entwurf einer Betriebsvereinbarung zu dem Thema ... [Thema bezeichnen] vorgelegt. Der Betriebsrat verfügt leider nicht über die nötigen Fachkenntnisse, um über diesen Betriebsvereinbarungsentwurf sachgerecht beraten zu können. Insbesondere sehen wir uns nicht in der Lage zu prüfen, ob sämtliche darin enthaltenen Regeln rechtskonform sind.*

*Da es dem Betriebsrat bzw. seinen Mitgliedern nicht möglich ist, sich das erforderliche Wissen selbst anzueignen, hat der Betriebsrat in seiner Sitzung am ... [Datum] den Beschluss gefasst, einen Rechtsanwalt als Sachverständigen hinzuzuziehen. Dabei hat sich der Betriebsrat für Herrn Rechtsanwalt / Frau Rechtsanwältin ... [Name] als Sachverständige/n entschieden. Anliegend überreichen wir Ihnen das von uns eingeholte Angebot des Rechtsanwalts / der Rechtsanwältin für die Unterstützung des Betriebsrats in dieser Angelegenheit.*

*Damit der Betriebsrat Herrn Rechtsanwalt / Frau Rechtsanwältin ... [Name] beauftragen kann, bitten wir Sie um Ihre Zustimmung zu der Beauftragung zu den Bedingungen des vorliegenden Angebots. Wir erlauben uns den Hinweis, dass der Betriebsrat in der vorliegenden Angelegen-*

*heit einen gesetzlichen Anspruch auf die Hinzuziehung eines externen Sachverständigen nach § 80 Absatz 3 BetrVG hat.*

*Mit freundlichen Grüßen*

______________________________
*(BETRIEBSRATSVORSITZENDE/R)*

# Die Betriebsratsarbeit
*Kein Job wie jeder andere.*

3

→

# Betriebsratssitzungen

Die Betriebsratssitzungen sind Dreh- und Angelpunkt der Betriebsratsarbeit. Auf den Betriebsratssitzungen werden alle wichtigen Betriebsratsthemen besprochen und die Beschlüsse des Betriebsrats gefasst.

Zuständig für die Einberufung der Betriebsratssitzungen ist der Betriebsratsvorsitzende. Der Betriebsratsvorsitzende hat zu den Betriebsratssitzungen alle Betriebsratsmitglieder einzuladen Muster M52 bis M55 und ihnen die Tagesordnung der Sitzung Muster M73 mitzuteilen. Wenn ein Betriebsratsmitglied nicht an einer Sitzung teilnehmen kann, hat es darüber unverzüglich den Betriebsratsvorsitzenden zu informieren Muster M57. Der Betriebsratsvorsitzende hat ein Ersatzmitglied zu der Sitzung einzuladen, falls ein Betriebsratsmitglied nicht an der Sitzung teilnehmen wird, weil es verhindert ist Muster M58. Zusätzlich zu den Betriebsratsmitgliedern und gegebenenfalls Ersatzmitgliedern können auch noch weitere Teilnehmer zu einer Betriebsratssitzung einzuladen sein Muster M59 bis M63.

Grundsätzlich entscheidet der Betriebsratsvorsitzende, ob und zu welchem Termin er eine Betriebsratssitzung einberuft. Allerdings kann der Betriebsratsvorsitzende auch zur Einberufung von Betriebsratssitzungen verpflichtet sein. So kann der Betriebsrat zum Beispiel in seiner Geschäftsordnung oder durch einen Beschluss Muster M48 Termine für regelmäßige Betriebsratssitzungen festlegen. Darüber hinaus können ein Viertel der Betriebsratsmitglieder Muster M64 und der Arbeitgeber dafür sorgen, dass der Betriebsratsvorsitzende eine Betriebsratssitzung einberufen muss.

Auch über die Tagesordnung einer Betriebsratssitzung Muster M73 entscheidet zunächst einmal der Betriebsratsvorsitzende. Allerdings können die Betriebsratsmitglieder beim Betriebsratsvorsitzenden beantragen, ein bestimmtes Thema mit in die Tagesordnung einer Sitzung aufzunehmen Muster M66. Der Betriebsratsvorsitzende ist zur Aufnahme des Themas in die Tagesordnung verpflichtet, wenn der Antrag von mindestens einem Viertel der Betriebsratsmitglieder unterstützt wird und das Thema zum Aufgabenbereich des Betriebsrats gehört. Sind diese Voraussetzungen nicht erfüllt, kann der Betriebsratsvorsitzende den Antrag ablehnen Muster M67.

Über jede Betriebsratssitzung hat der Betriebsrat ein Sitzungsprotokoll Muster M74 anzufertigen. Diesem Protokoll ist eine Anwesenheitsliste Muster M75 beizufügen, in die sich die Sitzungsteilnehmer eigenhändig eintragen müssen. Falls in einem Protokoll einer Betriebsratssitzung etwas nicht richtig sein sollte, haben die Teilnehmer der Betriebsratssitzung die Möglichkeit, Einwendungen gegen das Sitzungsprotokoll zu erheben Muster M71.

## 01. Beschlüsse

### Regelmäßige Betriebsratssitzungen – M48

**→ Situation**

Der Betriebsrat möchte regelmäßige Betriebsratssitzungen zu im Voraus feststehenden Terminen durchführen.

**→ Hintergrund**

Grundsätzlich entscheidet der Betriebsratsvorsitzende, ob und wann eine Betriebsratssitzung stattfinden soll. Der Betriebsrat kann aber auch durch Beschluss festlegen, dass regelmäßig Betriebsratssitzungen zu im Voraus feststehenden Terminen durchgeführt werden sollen.

| | |
|---|---|
| Rechtsgrundlage | § 30 Absatz 1 BetrVG |
| Erforderliche Stimmenmehrheit | Einfache Mehrheit |
| Form | – |
| Nächste Schritte | Arbeitgeber informieren Muster M69. |

**→ M48**

**Muster für den Tagesordnungspunkt**

*Regelmäßige Betriebsratssitzungen*

**Muster für den Beschlusstext**

*Der Betriebsrat führt regelmäßige Betriebsratssitzungen ein. Die regelmäßigen Sitzungen finden wöchentlich / monatlich statt, jeweils am … [Wochentag] um … [Uhrzeit]. Davon abweichend findet keine Sitzung statt, falls der Tag der Sitzung nach dieser Regelung auf einen gesetzlichen Feiertag fällt. In diesem Fall findet die Sitzung am nächsten Arbeitstag statt.*

*Abstimmungsergebnis:*
*Ja … / Nein … / Enthaltungen …*

**Beispiel für den Tagesordnungspunkt**

*Regelmäßige Betriebsratssitzungen*

**Beispiel für den Beschlusstext**

*Der Betriebsrat führt regelmäßige Betriebsratssitzungen ein. Die regelmäßigen Sitzungen finden wöchentlich statt, jeweils dienstags um 14 Uhr. Davon abweichend findet keine Sitzung statt, falls der Tag der Sitzung nach dieser Regelung auf einen gesetzlichen Feiertag fällt. In diesem Fall findet die Sitzung am nächsten Arbeitstag statt.*

*Abstimmungsergebnis:*
*Ja … / Nein … / Enthaltungen …*

## Teilnahme des Arbeitgebers an einer Betriebsratssitzung – M49

### → Situation

Der Betriebsrat möchte den Arbeitgeber an einer Betriebsratssitzung teilnehmen lassen.

### → Hintergrund

Selbstverständlich finden Betriebsratssitzungen normalerweise ohne den Arbeitgeber statt. Der Betriebsrat kann dem Arbeitgeber aber durch Beschluss die Teilnahme an einer Betriebsratssitzung gestatten.

| | |
|---|---|
| Rechtsgrundlage | § 29 Absatz 4 Satz 1 BetrVG |
| Erforderliche Stimmenmehrheit | Einfache Mehrheit |
| Form | – |
| Nächste Schritte | Arbeitgeber zu der Sitzung einladen Muster M63c. |

### → M49

**Muster für den Tagesordnungspunkt**

*Einladung des Arbeitgebers zu der Betriebsratssitzung am ... [Datum]*

**Muster für den Beschlusstext**

*Der Betriebsrat lädt den Arbeitgeber zu dem Tagesordnungspunkt ... [Tagesordnungspunkt angeben] der Betriebsratssitzung am ... [Datum] ein.*

*Abstimmungsergebnis:*
*Ja ... / Nein ... / Enthaltungen ...*

**Beispiel für den Tagesordnungspunkt**

*Einladung des Arbeitgebers zur nächsten Betriebsratssitzung*

**Beispiel für den Beschlusstext**

*Der Betriebsrat lädt den Arbeitgeber zu dem Tagesordnungspunkt „Verhandlungsstand Betriebsvereinbarung Arbeitszeit“ zu der Betriebsratssitzung am 30.06.2022 ein.*

*Abstimmungsergebnis:*
*Ja ... / Nein ... / Enthaltungen ...*

## Externer Teilnehmer an einer Betriebsratssitzung – M50

### → Situation

Der Betriebsrat möchte einen externen Teilnehmer zu einer Betriebsratssitzung einladen.

### → Hintergrund

Betriebsratssitzungen sind nicht öffentlich. Deshalb dürfen Personen, die nicht Mitglied im Betriebsrat sind, grundsätzlich nicht an einer Betriebsratssitzung teilnehmen. Ausnahmen gelten für den Arbeitgeber, die Schwerbehindertenvertretung, die Jugend- und Auszubildendenvertretung und Gewerkschaftsbeauftragte.

Es gibt Situationen, in denen die Teilnahme einer externen Person an einer Betriebsratssitzung sachdienlich sein kann. In einem solchen Fall kann der Betriebsrat der externen Person die Teilnahme an einer Betriebsratssitzung durch Beschluss gestatten.

| | |
|---|---|
| Rechtsgrundlage | § 30 Absatz 1 Satz 4 BetrVG |
| Erforderliche Stimmenmehrheit | Einfache Mehrheit |
| Form | – |
| Nächste Schritte | Externe Person zu der Betriebsratssitzung einladen. |

### → M50

**Muster für den Tagesordnungspunkt**

*Einladung des Herrn / der Frau ... [Name] zu der Betriebsratssitzung am ... [Datum]*

**Muster für den Beschlusstext**

*Der Betriebsrat lädt Herrn / Frau ... [Name] zu dem Tagesordnungspunkt ... [Tagesordnungspunkt nennen] zu der Betriebsratssitzung am ... [Datum] ein.*

*Abstimmungsergebnis:*
*Ja ... / Nein ... / Enthaltungen ...*

**Beispiel für den Tagesordnungspunkt**

*Einladung der Rechtsanwältin Frau Dr. Schlau zur nächsten Betriebsratssitzung*

**Beispiel für den Beschlusstext**

*Der Betriebsrat lädt Frau Rechtsanwältin Dr. Schlau zu dem Tagesordnungspunkt „Anfechtung der Betriebsratswahl durch den Arbeitgeber“ zu der Betriebsratssitzung am ... [Datum] ein.*

*Abstimmungsergebnis:*
*Ja ... / Nein ... / Enthaltungen ...*

## 02. Schreiben

### Einladung zur konstituierenden Betriebsratssitzung - M51

Muster für ein Schreiben, mit dem der Wahlvorstand die neu gewählten Betriebsratsmitglieder zu der konstituierenden Sitzung des Betriebsrats einlädt.

Absender → Wahlvorstand
Empfänger → Betriebsratsmitglieder

**→ Hintergrund**
Nach der Betriebsratswahl hat der Wahlvorstand die gewählten Betriebsratsmitglieder zu der ersten Sitzung des neuen Betriebsrats einzuladen. Auf dieser ersten Betriebsratssitzung müssen der Betriebsratsvorsitzende und dessen Stellvertreter gewählt werden. Diese erste Sitzung eines neu gewählten Betriebsrats wird als konstituierende Betriebsratssitzung bezeichnet.

**→ Rechtsgrundlage**
§ 29 Absatz 1 Satz 1 BetrVG

**→ Vorherige Beschlussfassung?**
Ja (Beschluss des Wahlvorstands).

**→ M51**

*Einladung zur konstituierenden Betriebsratssitzung*

*Liebe Kolleginnen und Kollegen,*

*am ... [Datum] findet um ... [Uhrzeit] in ... [Ort] die konstituierende Sitzung des Betriebsrats statt. Zu dieser Sitzung lade ich hiermit ein.*

*Die Tagesordnung lautet wie folgt:*

- *Wahl eines Wahlleiters zur Durchführung der Wahl des Betriebsratsvorsitzenden*
- *Wahl des Betriebsratsvorsitzenden*
- *Wahl des stellvertretenden Betriebsratsvorsitzenden*

*Sofern ein Betriebsratsmitglied an der Teilnahme verhindert sein sollte, bitte ich um unverzügliche Mitteilung unter Angabe der Gründe, damit ich rechtzeitig das entsprechende Ersatzmitglied einladen kann (§ 29 Absatz 2 Satz 5 und 6 BetrVG).*

*Mit freundlichen Grüßen*

______________________________

*(DER/DIE VORSITZENDE DES WAHLVORSTANDS)*

## Einladung zu einer Betriebsratssitzung – M52

Muster für ein Schreiben, mit dem der Betriebsratsvorsitzende die Betriebsratsmitglieder zu einer Betriebsratssitzung einlädt.

Absender → Betriebsratsvorsitzender
Empfänger → Betriebsratsmitglieder

### → Hintergrund

Zu den Betriebsratssitzungen muss der Betriebsratsvorsitzende die Betriebsratsmitglieder rechtzeitig unter Mitteilung der Tagesordnung einladen. In der Einladung müssen der Termin und der Ort der Sitzung angegeben werden.

### → Rechtsgrundlage

§ 29 Absatz 2 Satz 3 BetrVG

### → Vorherige Beschlussfassung?

Nein.

### → M52

*Einladung zur Betriebsratssitzung*

*Liebe Kolleginnen und Kollegen,*

*am ... [Datum] findet um ... [Uhrzeit] in ... [Ort] die nächste Sitzung des Betriebsrats statt. Zu dieser Sitzung lade ich hiermit ein. Die Tagesordnung habe ich beigefügt.*

*Sofern ein Betriebsratsmitglied an der Teilnahme verhindert sein sollte, bitte ich um unverzügliche Mitteilung unter Angabe der Gründe, damit ich rechtzeitig das entsprechende Ersatzmitglied einladen kann (§ 29 Absatz 2 Satz 5 und 6 BetrVG).*

*Mit freundlichen Grüßen*

______________________________

*(BETRIEBSRATSVORSITZENDE/R)*

## Einladung zu einer außerordentlichen Betriebsratssitzung - M53

Muster für ein Schreiben, mit dem der Betriebsratsvorsitzende die Betriebsratsmitglieder zu einer außerordentlichen Betriebsratssitzung einlädt.

Absender → Betriebsratsvorsitzender
Empfänger → Betriebsratsmitglieder

### → Hintergrund

Viele Betriebsratsgremien führen regelmäßige Betriebsratssitzungen durch, zum Beispiel wöchentlich immer am selben Wochentag zur selben Uhrzeit. Es kann aber die Situation eintreten, dass ein Betriebsrat in einer dringenden Angelegenheit einen Beschluss fassen muss, der nicht bis zu der nächsten regelmäßigen Betriebsratssitzung warten kann. In einem solchen Fall wird der Betriebsratsvorsitzende eine Betriebsratssitzung zusätzlich zu den regelmäßig stattfindenden Sitzungen einberufen. Diese zusätzlichen Betriebsratssitzungen werden auch als außerordentliche Betriebsratssitzungen oder Sondersitzungen bezeichnet.

### → Rechtsgrundlage

§ 29 Absatz 2 Satz 3 BetrVG

### → Vorherige Beschlussfassung?

Nein.

### → M53

*Einladung zu einer außerordentlichen Betriebsratssitzung*

*Liebe Kolleginnen und Kollegen,*

*hiermit lade ich euch zu einer außerordentlichen Betriebsratssitzung ein. Die Sitzung findet am ... [Datum] um ... [Uhrzeit] in ... [Ort] statt.*

*Tagesordnungspunkte dieser außerordentlichen Betriebsratssitzung werden sein:*

- *... [Tagesordnungspunkte]*

*Sofern ein Betriebsratsmitglied an der Teilnahme verhindert sein sollte, bitte ich um unverzügliche Mitteilung unter Angabe der Gründe, damit ich rechtzeitig das entsprechende Ersatzmitglied einladen kann (§ 29 Absatz 2 Satz 5 und 6 BetrVG).*

*Mit freundlichen Grüßen*

______________________________

*(BETRIEBSRATSVORSITZENDE/R)*

## Einladung zu einer Betriebsratssitzung per Videokonferenz – M54

Muster für ein Schreiben, mit dem der Betriebsratsvorsitzende die Betriebsratsmitglieder zu einer Betriebsratssitzung per Videokonferenz einlädt.

Absender → Betriebsratsvorsitzender
Empfänger → Betriebsratsmitglieder

### → Hintergrund

Der Betriebsrat kann Betriebsratssitzungen auch per Video- oder Telefonkonferenz durchführen, wenn er dazu eine Regelung in seiner Geschäftsordnung getroffen hat (siehe dazu Muster M144). Wenn eine Betriebsratssitzung per Video- oder Telefonkonferenz durchgeführt werden soll, muss der Betriebsratsvorsitzende die Betriebsratsmitglieder darauf in der Einladung zu der Sitzung hinweisen und eine angemessene Frist zum Widerspruch bestimmen.

### → Rechtsgrundlage

§ 30 Absatz 2 BetrVG, § 29 Absatz 2 Satz 3 BetrVG

### → Vorherige Beschlussfassung?

Nein.

### → M54

*Einladung zur Betriebsratssitzung*

*Liebe Kolleginnen und Kollegen,*

*am ... [Datum] findet um ... [Uhrzeit] die nächste Sitzung des Betriebsrats statt. Zu dieser Sitzung lade ich hiermit ein. Die Tagesordnung der Sitzung habe ich beigefügt.*

*Die Sitzung soll mittels Videokonferenz über ... [Videokonferenzsystem benennen, zum Beispiel „Microsoft Teams“] durchgeführt werden.*

*Die Sitzung wird nicht mittels Videokonferenz, sondern als Präsenzsitzung stattfinden, wenn mindestens ein Viertel der Betriebsratsmitglieder bis zum ... [Datum] um ... [Uhrzeit] der Durchführung der Sitzung mittels Videokonferenz widerspricht.*

*Sofern ein Betriebsratsmitglied an der Teilnahme verhindert sein sollte, bitte ich um unverzügliche Mitteilung unter Angabe der Gründe, damit ich rechtzeitig das entsprechende Ersatzmitglied einladen kann (§ 29 Absatz 2 Satz 5 und 6 BetrVG).*

*Mit freundlichen Grüßen*

______________________________

*(BETRIEBSRATSVORSITZENDE/R)*

## Einladung zu einer gemischten Betriebsratssitzung („hybride Sitzung") - M55

Muster für ein Schreiben, mit dem der Betriebsratsvorsitzende die Betriebsratsmitglieder zu einer Betriebsratssitzung einlädt, zu der sich Betriebsratsmitglieder per Videoverbindung dazuschalten können.

Absender → Betriebsratsvorsitzender
Empfänger → Betriebsratsmitglieder

### → Hintergrund

Der Betriebsrat kann - eine entsprechende Regelung in der Geschäftsordnung vorausgesetzt - eine Betriebsratssitzung als Präsenzsitzung abhalten und den Betriebsratsmitgliedern die Möglichkeit einräumen, sich per Videoverbindung zu der Sitzung dazuzuschalten. Auf diese Möglichkeit muss der Betriebsratsvorsitzende die Betriebsratsmitglieder in der Einladung zu der Sitzung hinweisen und eine angemessene Frist zum Widerspruch bestimmen.

### → Rechtsgrundlage

§ 30 Absatz 2 BetrVG, § 29 Absatz 2 Satz 3 BetrVG

### → Vorherige Beschlussfassung?

Nein.

### → M55

*Einladung zur Betriebsratssitzung*

*Liebe Kolleginnen und Kollegen,*

*am ... [Datum] findet um ... [Uhrzeit] in ... [Ort] die nächste Sitzung des Betriebsrats statt. Zu dieser Sitzung lade ich hiermit ein. Die Tagesordnung der Sitzung habe ich beigefügt.*

*Die Sitzung findet als Präsenzsitzung statt. Es besteht jedoch auch die Möglichkeit, über ... [Videokonferenzsystem benennen, zum Beispiel „Microsoft Teams"] per Videoverbindung an der Sitzung teilzunehmen.*

*Die Möglichkeit der Teilnahme per Videoverbindung wird es nicht geben, wenn mindestens ein Viertel der Betriebsratsmitglieder bis zum ... [Datum] um ... [Uhrzeit] dieser Möglichkeit widerspricht.*

*Sofern ein Betriebsratsmitglied an der Teilnahme verhindert sein sollte, bitte ich um unverzügliche Mitteilung unter Angabe der Gründe, damit ich rechtzeitig das entsprechende Ersatzmitglied einladen kann (§ 29 Absatz 2 Satz 5 und 6 BetrVG).*

*Mit freundlichen Grüßen*

______________________________

*(BETRIEBSRATSVORSITZENDE/R)*

## Widerspruch gegen die Durchführung einer Betriebsratssitzung per Videokonferenz – M56

Muster für ein Schreiben, mit dem ein Betriebsratsmitglied der Durchführung einer Betriebsratssitzung per Videokonferenz widerspricht.

Absender → Betriebsratsmitglied
Empfänger → Betriebsratsvorsitzender

### → Hintergrund

Eine Betriebsratssitzung darf nicht per Videokonferenz durchgeführt werden, wenn mindestens ein Viertel der Betriebsratsmitglieder der Durchführung per Videokonferenz widerspricht.

### → Rechtsgrundlage

§ 30 Absatz 2 Satz 1 Nr. 2 BetrVG

### → M56

*Widerspruch gegen die Durchführung der Betriebsratssitzung per Videokonferenz*

*Lieber Kollege / Liebe Kollegin ... [Name des / der Betriebsratsvorsitzenden],*

*mit E-Mail vom ... [Datum] hast Du mich zu der Betriebsratssitzung am ... [Datum] eingeladen und mitgeteilt, dass die Sitzung per Videokonferenz stattfinden soll.*

*Hiermit widerspreche ich der Durchführung dieser Sitzung mittels Videokonferenz.*

*Mit freundlichen Grüßen*

____________________

*(BETRIEBSRATSMITGLIED)*

## Absage der Teilnahme an einer Betriebsratssitzung – M57

Muster für ein Schreiben, mit dem ein Betriebsratsmitglied seine Teilnahme an einer Betriebsratssitzung absagt.

Absender → Betriebsratsmitglied
Empfänger → Betriebsratsvorsitzender

### → Hintergrund

Ein Betriebsratsmitglied ist dazu verpflichtet, an den Betriebsratssitzungen teilzunehmen. Eine Teilnahmepflicht besteht aber dann nicht, wenn ein Betriebsratsmitglied einen Entschuldigungsgrund hat. Ein Betriebsratsmitglied muss zum Beispiel nicht an einer Betriebsratssitzung teilnehmen, wenn es Urlaub hat oder arbeitsunfähig erkrankt ist. Wenn ein Betriebsratsmitglied nicht an einer Sitzung teilnehmen kann, muss es darüber unverzüglich den Betriebsratsvorsitzenden informieren und dabei auch den Grund für die Nichtteilnahme angeben.

### → Rechtsgrundlage

§ 29 Absatz 2 Satz 5 BetrVG

### → Vorherige Beschlussfassung?

Nein.

### → M57

*Absage meiner Teilnahme an der Betriebsratssitzung am ... [Datum]*

*Lieber Kollege / Liebe Kollegin ... [Name des / der Betriebsratsvorsitzenden],*

*ich werde an der Betriebsratssitzung am ... [Datum] nicht teilnehmen, weil ... [Begründung].*

*Mit freundlichen Grüßen*

______________________

*(BETRIEBSRATSMITGLIED)*

## Einladung eines Ersatzmitglieds zur Betriebsratssitzung – M58

Muster für ein Schreiben, mit dem der Betriebsratsvorsitzende ein Ersatzmitglied zu einer Betriebsratssitzung einlädt.

Absender → Betriebsratsvorsitzender
Empfänger → Ersatzmitglied

### → Hintergrund

Wenn ein Betriebsratsmitglied an einer Betriebsratssitzung nicht teilnehmen wird und es für seine Nichtteilnahme einen Entschuldigungsgrund hat, muss der Betriebsratsvorsitzende das entsprechende Ersatzmitglied zu der Sitzung einladen.

### → Rechtsgrundlage

§ 29 Absatz 2 Satz 6 BetrVG

### → Vorherige Beschlussfassung?

Nein.

### → M58

*Einladung zur Betriebsratssitzung*

*Lieber Kollege / Liebe Kollegin ... [Name],*

*das Betriebsratsmitglied ... [Name] ist in der Zeit vom ... [Datum] bis ... [Datum oder bis auf Weiteres] an der Ausübung seines Amtes verhindert. Du rückst für den Kollegen / die Kollegin als Ersatzmitglied vorübergehend in den Betriebsrat nach. Du hast in dieser Zeit die Stellung und die Aufgaben eines vollwertigen Betriebsratsmitglieds. Zu deinen Aufgaben als Betriebsratsmitglied gehört insbesondere die Teilnahme an den Sitzungen des Betriebsrats.*

*Die nächste Sitzung des Betriebsrats findet am ... [Datum] um ... [Uhrzeit] in ... [Ort] statt. Zu dieser Sitzung lade ich Dich hiermit ein. Die Tagesordnung der Sitzung habe ich beigefügt.*

*Sofern Du an der Teilnahme verhindert sein solltest, bitte ich um unverzügliche Mitteilung unter Angabe der Gründe, damit ich rechtzeitig das nächste Ersatzmitglied einladen kann (§ 29 Absatz 2 Satz 5 und 6 BetrVG).*

*Mit freundlichen Grüßen*

______________________________

*(BETRIEBSRATSVORSITZENDE/R)*

## Einladung der Schwerbehindertenvertretung zu einer Betriebsratssitzung – M59

Muster für ein Schreiben, mit dem der Betriebsratsvorsitzende die Schwerbehindertenvertretung zu einer Betriebsratssitzung einlädt.

Absender → Betriebsratsvorsitzender
Empfänger → Schwerbehindertenvertretung

### → Hintergrund

Der Betriebsratsvorsitzende muss zu jeder Betriebsratssitzung auch die Schwerbehindertenvertretung einladen.

### → Rechtsgrundlage

§ 29 Absatz 2 Satz 4 BetrVG, § 32 BetrVG

### → Vorherige Beschlussfassung?

Nein.

### → M59

*Einladung zur Betriebsratssitzung*

*Lieber Kollege / Liebe Kollegin ... [Name],*

*die nächste Sitzung des Betriebsrats findet am ... [Datum] um ... [Uhrzeit] in ... [Ort] statt. Zu dieser Sitzung lade ich Dich hiermit gemäß § 32 BetrVG als Vertreter/in der schwerbehinderten Menschen im Betrieb ein. Die Tagesordnung der Sitzung habe ich beigefügt.*

*Mit freundlichen Grüßen*

______________________________

*(BETRIEBSRATSVORSITZENDE/R)*

## Einladung eines Vertreters der JAV zu einer Betriebsratssitzung – M60

Muster für ein Schreiben, mit dem der Betriebsratsvorsitzende den von der Jugend- und Auszubildendenvertretung (JAV) benannten Vertreter zu einer Betriebsratssitzung einlädt.

Absender → Betriebsratsvorsitzender
Empfänger → Jugend- und Auszubildendenvertreter

### → Hintergrund

Die Jugend- und Auszubildendenvertretung (JAV) kann zu allen Betriebsratssitzungen einen Vertreter entsenden. Wenn sie von diesem Recht Gebrauch macht, muss der Betriebsratsvorsitzende den von ihr benannten Vertreter zu den Betriebsratssitzungen einladen.

### → Rechtsgrundlage

§ 29 Absatz 2 Satz 4 BetrVG, § 67 Absatz 1 Satz 1 BetrVG

### → Vorherige Beschlussfassung?

Nein.

### → M60

*Einladung zur Betriebsratssitzung*

*Lieber Kollege / Liebe Kollegin ... [Name],*

*die nächste Sitzung des Betriebsrats findet am ... [Datum] um ... [Uhrzeit] in ... [Ort] statt. Zu dieser Sitzung lade ich Dich hiermit als von der Jugend- und Auszubildendenvertretung benannte/r Vertreter/in ein. Die Tagesordnung der Sitzung habe ich beigefügt.*

*Mit freundlichen Grüßen*

____________________________

*(BETRIEBSRATSVORSITZENDE/R)*

## Einladung der gesamten JAV zu einer Betriebsratssitzung – M61

Muster für ein Schreiben, mit dem der Betriebsratsvorsitzende sämtliche Mitglieder der Jugend- und Auszubildendenvertretung zu einer Betriebsratssitzung einlädt.

Absender → Betriebsratsvorsitzender
Empfänger → Jugend- und Auszubildendenvertreter

### → Hintergrund

Die gesamte Jugend- und Auszubildendenvertretung (JAV) hat das Recht auf Teilnahme an einer Betriebsratssitzung, wenn auf der Sitzung eine Angelegenheit behandelt wird, die besonders die minderjährigen Arbeitnehmer oder die Auszubildenden betrifft. In diesem Fall hat der Betriebsratsvorsitzende sämtliche Mitglieder der Jugend- und Auszubildendenvertretung zu der Betriebsratssitzung einzuladen.

### → Rechtsgrundlage

§ 29 Absatz 2 Satz 4 BetrVG, § 67 Absatz 1 Satz 2 BetrVG

### → Vorherige Beschlussfassung?

Nein.

### → M61

*Einladung zur Betriebsratssitzung*

*Liebe Kolleginnen und Kollegen,*

*am ... [Datum] findet um ... [Uhrzeit] in ... [Ort] eine Betriebsratssitzung statt.*

*Auf dieser Sitzung wird unter dem Tagesordnungspunkt Nr. ... [Nummer des Tagesordnungspunkts] das Thema ... [Thema bezeichnen] behandelt. Bei diesem Thema handelt es sich um eine Angelegenheit, die besonders die minderjährigen Arbeitnehmer und / oder die Auszubildenden betrifft. Nach § 67 Absatz 1 Satz 2 BetrVG haben alle Mitglieder der Jugend- und Auszubildendenvertretung das Recht, zu dem entsprechenden Tagesordnungspunkt an der Betriebsratssitzung teilzunehmen. Ich lade deshalb hiermit sämtliche Mitglieder der Jugend- und Auszubildendenvertretung zur Teilnahme an diesem Tagesordnungspunkt der Betriebsratssitzung ein. Der Tagesordnungspunkt wird voraussichtlich um ... [Uhrzeit] aufgerufen.*

*Mit freundlichen Grüßen*

______________________________

*(BETRIEBSRATSVORSITZENDE/R)*

## Einladung einer Gewerkschaft zu einer Betriebsratssitzung – M62

Muster für ein Schreiben, mit dem der Betriebsratsvorsitzende eine Gewerkschaft zu einer Betriebsratssitzung einlädt.

Absender → Betriebsratsvorsitzender
Empfänger → Gewerkschaft

### → Hintergrund

Wenn ein Viertel der Betriebsratsmitglieder dies beantragt, kann ein Beauftragter einer im Betriebsrat vertretenen Gewerkschaft beratend an einer Betriebsratssitzung teilnehmen. Eine Gewerkschaft ist dann im Betriebsrat vertreten, wenn mindestens ein Betriebsratsmitglied zugleich auch Mitglied in der Gewerkschaft ist.

Wenn ein Viertel der Betriebsratsmitglieder einen Antrag auf Teilnahme eines Gewerkschaftsbeauftragten stellt, muss der Betriebsratsvorsitzende der Gewerkschaft rechtzeitig den Termin und die Tagesordnung der Sitzung mitteilen.

### → Rechtsgrundlage

§ 31 BetrVG

### → Vorherige Beschlussfassung?

Nein, wenn die Gewerkschaft im Betriebsrat vertreten ist und die Teilnahme eines Gewerkschaftsbeauftragten von mindestens einem Viertel der Betriebsratsmitglieder beantragt worden ist.

### → M62

*Einladung zur Betriebsratssitzung*

*Sehr geehrte Damen und Herren,* [1]

*am ... [Datum] findet um ... [Uhrzeit] in ... [Ort] eine Sitzung des Betriebsrats der Firma ... [Name] statt. Ein Viertel der Betriebsratsmitglieder hat bei mir als Betriebsratsvorsitzendem/er beantragt, dass ein Gewerkschaftsbeauftragter an dieser Sitzung teilnimmt. Gemäß § 31 BetrVG möchte ich Sie deshalb über den Zeitpunkt und die Tagesordnung der Sitzung informieren. Die Tagesordnung der Sitzung habe ich beigefügt.*

*Mit freundlichen Grüßen*

______________________________

*(BETRIEBSRATSVORSITZENDE/R)*

[1] Hinweis: Unter Gewerkschaftsmitgliedern ist die Anrede „Liebe Kolleginnen und Kollegen“ üblich.

## Einladung des Arbeitgebers zu einer Betriebsratssitzung - M63

Muster für ein Schreiben, mit dem der Betriebsratsvorsitzende den Arbeitgeber zu einer Betriebsratssitzung einlädt.

Absender → Betriebsratsvorsitzender
Empfänger → Arbeitgeber

### → Hintergrund

Der Arbeitgeber nimmt ausnahmsweise dann an einer Betriebsratssitzung teil,

- → wenn der Arbeitgeber die Einberufung der Sitzung beantragt hat Muster M63a oder M63b,
- → wenn er beantragt hat, ein bestimmtes Thema auf die Tagesordnung der Sitzung zu setzen Muster M63b, oder
- → wenn der Betriebsrat den Beschluss gefasst hat, dass der Arbeitgeber an der Sitzung teilnehmen soll Muster M63c.

Der Arbeitgeber nimmt aber jeweils nur zu dem Tagesordnungspunkt an der Sitzung teil, dessen Behandlung er beantragt hat bzw. zu dem die Teilnahme vom Betriebsrat beschlossen worden ist.

### → Rechtsgrundlage

§ 29 Absatz 4 Satz 1 BetrVG

### → Vorherige Beschlussfassung?

Nein, wenn der Arbeitgeber die Einberufung der Betriebsratssitzung oder die Aufnahme eines Themas in die Tagesordnung beantragt hat. Ansonsten ja, siehe Muster M49.

### → M63a

*Einladung zur Betriebsratssitzung*

*Sehr geehrte Damen und Herren,*

*am ... [Datum] findet um ... [Uhrzeit] in ... [Ort] die Betriebsratssitzung statt, deren Einberufung Sie beantragt hatten. Hiermit möchten wir Sie zu dieser Sitzung einladen. Als einziger Tagesordnungspunkt wird auf dieser Sitzung das folgende von Ihnen benannte Thema behandelt:*

*... [Thema]*

*Mit freundlichen Grüßen*

______________________________

*(BETRIEBSRATSVORSITZENDE/R)*

Wenn der Betriebsrat neben dem vom Arbeitgeber benannten Thema auch noch weitere Themen auf der Betriebsratssitzung behandeln will oder wenn der Arbeitgeber nicht die Einberufung einer eigenen Sitzung beantragt hat, sondern nur verlangt hat, dass ein bestimmtes Thema auf die Tagesordnung einer Sitzung gesetzt wird, kann die Einladung des Arbeitgebers wie folgt formuliert werden.

→ **M63b**

*Einladung zur Betriebsratssitzung*

*Sehr geehrte Damen und Herren,*

*mit E-Mail vom ... [Datum] hatten Sie mich darum gebeten, zur Behandlung des Themas ... [Thema bezeichnen] eine Betriebsratssitzung einzuberufen bzw. dieses Thema auf die Tagesordnung einer Betriebsratssitzung zu setzen.*

*Ich habe das Thema als Tagesordnungspunkt 2 auf die Tagesordnung unserer Betriebsratssitzung gesetzt, die am ... [Datum] um ... [Uhrzeit] in ... [Ort] stattfindet. Ich möchte Sie hiermit zur Teilnahme an diesem Tagesordnungspunkt unserer Sitzung einladen. Der Tagesordnungspunkt wird voraussichtlich um ... [Uhrzeit] aufgerufen.*

*Mit freundlichen Grüßen*

______________________________

*(BETRIEBSRATSVORSITZENDE/R)*

Wenn der Betriebsrat den Beschluss gefasst hat, dass der Arbeitgeber an einer Betriebsratssitzung teilnehmen soll, kann die Einladung wie folgt formuliert werden.

**→ M63c**

*Einladung zur Betriebsratssitzung*

*Sehr geehrte Damen und Herren,*

*am ... [Datum] findet um ... [Uhrzeit] in ... [Ort] die nächste Sitzung des Betriebsrats statt. Zu dieser Sitzung möchten wir Sie hiermit einladen.*

*Auf der Tagesordnung steht unter anderem das folgende Thema, welches wir gern mit Ihnen beraten möchten:*

*... [Thema]*

*Wir gehen davon aus, dass die Behandlung dieses Themas ungefähr eine Stunde Zeit in Anspruch nehmen wird.*

*Bitte setzen Sie sich mit uns in Verbindung, falls Sie diesen Termin nicht wahrnehmen können. Wir können dann gemeinsam einen Ersatztermin abstimmen.*

*Mit freundlichen Grüßen*

____________________________

*(BETRIEBSRATSVORSITZENDE/R)*

## Antrag von Betriebsratsmitgliedern auf Einberufung einer Betriebsratssitzung – M64

Muster für ein Schreiben, mit dem Betriebsratsmitglieder beim Betriebsratsvorsitzenden die Einberufung einer Betriebsratssitzung beantragen.

Absender → Betriebsratsmitglieder
Empfänger → Betriebsratsvorsitzender

### → Hintergrund

Betriebsratsmitglieder können beim Betriebsratsvorsitzenden die Einberufung einer Betriebsratssitzung zu einem bestimmten Thema beantragen. Der Betriebsratsvorsitzende ist zur Einberufung der Betriebsratssitzung verpflichtet, wenn der Antrag von mindestens einem Viertel der Betriebsratsmitglieder unterstützt wird und das genannte Thema, das auf der Sitzung behandelt werden soll, zum Aufgabenbereich des Betriebsrats gehört.

### → Rechtsgrundlage

§ 29 Absatz 3 BetrVG

### → Vorherige Beschlussfassung?

Nein.

### → M64

*Antrag auf Einberufung einer Betriebsratssitzung*

*Lieber Kollege/Liebe Kollegin … [Name des/der Betriebsratsvorsitzenden],*

*hiermit beantragen die Betriebsratsmitglieder … [Name], … [Name] und … [Name] die Einberufung einer Betriebsratssitzung nach § 29 Absatz 3 BetrVG.*

*Thema dieser Betriebsratssitzung soll das kürzlich von der Geschäftsleitung angeordnete Rauchverbot vor dem Eingang des Hauptgebäudes sein. Die Unterzeichner sind bereits mehrfach von Kollegen auf die durch das Rauchverbot hervorgerufenen Probleme angesprochen und dazu gedrängt worden, auf eine für alle Beteiligten sinnvolle Lösung hinzuwirken.*

*Die gesetzlichen Voraussetzungen für einen Anspruch auf Einberufung einer Betriebsratssitzung nach § 29 Absatz 3 BetrVG liegen vor. Die diesen Antrag stellenden Betriebsratsmitglieder stellen zahlenmäßig mindestens ein Viertel der Mitglieder des Betriebsrats dar. Außerdem gehört der Gegenstand der beantragten Sitzung zum Aufgabenbereich des Betriebsrats, da das Rauchverbot eine Frage der betrieblichen Ordnung im Sinne des § 87 Absatz 1 Nr. 1 BetrVG betrifft.*

*Wir bitten darum, die beantragte Betriebsratssitzung innerhalb der nächsten zwei Wochen stattfinden zu lassen, damit das von den Kolleginnen und Kollegen als dringend empfundene Problem so schnell wie möglich gelöst werden kann.*

*Mit freundlichen Grüßen*

_______________________________

*(DIE BETRIEBSRATSMITGLIEDER ... [NAME], ... [NAME] UND ... [NAME])*

## Antrag von Betriebsratsmitgliedern auf Einberufung einer Betriebsratssitzung ablehnen – M65

Muster für ein Schreiben, mit dem der Betriebsratsvorsitzende den Antrag von Betriebsratsmitgliedern auf Einberufung einer Betriebsratssitzung ablehnt.

Absender → Betriebsratsvorsitzender
Empfänger → Betriebsratsmitglieder

### → Hintergrund

Über die Einberufung einer Betriebsratssitzung entscheidet grundsätzlich allein der Betriebsratsvorsitzende. Die Betriebsratsmitglieder haben aber die Möglichkeit, bei dem Betriebsratsvorsitzenden die Einberufung einer Betriebsratssitzung zu beantragen (siehe Muster M64). Der Betriebsratsvorsitzende ist zur Einberufung einer Betriebsratssitzung verpflichtet, wenn der Antrag von mindestens einem Viertel der Betriebsratsmitglieder unterstützt wird und das von den Betriebsratsmitgliedern genannte Thema zum Aufgabenbereich des Betriebsrats gehört. Wenn das Thema nicht zum Aufgabenbereich des Betriebsrats gehört, muss der Betriebsratsvorsitzende den Antrag ablehnen.

### → Rechtsgrundlage

§ 29 Absatz 3 BetrVG

### → Vorherige Beschlussfassung?

Nein.

### → M65

*Ablehnung der Einberufung der beantragten Betriebsratssitzung*

*Liebe Kolleginnen und Kollegen,*

*mit Schreiben vom ... [Datum] habt ihr mich dazu aufgefordert, eine Betriebsratssitzung einzuberufen und das Thema ... [Thema benennen] auf die Tagesordnung dieser Sitzung zu setzen.*

*Ich muss die Einberufung einer Sitzung zur Beratung des von euch genannten Themas ablehnen, weil dieses Thema nicht zum Aufgabenbereich des Betriebsrats gehört. Bitte beachtet, dass ich nur dann nach § 29 Absatz 3 BetrVG dazu verpflichtet bin, auf Antrag von Betriebsratsmitgliedern eine Betriebsratssitzung einzuberufen, wenn das Thema, das auf der Sitzung beraten werden soll, auch zum Aufgabenbereich des Betriebsrats gehört.*

*Mit freundlichen Grüßen*

____________________

*(BETRIEBSRATSVORSITZENDE/R)*

## Antrag von Betriebsratsmitgliedern auf Ergänzung der Tagesordnung – M66

Muster für ein Schreiben, mit dem Betriebsratsmitglieder beim Betriebsratsvorsitzenden die Ergänzung der Tagesordnung einer Betriebsratssitzung beantragen.

Absender → Betriebsratsmitglieder
Empfänger → Betriebsratsvorsitzender

### → Hintergrund

Betriebsratsmitglieder können beim Betriebsratsvorsitzenden beantragen, die Tagesordnung einer bereits feststehenden Betriebsratssitzung um ein bestimmtes Thema zu ergänzen. Der Betriebsratsvorsitzende ist zu der Aufnahme des Themas in die Tagesordnung einer Betriebsratssitzung verpflichtet, wenn der Antrag von mindestens einem Viertel der Betriebsratsmitglieder unterstützt wird und das Thema zum Aufgabenbereich des Betriebsrats gehört.

### → Rechtsgrundlage

§ 29 Absatz 3 BetrVG

### → Vorherige Beschlussfassung?

Nein.

### → M66

*Antrag auf Ergänzung der Tagesordnung der nächsten Betriebsratssitzung*

*Lieber Kollege / Liebe Kollegin ... [Name des / der Betriebsratsvorsitzenden],*

*hiermit beantragen die Betriebsratsmitglieder ... [Name], ... [Name] und ... [Name] die Ergänzung der Tagesordnung der auf den ... [Datum] anberaumten Betriebsratssitzung.*

*Die Tagesordnung der Sitzung soll um den Tagesordnungspunkt „Rauchverbot" ergänzt werden. Die Unterzeichner sind bereits mehrfach von Kollegen auf das kürzlich von der Geschäftsleitung angeordnete Rauchverbot vor dem Eingang des Hauptgebäudes und die dadurch hervorgerufenen Probleme angesprochen worden. Wir sind deshalb der Ansicht, dass dieses Thema auf der nächsten Betriebsratssitzung eingehend erörtert werden sollte.*

*Unser Anspruch auf eine Ergänzung der Tagesordnung folgt aus § 29 Absatz 3 BetrVG. Die gesetzlichen Voraussetzungen für einen Anspruch auf Ergänzung der Tagesordnung liegen vor. Die diesen Antrag stellenden Betriebsratsmitglieder stellen zahlenmäßig mindestens ein Viertel der Mitglieder des Betriebsrats dar. Außerdem gehört das zur Erörterung gestellte Thema zum Aufgabenbereich des Betriebsrats, da das Rauchverbot eine Frage der betrieblichen Ordnung im Sinne des § 87 Absatz 1 Nr. 1 BetrVG betrifft.*

*Wir sind der Auffassung, dass das Thema Rauchverbot bereits auf der nächsten Betriebsratssitzung behandelt werden sollte, damit das von den Kolleginnen und Kollegen als dringend empfundene Problem so schnell wie möglich gelöst werden kann.*

*Mit freundlichen Grüßen*

______________________________

*(DIE BETRIEBSRATSMITGLIEDER ... [NAME], ... [NAME] UND ... [NAME])*

## Antrag von Betriebsratsmitgliedern auf Ergänzung der Tagesordnung einer Betriebsratssitzung ablehnen – M67

Muster für ein Schreiben, mit dem der Betriebsratsvorsitzende den Antrag von Betriebsratsmitgliedern auf Ergänzung der Tagesordnung einer Betriebsratssitzung ablehnt.

Absender → Betriebsratsvorsitzender
Empfänger → Betriebsratsmitglieder

### → Hintergrund

Die Betriebsratsmitglieder haben die Möglichkeit, bei dem Betriebsratsvorsitzenden zu beantragen, ein bestimmtes Thema auf die Tagesordnung einer Betriebsratssitzung zu setzen. Der Betriebsratsvorsitzende ist zur Aufnahme des Themas in die Tagesordnung einer Betriebsratssitzung verpflichtet, wenn der Antrag von mindestens einem Viertel der Betriebsratsmitglieder unterstützt wird und das von den Betriebsratsmitgliedern genannte Thema zum Aufgabenbereich des Betriebsrats gehört. Wenn das Thema nicht zum Aufgabenbereich des Betriebsrats gehört, muss der Betriebsratsvorsitzende den Antrag ablehnen.

### → Rechtsgrundlage

§ 29 Absatz 3 BetrVG

### → Vorherige Beschlussfassung?

Nein.

### → M67

*Ablehnung der Ergänzung der Tagesordnung*

*Liebe Kolleginnen und Kollegen,*

*mit Schreiben vom ... [Datum] habt ihr mich dazu aufgefordert, das Thema ... [Thema bezeichnen] auf die Tagesordnung der nächsten Betriebsratssitzung zu setzen.*

*Ich muss die Ergänzung der Tagesordnung um das von euch genannte Thema ablehnen, weil dieses Thema nicht zum Aufgabenbereich des Betriebsrats gehört. Bitte beachtet, dass ich nur dann nach § 29 Absatz 3 BetrVG dazu verpflichtet bin, auf Antrag von Betriebsratsmitgliedern ein Thema in die Tagesordnung einer Betriebsratssitzung aufzunehmen, wenn das Thema auch zum Aufgabenbereich des Betriebsrats gehört.*

*Mit freundlichen Grüßen*

____________________________

*(BETRIEBSRATSVORSITZENDE/R)*

## Arbeitgeber über den Zeitpunkt einer Betriebsratssitzung informieren – M68

Muster für ein Schreiben, mit dem der Betriebsrat den Arbeitgeber über den Termin einer Betriebsratssitzung informiert.

Absender → Betriebsrat
Empfänger → Arbeitgeber

### → Hintergrund

Der Betriebsrat bzw. der Betriebsratsvorsitzende entscheidet selbst, wann er eine Betriebsratssitzung durchführen will. Für die Durchführung einer Betriebsratssitzung ist nicht die Erlaubnis des Arbeitgebers erforderlich. Der Betriebsrat muss den Arbeitgeber aber rechtzeitig vor einer Betriebsratssitzung über den Termin der Sitzung informieren.

### → Rechtsgrundlage

§ 30 Absatz 1 Satz 3 BetrVG

### → Vorherige Beschlussfassung?

Nein.

### → M68

*Betriebsratssitzung am ... [Datum]*

*Sehr geehrte Damen und Herren,*

*wir möchten Sie hiermit gemäß § 30 Absatz 1 Satz 3 BetrVG darüber informieren, dass der Betriebsrat am ... [Datum] um ... [Uhrzeit] eine Betriebsratssitzung durchführen wird. Die Sitzung wird voraussichtlich bis ungefähr ... [Uhrzeit] dauern. Je nach dem Verlauf der Sitzung kann es allerdings auch sein, dass die Sitzung erst später enden wird.*

*Mit freundlichen Grüßen*

______________________________

*(BETRIEBSRATSVORSITZENDE/R)*

## Arbeitgeber über den Zeitpunkt der regelmäßigen Betriebsratssitzungen informieren – M69

Muster für ein Schreiben, mit dem der Betriebsrat den Arbeitgeber über die Termine seiner regelmäßigen Betriebsratssitzungen informiert.

Absender → Betriebsrat
Empfänger → Arbeitgeber

### → Hintergrund

Der Betriebsrat muss den Arbeitgeber rechtzeitig vor einer Betriebsratssitzung über den Termin der Sitzung informieren. Wenn der Betriebsrat regelmäßige Betriebsratssitzungen durchführt, zum Beispiel wöchentlich immer am selben Wochentag zur selben Uhrzeit, muss der Arbeitgeber nicht über jede Sitzung gesondert informiert werden. Es reicht dann aus, wenn der Betriebsrat dem Arbeitgeber mitteilt, dass bis auf Weiteres Betriebsratssitzungen zu den festgelegten regelmäßigen Terminen stattfinden werden.

### → Rechtsgrundlage

§ 30 Absatz 1 Satz 3 BetrVG

### → Vorherige Beschlussfassung?

Nein.

### → M69

*Termine der regelmäßigen Betriebsratssitzungen*

*Sehr geehrte Damen und Herren,*

*wir möchten Sie hiermit darüber informieren, dass die regelmäßigen Sitzungen des Betriebsrats künftig wöchentlich jeweils donnerstags um 14:00 Uhr stattfinden werden. Falls ein solcher Termin auf einen gesetzlichen Feiertag fallen sollte, verschiebt sich der Sitzungstermin auf den nächsten Arbeitstag. Dies hat der Betriebsrat in seiner Sitzung am ... [Datum] beschlossen.*

*Die Sitzungen werden voraussichtlich bis ungefähr 16:00 Uhr dauern. Je nach Anzahl und Umfang der zu behandelnden Themen kann eine Sitzung aber auch einmal länger dauern.*

*Mit freundlichen Grüßen*

______________________________

*(BETRIEBSRATSVORSITZENDE/R)*

## Betriebsratsmitglied auffordern, Teilnahme an Betriebsratssitzung rechtzeitig abzusagen – M70

Muster für ein Schreiben, mit dem der Betriebsratsvorsitzende ein Betriebsratsmitglied auffordert, zukünftig rechtzeitig Bescheid zu sagen, wenn es nicht an einer Betriebsratssitzung teilnehmen wird.

Absender → Betriebsratsvorsitzender
Empfänger → Betriebsratsmitglied

### → Hintergrund

Ein Betriebsratsmitglied ist dazu verpflichtet, an allen Betriebsratssitzungen teilzunehmen. Die Pflicht zur Teilnahme an einer Betriebsratssitzung besteht aber dann nicht, wenn das Betriebsratsmitglied einen Entschuldigungsgrund hat. Wenn ein Betriebsratsmitglied nicht an einer Betriebsratssitzung teilnehmen wird, ist es verpflichtet, hierüber unverzüglich den Betriebsratsvorsitzenden zu informieren und ihm den Grund für die Nichtteilnahme anzugeben.

### → Rechtsgrundlage

§ 29 Absatz 2 Satz 5 BetrVG

### → Vorherige Beschlussfassung?

Nein.

### → M70

*Unverzügliche Mitteilung bei Nichtteilnahme an Betriebsratssitzung*

*Lieber Kollege / Liebe Kollegin ... [Name],*

*am ... [Datum] bist Du nicht zu unserer Betriebsratssitzung erschienen und hast mich vorher leider auch nicht darüber informiert, dass Du nicht erscheinen wirst.*

*Die Teilnahme an den Sitzungen des Betriebsrats gehört zu Deinen gesetzlichen Pflichten als Betriebsratsmitglied. Eine Teilnahmepflicht besteht nur dann nicht, wenn Du verhindert bist. Verhinderungsgründe sind zum Beispiel Krankheit, Urlaub, Elternzeit oder Abwesenheit aufgrund einer Dienstreise.*

*Wenn Du an einer Betriebsratssitzung nicht teilnehmen kannst, musst Du mir dies unverzüglich unter Angabe des Grundes mitteilen. Dazu bist Du nach § 29 Absatz 2 Satz 5 BetrVG verpflichtet. Diese Mitteilung ist sehr wichtig für mich, damit ich rechtzeitig das entsprechende Ersatzmitglied zu der Betriebsratssitzung einladen kann. Deshalb bitte ich Dich, mich zukünftig so frühzeitig wie möglich zu informieren, falls Du an einer Sitzung nicht teilnehmen wirst, und mir den Grund dafür anzugeben.*

*Ich möchte Dich vorsichtshalber auch darauf hinweisen, dass die wiederholte Verletzung Deiner Mitteilungspflicht eine grobe Verletzung Deiner gesetzlichen*

*Pflichten im Sinne des § 23 Absatz 1 BetrVG darstellen kann, die sogar zu Deinem Ausschluss aus dem Betriebsrat führen kann.*

*Mit freundlichen Grüßen*

______________________________

*(BETRIEBSRATSVORSITZENDE/R)*

## Einspruch gegen Sitzungsprotokoll – M71

Muster für ein Schreiben, mit dem ein Betriebsratsmitglied einen Fehler in einem Protokoll einer Betriebsratssitzung geltend macht.

Absender → Betriebsratsmitglied
Empfänger → Betriebsratsvorsitzender

### → Hintergrund

Wenn ein Betriebsratsmitglied der Ansicht ist, dass ein Protokoll einer Betriebsratssitzung einen Fehler enthält, kann es eine Einwendung gegen das Protokoll erheben. Eine solche Einwendung gegen ein Sitzungsprotokoll muss unverzüglich schriftlich beim Betriebsratsvorsitzenden eingereicht werden. Der Betriebsratsvorsitzende muss die Einwendung dann dem Protokoll beifügen.

### → Rechtsgrundlage

§ 34 Absatz 2 Satz 2 BetrVG

### → Vorherige Beschlussfassung?

Nein.

### → M71

*Einwendung gegen das Protokoll der Betriebsratssitzung vom ... [Datum]*

*Lieber Kollege / Liebe Kollegin ... [Name des / der Betriebsratsvorsitzenden],*

*hiermit erhebe ich gemäß § 34 Absatz 2 Satz 2 BetrVG eine Einwendung gegen das Protokoll der Betriebsratssitzung vom ... [Datum].*

*In dem Protokoll heißt es unter Tagesordnungspunkt Nr. ... [Nummer des Tagesordnungspunkts]: „...“ [Wiedergabe der fehlerhaften Stelle]*

*Diese Darstellung ist unzutreffend. Richtig ist vielmehr, dass ... [zutreffende Wiedergabe des Sachverhalts].*

*Ich bitte Dich, diese Einwendung gemäß § 34 Absatz 2 Satz 2 BetrVG dem Sitzungsprotokoll beizufügen.*

*Mit freundlichen Grüßen*

____________________

*(BETRIEBSRATSMITGLIED)*

## Übersendung eines Auszugs aus dem Sitzungsprotokoll an den Arbeitgeber – M72

Muster für ein Schreiben, mit dem der Betriebsrat dem Arbeitgeber einen Auszug aus dem Protokoll einer Betriebsratssitzung zukommen lässt, an der dieser teilgenommen hat.

Absender → Betriebsrat
Empfänger → Arbeitgeber

### → Hintergrund

Wenn der Arbeitgeber an einer Betriebsratssitzung teilgenommen hat, muss der Betriebsrat ihm eine Kopie des entsprechenden Teils des Sitzungsprotokolls zukommen lassen.

### → Rechtsgrundlage

§ 34 Absatz 2 Satz 1 BetrVG

### → Vorherige Beschlussfassung?

Nein.

### → M72

*Auszug aus dem Protokoll der Betriebsratssitzung vom ... [Datum]*

*Sehr geehrte Damen und Herren,*

*am ... [Datum] haben Sie zum Tagesordnungspunkt „...“ [Tagesordnungspunkt angeben] an der Sitzung des Betriebsrats teilgenommen. Anliegend übersenden wir Ihnen einen Auszug aus dem Sitzungsprotokoll zu diesem Tagesordnungspunkt.*

*Wir bitten Sie, uns eventuelle Einwendungen gegen den Inhalt des Sitzungsprotokolls unverzüglich mitzuteilen (§ 34 Absatz 2 Satz 2 BetrVG).*

*Mit freundlichen Grüßen*

________________________

*(BETRIEBSRATSVORSITZENDE/R)*

## 03. Weitere Muster

### Tagesordnung einer Betriebsratssitzung - M73

Muster für die Tagesordnung einer Betriebsratssitzung.

**→ Hintergrund**
Der Betriebsratsvorsitzende hat für jede Betriebsratssitzung eine Tagesordnung aufzustellen. Die Tagesordnung enthält eine Auflistung der Themen, die auf der Betriebsratssitzung behandelt werden sollen.

**→ Rechtsgrundlage**
§ 29 Absatz 2 Satz 2 BetrVG

**→ Vorherige Beschlussfassung?**
Nein.

**→ M73**

*Tagesordnung der Betriebsratssitzung am ... [Datum]*

1. *Beschlussfassung zur Tagesordnung*
2. *Genehmigung des Protokolls der Sitzung vom ... [Datum]*[2]
3. *Einleitung eines Arbeitsgerichtsverfahrens wegen nicht genehmigter Überstunden*
4. *Personelle Einzelmaßnahmen*
   4.1 *Einstellung des Herrn Sascha Schmidt*
   4.2 *Versetzung der Frau Marion Müller*
   4.3 *Kündigung des Herrn Michael Meyer*
5. *Beschlussfassung zu der Betriebsvereinbarung „Arbeitszeit"*
6. *...*
7. *Verschiedenes*

[2] Optional; im Gesetz ist eine Genehmigung des Protokolls einer Betriebsratssitzung nicht vorgesehen.

## Protokoll einer Betriebsratssitzung – M74

Muster für das Protokoll einer Betriebsratssitzung.

### → Hintergrund

Nach jeder Betriebsratssitzung muss ein Sitzungsprotokoll angefertigt werden. Das Sitzungsprotokoll muss mindestens die auf der Sitzung gefassten Beschlüsse enthalten und das Stimmenverhältnis, mit dem diese gefasst worden sind. Das Protokoll ist vom Betriebsratsvorsitzenden und einem weiteren Betriebsratsmitglied zu unterschreiben.

### → Rechtsgrundlage

§ 34 Absatz 1 BetrVG

### → Vorherige Beschlussfassung?

Nein.

### → M74

*Protokoll der Betriebsratssitzung vom ... [Datum]*

*Datum: ...*

*Ort: ...*

*Beginn: ... Uhr*

*Ende: ... Uhr*

*Anwesende:*
*siehe beigefügte Anwesenheitsliste*

1. *Eröffnung der Sitzung und Beschlussfassung zur Tagesordnung*

*Der Vorsitzende eröffnet die Sitzung.*

1. *Alternative: Gegen die Tagesordnung werden keine Einwände erhoben.*

2. *Alternative:*

*Der Betriebsratsvorsitzende stellt den folgenden Antrag zur Abstimmung:*

*„Die Tagesordnung soll um den folgenden Punkt ergänzt werden: ...“*

*Abstimmung:*
*Ja ... / Nein ... / Enthaltungen ...*

*Ergebnis:*
*Die Tagesordnung wird ergänzt / nicht ergänzt.*

### *2. Genehmigung des Protokolls der Sitzung vom ... [Datum]*[3]

*1. Alternative:*

*Der Betriebsratsvorsitzende stellt den folgenden Antrag zur Abstimmung:*

*„Das Protokoll der Betriebsratssitzung vom ... [Datum] wird genehmigt."*

*Abstimmung:*
*Ja ... / Nein ... / Enthaltungen ...*

*Ergebnis:*
*Das Protokoll wird genehmigt / nicht genehmigt.*

*2. Alternative:*

*Der Betriebsratsvorsitzende stellt den folgenden Antrag zur Abstimmung:*

*„Das Protokoll der Betriebsratssitzung vom ... [Datum] soll wie folgt geändert werden: ..."*

*Abstimmung:*
*Ja ... / Nein ... / Enthaltungen ...*

*Ergebnis:*
*Das Protokoll wird in der geänderten / nicht geänderten Form genehmigt.*

### *3. Einleitung eines Arbeitsgerichtsverfahrens wegen nicht genehmigter Überstunden*

*Die Anwesenden beraten über das Thema Überstunden.*

*Der Betriebsratsvorsitzende stellt den folgenden Antrag zur Abstimmung:*

*„Es soll ein Arbeitsgerichtsverfahren mit dem Ziel eingeleitet werden, dass dem Arbeitgeber vom Gericht aufgeben wird, keine Überstunden mehr leisten zu lassen, solange der Betriebsrat nicht zugestimmt hat. Der Betriebsrat beauftragt Frau Rechtsanwältin Dr. Schlau, Kanzleistraße 17, 30159 Hannover, mit der Einleitung und Durchführung dieses Verfahrens."*

*Abstimmung:*
*Ja ... / Nein ... / Enthaltungen ...*

*Ergebnis:*
*Der Antrag ist damit abgelehnt / angenommen.*

### *4. Personelle Einzelmaßnahmen*

#### *4.1 Einstellung des Herrn Sascha Schmidt*

*Es wird über die beabsichtigte Einstellung des Herrn Sascha Schmidt beraten.*

*Der Betriebsratsvorsitzende stellt anschließend den folgenden Antrag zur Abstimmung:*

*„Der Betriebsrat verweigert seine Zustimmung zu der Einstellung des Herrn Sascha Schmidt."*

*Abstimmung:*
*Ja ... / Nein ... / Enthaltungen ...*

*Ergebnis:*
*Der Antrag ist damit abgelehnt / angenommen.*

[3] Optional; im Gesetz ist eine Genehmigung des Protokolls einer Betriebsratssitzung nicht vorgesehen.

### *4.2 Versetzung der Frau Marion Müller*

*Es wird über die beabsichtigte Versetzung der Frau Marion Müller beraten.*

*Der Betriebsratsvorsitzende stellt anschließend den folgenden Antrag zur Abstimmung:*

*„Der Betriebsrat verweigert seine Zustimmung zu der Versetzung der Frau Marion Müller."*

*Abstimmung:*
*Ja ... / Nein ... / Enthaltungen ...*

*Ergebnis:*
*Der Antrag ist damit abgelehnt / angenommen.*

### *4.3 Kündigung des Herrn Michael Meyer*

*Es wird über die beabsichtigte Kündigung des Herrn Michael Meyer beraten.*

*Der Betriebsratsvorsitzende stellt anschließend den folgenden Antrag zur Abstimmung:*

*„Der Betriebsrat widerspricht der Kündigung des Herrn Michael Meyer."*

*Abstimmung:*
*Ja ... / Nein ... / Enthaltungen ...*

*Ergebnis:*
*Der Antrag ist damit abgelehnt / angenommen.*

### *5. Beschlussfassung zu der Betriebsvereinbarung „Arbeitszeit"*

*Es wird über den vorliegenden Entwurf der Betriebsvereinbarung „Arbeitszeit" beraten.*

*Der Betriebsratsvorsitzende stellt anschließend den folgenden Antrag zur Abstimmung:*

*„Der Betriebsrat stimmt dem Entwurf der Betriebsvereinbarung ‚Arbeitszeit' vom 30.06.2022 zu."*

*Abstimmung:*
*Ja ... / Nein ... / Enthaltungen ...*

*Ergebnis:*
*Der Antrag ist damit abgelehnt / angenommen.*

### *6. ...*

### *7. Verschiedenes*

*Es wurde über die folgenden weiteren Themen gesprochen:*

- ...
- ...
- ...

______________________________
*(BETRIEBSRATSVORSITZENDE/R)*

______________________________
*(BETRIEBSRATSMITGLIED)*

## Anwesenheitsliste einer Betriebsratssitzung – M75

Muster für die Anwesenheitsliste einer Betriebsratssitzung.

### → Hintergrund

Dem Protokoll einer Betriebsratssitzung muss eine Anwesenheitsliste beigefügt werden, in die sich jeder Teilnehmer der Sitzung eigenhändig einzutragen hat.

### → Rechtsgrundlage

§ 34 Absatz 1 Satz 3 BetrVG

### → Vorherige Beschlussfassung?

Nein.

### → M75

*Anwesenheitsliste der Betriebsratssitzung vom … [Datum]*

**BETRIEBSRATSMITGLIEDER**

| NAME, VORNAME | UHRZEIT (VON – BIS) | UNTERSCHRIFT |
|---|---|---|
| | | |
| | | |
| | | |
| | | |
| | | |

**ERSATZMITGLIEDER**

| NAME, VORNAME | UHRZEIT (VON – BIS) | UNTERSCHRIFT |
|---|---|---|
| | | |
| | | |
| | | |

**SCHWERBEHINDERTENVERTRETER/IN**

| NAME, VORNAME | UHRZEIT (VON – BIS) | UNTERSCHRIFT |
|---|---|---|
| | | |

MITGLIEDER DER JUGEND- UND AUSZUBILDENDENVERTRETUNG

| NAME, VORNAME | UHRZEIT (VON – BIS) | UNTERSCHRIFT |
| --- | --- | --- |
| | | |
| | | |
| | | |

GEWERKSCHAFTSBEAUFTRAGTE

| NAME, VORNAME | UHRZEIT (VON – BIS) | UNTERSCHRIFT |
| --- | --- | --- |
| | | |
| | | |

WEITERE TEILNEHMER

| NAME, VORNAME | UHRZEIT (VON – BIS) | UNTERSCHRIFT |
| --- | --- | --- |
| | | |
| | | |
| | | |

# Laufende Geschäfte des Betriebsrats

Ein Betriebsrat hat regelmäßig bestimmte interne bzw. organisatorische Aufgaben zu erledigen. Dazu gehört zum Beispiel die Vorbereitung der Betriebsratssitzungen, das Anfertigen von Schreiben und Entwürfen, das Vereinbaren von Terminen und sonstige Büroarbeiten. Diese Aufgaben, deren Erledigung nicht das vorherige Fassen eines Betriebsratsbeschlusses erfordert, werden als laufende Geschäfte des Betriebsrats bezeichnet.

In Betriebsratsgremien, die aus neun oder mehr Betriebsratsmitgliedern besehen, werden die laufenden Geschäfte vom Betriebsausschuss geführt. In kleineren Betriebsratsgremien kann der Betriebsrat das Führen der laufenden Geschäfte auf den Betriebsratsvorsitzenden oder auf einzelne Betriebsratsmitglieder übertragen Muster M76 und M77. Ohne eine solche Übertragung werden die laufenden Geschäfte in Betriebsratsgremien mit weniger als neun Mitgliedern von allen Betriebsratsmitgliedern gemeinsam geführt.

Viele Betriebsratsgremien bestellen auch einen sogenannten Schriftführer Muster M78. Der Schriftführer hat insbesondere die Aufgabe, die Protokolle der Betriebsratssitzungen anzufertigen.

## 01. Beschlüsse

### Laufende Geschäfte auf Betriebsratsvorsitzenden übertragen – M76

**→ Situation**

Ein Betriebsrat ohne Betriebsausschuss möchte das Führen der laufenden Geschäfte auf den Betriebsratsvorsitzenden übertragen.

**→ Hintergrund**

Betriebsratsgremien, die aufgrund ihrer Größe über keinen Betriebsausschuss verfügen, können die laufenden Geschäfte des Betriebsrats auf einzelne Betriebsratsmitglieder übertragen. Häufig erfolgt eine Übertragung dieser Aufgabe auf den Betriebsratsvorsitzenden.

| | |
|---|---|
| Rechtsgrundlage | § 27 Absatz 3 BetrVG |
| Erforderliche Stimmenmehrheit | Einfache Mehrheit |
| Form | – |
| Nächste Schritte | Arbeitgeber informieren Muster M80. |

**→ M76**

**Muster für den Tagesordnungspunkt**

*Übertragung der laufenden Geschäfte des Betriebsrats*

**Muster für den Beschlusstext**

*Der Betriebsrat überträgt dem Betriebsratsvorsitzenden gemäß § 27 Absatz 3 BetrVG das Führen der laufenden Geschäfte des Betriebsrats.*

*Abstimmungsergebnis:*
*Ja … / Nein … / Enthaltungen …*

## Laufende Geschäfte auf Betriebsratsmitglieder übertragen – M77

### → Situation

Ein Betriebsrat ohne Betriebsausschuss möchte das Führen der laufenden Geschäfte auf mehrere Betriebsratsmitglieder übertragen.

### → Hintergrund

Siehe zunächst die Erläuterung zu Muster M76.

Betriebsratsgremien, die aufgrund ihrer Größe über keinen Betriebsausschuss verfügen, können die laufenden Geschäfte des Betriebsrats auch auf mehrere Betriebsratsmitglieder gleichzeitig übertragen.

| | |
|---|---|
| Rechtsgrundlage | § 27 Absatz 3 BetrVG |
| Erforderliche Stimmenmehrheit | Einfache Mehrheit |
| Form | – |
| Nächste Schritte | Arbeitgeber informieren Muster M80. |

### → M77

**Muster für den Tagesordnungspunkt**

*Übertragung der laufenden Geschäfte des Betriebsrats*

**Muster für den Beschlusstext**

*Der Betriebsrat überträgt den folgenden Betriebsratsmitgliedern gemäß § 27 Absatz 3 BetrVG das Führen der laufenden Geschäfte des Betriebsrats:*

- *Herrn / Frau ... [Name]*
- *Herrn / Frau ... [Name]*
- *Herrn / Frau ... [Name]*

*Die genannten Betriebsratsmitglieder führen die laufenden Geschäfte des Betriebsrats gemeinsam. Soweit sie sich in einer Angelegenheit nicht einigen können, entscheidet der Betriebsrat.*

*Abstimmungsergebnis:*
*Ja ... / Nein ... / Enthaltungen ...*

## Schriftführer bestellen – M78

### → Situation
Der Betriebsrat möchte einen Schriftführer bestellen.

### → Hintergrund
Der Betriebsrat kann ein Betriebsratsmitglied zum Schriftführer bestellen. Der Schriftführer hat insbesondere die Aufgabe, die Protokolle der Betriebsratssitzungen anzufertigen.

| | |
|---|---|
| Rechtsgrundlage | § 27 Absatz 3 BetrVG |
| Erforderliche Stimmenmehrheit | Einfache Mehrheit |
| Form | – |
| Nächste Schritte | Gegebenenfalls Arbeitgeber informieren. |

### → M78

**Muster für den Tagesordnungspunkt**

*Bestellung eines Schriftführers*

**Muster für den Beschlusstext**

*Herr / Frau ... [Name] wird zum / zur Schriftführer/in bestellt.*

*Abstimmungsergebnis:*
*Ja ... / Nein ... / Enthaltungen ...*

## Schriftführer abberufen – M79

### → Situation

Der Betriebsrat möchte den Schriftführer abberufen.

### → Hintergrund

Der Betriebsrat kann einem zum Schriftführer bestellten Betriebsratsmitglied diese Funktion jederzeit wieder entziehen. Ein besonderer Grund muss dafür nicht vorliegen.

| | |
|---|---|
| Rechtsgrundlage | § 27 Absatz 3 BetrVG |
| Erforderliche Stimmenmehrheit | Einfache Mehrheit |
| Form | – |
| Nächste Schritte | 1. Abberufenes Betriebsratsmitglied informieren (wenn bei Beschlussfassung nicht anwesend).<br>2. Gegebenenfalls neuen Schriftführer wählen. |

### → M79

**Muster für den Tagesordnungspunkt**

*Abberufung des Schriftführers*

**Muster für den Beschlusstext**

*Herr / Frau ... [Name] wird als Schriftführer/in abberufen.*

*Abstimmungsergebnis:*
*Ja ... / Nein ... / Enthaltungen ...*

## 02. Schreiben

### Arbeitgeber über Übertragung der laufenden Geschäfte informieren – M80

Muster für ein Schreiben, mit dem der Betriebsrat den Arbeitgeber darüber informiert, dass der Betriebsrat das Führen der laufenden Geschäfte auf bestimmte Betriebsratsmitglieder übertragen hat.

Absender → Betriebsrat
Empfänger → Arbeitgeber

**→ Hintergrund**
Siehe die Erläuterung zu dem entsprechenden Betriebsratsbeschluss Muster M76 und M77.

**→ Rechtsgrundlage**
§ 27 Absatz 3 BetrVG

**→ Vorherige Beschlussfassung?**
Ja, siehe Muster M76 und M77.

**→ M80**

*Übertragung der laufenden Geschäfte*

*Sehr geehrte Damen und Herren,*

*hiermit möchte ich Sie darüber informieren, dass der Betriebsrat in seiner Sitzung am … [Datum] beschlossen hat, das Führen der laufenden Geschäfte des Betriebsrats gemäß § 27 Absatz 3 BetrVG auf … [Name/n des Betriebsratsmitglieds / der Betriebsratsmitglieder] zu übertragen.*

*Dieses Betriebsratsmitglied nimmt / Diese Betriebsratsmitglieder nehmen deshalb ab sofort alle Aufgaben wahr, die im Rahmen der laufenden Geschäftsführung des Betriebsrats anfallen.*

*Mit freundlichen Grüßen*

______________________

*(BETRIEBSRATSVORSITZENDE/R)*

→

# Ausschüsse des Betriebsrats

Betriebsratsgremien in Betrieben mit mehr als 100 Arbeitnehmern können Ausschüsse bilden und ihnen bestimmte Aufgaben übertragen. Ein Betriebsrat, der aus neun oder mehr Betriebsratsmitgliedern besteht, ist sogar dazu verpflichtet, einen Ausschuss zu bilden, und zwar den sogenannten Betriebsausschuss. Der Betriebsausschuss hat die Aufgabe, die laufenden Geschäfte des Betriebsrats zu führen.

Ausschüsse dienen der effektiven und zeitsparenden Gestaltung der Betriebsratsarbeit. Wenn der Betriebsrat für die Erledigung bestimmter Betriebsratsaufgaben einen Ausschuss gebildet hat, muss sich nicht mehr das gesamte Gremium mit diesen Aufgaben befassen, sondern nur noch der Ausschuss. Das Betriebsratsgremium hat so mehr Zeit für andere Aufgaben.

Es sind zwei verschiedene Arten von Ausschuss zu unterscheiden: vorbereitende Ausschüsse und Ausschüsse mit selbständiger Entscheidungskompetenz. *Vorbereitende Ausschüsse* leisten lediglich die Vorarbeit für den Betriebsrat, die Entscheidungen in der jeweiligen Angelegenheit trifft am Ende der Betriebsrat Muster M81. *Ausschüsse mit selbständiger Entscheidungskompetenz* bereiten dagegen nicht nur die Entscheidungsfindung des Betriebsrats vor, sie treffen in ihrem Aufgabenbereich auch an Stelle des Betriebsrats die letztendliche Entscheidung Muster M82. Ein Ausschuss mit selbständiger Entscheidungskompetenz ist in den zu seinem Aufgabenbereich gehörenden Angelegenheiten deshalb auch der Ansprechpartner für den Arbeitgeber. Aus diesem Grund sollte der Betriebsrat den Arbeitgeber informieren, wenn er einem Ausschuss Aufgaben nicht nur zur Vorbereitung, sondern zur selbständigen Erledigung übertragen hat Muster M92.

Die Errichtung eines Ausschusses erfolgt durch das Fassen eines entsprechenden Beschlusses Muster M81 und M82. In dem Beschluss muss darüber entschieden werden, welche konkreten Aufgaben der Ausschuss erledigen und aus wie viel Mitgliedern er bestehen soll.

Wenn ein Ausschuss erst einmal errichtet ist, ist es jederzeit möglich, ihm weitere Aufgaben zu übertragen Muster M84. Umgekehrt ist es möglich, dem Ausschuss übertragene Aufgaben wieder zu entziehen Muster M85. Außerdem kann ein Ausschuss auch wieder ganz aufgelöst werden Muster M89.

Die Mitglieder eines Ausschusses werden vom Betriebsrat gewählt. Die Wahl erfolgt nach den Grundsätzen der Verhältniswahl, wenn mindestens zwei verschiedene Vorschlagslisten eingereicht worden sind Muster M90. Wenn nur eine Vorschlagsliste eingereicht worden ist, erfolgt die Wahl in Mehrheitswahl Muster M91. Etwas anderes gilt für die Mitglieder des Wirtschaftsausschusses. Die Mitglieder des Wirtschaftsausschusses werden nicht gewählt, sondern durch Beschluss bestellt Muster M87. Ausschussmitglieder können vom Betriebsrat jederzeit wieder abberufen werden, ohne dass dafür ein besonderer Grund vorliegen muss Muster M88.

## 01. Beschlüsse

### Vorbereitenden Ausschuss bilden – M81

**→ Situation**
Der Betriebsrat möchte einen Ausschuss bilden, der keine eigenen Entscheidungen treffen, sondern nur die Entscheidungen des Betriebsrats vorbereiten soll.

**→ Hintergrund**
Der Betriebsrat kann Ausschüsse mit und ohne selbständiger Entscheidungskompetenz errichten. Ein Ausschuss ohne selbständige Entscheidungskompetenz wird auch als vorbereitender Ausschuss bezeichnet. Ein solcher Ausschuss bereitet lediglich die Entscheidungsfindung des Betriebsrats zu bestimmten Themen vor, indem er zum Beispiel Unterlagen auswertet, eine Beschlussvorlage erarbeitet und eine Empfehlung für die Entscheidung des Betriebsrats ausspricht. Die Entscheidung selbst trifft dann am Ende aber der Betriebsrat.

| | |
|---|---|
| Rechtsgrundlage | § 28 Absatz 1 Satz 1 BetrVG |
| Erforderliche Stimmenmehrheit | Einfache Mehrheit |
| Form | – |
| Nächste Schritte | Ausschussmitglieder wählen Muster M90 und M91. |

**→ M81**

**Muster für den Tagesordnungspunkt**

*Bildung eines ... [Name des Ausschusses]*

**Muster für den Beschlusstext**

*Der Betriebsrat bildet einen ... [Name des Ausschusses].*

*Der Ausschuss besteht aus ... [Anzahl] Betriebsratsmitgliedern.*

*Der Ausschuss hat die Aufgabe, die Entscheidungen des Betriebsrats in den folgenden Aufgabenbereichen vorzubereiten:*

*... [Aufgaben konkret benennen]*

*Abstimmungsergebnis:*
*Ja ... / Nein ... / Enthaltungen ...*

**Beispiel für den Tagesordnungspunkt**

*Bildung eines Personalausschusses*

**Beispiel für den Beschlusstext**

*Der Betriebsrat bildet einen Personalausschuss.*

*Der Ausschuss besteht aus drei Betriebsratsmitgliedern.*

*Der Ausschuss hat die Aufgabe, die Entscheidungen des Betriebsrats zu Einstellungen, Eingruppierungen, Umgruppierungen, Versetzungen und Kündigungen vorzubereiten.*

*Abstimmungsergebnis:*
*Ja ... / Nein ... / Enthaltungen ...*

## Ausschuss mit selbständiger Entscheidungskompetenz bilden – M82

### → Situation

Der Betriebsrat möchte einen Ausschuss bilden, der in seinem Aufgabenbereich selbst die Entscheidungen an Stelle des Betriebsrats trifft.

### → Hintergrund

Wenn der Betriebsrat einen Betriebsausschuss gebildet hat, kann der Betriebsrat Ausschüsse mit selbständiger Entscheidungskompetenz errichten. Einen Betriebsausschuss kann ein Betriebsrat allerdings nur dann bilden, wenn er aus mindestens neun Betriebsratsmitgliedern besteht.

Anders als ein vorbereitender Ausschuss bereitet ein Ausschuss mit selbständiger Entscheidungskompetenz nicht nur die Entscheidungen des Betriebsrats vor, sondern er trifft in dem übertragenen Aufgabenbereich selbst die Entscheidungen. Ein solcher Ausschuss tritt in seinem Aufgabenbereich vollständig an die Stelle des Betriebsrats.

| | |
|---|---|
| Rechtsgrundlage | § 28 Absatz 1 Satz 1 und 3 BetrVG, § 27 Absatz 2 Satz 2 und 3 BetrVG |
| Erforderliche Stimmenmehrheit | Absolute Mehrheit |
| Form | Schriftform |
| Nächste Schritte | 1. Ausschussmitglieder wählen Muster M90 und M91.<br>2. Arbeitgeber informieren Muster M92. |

→ **M82**

**Muster für den Tagesordnungspunkt**

*Bildung eines ... [Name des Ausschusses]*

**Muster für den Beschlusstext**

*Der Betriebsrat bildet einen ... [Name des Ausschusses].*

*Der Ausschuss besteht aus ... [Anzahl] Betriebsratsmitgliedern.*

*Der Betriebsrat überträgt dem Ausschuss die folgenden Aufgaben zur selbständigen Erledigung:*

*... [Aufgaben konkret benennen]*

*Abstimmungsergebnis:*
*Ja ... / Nein ... / Enthaltungen ...*

**Beispiel für den Tagesordnungspunkt**

*Bildung eines Personalausschusses*

**Beispiel für den Beschlusstext**

*Der Betriebsrat bildet einen Personalausschuss.*

*Der Ausschuss besteht aus drei Betriebsratsmitgliedern.*

*Der Betriebsrat überträgt dem Ausschuss die folgenden Aufgaben zur selbständigen Erledigung:*

- *Ausübung der Beteiligungsrechte des Betriebsrats bei Einstellungen, Eingruppierungen, Umgruppierungen und Versetzungen nach § 99 BetrVG*
- *Ausübung der Beteiligungsrechte des Betriebsrats bei Kündigungen nach § 102 BetrVG*

*Abstimmungsergebnis:*
*Ja ... / Nein ... / Enthaltungen ...*

## Aufgabe auf den Betriebsausschuss übertragen – M83

### → Situation

Der Betriebsrat möchte dem Betriebsausschuss eine Aufgabe zur selbständigen Erledigung übertragen.

### → Hintergrund

Wenn der Betriebsrat einen Betriebsausschuss gebildet hat, muss er nicht unbedingt einen weiteren Ausschuss bilden, wenn er Aufgaben auf einen Ausschuss delegieren will. Der Betriebsausschuss hat nach dem Gesetz zwar erst einmal nur die Aufgabe, die laufenden Geschäfte des Betriebsrats zu führen. Der Betriebsrat kann dem Betriebsausschuss aber auch noch weitere Aufgaben übertragen.

| | |
|---|---|
| Rechtsgrundlage | § 27 Absatz 2 Satz 2 BetrVG |
| Erforderliche Stimmenmehrheit | Absolute Mehrheit |
| Form | Schriftform |
| Nächste Schritte | Arbeitgeber informieren Muster M98. |

### → M83

**Muster für den Tagesordnungspunkt**

*Übertragung der Aufgabe ... [stichwortartige Bezeichnung der Aufgabe] auf den Betriebsausschuss*

**Muster für den Beschlusstext**

*Der Betriebsrat überträgt dem Betriebsausschuss die folgende Aufgabe zur selbständigen Erledigung:*

*... [Aufgabe konkret benennen]*

*Abstimmungsergebnis:*
*Ja ... / Nein ... / Enthaltungen ...*

**Beispiel für den Tagesordnungspunkt**

*Übertragung der Bearbeitung der personellen Einzelmaßnahmen und des Führens der Monatsgespräche auf den Betriebsausschuss*

**Beispiel für den Beschlusstext**

*Der Betriebsrat überträgt dem Betriebsausschuss die folgenden Aufgaben zur selbständigen Erledigung:*

- → *Wahrnehmung der Beteiligungsrechte des Betriebsrats bei den personellen Einzelmaßnahmen nach § 99 und § 102 BetrVG*
- → *Wahrnehmung der Monatsgespräche mit dem Arbeitgeber gemäß § 74 Absatz 1 BetrVG*

*Abstimmungsergebnis:*
*Ja … / Nein … / Enthaltungen …*

## Aufgabe zur selbständigen Erledigung auf Ausschuss übertragen – M84

### → Situation

Der Betriebsrat möchte einem Ausschuss eine (weitere) Aufgabe zur selbständigen Erledigung übertragen.

### → Hintergrund

Der Betriebsrat kann einem bereits errichteten Ausschuss weitere Aufgaben übertragen.

| | |
|---|---|
| Rechtsgrundlage | § 28 Absatz 1 Satz 3 BetrVG, § 27 Absatz 2 Satz 2 und 3 BetrVG |
| Erforderliche Stimmenmehrheit | Absolute Mehrheit |
| Form | Schriftform |
| Nächste Schritte | Arbeitgeber informieren Muster M99 . |

### → M84

**Muster für den Tagesordnungspunkt**

*Übertragung der Aufgabe ... [stichwortartige Bezeichnung der Aufgabe] auf den ... [Name des Ausschusses]*

**Muster für den Beschlusstext**

*Der Betriebsrat überträgt dem ... [Name des Ausschusses] die folgende Aufgabe zur selbständigen Erledigung:*

*... [Aufgabe konkret benennen]*

*Abstimmungsergebnis:*
*Ja ... / Nein ... / Enthaltungen ...*

**Beispiel für den Tagesordnungspunkt**

*Übertragung von Aufgaben im Zusammenhang mit der Personalplanung auf den Personalausschuss*

**Beispiel für den Beschlusstext**

*Der Betriebsrat überträgt dem Personalausschuss die folgende weitere Aufgabe zur selbständigen Erledigung:*

→ *Ausübung des Vorschlagsrechts des Betriebsrats hinsichtlich der Einführung einer Personalplanung und ihrer Durchführung (§ 92 Absatz 2 BetrVG).*

*Abstimmungsergebnis:*
*Ja … / Nein … / Enthaltungen …*

## Übertragung einer Aufgabe auf einen Ausschuss widerrufen – M85

### → Situation

Der Betriebsrat möchte eine Aufgabe, die er auf einen Ausschuss zur selbständigen Erledigung übertragen hat, zukünftig wieder selbst erledigen.

### → Hintergrund

Auch wenn der Betriebsrat einem Ausschuss eine Aufgabe übertragen hat, kann er jederzeit entscheiden, diese Aufgabe zukünftig wieder selbst wahrnehmen zu wollen. Der Betriebsrat kann die Übertragung einer Aufgabe auf einen Ausschuss widerrufen. Ein besonderer Grund muss dafür nicht vorliegen.

| | |
|---|---|
| Rechtsgrundlage | § 27 Absatz 2 Satz 2, 3 und 4 BetrVG, § 28 Absatz 1 Satz 3 BetrVG |
| Erforderliche Stimmenmehrheit | Absolute Mehrheit |
| Form | Schriftform |
| Nächste Schritte | Arbeitgeber informieren Muster M100. |

### → M85

**Muster für den Tagesordnungspunkt**

*Widerruf der Übertragung von Aufgaben auf den ... [Name des Ausschusses]*

**Muster für den Beschlusstext**

*Die folgenden dem ... [Name des Ausschusses] zur selbständigen Erledigung übertragenen Aufgaben werden ab sofort wieder vom Betriebsrat selbst wahrgenommen:*

*... [Aufgaben konkret benennen]*

*Die Übertragung dieser Aufgaben auf den ... [Name des Ausschusses] wird mit sofortiger Wirkung widerrufen.*

*Abstimmungsergebnis:*
*Ja ... / Nein ... / Enthaltungen ...*

**Beispiel für den Tagesordnungspunkt**

*Widerruf der Übertragung von Aufgaben auf den Personalausschuss*

**Beispiel für den Beschlusstext**

*Die folgenden dem Personalausschuss zur selbständigen Erledigung übertragenen Aufgaben werden ab sofort wieder vom Betriebsrat selbst wahrgenommen:*

- → *Aufgaben des Betriebsrats im Zusammenhang mit der Anhörung zu Kündigungen nach § 102 BetrVG*

*Die Übertragung dieser Aufgaben auf den Personalausschuss wird mit sofortiger Wirkung widerrufen.*

*Abstimmungsergebnis:*
*Ja … / Nein … / Enthaltungen …*

## Bestellung eines Ausschussvorsitzenden - M86

### → Situation

Der Betriebsrat hat einen Ausschuss errichtet und die Ausschussmitglieder gewählt. Der Betriebsrat kann jetzt eines der gewählten Ausschussmitglieder zum Vorsitzenden des Ausschusses bestellen.

### → Hintergrund

Jeder Ausschuss des Betriebsrats benötigt einen Vorsitzenden, der die Sitzungen des Ausschusses einberuft und leitet. Bei dem Betriebsausschuss wird die Position des Ausschussvorsitzenden automatisch vom Betriebsratsvorsitzenden eingenommen. Bei anderen Ausschüssen des Betriebsrats muss ein Ausschussmitglied zum Vorsitzenden ernannt werden. Der Betriebsrat kann die Wahl des Vorsitzenden dem Ausschuss überlassen. Der Betriebsrat kann den Vorsitzenden eines Ausschusses aber auch durch einen Beschluss selbst bestimmen.

| | |
|---|---|
| Rechtsgrundlage | § 28 Absatz 1 BetrVG |
| Erforderliche Stimmenmehrheit | Einfache Mehrheit |
| Form | – |
| Nächste Schritte | 1. Ausschussmitglieder benachrichtigen.<br>2. Arbeitgeber informieren. |

### → M86

**Muster für den Tagesordnungspunkt**

*Bestellung eines Vorsitzenden für den ...*
*[Name des Ausschusses]*

**Muster für den Beschlusstext**

*Der Betriebsrat bestellt Herrn / Frau ...*
*[Name] zum / zur Vorsitzenden des ...*
*[Name des Ausschusses].*

*Abstimmungsergebnis:*
*Ja ... / Nein ... / Enthaltungen ...*

## Bestellung der Mitglieder des Wirtschaftsausschusses – M87

### → Situation

Der Betriebsrat möchte die Mitglieder des Wirtschaftsausschusses bestimmen.

### → Hintergrund

In Unternehmen mit mehr als 100 Arbeitnehmern muss der Betriebsrat einen Wirtschaftsausschuss errichten, indem er mindestens drei Mitglieder für den Wirtschaftsausschuss bestellt. Wenn es im Unternehmen einen Gesamtbetriebsrat gibt, hat der Gesamtbetriebsrat diese Aufgabe.

Die Mitglieder für den Wirtschaftsausschuss müssen einzeln durch Beschluss bestellt werden. Sie werden nicht wie die Mitglieder der anderen Ausschüsse des Betriebsrats durch Mehrheits- oder Verhältniswahl gewählt.

| | |
|---|---|
| Rechtsgrundlage | § 107 Absatz 2 BetrVG |
| Erforderliche Stimmenmehrheit | Einfache Mehrheit |
| Form | – |
| Nächste Schritte | 1. Bestelltes Wirtschaftsausschussmitglied informieren.<br>2. Arbeitgeber informieren Muster M95. |

### → M87

#### Muster für den Tagesordnungspunkt

*Bestellung der Mitglieder des Wirtschaftsausschusses*

#### Muster für den Beschlusstext

*Der Betriebsrat bestellt Herrn / Frau ... [Name] als Mitglied des Wirtschaftsausschusses.*

*Abstimmungsergebnis:*
*Ja ... / Nein ... / Enthaltungen ...*

## Ausschussmitglied abberufen - M88

### → Situation

Der Betriebsrat möchte ein Ausschussmitglied abberufen.

### → Hintergrund

Der Betriebsrat kann ein Ausschussmitglied jederzeit wieder abberufen. Dies gilt sowohl für den Betriebsausschuss als auch für die sonstigen Ausschüsse des Betriebsrats. Ein besonderer Grund muss für die Abberufung nicht vorliegen. Der Beschluss über die Abberufung muss allerdings mit einer Dreiviertelmehrheit gefasst werden, wenn die Ausschussmitglieder nach den Grundsätzen der Verhältniswahl (Listenwahl) gewählt worden sind. In diesem Fall muss außerdem die Abstimmung geheim durchgeführt werden.

| | |
|---|---|
| Rechtsgrundlage | § 27 Absatz 1 Satz 5 BetrVG, § 28 Absatz 1 Satz 2 BetrVG, § 107 Absatz 2 Satz 3 BetrVG |
| Erforderliche Stimmenmehrheit | → Wenn in Verhältniswahl gewählt: Dreiviertelmehrheit.<br>→ Wenn in Mehrheitswahl gewählt: Einfache Mehrheit.<br>→ Wenn es um die Abberufung eines Wirtschaftsausschussmitglieds geht: Einfache Mehrheit. |
| Verfahren | Wenn in Verhältniswahl gewählt: geheime Abstimmung |
| Form | – |
| Nächste Schritte | 1. Abberufenes Ausschussmitglied informieren, wenn bei Beschlussfassung nicht anwesend Muster M96.<br>2. Gegebenenfalls neues Ausschussmitglied wählen bzw. bestellen. |

→ **M88**

**Muster für den Tagesordnungspunkt**

*Abberufung des Herrn / der Frau ... [Name] als Mitglied des ... [Name des Ausschusses]*

**Muster für den Beschlusstext**

*Herr / Frau ... [Name] wird mit sofortiger Wirkung als Mitglied des ... [Name des Ausschusses] abberufen.*

*Abstimmungsergebnis:*
*Ja ... / Nein ... / Enthaltungen ...*

## Ausschuss auflösen - M89

### → Situation
Der Betriebsrat möchte einen von ihm errichteten Ausschuss wieder auflösen.

### → Hintergrund
Der Betriebsrat kann – mit Ausnahme des Betriebsausschusses und des Wirtschaftsausschusses – einen einmal gebildeten Ausschuss jederzeit wieder auflösen. Ein besonderer Grund muss dafür nicht vorliegen.

| | |
|---|---|
| Rechtsgrundlage | § 28 Absatz 1 Satz 1 BetrVG |
| Erforderliche Stimmenmehrheit | → Wenn Aufgaben zur selbständigen Erledigung übertragen: Absolute Mehrheit.<br>→ Sonst: Einfache Mehrheit. |
| Form | Wenn Aufgaben zur selbständigen Erledigung übertragen: Schriftform. |
| Nächste Schritte | Arbeitgeber informieren Muster M101. |

### → M89

**Muster für den Tagesordnungspunkt**

*Auflösung des ... [Name des Ausschusses]*

**Muster für den Beschlusstext**

*Der ... [Name des Ausschusses] wird mit sofortiger Wirkung aufgelöst. Der Betriebsrat nimmt sämtliche dem Ausschuss übertragenen Aufgaben ab sofort wieder selbst wahr.*

*Abstimmungsergebnis:*
*Ja ... / Nein ... / Enthaltungen ...*

**Beispiel für den Tagesordnungspunkt**

*Auflösung des Personalausschusses*

**Beispiel für den Beschlusstext**

*Der Personalausschuss wird mit sofortiger Wirkung aufgelöst. Der Betriebsrat nimmt sämtliche dem Ausschuss übertragenen Aufgaben ab sofort wieder selbst wahr.*

*Abstimmungsergebnis:*
*Ja ... / Nein ... / Enthaltungen ...*

## 02. Wahlen

### Wahl der Ausschussmitglieder (Verhältniswahl) – M90

**→ Situation**
Der Betriebsrat steht vor der Aufgabe, die Mitglieder eines Ausschusses zu wählen. Es wurden verschiedene Vorschlagslisten mit jeweils einem oder mehreren Wahlkandidaten eingereicht.

**→ Hintergrund**
Wenn der Betriebsrat einen Betriebsausschuss zu bilden hat oder wenn er die Bildung eines sonstigen Ausschusses beschlossen hat, muss der Betriebsrat die Mitglieder des Ausschusses wählen. Wenn von den Betriebsratsmitgliedern für die Wahl mindestens zwei verschiedene Vorschlagslisten mit jeweils einem oder mehreren Wahlkandidaten eingereicht worden sind, findet die Wahl nach den Grundsätzen der Verhältniswahl (Listenwahl) statt. Die Betriebsratsmitglieder geben ihre Stimme dann nicht für einzelne Kandidaten ab, sondern für eine Liste als solche. Die auf die einzelnen Listen entfallenden Ausschusssitze werden nach dem d'hondtschen Höchstzahlensystem ermittelt.[4]

Wenn nur eine Vorschlagsliste eingereicht worden ist, findet die Wahl nach den Grundsätzen der Mehrheitswahl statt (siehe dazu Muster M91).

| | |
|---|---|
| Rechtsgrundlage | § 27 Absatz 1 Satz 3 BetrVG, § 28 Absatz 1 Satz 2 BetrVG |
| Ermittlung des Wahlergebnisses | D'Hondtsches Verfahren |
| Verfahren | Geheime Wahl |
| Nächste Schritte | Gewählte Bewerber informieren. |

[4] Ein Tool zur Berechnung des Wahlergebnisses finden Sie auf www.kluge-seminare.de

**→ M90**

**Muster für den Tagesordnungspunkt**

*Wahl der Mitglieder des ... [Name des Ausschusses]*

**Muster für einen Stimmzettel**

*Stimmzettel für die Wahl der Mitglieder des ... [Name des Ausschusses]*

| | |
|---|---|
| *LISTE 1* | ☐ |
| → *Kandidat/in 1*<br>→ *Kandidat/in 2*<br>→ ... | |
| *LISTE 2* | ☐ |
| → *Kandidat/in 1*<br>→ *Kandidat/in 2*<br>→ ... | |
| *LISTE 3* | ☐ |
| → *Kandidat/in 1*<br>→ *Kandidat/in 2*<br>→ ... | |

### Muster für die Feststellung des Wahlergebnisses im Sitzungsprotokoll

*Bei der Wahl der Mitglieder für den … [Name des Ausschusses] haben die Vorschlagslisten die folgende Anzahl an Stimmen erhalten:*

| LISTE | STIMMENZAHL |
|---|---|
| LISTE 1<br><br>→ *Kandidat/in 1*<br>→ *Kandidat/in 2*<br>→ … | *… [Anzahl Stimmen]* |
| LISTE 2<br><br>→ *Kandidat/in 1*<br>→ *Kandidat/in 2*<br>→ … | *… [Anzahl Stimmen]* |
| LISTE 3<br><br>→ *Kandidat/in 1*<br>→ *Kandidat/in 2*<br>→ … | *… [Anzahl Stimmen]* |
| … | … |

*Damit entfallen auf die Liste 1 … [Anzahl] Plätze, auf die Liste 2 … [Anzahl] Plätze und auf die Liste 3 … [Anzahl] Plätze im Ausschuss. In den Ausschuss gewählt sind damit:*

*… [Namen]*

### Beispiel für den Tagesordnungspunkt

*Wahl der Mitglieder des Personalausschusses*

### Beispiel für die Feststellung des Wahlergebnisses im Sitzungsprotokoll

*Für die Wahl der Mitglieder des Personalausschusses wurden drei verschiedene Wahlvorschläge eingereicht.*

*Die Vorschlagslisten haben die folgende Anzahl an Stimmen erhalten:*

| LISTE | STIMMENZAHL |
|---|---|
| LISTE 1<br><br>*1. Susanne Sieger*<br>*2. Horst Held*<br>*3. Ronny Riese* | 6 |
| LISTE 2<br><br>*1. Bernd Blender*<br>*2. Gerd Groß*<br>*3. Maria Mühe* | 4 |
| LISTE 3<br><br>*1. Norbert Null* | 1 |

*Ermittlung der auf die einzelnen Listen entfallenden Ausschusssitze nach dem d'hondtschen Höchstzahlensystem:*

| DIVISOR | LISTE 1 | LISTE 2 | LISTE 3 |
|---|---|---|---|
| 1 | 6 | 4 | 1 |
| 2 | 3 | 2 | 0,5 |

*Damit entfallen auf die Liste 1 zwei Plätze und auf die Liste 2 ein Platz im Ausschuss. Susanne Sieger und Horst Held von der Liste 1 und Bernd Blender von der Liste 2 sind in den Ausschuss gewählt.*

## Wahl der Ausschussmitglieder (Mehrheitswahl) – M91

### → Situation

Der Betriebsrat steht vor der Aufgabe, die Mitglieder eines Ausschusses zu wählen. Es wurde nur eine Vorschlagsliste eingereicht.

### → Hintergrund

Wenn der Betriebsrat einen Betriebsausschuss bilden muss oder wenn er die Bildung eines sonstigen Ausschusses beschlossen hat, muss der Betriebsrat die Mitglieder des Ausschusses wählen. Wenn von den Betriebsratsmitgliedern für die Wahl nur eine Vorschlagsliste eingereicht worden ist, findet die Wahl der Ausschussmitglieder in Mehrheitswahl statt.

Falls mindestens zwei verschiedene Vorschlagslisten eingereicht worden sind, findet die Wahl nach den Grundsätzen der Verhältniswahl (Listenwahl) statt (siehe dazu Muster M90).

| | |
|---|---|
| Rechtsgrundlage | § 27 Absatz 1 Satz 4 BetrVG, § 28 Absatz 1 Satz 2 BetrVG |
| Erforderliche Stimmenmehrheit | Bewerber mit den meisten Stimmen ist / sind gewählt. |
| Verfahren | Geheime Wahl |
| Nächste Schritte | Gewählte Bewerber informieren. |

### → M91

**Muster für den Tagesordnungspunkt**

*Wahl der Mitglieder des ... [Name des Ausschusses]*

**Muster für einen Stimmzettel**

*Stimmzettel für die Wahl der Mitglieder des ... [Name des Ausschusses]*

| | |
|---|---|
| *Kandidat/in 1* | ☐ |
| *Kandidat/in 2* | ☐ |
| *Kandidat/in 3* | ☐ |
| ... | ... |

### Muster für die Feststellung des Wahlergebnisses im Sitzungsprotokoll

*Bei der Wahl der Mitglieder für den … [Name des Ausschusses] haben die Kandidatinnen / Kandidaten die folgende Anzahl an Stimmen erhalten:*

| KANDIDATEN | STIMMENZAHL |
|---|---|
| Kandidat/in 1 | … [Anzahl Stimmen] |
| Kandidat/in 2 | … [Anzahl Stimmen] |
| Kandidat/in 3 | … [Anzahl Stimmen] |
| … | … |

*In den Ausschuss gewählt sind damit:*

*… [Namen]*

### Beispiel für den Tagesordnungspunkt

*Wahl der Mitglieder des Personalausschusses*

### Beispiel für die Feststellung des Wahlergebnisses im Sitzungsprotokoll

*Bei der Wahl der Mitglieder für den Personalausschuss haben die Kandidatinnen / Kandidaten die folgende Anzahl an Stimmen erhalten:*

| KANDIDATEN | STIMMENZAHL |
|---|---|
| Bernd Blender | 1 |
| Horst Held | 2 |
| Maria Mühe | 2 |
| Ronny Riese | 1 |
| Susanne Sieger | 5 |

*Damit sind Susanne Sieger, Maria Mühe und Horst Held als Ausschussmitglieder gewählt.*

## 03. Schreiben

### Arbeitgeber über Bildung eines Ausschusses informieren – M92

Muster für ein Schreiben, mit dem der Betriebsrat den Arbeitgeber über die Bildung eines Ausschusses informiert, dem er Aufgaben zur selbständigen Erledigung übertragen hat.

Absender → Betriebsrat
Empfänger → Arbeitgeber

**→ Hintergrund**

Der Betriebsrat kann Ausschüsse bilden und ihnen Aufgaben übertragen. Jedenfalls dann, wenn der Betriebsrat einen Ausschuss gebildet hat und diesem Aufgaben nicht nur zur Vorbereitung, sondern zur selbständigen Erledigung übertragen hat, sollte er darüber den Arbeitgeber informieren. Denn in diesem Fall ist der Ausschuss in seinem Aufgabenbereich der Ansprechpartner für den Arbeitgeber.

**→ Rechtsgrundlage**

§ 28 Absatz 1 BetrVG

**→ Vorherige Beschlussfassung?**

Ja, siehe Muster M82.

**→ M92**

*Bildung eines … [Name des Ausschusses]*

*Sehr geehrte Damen und Herren,*

*hiermit möchte ich Sie darüber informieren, dass der Betriebsrat in seiner Sitzung am … [Datum] gemäß § 28 Absatz 1 BetrVG einen … [Name des Ausschusses] gebildet hat.*

*Der Betriebsrat hat diesem Ausschuss die folgenden Aufgaben zur selbständigen Erledigung übertragen:*

*… [Aufgaben konkret benennen]*

*Dem Ausschuss gehören die Betriebsratsmitglieder … [Name], … [Name] und … [Name] an.*

*Herr/Frau … [Name] ist zum/zur Vorsitzenden des Ausschusses bestellt worden. Er/Sie ist als Vorsitzende/r zur Entgegennahme von Erklärungen an den Ausschuss berechtigt.*

*Mit freundlichen Grüßen*

______________________________

*(BETRIEBSRATSVORSITZENDE/R)*

## Arbeitgeber über Bildung eines Personalausschusses informieren – M93

Muster für ein Schreiben, mit dem der Betriebsrat den Arbeitgeber über die Bildung eines Personalausschusses informiert.

Absender → Betriebsrat
Empfänger → Arbeitgeber

### → Hintergrund

Betriebsratsgremien bilden häufig einen Personalausschuss, dem sie die Erledigung der Aufgaben übertragen, die der Betriebsrat im Zusammenhang mit personellen Einzelmaßnahmen hat. Dazu gehören zum Beispiel die Erteilung oder Verweigerung der Zustimmung zu vom Arbeitgeber geplanten Einstellungen und die Stellungnahme zu vom Arbeitgeber beabsichtigten Kündigungen.

### → Rechtsgrundlage

§ 28 Absatz 1 BetrVG

### → Vorherige Beschlussfassung?

Ja, siehe Muster M82.

### → M93

*Bildung eines Personalausschusses*

*Sehr geehrte Damen und Herren,*

*hiermit möchte ich Sie darüber informieren, dass der Betriebsrat in seiner Sitzung am ... [Datum] einen Personalausschuss errichtet hat.*

*Der Betriebsrat hat diesem Ausschuss die folgenden Aufgaben zur selbständigen Erledigung übertragen:*

- *Ausübung der Beteiligungsrechte des Betriebsrats bei Einstellungen, Eingruppierungen, Umgruppierungen und Versetzungen nach § 99 BetrVG*
- *Ausübung der Beteiligungsrechte des Betriebsrats bei Kündigungen nach § 102 BetrVG*

*Dem Ausschuss gehören die Betriebsratsmitglieder ... [Name], ... [Name] und ... [Name] an.*

*Herr / Frau ... [Name] ist zum / zur Vorsitzenden des Ausschusses bestellt worden. Er / Sie ist als Vorsitzende/r zur Entgegennahme von Erklärungen an den Ausschuss berechtigt.*

*Mit freundlichen Grüßen*

______________________________

*(BETRIEBSRATSVORSITZENDE/R)*

## Arbeitgeber über Wahl der weiteren Mitglieder des Betriebsausschusses informieren – M94

Muster für ein Schreiben, mit dem der Betriebsrat den Arbeitgeber über die vom Betriebsrat gewählten weiteren Mitglieder des Betriebsausschusses informiert.

Absender → Betriebsrat
Empfänger → Arbeitgeber

### → Hintergrund

Für Betriebsratsgremien, die aus neun oder mehr Mitgliedern bestehen, ist die Bildung eines Betriebsausschusses vorgeschrieben. Der Betriebsausschuss besteht aus dem Betriebsratsvorsitzenden, dem stellvertretenden Betriebsratsvorsitzenden und einer bestimmten Anzahl weiterer Mitglieder. Diese weiteren Mitglieder des Betriebsausschusses müssen vom Betriebsrat gewählt werden (siehe dazu Muster M90 und M91). Nach der Wahl sollte der Betriebsrat dem Arbeitgeber die Namen der Gewählten mitteilen.

### → Rechtsgrundlage

§ 27 Absatz 1 Satz 1 bis 4 BetrVG

### → Vorherige Beschlussfassung?

Die weiteren Mitglieder des Betriebsausschusses werden gewählt Muster M90 und M91.

### → M94

*Wahl der Mitglieder des Betriebsausschusses*

*Sehr geehrte Damen und Herren,*

*hiermit möchte ich Sie darüber informieren, dass der Betriebsrat in seiner Sitzung am ... [Datum] gemäß § 27 BetrVG die weiteren Mitglieder des Betriebsausschusses gewählt hat.*

*Dem Betriebsausschuss gehören kraft Gesetzes der / die stellvertretende Betriebsratsvorsitzende Herr / Frau ... [Name] und meine Person an.*

*Darüber hinaus wurden die folgenden Betriebsratsmitglieder in den Betriebsausschuss gewählt:*

*... [Namen]*

*Mit freundlichen Grüßen*

______________________________

*(BETRIEBSRATSVORSITZENDE/R)*

## Arbeitgeber über Bestellung der Mitglieder des Wirtschaftsausschusses informieren – M95

Muster für ein Schreiben, mit dem der Betriebsrat den Arbeitgeber über die von ihm bestellten Mitglieder des Wirtschaftsausschusses informiert.

Absender → Betriebsrat
Empfänger → Arbeitgeber

### → Hintergrund

Siehe die Erläuterung zu dem entsprechenden Betriebsratsbeschluss Muster M87.

### → Rechtsgrundlage

§ 107 Absatz 2 BetrVG

### → Vorherige Beschlussfassung?

Ja, siehe Muster M87.

### → M95

*Bestellung der Mitglieder des Wirtschaftsausschusses*

*Sehr geehrte Damen und Herren,*

*hiermit möchte ich Sie darüber informieren, dass der Betriebsrat in seiner Sitzung am ... [Datum] gemäß § 107 BetrVG die Mitglieder des Wirtschaftsausschusses bestellt hat.*

*Der Betriebsrat hat insgesamt ... [Anzahl] Wirtschaftsausschussmitglieder bestellt.*

*Zu Mitgliedern des Wirtschaftsausschusses bestellt wurden:*

*... [Namen]*

*Mit freundlichen Grüßen*

__________________________

*(BETRIEBSRATSVORSITZENDE/R)*

## Ausschussmitglied über Abberufung informieren – M96

Muster für ein Schreiben, mit dem der Betriebsrat ein Ausschussmitglied über seine Abberufung informiert.

Absender → Betriebsrat
Empfänger → Ausschussmitglied

### → Hintergrund

Siehe die Erläuterung zu dem entsprechenden Betriebsratsbeschluss Muster M88.

### → Rechtsgrundlage

§ 27 Absatz 1 Satz 5 BetrVG, § 28 Absatz 1 Satz 2 BetrVG, § 107 Absatz 2 Satz 3 BetrVG

### → Vorherige Beschlussfassung?

Ja, siehe Muster M88.

### → M96

*Abberufung als Mitglied des ... [Name des Ausschusses]*

*Lieber Kollege / Liebe Kollegin ... [Name],*

*hiermit möchte ich Dich darüber informieren, dass der Betriebsrat in seiner Sitzung am ... [Datum] beschlossen hat, Dich mit sofortiger Wirkung aus dem Amt als Mitglied des ... [Name des Ausschusses] abzurufen. Du gehörst diesem Ausschuss deshalb ab sofort nicht mehr an.*

*Für Rückfragen stehe ich Dir selbstverständlich zur Verfügung.*

*Mit freundlichen Grüßen*

___________________________

*(BETRIEBSRATSVORSITZENDE/R)*

## Arbeitgeber über Neubesetzung eines Ausschusses informieren – M97

Muster für ein Schreiben, mit dem der Betriebsrat den Arbeitgeber darüber informiert, dass sich die personelle Zusammensetzung eines Ausschusses geändert hat.

Absender → Betriebsrat
Empfänger → Arbeitgeber

### → Hintergrund

Es kann vorkommen, dass ein Mitglied eines Ausschusses vorzeitig aus dem Ausschuss ausscheidet, zum Beispiel weil das Mitglied zurückgetreten ist oder weil der Betriebsrat seine Abberufung beschlossen hat. Wenn ein Ausschussmitglied vorzeitig aus seinem Amt ausscheidet, muss die dadurch freiwerdende Position im Ausschuss neu besetzt werden. Die Neubesetzung erfolgt in der Regel durch das Nachrücken eines Ersatzmitglieds. Sofern kein Ersatzmitglied (mehr) vorhanden ist, muss ein neues Ausschussmitglied gewählt werden. Über die Neubesetzung des Ausschusses sollte der Betriebsrat den Arbeitgeber informieren.

### → Rechtsgrundlage

§ 27 Absatz 1 Satz 3 und 4 BetrVG, § 28 Absatz 1 Satz 2 BetrVG

### → Vorherige Beschlussfassung?

Falls kein Ersatzmitglied (mehr) vorhanden ist, das in den Ausschuss nachrücken kann, muss ein neues Ausschussmitglied gewählt werden.

### → M97

*Neubesetzung des ... [Name des Ausschusses]*

*Sehr geehrte Damen und Herren,*

*hiermit möchte ich Sie darüber informieren, dass sich eine Neubesetzung des ... [Name des Ausschusses] ergeben hat.*

*Aus dem ... [Name des Ausschusses] ausgeschieden ist Herr / Frau ... [Name]. Stattdessen gehört dem Ausschuss nunmehr Herr / Frau ... [Name] an.*

*Mit freundlichen Grüßen*

______________________________

*(BETRIEBSRATSVORSITZENDE/R)*

## Arbeitgeber über Übertragung von Aufgaben auf den Betriebsausschuss informieren – M98

Muster für ein Schreiben, mit dem der Betriebsrat den Arbeitgeber darüber informiert, dass er dem Betriebsausschuss weitere Aufgaben übertragen hat.

Absender → Betriebsrat
Empfänger → Arbeitgeber

### → Hintergrund

Siehe die Erläuterung zu dem entsprechenden Betriebsratsbeschluss Muster M83.

### → Rechtsgrundlage

§ 27 Absatz 2 Satz 2 BetrVG

### → Vorherige Beschlussfassung?

Ja, siehe Muster M83.

### → M98

*Übertragung von Aufgaben auf den Betriebsausschuss*

*Sehr geehrte Damen und Herren,*

*hiermit möchte ich Sie darüber informieren, dass der Betriebsrat in seiner Sitzung am ... [Datum] beschlossen hat, dem Betriebsausschuss die folgenden Aufgaben zur selbständigen Erledigung zu übertragen:*

*... [Aufgaben konkret benennen]*

*In den aufgezählten Angelegenheiten wird ab sofort der Betriebsausschuss alle Rechte des Betriebsrats wahrnehmen.*

*Mit freundlichen Grüßen*

______________________________

*(BETRIEBSRATSVORSITZENDE/R)*

## Arbeitgeber über Übertragung von weiteren Aufgaben auf einen Ausschuss informieren – M99

Muster für ein Schreiben, mit dem der Betriebsrat den Arbeitgeber darüber informiert, dass er einem Ausschuss weitere Aufgaben übertragen hat.

Absender → Betriebsrat
Empfänger → Arbeitgeber

### → Hintergrund

Siehe die Erläuterung zu dem entsprechenden Betriebsratsbeschluss Muster M84.

### → Rechtsgrundlage

§ 28 Absatz 1 Satz 3 BetrVG, § 27 Absatz 2 Satz 2 und 3 BetrVG

### → Vorherige Beschlussfassung?

Ja, siehe Muster M84.

### → M99

*Übertragung von Aufgaben auf den … [Name des Ausschusses]*

*Sehr geehrte Damen und Herren,*

*hiermit möchte ich Sie darüber informieren, dass der Betriebsrat in seiner Sitzung am … [Datum] beschlossen hat, dem … [Name des Ausschusses] die folgenden weiteren Aufgaben zur selbständigen Erledigung zu übertragen:*

*… [Aufgaben konkret benennen]*

*In den aufgezählten Angelegenheiten wird ab sofort der … [Name des Ausschusses] alle Rechte des Betriebsrats wahrnehmen. Ansprechpartner für Sie als Arbeitgeber ist in diesen Angelegenheiten der / die Ausschussvorsitzende Herr / Frau … [Name].*

*Mit freundlichen Grüßen*

____________________________

*(BETRIEBSRATSVORSITZENDE/R)*

## Arbeitgeber über Widerruf der Übertragung von Aufgaben auf einen Ausschuss informieren – M100

Muster für ein Schreiben, mit dem der Betriebsrat den Arbeitgeber darüber informiert, dass er die Übertragung einer Aufgabe auf einen Ausschuss widerrufen hat und er diese Aufgabe jetzt wieder selbst wahrnimmt.

Absender → Betriebsrat
Empfänger → Arbeitgeber

### → Hintergrund

Siehe die Erläuterung zu dem entsprechenden Betriebsratsbeschluss Muster M85.

### → Rechtsgrundlage

§ 27 Absatz 2 Satz 2, 3 und 4 BetrVG, § 28 Absatz 1 Satz 3 BetrVG

### → Vorherige Beschlussfassung?

Ja, siehe Muster M85.

### → M100

*Widerruf der Übertragung von Aufgaben auf den ... [Name des Ausschusses]*

*Sehr geehrte Damen und Herren,*

*hiermit möchte ich Sie darüber informieren, dass der Betriebsrat in seiner Sitzung am ... [Datum] beschlossen hat, die Übertragung der folgenden Aufgaben auf den ... [Name des Ausschusses] zu widerrufen:*

*... [Aufgaben konkret benennen]*

*Ab sofort nimmt in den aufgezählten Angelegenheiten wieder der Betriebsrat sämtliche seiner Rechte selbst wahr.*

*Mit freundlichen Grüßen*

______________________________

*(BETRIEBSRATSVORSITZENDE/R)*

## Arbeitgeber über Auflösung eines Ausschusses informieren – M101

Muster für ein Schreiben, mit dem der Betriebsrat den Arbeitgeber über die Auflösung eines Ausschusses informiert.

Absender → Betriebsrat
Empfänger → Arbeitgeber

### → Hintergrund

Siehe die Erläuterung zu dem entsprechenden Betriebsratsbeschluss Muster M89.

### → Rechtsgrundlage

§ 28 Absatz 1 Satz 1 BetrVG

### → Vorherige Beschlussfassung?

Ja, siehe Muster M89.

### → M101

*Auflösung des ... [Name des Ausschusses]*

*Sehr geehrte Damen und Herren,*

*hiermit möchte ich Sie darüber informieren, dass der Betriebsrat in seiner Sitzung am ... [Datum] beschlossen hat, den ... [Name des Ausschusses] aufzulösen.*

*Damit nimmt in den folgenden Angelegenheiten ab sofort wieder der Betriebsrat sämtliche seiner Aufgaben selbst wahr:*

*... [Angelegenheiten konkret benennen]*

*Mit freundlichen Grüßen*

_______________________

*(BETRIEBSRATSVORSITZENDE/R)*

# Der Gesamtbetriebsrat

Wenn ein und dasselbe Unternehmen mehrere Betriebe unterhält und in mindestens zwei Betrieben ein Betriebsrat besteht, wird als weiteres Gremium zur Vertretung der Interessen der Arbeitnehmer ein Gesamtbetriebsrat gebildet. Während die Betriebsräte dann jeweils nur für die Belegschaft ihres Betriebs zuständig sind, ist der Gesamtbetriebsrat für die Arbeitnehmer sämtlicher Betriebe zuständig. Der Gesamtbetriebsrat ist die Interessenvertretung der Arbeitnehmer auf Unternehmensebene.

**Beispiel**

*Die Express Logistik GmbH unterhält jeweils einen Standort in Hamburg, Berlin und München. Für jeden dieser Standorte ist ein eigener Betriebsrat gewählt. Für die überörtliche Interessenvertretung der Arbeitnehmer errichten die Betriebsräte der Standorte Hamburg, Berlin und München zusätzlich einen Gesamtbetriebsrat.*

Falls es für das Unternehmen noch keinen Gesamtbetriebsrat geben sollte, kann der Betriebsrat vom Arbeitgeber verlangen, ihm die Informationen zukommen zu lassen, die er benötigt, um prüfen zu können, ob ein Gesamtbetriebsrat errichtet werden muss Muster M110.

Die Bildung eines Gesamtbetriebsrats erfolgt dadurch, dass die einzelnen Betriebsräte je nach Betriebsratsgröße eines oder zwei ihrer Mitglieder in den Gesamtbetriebsrat entsenden Muster M102. Für jedes in den Gesamtbetriebsrat entsandte Betriebsratsmitglied muss der Betriebsrat mindestens ein Ersatzmitglied bestellen Muster M103. Ein Betriebsrat kann ein in den Gesamtbetriebsrat entsandtes Betriebsratsmitglied jederzeit auch wieder abberufen Muster M104.

Wenn in einem Unternehmen ein Gesamtbetriebsrat neu errichtet wird, muss dieser auf einer konstituierenden Sitzung zunächst einmal einen Gesamtbetriebsratsvorsitzenden und einen Stellvertreter wählen. Zu dieser ersten Sitzung des Gesamtbetriebsrats hat der Betriebsrat der Hauptverwaltung des Unternehmens einzuladen Muster M111.

Der Gesamtbetriebsrat ist zuständig für die Behandlung von Themen, die in den einzelnen Betrieben nicht unterschiedlich geregelt werden können, sondern in mindestens zwei Betrieben oder sogar im gesamten Unternehmen einheitlich geregelt werden müssen. Darüber hinaus kann ein Betriebsrat den Gesamtbetriebsrat aber auch damit beauftragen, eine Aufgabe zu erledigen, für die eigentlich der Betriebsrat zuständig ist. Die Übertragung einer Aufgabe vom Betriebsrat auf den Gesamtbetriebsrat kann in der Weise erfolgen, dass die Aufgabe vollständig vom Gesamtbetriebsrat erledigt wird Muster M105. Der Betriebsrat kann aber auch eine Aufgabe auf den Gesamtbetriebsrat übertragen und sich die letztendliche Entscheidungsbefugnis in der Angelegenheit vorbehalten Muster M106. Wenn der Betriebsrat eine Aufgabe auf den Gesamtbetriebsrat übertragen hat, kann er später jederzeit entscheiden, diese Aufgabe wieder selbst wahrnehmen zu wollen und die Übertragung der Aufgabe widerrufen Muster M107.

Einmal pro Jahr veranstaltet der Gesamtbetriebsrat eine sogenannte Betriebsräteversammlung Muster M108. An dieser Betriebsräteversammlung nehmen grundsätzlich sämtliche Betriebsratsvorsitzende und stellvertretende Betriebsratsvorsitzende der örtlichen Betriebsräte sowie die weiteren Mitglieder des Betriebsausschusses teil, falls ein örtlicher Betriebsrat über einen Betriebsausschuss verfügt.

## 01. Beschlüsse

### Betriebsratsmitglied in den Gesamtbetriebsrat entsenden – M102

**→ Situation**

Der Betriebsrat möchte ein Betriebsratsmitglied bestimmen, das den Betriebsrat im Gesamtbetriebsrat vertreten soll.

**→ Hintergrund**

Wenn es einen Gesamtbetriebsrat gibt, muss der Betriebsrat – je nach Betriebsratsgröße – eines oder zwei seiner Mitglieder bestimmen, die ihn im Gesamtbetriebsrat vertreten. Betriebsratsgremien mit bis zu drei Betriebsratsmitgliedern entsenden ein Betriebsratsmitglied in den Gesamtbetriebsrat, Betriebsratsgremien mit mehr als drei Betriebsratsmitgliedern entsenden zwei Betriebsratsmitglieder in den Gesamtbetriebsrat. Wenn ein Betriebsrat zwei Mitglieder in den Gesamtbetriebsrat zu entsenden hat, muss für jedes zu entsendende Mitglied ein eigener Beschluss gefasst werden.

Darüber hinaus muss der Betriebsrat für jedes in den Gesamtbetriebsrat entsandte Betriebsratsmitglied ein Ersatzmitglied bestellen Muster M103.

| | |
|---|---|
| Rechtsgrundlage | § 47 Absatz 2 BetrVG |
| Erforderliche Stimmenmehrheit | Einfache Mehrheit |
| Form | – |
| Nächste Schritte | Gesamtbetriebsrat informieren Muster M112. |

**→ M102**

**Muster für den Tagesordnungspunkt**

*Entsendung von Betriebsratsmitgliedern in den Gesamtbetriebsrat*

**Muster für den Beschlusstext**

*Der Betriebsrat entsendet das Betriebsratsmitglied ... [Name] in den Gesamtbetriebsrat.*

*Abstimmungsergebnis:*
*Ja ... / Nein ... / Enthaltungen ...*

## Ersatzmitglied für den Gesamtbetriebsrat bestellen - M103

### → Situation

Der Betriebsrat möchte für ein in den Gesamtbetriebsrats entsandtes Betriebsratsmitglied ein Ersatzmitglied bestellen.

### → Hintergrund

Der Betriebsrat muss für jedes in den Gesamtbetriebsrat entsandte Betriebsratsmitglied mindestens ein Ersatzmitglied bestellen. Die Ersatzmitglieder müssen personenbezogen bestellt werden, jedes Gesamtbetriebsratsmitglied bekommt also ein oder mehrere ihm zugewiesene Ersatzmitglieder.

| | |
|---|---|
| Rechtsgrundlage | § 47 Absatz 3 BetrVG |
| Erforderliche Stimmenmehrheit | Einfache Mehrheit |
| Form | – |
| Nächste Schritte | Gesamtbetriebsrat informieren Muster M112 . |

### → M103

#### Muster für den Tagesordnungspunkt

*Entsendung von Betriebsratsmitgliedern in den Gesamtbetriebsrat*

#### Muster für den Beschlusstext

*Der Betriebsrat bestellt das Betriebsratsmitglied ... [Name] als erstes / zweites / drittes Ersatzmitglied für das Gesamtbetriebsratsmitglied ... [Name].*

*Abstimmungsergebnis:*
*Ja ... / Nein ... / Enthaltungen ...*

## Gesamtbetriebsratsmitglied abberufen – M104

### → Situation

Der Betriebsrat möchte die Entsendung eines Betriebsratsmitglieds in den Gesamtbetriebsrat beenden.

### → Hintergrund

Der Betriebsrat kann ein in den Gesamtbetriebsrat entsandtes Betriebsratsmitglied jederzeit abberufen, um anschließend ein anderes Betriebsratsmitglied zu wählen, das in den Gesamtbetriebsrat entsandt werden soll. Ein besonderer Grund muss für die Abberufung nicht vorliegen.

| | |
|---|---|
| Rechtsgrundlage | § 49 BetrVG |
| Erforderliche Stimmenmehrheit | Einfache Mehrheit |
| Form | – |
| Nächste Schritte | 1. Abberufenes Betriebsratsmitglied informieren (wenn bei Beschlussfassung nicht anwesend).<br>2. Neues Mitglied für den Gesamtbetriebsrat bestellen Muster M102.<br>3. Gesamtbetriebsrat informieren. |

### → M104

**Muster für den Tagesordnungspunkt**

*Abberufung des Herrn / der Frau ... [Name] als Mitglied des Gesamtbetriebsrats*

**Muster für den Beschlusstext**

*Herr / Frau ... [Name] wird mit sofortiger Wirkung als Mitglied des Gesamtbetriebsrats abberufen.*

*Abstimmungsergebnis:*
*Ja ... / Nein ... / Enthaltungen ...*

## Aufgabe auf Gesamtbetriebsrat übertragen (ohne Vorbehalt) – M105

### → Situation

Der Betriebsrat möchte eine Aufgabe, die eigentlich in seinen eigenen Zuständigkeitsbereich fällt, vom Gesamtbetriebsrat erledigen lassen.

### → Hintergrund

Ein Betriebsrat kann den Gesamtbetriebsrat damit beauftragen, eine bestimmte Aufgabe für ihn zu erledigen. Wenn ein Betriebsrat dem Gesamtbetriebsrat eine Aufgabe überträgt und sich dabei nicht die Entscheidungsbefugnis vorbehält, tritt der Gesamtbetriebsrat in dieser Angelegenheit in vollem Umfang an die Stelle des Betriebsrats. Der Gesamtbetriebsrat trifft in diesem Fall dann auch die letztendliche Entscheidung für den Betriebsrat. Wenn es zum Beispiel um das Aushandeln einer Betriebsvereinbarung geht, würde der Gesamtbetriebsrat die Betriebsvereinbarung mit dem Arbeitgeber abschließen.

| | |
|---|---|
| Rechtsgrundlage | § 50 Absatz 2 BetrVG |
| Erforderliche Stimmenmehrheit | Absolute Mehrheit |
| Form | Schriftform |
| Nächste Schritte | 1. Gesamtbetriebsrat informieren Muster M113.<br>2. Arbeitgeber informieren Muster M115. |

### → M105

**Muster für den Tagesordnungspunkt**

*Beauftragung des Gesamtbetriebsrats mit ... [Aufgabe bezeichnen]*

**Muster für den Beschlusstext**

*Der Betriebsrat beauftragt den Gesamtbetriebsrat mit ... [Aufgabe bezeichnen].*

*Abstimmungsergebnis:*
*Ja ... / Nein ... / Enthaltungen ...*

**Beispiel für den Tagesordnungspunkt**

*Beauftragung des Gesamtbetriebsrats mit dem Abschluss einer Betriebsvereinbarung „Bonuszahlung“*

**Beispiel für den Beschlusstext**

*Der Betriebsrat beauftragt den Gesamtbetriebsrat mit dem Abschluss einer Betriebsvereinbarung, mit der die vom Arbeitgeber zugesagte jährliche Bonuszahlung geregelt wird.*

*Abstimmungsergebnis:*
*Ja ... / Nein ... / Enthaltungen ...*

## Aufgabe auf Gesamtbetriebsrat übertragen (mit Vorbehalt) - M106

### → Situation

Der Betriebsrat möchte, dass der Gesamtbetriebsrat zu einem bestimmten Thema die Verhandlungen mit dem Arbeitgeber führt. Die letztendliche Entscheidung möchte der Betriebsrat aber selbst treffen.

### → Hintergrund

Ein Betriebsrat kann die Erledigung einer in seinen Zuständigkeitsbereich fallenden Aufgabe auf den Gesamtbetriebsrat übertragen (zum Beispiel die Verhandlung über eine Betriebsvereinbarung mit dem Arbeitgeber). Die letztendliche Entscheidungsbefugnis kann sich der Betriebsrat dabei vorbehalten. Wenn sich der Betriebsrat die Entscheidungsbefugnis vorbehält, hat der Gesamtbetriebsrat in der betreffenden Angelegenheit nur die Verhandlungen mit dem Arbeitgeber zu führen. Geht es um den Abschluss einer Betriebsvereinbarung, verhandelt der Gesamtbetriebsrat mit dem Arbeitgeber so lange, bis der abschlussreife Entwurf einer Betriebsvereinbarung vorliegt. Anschließend muss der Betriebsrat entscheiden, ob er diesem Entwurf zustimmt oder nicht. Wenn der Betriebsrat zustimmt, wird die Betriebsvereinbarung zwischen Arbeitgeber und Betriebsrat abgeschlossen, nicht zwischen Arbeitgeber und Gesamtbetriebsrat.

| | |
|---|---|
| Rechtsgrundlage | § 50 Absatz 2 BetrVG |
| Erforderliche Stimmenmehrheit | Absolute Mehrheit |
| Form | Schriftform |
| Nächste Schritte | 1. Gesamtbetriebsrat informieren Muster M114.<br>2. Arbeitgeber informieren Muster M115. |

### → M106

#### Muster für den Tagesordnungspunkt

*Beauftragung des Gesamtbetriebsrats mit ... [Aufgabe bezeichnen]*

#### Muster für den Beschlusstext

*Der Betriebsrat beauftragt den Gesamtbetriebsrat mit ... [Aufgabe bezeichnen].*

*Der Betriebsrat behält sich die Entscheidungsbefugnis vor.*

*Abstimmungsergebnis:*
*Ja ... / Nein ... / Enthaltungen ...*

#### Beispiel für den Tagesordnungspunkt

*Beauftragung des Gesamtbetriebsrats mit dem Aushandeln einer Betriebsvereinbarung „Bonuszahlung"*

#### Beispiel für den Beschlusstext

*Der Betriebsrat beauftragt den Gesamtbetriebsrat mit dem Aushandeln einer Betriebsvereinbarung, mit der die vom Arbeitgeber zugesagte jährliche Bonuszahlung geregelt wird.*

*Der Betriebsrat behält sich die Entscheidungsbefugnis vor.*

*Abstimmungsergebnis:*
*Ja ... / Nein ... / Enthaltungen ...*

## Übertragung einer Aufgabe auf den Gesamtbetriebsrat widerrufen – M107

### → Situation

Der Betriebsrat hat dem Gesamtbetriebsrat eine Aufgabe übertragen, die er jetzt aber wieder selbst wahrnehmen möchte.

### → Hintergrund

Auch wenn der Betriebsrat eine Aufgabe auf den Gesamtbetriebsrat übertragen hat, kann er jederzeit entscheiden, diese Aufgabe wieder selbst wahrnehmen zu wollen. Der Betriebsrat kann die Übertragung einer Aufgabe auf den Gesamtbetriebsrat widerrufen. Ein besonderer Grund muss dafür nicht vorliegen.

| | |
|---|---|
| Rechtsgrundlage | § 50 Absatz 2 Satz 3 BetrVG in Verbindung mit § 27 Absatz 2 Satz 4 BetrVG |
| Erforderliche Stimmenmehrheit | Absolute Mehrheit |
| Form | Schriftform |
| Nächste Schritte | 1. Gesamtbetriebsrat informieren Muster M116.<br>2. Arbeitgeber informieren Muster M117. |

### → M107

**Muster für den Tagesordnungspunkt**

*Widerruf der Beauftragung des Gesamtbetriebsrats mit … [Aufgabe bezeichnen]*

**Muster für den Beschlusstext**

*Der Betriebsrat widerruft die Übertragung der Aufgabe … [Aufgabe bezeichnen] auf den Gesamtbetriebsrat.*

*Abstimmungsergebnis:*
*Ja … / Nein … / Enthaltungen …*

**Beispiel für den Tagesordnungspunkt**

*Widerruf der Beauftragung des Gesamtbetriebsrats mit dem Abschluss einer Betriebsvereinbarung „Bonuszahlung“*

**Beispiel für den Beschlusstext**

*Der Betriebsrat widerruft die Übertragung der Aufgabe des Abschlusses einer Betriebsvereinbarung „Bonuszahlung“ auf den Gesamtbetriebsrat.*

*Abstimmungsergebnis:*
*Ja … / Nein … / Enthaltungen …*

## Einberufung der Betriebsräteversammlung – M108

### → Situation

Der Gesamtbetriebsrat möchte die einmal pro Jahr stattfindende Betriebsräteversammlung einberufen.

### → Hintergrund

Einmal pro Jahr hat der Gesamtbetriebsrat eine sogenannte Betriebsräteversammlung einzuberufen. An dieser Betriebsräteversammlung nehmen grundsätzlich sämtliche Betriebsratsvorsitzende und stellvertretende Betriebsratsvorsitzende der örtlichen Betriebsräte teil. Sofern ein örtlicher Betriebsrat über einen Betriebsausschuss verfügt, nehmen auch die weiteren Mitglieder des Betriebsausschusses an der Betriebsräteversammlung teil.

Auf der Betriebsräteversammlung hat der Gesamtbetriebsrat einen Tätigkeitsbericht zu erstatten und der Arbeitgeber einen Bericht unter anderem über die wirtschaftliche Lage und Entwicklung des Unternehmens.

| | |
|---|---|
| Rechtsgrundlage | § 53 BetrVG |
| Erforderliche Stimmenmehrheit | Einfache Mehrheit |
| Form | – |
| Nächste Schritte | Tagesordnung aufstellen Muster M109. |

### → M108

**Muster für den Tagesordnungspunkt**

*Einberufung der Betriebsräteversammlung*

**Muster für den Beschlusstext**

*Die Betriebsräteversammlung des Jahres ... [Jahr] wird am ... [Datum] um ... [Uhrzeit] in ... [Ort] durchgeführt.*

*Abstimmungsergebnis:*
*Ja ... / Nein ... / Enthaltungen ...*

## Tagesordnung der Betriebsräteversammlung – M109

### → Situation

Der Gesamtbetriebsrat möchte die Tagesordnung für die Betriebsräteversammlung aufstellen.

### → Hintergrund

Siehe zunächst die Erläuterung zur Einberufung der Betriebsräteversammlung Muster M108.

Für die Betriebsräteversammlung muss der Gesamtbetriebsrat eine Tagesordnung aufstellen. Dabei handelt es sich um eine Auflistung der Themen, die auf der Betriebsräteversammlung behandelt werden sollen. Anders als bei der Tagesordnung einer Betriebsrats- bzw. Gesamtbetriebsratssitzung, die vom Betriebsrats- bzw. Gesamtbetriebsratsvorsitzenden aufgestellt wird, entscheidet über die Tagesordnung cincr Betriebsräteversammlung der Gesamtbetriebsrat per Beschluss.

| | |
|---|---|
| Rechtsgrundlage | § 53 BetrVG |
| Erforderliche Stimmenmehrheit | Einfache Mehrheit |
| Form | – |
| Nächste Schritte | 1. Arbeitgeber informieren.<br>2. Teilnehmer einladen Muster M118. |

### → M109

**Muster für den Tagesordnungspunkt**

*Einberufung der Betriebsräteversammlung*

**Muster für den Beschlusstext**

*Die Tagesordnung der Betriebsräteversammlung des Jahres ... [Jahr] lautet wie folgt:*

1. *Begrüßung und Eröffnung der Versammlung durch den Gesamtbetriebsratsvorsitzenden*
2. *Tätigkeitsbericht des Gesamtbetriebsrats*
3. *Bericht des Arbeitgebers*
4. *... [gegebenenfalls weitere Themen]*
5. *Verschiedenes*
6. *Schlusswort*

*Abstimmungsergebnis:*
*Ja ... / Nein ... / Enthaltungen ...*

## 02. Schreiben

### Informationen zur Bildung eines Gesamtbetriebsrats einholen – M110

Muster für ein Schreiben, mit dem der Betriebsrat vom Arbeitgeber die Informationen einholt, die zur Bildung eines Gesamtbetriebsrats benötigt werden.

Absender → Betriebsrat
Empfänger → Arbeitgeber

**→ Hintergrund**

Wenn ein Unternehmen mehrere Betriebe unterhält und in mindestens zwei Betrieben ein Betriebsrat besteht, muss ein Gesamtbetriebsrat errichtet werden. Der Betriebsrat kann deshalb vom Arbeitgeber eine Auskunft darüber verlangen, welche Betriebe zum Unternehmen gehören und ob es in diesen einen Betriebsrat gibt.

**→ Rechtsgrundlage**

§ 47 Absatz 1 BetrVG, § 80 Absatz 2 Satz 1 BetrVG

**→ Vorherige Beschlussfassung?**

Nein.

**→ M110**

*Auskunft über die Unternehmensstruktur*

*Sehr geehrte Damen und Herren,*

*der Betriebsrat möchte prüfen, ob in unserem Unternehmen die Voraussetzungen für die Errichtung eines Gesamtbetriebsrats vorliegen. Nach § 47 Absatz 1 BetrVG ist ein Gesamtbetriebsrat zu errichten, wenn in einem Unternehmen mehrere Betriebsräte bestehen.*

*Wir bitten Sie deshalb, uns eine Auskunft über die Unternehmensstruktur zu erteilen und uns insbesondere mitzuteilen, welche einzelnen Betriebe zum Unternehmen gehören und ob es in diesen Betrieben bereits einen Betriebsrat gibt.*

*Wir erlauben uns darauf hinzuweisen, dass der Betriebsrat einen Anspruch auf diese Informationen nach § 80 Absatz 2 BetrVG hat.*

*Mit freundlichen Grüßen*

______________________________

*(BETRIEBSRATSVORSITZENDE/R)*

## Einladung zur konstituierenden Sitzung des Gesamtbetriebsrats – M111

Muster für ein Schreiben, mit dem der Betriebsrat der Hauptverwaltung bzw. der Betriebsrat des nach der Zahl der Arbeitnehmer größten Betriebs des Unternehmens zu der ersten Sitzung des Gesamtbetriebsrats einlädt.

Absender → Betriebsrat der Hauptverwaltung / Betriebsrat des größten Betriebs
Empfänger → Die anderen Betriebsratsgremien im Unternehmen

### → Hintergrund

Der Gesamtbetriebsrat muss sich erst einmal konstituieren, bevor er mit der Arbeit beginnen kann. Die Konstituierung des Gesamtbetriebsrats erfolgt durch die Wahl eines Vorsitzenden und eines stellvertretenden Vorsitzenden auf einer konstituierenden Sitzung. Zu dieser Sitzung hat der Betriebsrat der Hauptverwaltung des Unternehmens einzuladen. Falls es keine Hauptverwaltung gibt oder die Hauptverwaltung keinen Betriebsrat hat, muss der Betriebsrat des nach der Zahl der Arbeitnehmer größten Betriebs die Einladung vornehmen.

### → Rechtsgrundlage

§ 51 Absatz 2 Satz 1 BetrVG

### → Vorherige Beschlussfassung?

Nein.

### → M111

*Bildung eines Gesamtbetriebsrats*

*Liebe Kolleginnen und Kollegen,*

*in Unternehmen mit mehreren Betriebsräten ist nach § 47 Absatz 1 BetrVG ein Gesamtbetriebsrat zu errichten.*

*Als Betriebsrat der Hauptverwaltung unseres Unternehmens / Als Betriebsrat des größten Betriebs unseres Unternehmens laden wir euch hiermit gemäß § 51 Absatz 2 Satz 1 BetrVG zu der konstituierenden Sitzung des Gesamtbetriebsrats ein. In dieser Sitzung sollen der Vorsitzende und der stellvertretende Vorsitzende des Gesamtbetriebsrats gewählt werden. Die Sitzung findet statt am ... [Datum] um ... [Uhrzeit] in ... [Ort].*

*Die Tagesordnung der Sitzung lautet wie folgt:*

1. *Eröffnung der Sitzung*
2. *Wahl eines Wahlleiters zur Durchführung der Wahl des Gesamtbetriebsratsvorsitzenden*
3. *Wahl des Gesamtbetriebsratsvorsitzenden*
4. *Wahl des stellvertretenden Gesamtbetriebsratsvorsitzenden*
5. *Verschiedenes*

*Bitte teilt mir zeitnah mit, welche Mitglieder ihr in den Gesamtbetriebsrat entsendet. Die Anzahl der zu entsendenden Mitglieder richtet sich nach § 47 Absatz 2 BetrVG. Danach entsenden Betriebsratsgremien mit bis zu drei Betriebsratsmitgliedern ein Betriebsratsmitglied in den Gesamtbetriebsrat, Betriebsratsgremien mit mehr als drei Betriebsratsmitgliedern entsenden zwei Betriebsratsmitglieder in den Gesamtbetriebsrat. Bitte bestellt auch für jedes von euch benannte Mitglied des Gesamtbetriebsrats mindestens ein Ersatzmitglied (§ 47 Absatz 3 BetrVG).*

*Mit freundlichen Grüßen*

______________________________

*(BETRIEBSRATSVORSITZENDE/R)*

## Entsendung von Betriebsratsmitgliedern in den Gesamtbetriebsrat – M112

Muster für ein Schreiben, mit dem der Betriebsrat den Gesamtbetriebsrat darüber informiert, welche seiner Mitglieder er in den Gesamtbetriebsrat entsendet.

Absender → Betriebsrat
Empfänger → Gesamtbetriebsrat

### → Hintergrund

Siehe die Erläuterung zu dem entsprechenden Betriebsratsbeschluss Muster M102.

### → Rechtsgrundlage

§ 47 Absatz 2 und 3 BetrVG

### → Vorherige Beschlussfassung?

Ja, siehe Muster M102 und M103.

### → M112

*Entsendung von Mitgliedern in den Gesamtbetriebsrat*

*Liebe Kolleginnen und Kollegen,*

*wir entsenden die folgenden Betriebsratsmitglieder in den Gesamtbetriebsrat:*

1. *Herr / Frau ... [Name] (erstes Ersatzmitglied: Herr / Frau ... [Name]; zweites Ersatzmitglied: Herr / Frau ... [Name])*
2. *Herr / Frau ... [Name] (erstes Ersatzmitglied: Herr / Frau ... [Name]; zweites Ersatzmitglied: Herr / Frau ... [Name])*

*Mit freundlichen Grüßen*

______________________________

*(BETRIEBSRATSVORSITZENDE/R)*

## Aufgabe auf den Gesamtbetriebsrat übertragen (ohne Vorbehalt) – M113

Muster für ein Schreiben, mit dem der Betriebsrat dem Gesamtbetriebsrat eine Aufgabe einschließlich der Entscheidungsbefugnis überträgt.

Absender → Betriebsrat
Empfänger → Gesamtbetriebsrat

### → Hintergrund

Siehe die Erläuterung zu dem entsprechenden Betriebsratsbeschluss Muster M105.

### → Rechtsgrundlage

§ 50 Absatz 2 BetrVG

### → Vorherige Beschlussfassung?

Ja, siehe Muster M105.

### → M113

*Beauftragung des Gesamtbetriebsrats mit … [Angelegenheit bezeichnen]*

*Lieber Kollege / Liebe Kollegin … [Name des / der Gesamtbetriebsratsvorsitzenden],*

*der Betriebsrat des … [Bezeichnung des Betriebs] hat in seiner Sitzung am … [Datum] beschlossen, den Gesamtbetriebsrat gemäß § 50 Absatz 2 BetrVG mit … [Angelegenheit bezeichnen] zu beauftragen.*

*Für eine Erörterung der Angelegenheit stehen wir selbstverständlich gern zur Verfügung.*

*Mit freundlichen Grüßen*

____________________

*(BETRIEBSRATSVORSITZENDE/R)*

## Aufgabe auf den Gesamtbetriebsrat übertragen (mit Vorbehalt) – M114

Muster für ein Schreiben, mit dem der Betriebsrat dem Gesamtbetriebsrat eine Aufgabe überträgt, er sich die Entscheidungsbefugnis aber vorbehält.

Absender → Betriebsrat
Empfänger → Gesamtbetriebsrat

### → Hintergrund

Siehe die Erläuterung zu dem entsprechenden Betriebsratsbeschluss Muster M106.

### → Rechtsgrundlage

§ 50 Absatz 2 BetrVG

### → Vorherige Beschlussfassung?

Ja, siehe Muster M106.

### → M114

*Beauftragung des Gesamtbetriebsrats mit … [Aufgabe bezeichnen]*

*Lieber Kollege / Liebe Kollegin … [Name des / der Gesamtbetriebsratsvorsitzenden],*

*der Betriebsrat des … [Bezeichnung des Betriebs] hat in seiner Sitzung am … [Datum] beschlossen, den Gesamtbetriebsrat gemäß § 50 Absatz 2 BetrVG mit … [Angelegenheit bezeichnen] zu beauftragen.*

*Die Entscheidungsbefugnis behält sich der Betriebsrat gemäß § 50 Absatz 2 Satz 2 BetrVG vor.*

*Für eine Erörterung der Angelegenheit stehen wir selbstverständlich gern zur Verfügung.*

*Mit freundlichen Grüßen*

______________________________

*(BETRIEBSRATSVORSITZENDE/R)*

## Arbeitgeber über Übertragung einer Aufgabe auf den Gesamtbetriebsrat informieren – M115

Muster für ein Schreiben, mit dem der Betriebsrat den Arbeitgeber darüber informiert, dass er eine Aufgabe auf den Gesamtbetriebsrat übertragen hat.

Absender → Betriebsrat
Empfänger → Arbeitgeber

### → Hintergrund

Wenn der Betriebsrat eine Aufgabe auf den Gesamtbetriebsrat übertragen hat, sollte er darüber den Arbeitgeber informieren. Denn in der entsprechenden Angelegenheit ist dann zunächst einmal der Gesamtbetriebsrat der Ansprechpartner für den Arbeitgeber und nicht mehr der Betriebsrat.

Der Betriebsrat sollte den Arbeitgeber auch darüber informieren, ob er die Aufgabe vollständig auf den Gesamtbetriebsrat übertragen hat Muster M115a oder ob er sich die Entscheidungsbefugnis vorbehalten hat Muster M115b.

### → Rechtsgrundlage

§ 50 Absatz 2 BetrVG

### → Vorherige Beschlussfassung?

Ja, siehe Muster M105 und M106.

### → M115a

*Beauftragung des Gesamtbetriebsrats ohne Vorbehalt*

*Beauftragung des Gesamtbetriebsrats mit ... [Angelegenheit bezeichnen]*

*Sehr geehrte Damen und Herren,*

*ich möchte Sie darüber informieren, dass der Betriebsrat in seiner Sitzung am ... [Datum] beschlossen hat, den Gesamtbetriebsrat gemäß § 50 Absatz 2 BetrVG mit ... [Angelegenheit bezeichnen] zu beauftragen. Der Betriebsrat hat diese Angelegenheit mitsamt der Entscheidungsbefugnis auf den Gesamtbetriebsrat übertragen.*

*Ich möchte Sie bitten, sich in dieser Angelegenheit zukünftig direkt an den Gesamtbetriebsrat zu wenden.*

*Mit freundlichen Grüßen*

____________________________

*(BETRIEBSRATSVORSITZENDE/R)*

### → M115b

*Beauftragung des Gesamtbetriebsrats mit Vorbehalt*

*Beauftragung des Gesamtbetriebsrats mit ... [Angelegenheit bezeichnen]*

*Sehr geehrte Damen und Herren,*

*ich möchte Sie darüber informieren, dass der Betriebsrat in seiner Sitzung am ... [Datum] beschlossen hat, den Gesamtbetriebsrat gemäß § 50 Absatz 2 BetrVG mit ... [Angelegenheit bezeichnen] zu beauftragen. Die Entscheidungsbefugnis hat sich der Betriebsrat jedoch gemäß § 50 Absatz 2 Satz 2 BetrVG vorbehalten.*

*Ich möchte Sie bitten, sich in dieser Angelegenheit zukünftig direkt an den Gesamtbetriebsrat zu wenden.*

*Mit freundlichen Grüßen*

______________________________

*(BETRIEBSRATSVORSITZENDE/R)*

## Übertragung einer Aufgabe auf den Gesamtbetriebsrat widerrufen – M116

Muster für ein Schreiben, mit dem der Betriebsrat die Übertragung einer Aufgabe auf den Gesamtbetriebsrat widerruft.

Absender → Betriebsrat
Empfänger → Gesamtbetriebsrat

### → Hintergrund

Der Betriebsrat kann die Übertragung einer Aufgabe auf den Gesamtbetriebsrat jederzeit widerrufen. Ein besonderer Grund muss für den Widerruf nicht vorliegen. Der Widerruf wird erst rechtswirksam, wenn er dem Vorsitzenden des Gesamtbetriebsrats schriftlich zugegangen ist.

### → Rechtsgrundlage

§ 50 Absatz 2 Satz 3 BetrVG in Verbindung mit
§ 27 Absatz 2 Satz 4 BetrVG

### → Vorherige Beschlussfassung?

Ja, siehe Muster M107.

### → M116

*Widerruf der Beauftragung des Gesamtbetriebsrats mit … [Angelegenheit bezeichnen]*

*Lieber Kollege / Liebe Kollegin … [Name des / der Gesamtbetriebsratsvorsitzenden],*

*der Betriebsrat des … [Bezeichnung des Betriebs] hat in seiner Sitzung am … [Datum] beschlossen, die Beauftragung des Gesamtbetriebsrats mit … [Angelegenheit bezeichnen] zu widerrufen. Der Betriebsrat wird in dieser Angelegenheit ab sofort wieder selbst tätig werden.*

*Für Rückfragen stehen wir selbstverständlich gern zur Verfügung.*

*Mit freundlichen Grüßen*

______________________________

*(BETRIEBSRATSVORSITZENDE/R)*

## Arbeitgeber über Widerruf der Beauftragung des Gesamtbetriebsrats informieren – M117

Muster für ein Schreiben, mit dem der Betriebsrat den Arbeitgeber darüber informiert, dass er die Übertragung einer Aufgabe auf den Gesamtbetriebsrat widerrufen hat.

Absender → Betriebsrat
Empfänger → Arbeitgeber

### → Hintergrund
Wenn der Betriebsrat die Übertragung einer Aufgabe auf den Gesamtbetriebsrat widerrufen hat, sollte er darüber den Arbeitgeber informieren. Denn in der entsprechenden Angelegenheit ist dann wieder der Betriebsrat der Ansprechpartner für den Arbeitgeber und nicht mehr der Gesamtbetriebsrat.

### → Rechtsgrundlage
§ 50 Absatz 2 Satz 3 BetrVG in Verbindung mit § 27 Absatz 2 Satz 4 BetrVG

### → Vorherige Beschlussfassung?
Ja, siehe Muster M107.

### → M117

*Widerruf der Beauftragung des Gesamtbetriebsrats mit ... [Angelegenheit bezeichnen]*

*Sehr geehrte Damen und Herren,*

*ich möchte Sie darüber informieren, dass der Betriebsrat in seiner Sitzung am ... [Datum] beschlossen hat, die Beauftragung des Gesamtbetriebsrats mit ... [Angelegenheit bezeichnen] zu widerrufen. Der Betriebsrat wird in dieser Angelegenheit ab sofort wieder selbst tätig werden.*

*Ich möchte Sie bitten, sich in dieser Angelegenheit zukünftig direkt an uns zu wenden.*

*Mit freundlichen Grüßen*

_______________________

*(BETRIEBSRATSVORSITZENDE/R)*

## Einladung zur Betriebsräteversammlung – M118

Muster für ein Schreiben, mit dem der Gesamtbetriebsrat zur Betriebsräteversammlung einlädt.

Absender → Gesamtbetriebsrat
Empfänger → Örtliche Betriebsräte

### → Hintergrund

Siehe zunächst die Erläuterung zur Einberufung der Betriebsräteversammlung Muster M108.

Die Einladung zur Betriebsräteversammlung sollte an die Betriebsratsgremien gerichtet werden, nicht direkt an die einzelnen Betriebsratsmitglieder, da die Betriebsratsgremien darüber entscheiden können, welche Betriebsratsmitglieder sie zu der Betriebsräteversammlung entsenden wollen (siehe §53 Absatz 1 Satz 2 BetrVG).

### → Rechtsgrundlage

§53 Absatz 1 BetrVG

### → Vorherige Beschlussfassung?

Ja, siehe Muster M108 und M109.

### → M118

*Einladung zur Betriebsräteversammlung*

*Liebe Kolleginnen und Kollegen,*

*hiermit lade ich euch zu der diesjährigen Betriebsräteversammlung ein. Die Versammlung findet statt am ... [Datum] um ... [Uhrzeit] in ... [Ort].*

*Die Tagesordnung lautet wie folgt:*

1. *Begrüßung und Eröffnung der Versammlung durch den Gesamtbetriebsratsvorsitzenden*
2. *Tätigkeitsbericht des Gesamtbetriebsrats*
3. *Bericht des Arbeitgebers*
4. *... [gegebenenfalls weitere Themen]*
5. *Verschiedenes*
6. *Schlusswort*

*Mit freundlichen Grüßen*

______________________________

*(GESAMTBETRIEBSRATSVORSITZENDE/R)*

→

# Räume, Arbeitsmittel und Personal für den Betriebsrat

Damit ein Betriebsrat seine Aufgaben ordnungsgemäß und effektiv erledigen kann, braucht er verschiedene Arbeitsmittel und sonstige Ressourcen. Der Betriebsrat braucht zum Beispiel einen Raum, in dem er seine Betriebsratssitzungen abhalten kann. Er braucht außerdem einen PC oder ein Notebook, um Schreiben und Mitteilungen an den Arbeitgeber anfertigen zu können. Da der Betriebsrat selbst nicht vermögensfähig ist und deshalb kein Geld besitzen kann und den Betriebsratsmitgliedern durch ihre Amtsausübung keine Kosten entstehen sollen, schreibt das Gesetz vor, dass der Arbeitgeber dem Betriebsrat auf seine Kosten in dem erforderlichen Umfang Räume, sachliche Mittel, Informations- und Kommunikationstechnik sowie Büropersonal zur Verfügung stellen muss.

Zu beachten ist, dass der Betriebsrat sich die Dinge, die er für seine Arbeit benötigt, nicht einfach selbst anschaffen und die entstehenden Kosten dann vom Arbeitgeber erstattet verlangen kann. Der Betriebsrat muss den Arbeitgeber stattdessen auffordern, die benötigten Dinge für ihn anzuschaffen und zur Verfügung zu stellen, falls der Arbeitgeber dies nicht schon von sich aus macht Muster M131 bis M141. Vor der Aufforderung an den Arbeitgeber muss der Betriebsrat durch Beschluss entscheiden, was genau der Arbeitgeber ihm zur Verfügung stellen soll Muster M119 bis M130.

## 01. Beschlüsse

### Betriebsratsbüro – M119

**→ Situation**
Der Betriebsrat möchte vom Arbeitgeber einen Raum zur Verfügung gestellt bekommen, den er als Betriebsratsbüro nutzen kann.

**→ Hintergrund**
Der Betriebsrat braucht einen Ort, wo er die im Zusammenhang mit der Betriebsratsarbeit anfallenden Bürotätigkeiten erledigen und die Unterlagen und Arbeitsmittel des Betriebsrats aufbewahren kann. In der Regel dürften Betriebsratsgremien bereits ab einer Größe von drei Betriebsratsmitgliedern einen Anspruch auf ein eigenes Büro haben, zu dem nur die Betriebsratsmitglieder Zugang haben.

| | |
|---|---|
| Rechtsgrundlage | § 40 Absatz 2 BetrVG |
| Erforderliche Stimmenmehrheit | Einfache Mehrheit |
| Form | – |
| Nächste Schritte | Arbeitgeber auffordern Muster M131. |

**→ M119**

**Muster für den Tagesordnungspunkt**

*Betriebsratsbüro*

**Muster für den Beschlusstext**

*Der Betriebsrat verlangt vom Arbeitgeber, ihm einen Raum als Betriebsratsbüro zur Verfügung zu stellen.*

*Abstimmungsergebnis:*
*Ja … / Nein … / Enthaltungen …*

## Ausstattung des Betriebsratsbüros – M120

### Situation
Der Betriebsrat möchte vom Arbeitgeber eine Grundausstattung für das Betriebsratsbüro bekommen.

### Hintergrund
Der Betriebsrat kann vom Arbeitgeber verlangen, das Betriebsratsbüro mit all den Dingen auszustatten, mit denen ein Büro im Betrieb des Arbeitgebers üblicherweise ausgestattet ist (Möbel, Bürotechnik usw.).

| | |
|---|---|
| Rechtsgrundlage | § 40 Absatz 2 BetrVG |
| Erforderliche Stimmenmehrheit | Einfache Mehrheit |
| Form | – |
| Nächste Schritte | Arbeitgeber auffordern Muster M131. |

### M120

**Muster für den Tagesordnungspunkt**

*Ausstattung des Betriebsratsbüros*

**Muster für den Beschlusstext**

*Der Betriebsrat verlangt vom Arbeitgeber, ihm folgende Gegenstände zur Ausstattung des Betriebsratsbüros zur Verfügung zu stellen:*

- *Schreibtisch und Schreibtischstuhl*
- *PC mit Internetzugang und Drucker*
- *Telefon*
- *Konferenztisch mit ... [Anzahl] Stühlen*
- *Whiteboard*
- *Regal für Bücher, Ordner usw.*
- *Büromaterialien (Druckerpapier, Briefumschläge, Ordner, Schnellhefter, Locher, Heftgerät mit Heftklammern)*

*Abstimmungsergebnis:*
*Ja ... / Nein ... / Enthaltungen ...*

## Büromaterial für den Betriebsrat – M121

**Situation**

Der Betriebsrat möchte vom Arbeitgeber Büromaterial zur Verfügung gestellt bekommen.

**Hintergrund**

Zu den Arbeitsmitteln, die der Arbeitgeber dem Betriebsrat zur Verfügung stellen muss, gehören insbesondere alle Gegenstände und Verbrauchsmaterialien, die für die Erledigung von Bürotätigkeiten benötigt werden.

| | |
|---|---|
| Rechtsgrundlage | § 40 Absatz 2 BetrVG |
| Erforderliche Stimmenmehrheit | Einfache Mehrheit |
| Form | – |
| Nächste Schritte | Arbeitgeber auffordern Muster M132. |

**M121**

### Muster für den Tagesordnungspunkt

*Beschaffung von Büromaterial*

### Muster für den Beschlusstext

*Der Betriebsrat verlangt vom Arbeitgeber, ihm die folgenden Arbeitsmittel zur Verfügung zu stellen:*

- *20 DIN-A4-Ordner*
- *Druckerpapier*
- *Papier und Stifte für das Whiteboard*
- *4 Textmarker in verschiedenen Farben*
- *1 Locher*
- *1 Heftgerät mit Heftklammern*

*Abstimmungsergebnis:*
*Ja … / Nein … / Enthaltungen …*

## PC und Drucker für den Betriebsrat – M122

### Situation

Der Betriebsrat möchte vom Arbeitgeber einen PC und einen Drucker zur Verfügung gestellt bekommen.

### Hintergrund

Der Betriebsrat kann vom Arbeitgeber verlangen, die für die Betriebsratsarbeit erforderliche Informations- und Kommunikationstechnik zur Verfügung gestellt zu bekommen. Dazu gehört an allererster Stelle ein PC mit Drucker.

| | |
|---|---|
| Rechtsgrundlage | § 40 Absatz 2 BetrVG |
| Erforderliche Stimmenmehrheit | Einfache Mehrheit |
| Form | – |
| Nächste Schritte | Arbeitgeber auffordern Muster M133. |

### M122

**Muster für den Tagesordnungspunkt**

*PC und Drucker für den Betriebsrat*

**Muster für den Beschlusstext**

*Der Betriebsrat verlangt vom Arbeitgeber, ihm einen PC und einen Drucker zur Verfügung zu stellen.*

*Abstimmungsergebnis:*
*Ja … / Nein … / Enthaltungen …*

## Internetzugang für den Betriebsrat – M123

### → Situation
Der Betriebsrat möchte einen Internetanschluss für das Betriebsratsbüro.

### → Hintergrund
Nach der Rechtsprechung des Bundesarbeitsgerichts kann ein Betriebsrat vom Arbeitgeber in der Regel verlangen, ihm über den betrieblichen Internetanschluss Zugang zum Internet zu verschaffen.

| | |
|---|---|
| Rechtsgrundlage | § 40 Absatz 2 BetrVG |
| Erforderliche Stimmenmehrheit | Einfache Mehrheit |
| Form | – |
| Nächste Schritte | Arbeitgeber auffordern Muster M134. |

### → M123

**Muster für den Tagesordnungspunkt**

*Internetzugang für den Betriebsrat*

**Muster für den Beschlusstext**

*Der Betriebsrat verlangt vom Arbeitgeber, ihm im Betriebsratsbüro einen Internetzugang zur Verfügung zu stellen.*

*Abstimmungsergebnis:*
*Ja … / Nein … / Enthaltungen …*

## Betriebliche E-Mail-Adresse für den Betriebsrat – M124

### Situation

Der Betriebsrat möchte eine eigene E-Mail-Adresse.

### Hintergrund

Der Betriebsrat kann verlangen, eine eigene E-Mail-Adresse eingerichtet zu bekommen (zum Beispiel betriebsrat@arbeitgeber-name.de).

| | |
|---|---|
| Rechtsgrundlage | § 40 Absatz 2 BetrVG |
| Erforderliche Stimmenmehrheit | Einfache Mehrheit |
| Form | – |
| Nächste Schritte | Arbeitgeber auffordern Muster M135 . |

### M124

**Muster für den Tagesordnungspunkt**

*E-Mail-Adresse für den Betriebsrat*

**Muster für den Beschlusstext**

*Der Betriebsrat verlangt vom Arbeitgeber, ihm eine betriebliche E-Mail-Adresse zur Verfügung zu stellen.*

*Abstimmungsergebnis:*
*Ja ... / Nein ... / Enthaltungen ...*

## Betriebsrat-Homepage im firmeninternen Intranet – M125

### → Situation
Der Betriebsrat möchte eine eigene Homepage im firmeninternen Intranet.

### → Hintergrund
Wenn es im Betrieb ein internes Informations- und Kommunikationssystem (Intranet) gibt, hat der Betriebsrat das Recht, dieses System für die Kommunikation mit der Belegschaft nutzen zu dürfen. Er kann vom Arbeitgeber die Einrichtung einer eigenen Homepage verlangen, auf der er Informationen für die Belegschaft bereitstellen kann.

| | |
|---|---|
| Rechtsgrundlage | § 40 Absatz 2 BetrVG |
| Erforderliche Stimmenmehrheit | Einfache Mehrheit |
| Form | – |
| Nächste Schritte | Arbeitgeber auffordern Muster M136. |

### → M125

**Muster für den Tagesordnungspunkt**

*Betriebsrat-Homepage im firmeninternen Intranet*

**Muster für den Beschlusstext**

*Der Betriebsrat verlangt vom Arbeitgeber, ihm eine eigene Homepage im firmeninternen Intranet zur Verfügung zu stellen.*

*Abstimmungsergebnis:*
*Ja … / Nein … / Enthaltungen …*

## Mobiltelefon für ein Betriebsratsmitglied - M126

### → Situation

Der Betriebsrat möchte, dass der Arbeitgeber einem Betriebsratsmitglied ein Mobiltelefon zur Verfügung stellt, welches das Betriebsratsmitglied für die Betriebsratsarbeit nutzen kann.

### → Hintergrund

Auch ein Mobiltelefon kann zu der erforderlichen Informations- und Kommunikationstechnik gehören, die der Arbeitgeber dem Betriebsrat zur Verfügung stellen muss.

| | |
|---|---|
| Rechtsgrundlage | § 40 Absatz 2 BetrVG |
| Erforderliche Stimmenmehrheit | Einfache Mehrheit |
| Form | – |
| Nächste Schritte | Arbeitgeber auffordern Muster M137. |

### → M126

**Muster für den Tagesordnungspunkt**

*Mobiltelefon für Betriebsratsmitglied*

**Muster für den Beschlusstext**

*Der Betriebsrat verlangt vom Arbeitgeber, dem Betriebsratsmitglied Herrn / Frau … [Name] für die Betriebsratsarbeit ein Mobiltelefon zur Verfügung zu stellen.*

*Abstimmungsergebnis:*
*Ja … / Nein … / Enthaltungen …*

## Notebook für ein Betriebsratsmitglied – M127

### → Situation

Der Betriebsrat möchte, dass der Arbeitgeber einem Betriebsratsmitglied für die Betriebsratsarbeit ein Notebook zur Verfügung stellt.

### → Hintergrund

Auch wenn der Betriebsrat und einzelne Betriebsratsmitglieder schon über einen stationären PC für ihre Betriebsratsarbeit verfügen, kann es sein, dass ein Betriebsratsmitglied zusätzlich ein Notebook benötigt, um damit mobil Betriebsratsarbeiten erledigen zu können.

| | |
|---|---|
| Rechtsgrundlage | § 40 Absatz 2 BetrVG |
| Erforderliche Stimmenmehrheit | Einfache Mehrheit |
| Form | – |
| Nächste Schritte | Arbeitgeber auffordern Muster M138. |

### → M127

**Muster für den Tagesordnungspunkt**

*Notebook für Betriebsratsmitglied*

**Muster für den Beschlusstext**

*Der Betriebsrat verlangt vom Arbeitgeber, dem Betriebsratsmitglied Herrn / Frau … [Name] für die Betriebsratsarbeit ein Notebook zur Verfügung zu stellen.*

*Abstimmungsergebnis:*
*Ja … / Nein … / Enthaltungen …*

## Fachliteratur für den Betriebsrat - M128

### → Situation

Der Betriebsrat möchte bestimmte Fachbücher vom Arbeitgeber zur Verfügung gestellt bekommen.

### → Hintergrund

Zu den Arbeitsmitteln, auf die jeder Betriebsrat einen Anspruch hat, gehört auch Fachliteratur. Dazu zählen insbesondere Fachbücher zum Arbeitsrecht und speziell zum Betriebsverfassungsrecht, aber gegebenenfalls auch zu anderen Themengebieten. Der Betriebsrat kann verlangen, vom Arbeitgeber die für die Betriebsratsarbeit benötigte Fachliteratur zur Verfügung gestellt zu bekommen.

| | |
|---|---|
| Rechtsgrundlage | § 40 Absatz 2 BetrVG |
| Erforderliche Stimmenmehrheit | Einfache Mehrheit |
| Form | – |
| Nächste Schritte | Arbeitgeber auffordern Muster M139. |

### → M128

**Muster für den Tagesordnungspunkt**

*Fachliteratur für den Betriebsrat*

**Muster für den Beschlusstext**

*Der Betriebsrat verlangt vom Arbeitgeber, ihm die folgenden Fachbücher zur Verfügung zu stellen:*

- *Däubler / Klebe / Wedde, BetrVG – Betriebsverfassungsgesetz mit Wahlordnung und EBR-Gesetz, Kommentar, neueste Auflage*
- *Schaub, Arbeitsrechts-Handbuch, neueste Auflage*
- *Kittner, Arbeits- und Sozialordnung Gesetze, Einleitungen, Übersichten, neueste Auflage*

*Abstimmungsergebnis:*
*Ja … / Nein … / Enthaltungen …*

## Fachzeitschrift für den Betriebsrat – M129

### → Situation

Der Betriebsrat möchte, dass der Arbeitgeber für ihn eine regelmäßig erscheinende Fachzeitschrift abonniert.

### → Hintergrund

Der Betriebsrat hat gegenüber dem Arbeitgeber einen Anspruch auf eine regelmäßig erscheinende Fachzeitschrift zur Betriebsratsarbeit.

| | |
|---|---|
| Rechtsgrundlage | § 40 Absatz 2 BetrVG |
| Erforderliche Stimmenmehrheit | Einfache Mehrheit |
| Form | – |
| Nächste Schritte | Arbeitgeber auffordern Muster M140. |

### → M129

**Muster für den Tagesordnungspunkt**

*Fachzeitschrift für den Betriebsrat*

**Muster für den Beschlusstext**

*Der Betriebsrat verlangt vom Arbeitgeber, ihm regelmäßig jeweils die aktuelle Ausgabe der Fachzeitschrift „Arbeitsrecht im Betrieb" zur Verfügung zu stellen.*

*Abstimmungsergebnis:*
*Ja … / Nein … / Enthaltungen …*

## Büropersonal für den Betriebsrat - M130

### → Situation

Der Betriebsrat möchte, dass der Arbeitgeber ihm eine Bürokraft zur Verfügung stellt, die den Betriebsrat bei der Erledigung der Büroarbeit unterstützt.

### → Hintergrund

Je nachdem, wie viel Büroarbeit für den Betriebsrat anfällt, kann der Betriebsrat vom Arbeitgeber verlangen, dass ihm für Schreibarbeiten und sonstige Bürotätigkeiten Büropersonal zur Verfügung gestellt wird, damit die Betriebsratsmitglieder diese Tätigkeiten nicht selbst erledigen müssen.

| | |
|---|---|
| Rechtsgrundlage | § 40 Absatz 2 BetrVG |
| Erforderliche Stimmenmehrheit | Einfache Mehrheit |
| Form | – |
| Nächste Schritte | Arbeitgeber auffordern Muster M141. |

### → M130

**Muster für den Tagesordnungspunkt**

*Büropersonal für den Betriebsrat*

**Muster für den Beschlusstext**

*Der Betriebsrat verlangt vom Arbeitgeber, ihm in einem zeitlichen Umfang von ... [Anzahl] Stunden pro Woche eine Bürokraft zur Verfügung zu stellen.*

*Abstimmungsergebnis:*
*Ja ... / Nein ... / Enthaltungen ...*

## 02. Schreiben

### Betriebsratsbüro – M131

Muster für ein Schreiben, mit dem der Betriebsrat den Arbeitgeber dazu auffordert, ihm ein eigenes Büro zur Verfügung zu stellen.

Absender → Betriebsrat
Empfänger → Arbeitgeber

**→ Hintergrund**
Siehe die Erläuterung zu dem entsprechenden Betriebsratsbeschluss Muster M119.

**→ Rechtsgrundlage**
§ 40 Absatz 2 BetrVG

**→ Vorherige Beschlussfassung?**
Ja, siehe Muster M119.

**→ M131**

*Betriebsratsbüro*

*Sehr geehrte Damen und Herren,*

*der Betriebsrat hat sich in seiner letzten Sitzung mit der Organisation der von ihm nach dem Betriebsverfassungsgesetz zu erledigenden Aufgaben befasst und ist dabei zu dem Ergebnis gekommen, dass für die ordnungsgemäße Ausübung der Betriebsratstätigkeit ein eigener Büroraum erforderlich ist.*

*Der Betriebsrat bittet Sie deshalb, ihm einen geeigneten Raum zur Verfügung zu stellen, den er als Betriebsratsbüro nutzen kann.*

*Bereits ein dreiköpfiger Betriebsrat hat grundsätzlich einen Anspruch auf einen eigenen Büroraum mit einer Grundfläche von mindestens 9 qm nebst eigenem Telefonanschluss, abschließbarem Schrank, Schreibtisch und Schreibtischstuhl sowie einem geeigneten Besprechungstisch (vgl. Landesarbeitsgericht München, Beschluss vom 08.07.2005 – 3 TaBV 79/03). Unser Gremium besteht aus ... [Anzahl] Betriebsratsmitgliedern. Dementsprechend groß sollte der uns zur Verfügung gestellte Raum sein.*

*Wir bitten Sie bei dieser Gelegenheit weiterhin darum, den Büroraum in betriebsüblicher Weise mit zumindest den folgenden Gegenständen auszustatten:*

- *Schreibtisch und Schreibtischstuhl*
- *PC mit Internetzugang und Drucker*
- *Telefon*
- *Konferenztisch mit ... [Anzahl] Stühlen*
- *Whiteboard*
- *Regal für Bücher, Ordner usw.*
- *Büromaterialien (Druckerpapier, Briefumschläge, Ordner, Schnellhefter, Locher, Heftgerät usw.)*

*Der Betriebsrat hat einen Anspruch auf Bereitstellung dieser Gegenstände aus § 40 BetrVG.*

*Mit freundlichen Grüßen*

______________________

*(BETRIEBSRATSVORSITZENDE/R)*

## Büromaterial für den Betriebsrat – M132

Muster für ein Schreiben, mit dem der Betriebsrat den Arbeitgeber dazu auffordert, ihm Büromaterial zur Verfügung zu stellen.

Absender → Betriebsrat
Empfänger → Arbeitgeber

### → Hintergrund

Siehe die Erläuterung zu dem entsprechenden Betriebsratsbeschluss Muster M121.

### → Rechtsgrundlage

§ 40 Absatz 2 BetrVG

### → Vorherige Beschlussfassung?

Ja, siehe Muster M121.

### → M132

*Arbeitsmittel für den Betriebsrat*

*Sehr geehrte Damen und Herren,*

*der Betriebsrat benötigt zur Erledigung seiner Aufgaben aktuell die folgenden weiteren Arbeitsmittel:*

- → *20 DIN-A4-Ordner*
- → *Druckerpapier*
- → *Papier und Stifte für das Whiteboard*
- → *4 Textmarker in verschiedenen Farben*
- → *1 Locher*
- → *1 Heftgerät mit Heftklammern*

*Die aufgezählten Gegenstände gehören zu den sachlichen Mitteln, die gemäß § 40 Absatz 2 BetrVG für die laufende Geschäftsführung des Betriebsrats erforderlich sind. Wir bitten Sie, dem Betriebsrat diese Gegenstände so bald wie möglich zur Verfügung zu stellen.*

*Mit freundlichen Grüßen*

______________________________

*(BETRIEBSRATSVORSITZENDE/R)*

## PC und Drucker für den Betriebsrat – M133

Muster für ein Schreiben, mit dem der Betriebsrat den Arbeitgeber dazu auffordert, ihm einen PC und einen Drucker zur Verfügung zu stellen.

Absender → Betriebsrat
Empfänger → Arbeitgeber

### → Hintergrund

Siehe die Erläuterung zu dem entsprechenden Betriebsratsbeschluss Muster M122.

### → Rechtsgrundlage

§ 40 Absatz 2 BetrVG

### → Vorherige Beschlussfassung?

Ja, siehe Muster M122.

### → M133

*PC und Drucker für den Betriebsrat*

*Sehr geehrte Damen und Herren,*

*der Betriebsrat hat in seiner Sitzung am … [Datum] über die Erforderlichkeit eines Computers und eines Druckers für die Betriebsratsarbeit beraten. Der Betriebsrat hält einen eigenen PC mit Drucker zur ordnungsgemäßen Erfüllung seiner Aufgaben für erforderlich im Sinne von § 40 Absatz 2 BetrVG.*

*Zur Begründung weisen wir darauf hin, dass der Betriebsrat derzeit sämtliche Arbeitsvorgänge, die heutzutage normalerweise mit einem PC erledigt werden, manuell durchführen muss. Die manuelle Erledigung bestimmter Aufgaben ist aber um ein Vielfaches zeitaufwändiger als die automatisierte Durchführung mittels eines Computers. Dem Betriebsrat geht durch die manuelle Bearbeitung bestimmter Aufgaben viel Zeit verloren, was im Ergebnis dazu führt, dass er die Wahrnehmung anderer Rechte und Pflichten des Betriebsrats vernachlässigen muss.*

*Der Betriebsrat hat deshalb beschlossen, Sie dazu aufzufordern, ihm einen PC mit Drucker zur Verfügung zu stellen. Wir bitten Sie darum, diese Geräte innerhalb der nächsten drei Wochen bereit zu stellen.*

*Wir erlauben uns den Hinweis, dass von den Landesarbeitsgerichten eine EDV-Grundausstattung (PC nebst Zubehör und Software) als ein in der Regel unverzichtbares Arbeitsmittel des Betriebsrats angesehen wird (vgl. zum Beispiel Landesarbeitsgericht Hamm, Beschluss vom 26.02.2010 - 10 TaBV 13/09; Landesarbeitsgericht Bremen, Beschluss vom 04.06.2009 - 3 TaBV 4/09; Landesarbeitsgericht Schleswig-Holstein 27.01.2010 - 3 TaBV 31/09).*

*Mit freundlichen Grüßen*

______________________________

*(BETRIEBSRATSVORSITZENDE/R)*

## Internetzugang für den Betriebsrat - M134

Muster für ein Schreiben, mit dem der Betriebsrat den Arbeitgeber dazu auffordert, ihm einen Internetzugang zur Verfügung zu stellen.

Absender → Betriebsrat
Empfänger → Arbeitgeber

### → Hintergrund

Siehe die Erläuterung zu dem entsprechenden Betriebsratsbeschluss Muster M123.

### → Rechtsgrundlage

§ 40 Absatz 2 BetrVG

### → Vorherige Beschlussfassung?

Ja, siehe Muster M123.

### → M134

*Internetzugang für den Betriebsrat*

*Sehr geehrte Damen und Herren,*

*der Betriebsrat hat in seiner Sitzung am ... [Datum] über die Erforderlichkeit eines eigenen Internetzugangs für den Betriebsrat beraten. Der Betriebsrat hält einen eigenen Zugang zum Internet zur ordnungsgemäßen Erfüllung seiner Aufgaben für erforderlich im Sinne von § 40 Absatz 2 BetrVG.*

*Zur Begründung weisen wir darauf hin, dass der Betriebsrat die ihm gesetzlich übertragenen Aufgaben nur dann ordnungsgemäß wahrnehmen kann, wenn er über die dazu erforderlichen rechtlichen und tatsächlichen Informationen verfügt. Die Beschaffung von Informationen ist für die Tätigkeit des Betriebsrats zwingend notwendig.*

*Wie sich ein Betriebsrat die erforderlichen Informationen beschafft, liegt grundsätzlich in seinem eigenen Ermessen. Wir haben uns dazu entschieden, unter anderem das Internet zur Informationsbeschaffung zu nutzen, weil es die aktuellste und umfassendste Informationsquelle darstellt. In der Rechtsprechung des Bundesarbeitsgerichts ist anerkannt, dass der Betriebsrat einen Zugang zum Internet zur sachgerechten Wahrnehmung der ihm obliegenden betriebsverfassungsrechtlichen Aufgaben in der Regel für erforderlich halten darf (vgl. Bundesarbeitsgericht,*

*Beschluss vom 17.02.2010 – 7 ABR 81/09 und Bundesarbeitsgericht, Beschluss vom 20.01.2010 – 7 ABR 89/08).*

*Der Betriebsrat hat deshalb beschlossen, Sie darum zu bitten, ihm im Betriebsratsbüro einen eigenen Internetanschluss zur Verfügung zu stellen. Wir bitten Sie, den Internetzugang innerhalb der nächsten drei Wochen einzurichten.*

*Mit freundlichen Grüßen*

______________________________

*(BETRIEBSRATSVORSITZENDE/R)*

## Betriebliche E-Mail-Adresse für den Betriebsrat – M135

Muster für ein Schreiben, mit dem der Betriebsrat den Arbeitgeber dazu auffordert, für ihn eine eigene E-Mail-Adresse einzurichten.

Absender → Betriebsrat
Empfänger → Arbeitgeber

### → Hintergrund

Siehe die Erläuterung zu dem entsprechenden Betriebsratsbeschluss Muster M124.

### → Rechtsgrundlage

§ 40 Absatz 2 BetrVG

### → Vorherige Beschlussfassung?

Ja, siehe Muster M124.

### → M135

*E-Mail-Adresse für den Betriebsrat*

*Sehr geehrte Damen und Herren,*

*der Betriebsrat hat in seiner Sitzung am ... [Datum] über die Erforderlichkeit einer eigenen E-Mail-Adresse für den Betriebsrat beraten. Der Betriebsrat ist dabei zu dem Ergebnis gekommen, dass eine eigene E-Mail-Adresse zur ordnungsgemäßen Erfüllung seiner Aufgaben erforderlich im Sinne von § 40 Absatz 2 BetrVG ist.*

*Es gehört zu den gesetzlichen Aufgaben eines Betriebsrats, Beschwerden und Vorschläge von Arbeitnehmern entgegenzunehmen. Um diese Aufgaben möglichst effektiv erledigen zu können, ist es aus der Sicht des Betriebsrats geboten, den Kolleginnen und Kollegen die Möglichkeit anzubieten, auch per E-Mail Kontakt zum Betriebsrat aufzunehmen.*

*Der Betriebsrat hat deshalb beschlossen, Sie dazu aufzufordern, ihm eine eigene E-Mail-Adresse zur Verfügung zu stellen. Wir bitten Sie, die E-Mail-Adresse innerhalb der nächsten drei Wochen einzurichten.*

*Mit freundlichen Grüßen*

______________________________

*(BETRIEBSRATSVORSITZENDE/R)*

## Betriebsrat-Homepage im firmeninternen Intranet – M136

Muster für ein Schreiben, mit dem der Betriebsrat den Arbeitgeber dazu auffordert, für ihn eine eigene Homepage im firmeninternen Intranet anzulegen.

Absender → Betriebsrat
Empfänger → Arbeitgeber

### → Hintergrund

Siehe die Erläuterung zu dem entsprechenden Betriebsratsbeschluss Muster M125.

### → Rechtsgrundlage

§ 40 Absatz 2 BetrVG

### → Vorherige Beschlussfassung?

Ja, siehe Muster M125.

### → M136

*Betriebsrat-Homepage im Intranet*

*Sehr geehrte Damen und Herren,*

*der Betriebsrat hat in seiner Sitzung am ... [Datum] beschlossen, Sie darum zu bitten, ihm eine eigene Homepage im unternehmensinternen Intranet einzurichten. Mit dieser Homepage möchte der Betriebsrat die Belegschaft über aktuelle Themen der Betriebsratsarbeit informieren. Die umfassende und rechtzeitige Information der Arbeitnehmer über seine Tätigkeit gehört zu der laufenden Geschäftsführung des Betriebsrats. Wir bitten Sie deshalb, dem Betriebsrat so bald wie möglich eine eigene Homepage im Intranet zur Verfügung zu stellen.*

*Wir erlauben uns, darauf hinzuweisen, dass ein Betriebsrat nach der Rechtsprechung des Bundesarbeitsgerichts einen Anspruch darauf hat, Informationen auf einer eigenen Homepage in einem vom Arbeitgeber eingerichteten Intranet zu veröffentlichen (siehe Bundesarbeitsgericht, Beschluss vom 01. Dezember 2004 – 7 ABR 18/04).*

*Mit freundlichen Grüßen*

______________________

*(BETRIEBSRATSVORSITZENDE/R)*

## Mobiltelefon für ein Betriebsratsmitglied – M137

Muster für ein Schreiben, mit dem der Betriebsrat den Arbeitgeber dazu auffordert, einem Betriebsratsmitglied ein Mobiltelefon zur Verfügung zu stellen.

Absender → Betriebsrat
Empfänger → Arbeitgeber

### → Hintergrund

Siehe die Erläuterung zu dem entsprechenden Betriebsratsbeschluss Muster M126.

### → Rechtsgrundlage

§ 40 Absatz 2 BetrVG

### → Vorherige Beschlussfassung?

Ja, siehe Muster M126.

### → M137

*Mobiltelefon für das Betriebsratsmitglied ... [Name]*

*Sehr geehrte Damen und Herren,*

*der Betriebsrat hat in seiner Sitzung am ... [Datum] beschlossen, Sie darum zu bitten, dem Betriebsratsmitglied ... [Name] für die Betriebsratsarbeit ein Mobiltelefon zur Verfügung zu stellen. Nach Ansicht des Betriebsrats benötigt Herr / Frau ... [Name] ein Mobiltelefon, um seine / ihre gesetzlichen Aufgaben als Betriebsratsmitglied ordnungsgemäß erledigen zu können.*

*Herr / Frau ... [Name] ist als Betriebsratsmitglied für die Betreuung der Betriebsstätten in ... [Ort] ... und ... [Ort] zuständig. Er / Sie pendelt ständig zwischen diesen Betriebsstätten hin und her. Aus diesem Grund ist es in der Vergangenheit häufiger vorgekommen, dass Herr / Frau ... [Name] für Vorgesetzte, Mitarbeiter und Betriebsratskollegen nicht erreichbar war. Um die Erreichbarkeit des Herrn / der Frau ... [Name] zu gewährleisten, benötigt er / sie ein Mobiltelefon.*

*Wir bitten Sie deshalb, Herrn / Frau ... [Name] so bald wie möglich ein Mobiltelefon inklusive SIM-Karte zur Verfügung zu stellen. Dabei sollte es sich um ein internetfähiges Smartphone handeln, damit dieses gleichzeitig auch zur Erledigung der E-Mail-Korrespondenz von unterwegs benutzt werden kann. Der Betriebsrat hält ein solches Mobiltelefon für ein Arbeits-*

*mittel, das für die Betriebsratstätigkeit des / der Herrn / Frau ... [Name] im Sinne des § 40 Absatz 2 BetrVG erforderlich ist.*

*Mit freundlichen Grüßen*

______________________________

*(BETRIEBSRATSVORSITZENDE/R)*

## Notebook für ein Betriebsratsmitglied – M138

Muster für ein Schreiben, mit dem der Betriebsrat den Arbeitgeber dazu auffordert, einem Betriebsratsmitglied ein Notebook zur Verfügung zu stellen.

Absender → Betriebsrat
Empfänger → Arbeitgeber

### → Hintergrund

Siehe die Erläuterung zu dem entsprechenden Betriebsratsbeschluss Muster M127.

### → Rechtsgrundlage

§ 40 Absatz 2 BetrVG

### → Vorherige Beschlussfassung?

Ja, siehe Muster M127.

### → M138

*Notebook für das Betriebsratsmitglied … [Name]*

*Sehr geehrte Damen und Herren,*

*der Betriebsrat hat in seiner Sitzung am … [Datum] beschlossen, Sie darum zu bitten, dem Betriebsratsmitglied… [Name] für die Betriebsratsarbeit ein Notebook zur Verfügung zu stellen. Nach Ansicht des Betriebsrats benötigt Herr / Frau … [Name] ein Notebook, um seine / ihre gesetzlichen Aufgaben als Betriebsratsmitglied ordnungsgemäß erledigen zu können.*

*Herr / Frau … [Name] ist aufgrund seiner / ihrer Mitgliedschaft im Gesamt- und Konzernbetriebsrat sowie im Gesamtbetriebsratsausschuss in der Regel an mindestens zwei Tagen in der Woche auf Reisen und nicht in unserem Betrieb anwesend. Um die erheblichen Reisezeiten von in der Regel mindestens … [Anzahl] Stunden pro Woche für die Ausübung von Betriebsratstätigkeiten nutzen zu können, ist Herr / Frau … [Name] auf ein Notebook angewiesen. Herr / Frau … [Name] benötigt auch deshalb ein Notebook, um mobil E-Mails abrufen zu können, die er / sie im Rahmen seiner / ihrer Betriebsratstätigkeit regelmäßig erhält.*

*Aus diesen Gründen hält der Betriebsrat ein Notebook für ein Arbeitsmittel, das für die Betriebsratstätigkeit des Herrn / der Frau … [Name] im Sinne des § 40 Absatz 2 BetrVG erforderlich ist. Wir bitten Sie deshalb, Herrn / Frau … [Name] so bald wie möglich ein Notebook zur Verfügung zu stellen.*

*Mit freundlichen Grüßen*

______________________________

*(BETRIEBSRATSVORSITZENDE/R)*

## Fachliteratur für den Betriebsrat – M139

Muster für ein Schreiben, mit dem der Betriebsrat den Arbeitgeber dazu auffordert, ihm Fachliteratur zur Verfügung zu stellen.

Absender → Betriebsrat
Empfänger → Arbeitgeber

### → Hintergrund

Siehe die Erläuterung zu dem entsprechenden Betriebsratsbeschluss Muster M128.

### → Rechtsgrundlage

§ 40 Absatz 2 BetrVG

### → Vorherige Beschlussfassung?

Ja, siehe Muster M128.

### → M139

*Fachliteratur für den Betriebsrat*

*Sehr geehrte Damen und Herren,*

*der Betriebsrat hat in seiner Sitzung am … [Datum] festgestellt, dass er für die ordnungsgemäße Ausübung der ihm durch das Betriebsverfassungsgesetz übertragenen Aufgaben Fachliteratur benötigt.*

*Er benötigt insbesondere aktuelle arbeitsrechtliche Gesetzestexte, einen Kommentar zum Betriebsverfassungsgesetz sowie ein Arbeitsrechtshandbuch. In der Rechtsprechung ist anerkannt, dass Fachliteratur zu den erforderlichen sachlichen Mitteln im Sinne des § 40 BetrVG gehört, auf die der Betriebsrat einen Anspruch hat (vgl. Bundesarbeitsgericht, Beschluss vom 26.10.1994 – 7 ABR 15/94).*

*Der Betriebsrat bittet Sie deshalb darum, die folgende Fachliteratur für ihn anzuschaffen:*

- *Däubler / Klebe / Wedde, BetrVG – Betriebsverfassungsgesetz mit Wahlordnung und EBR-Gesetz, Kommentar, neueste Auflage*
- *Schaub, Arbeitsrechts-Handbuch, neueste Auflage*
- *Kittner, Arbeits- und Sozialordnung Gesetze, Einleitungen, Übersichten, neueste Auflage*

*Wir bitten Sie, dem Betriebsrat diese Bücher so bald wie möglich zur Verfügung zu stellen.*

*Mit freundlichen Grüßen*

______________________________
*(BETRIEBSRATSVORSITZENDE/R)*

## Fachzeitschrift für den Betriebsrat - M140

Muster für ein Schreiben, mit dem der Betriebsrat den Arbeitgeber dazu auffordert, für ihn eine Fachzeitschrift zu abonnieren.

Absender → Betriebsrat
Empfänger → Arbeitgeber

### → Hintergrund

Siehe die Erläuterung zu dem entsprechenden Betriebsratsbeschluss Muster M129.

### → Rechtsgrundlage

§ 40 Absatz 2 BetrVG

### → Vorherige Beschlussfassung?

Ja, siehe Muster M129.

### → M140

*Fachzeitschrift „Arbeitsrecht im Betrieb“*

*Sehr geehrte Damen und Herren,*

*der Betriebsrat hat in seiner Sitzung am ... [Datum] festgestellt, dass er für die ordnungsgemäße Ausübung der ihm durch das Betriebsverfassungsgesetz übertragenen Aufgaben Fachliteratur benötigt.*

*Um über die aktuelle arbeitsgerichtliche Rechtsprechung und aktuelle arbeitsrechtliche Themen im Allgemeinen informiert zu sein, sieht der Betriebsrat den regelmäßigen Bezug der Fachzeitschrift „Arbeitsrecht im Betrieb“ als erforderlich an. Nach der Rechtsprechung des Bundesarbeitsgerichts ist der Arbeitgeber verpflichtet, dem Betriebsrat auf dessen Verlangen die Zeitschrift „Arbeitsrecht im Betrieb“ für dessen laufende Geschäftsführung zur Verfügung zu stellen (Bundesarbeitsgericht, Beschluss vom 21.04.1983 - 6 ABR 70/82).*

*Wir bitten Sie daher, so bald wie möglich ein Abonnement der Zeitschrift „Arbeitsrecht im Betrieb“ für den Betriebsrat abzuschließen.*

*Mit freundlichen Grüßen*

________________________

*(BETRIEBSRATSVORSITZENDE/R)*

## Büropersonal für den Betriebsrat – M141

Muster für ein Schreiben, mit dem der Betriebsrat den Arbeitgeber dazu auffordert, ihm Büropersonal zur Verfügung zu stellen.

Absender → Betriebsrat
Empfänger → Arbeitgeber

### → Hintergrund

Siehe die Erläuterung zu dem entsprechenden Betriebsratsbeschluss Muster M130.

### → Rechtsgrundlage

§ 40 Absatz 2 BetrVG

### → Vorherige Beschlussfassung?

Ja, siehe Muster M130.

### → M141

*Büropersonal für den Betriebsrat*

*Sehr geehrte Damen und Herren,*

*der Betriebsrat hat in seiner Sitzung am ... [Datum] festgestellt, dass er für die ordnungsgemäße Erfüllung seiner Aufgaben einen Mitarbeiter / eine Mitarbeiterin benötigt, der / die den Betriebsrat bei den anfallenden Büroarbeiten unterstützt.*

*Der Bürokraft sollen die folgenden Arbeiten übertragen werden, die bei uns im Betriebsrat regelmäßig in dem jeweils angegebenen zeitlichen Umfang anfallen:*

- → *Postbearbeitung (ca. ... [Anzahl] Stunden pro Woche)*
- → *Telefongespräche annehmen und weiterleiten (ca. ... [Anzahl] Stunden pro Woche)*
- → *Termine planen und organisieren (ca. ... [Anzahl] Stunden pro Woche)*
- → *Schreibarbeiten (ca. ... [Anzahl] Stunden pro Woche)*
- → *Unterlagen kopieren und zusammenstellen (ca. ... [Anzahl] Stunden pro Woche)*
- → *Ablage von Unterlagen (ca. ... [Anzahl] Stunden pro Woche)*
- → *... [gegebenenfalls weitere Aufgaben]*

*Insgesamt sollen der Bürokraft also Tätigkeiten in einem zeitlichen Umfang von ca. ... [Anzahl] Stunden pro Woche übertragen werden.*

*Wir bitten Sie deshalb, dem Betriebsrat so bald wie möglich eine Bürokraft mit einer entsprechenden wöchentlichen Arbeitszeit zur Verfügung zu stellen. Wir bitten Sie außerdem, dass die Auswahl des Mitarbeiters / der Mitarbeiterin in enger Absprache mit dem Betriebsrat erfolgt. Für eine konstruktive Zusammenarbeit ist es außerordentlich wichtig, dass der Mitarbeiter / die Mitarbeiterin das Vertrauen des Betriebsrats genießt.*

*Wir erlauben uns den Hinweis, dass ein Arbeitgeber gemäß § 40 Absatz 2 BetrVG dazu verpflichtet ist, dem Betriebsrat das erforderliche Büropersonal zur Verfügung zu stellen. Die Entscheidung darüber, ob und in welchem Umfang Büropersonal zur Erledigung von Betriebsratsaufgaben erforderlich und deshalb vom Arbeitgeber zur Verfügung zu stellen ist, obliegt nach der Rechtsprechung des Bundesarbeitsgerichts dem Betriebsrat (siehe Bundesarbeitsgericht, Beschluss vom 20. April 2005 – 7 ABR 14/04). Der Betriebsrat hat bei seiner Entscheidung sowohl die Interessen der Belegschaft an einer sachgerechten Ausübung des Betriebsratsamts als auch Ihr Interesse als Arbeitgeber an einer Begrenzung Ihrer Kostentragungspflicht berücksichtigt.*

*Mit freundlichen Grüßen*

__________________________

*(BETRIEBSRATSVORSITZENDE/R)*

→

# Geschäftsordnung des Betriebsrats

Der Betriebsrat kann sich eine Geschäftsordnung geben. Eine Geschäftsordnung dient dazu, Fragen der Geschäftsführung des Betriebsrats zu regeln. In einer Geschäftsordnung können zum Beispiel Einzelheiten zur Durchführung der Betriebsratssitzungen und zur Organisation der Betriebsratsarbeit festgelegt werden Muster M142.

Unerlässlich ist eine Geschäftsordnung, wenn der Betriebsrat Betriebsratssitzungen per Video- oder Telefonkonferenz durchführen will oder Betriebsratsmitglieder per Video- oder Telefonverbindung an Betriebsratssitzungen teilnehmen können sollen. Denn dafür ist zwingend eine Regelung in einer Geschäftsordnung erforderlich Muster 144.

Wenn der Betriebsrat sich eine Geschäftsordnung gegeben hat, kann er diese jederzeit ändern oder ergänzen Muster M143.

## 01. Beschlüsse

### Geschäftsordnung des Betriebsrats – M142

**→ Situation**
Der Betriebsrat möchte sich eine Geschäftsordnung geben.

**→ Hintergrund**
Der Betriebsrat kann Fragen der Geschäftsführung des Betriebsrats und sonstige betriebsratsinterne Angelegenheiten in einer Geschäftsordnung rechtlich verbindlich regeln. Eine Geschäftsordnung wird üblicherweise zu Beginn einer Amtsperiode beschlossen. Sie gilt immer nur für die Dauer der Amtszeit des Betriebsrats.

| | |
|---|---|
| Rechtsgrundlage | § 36 BetrVG |
| Erforderliche Stimmenmehrheit | Absolute Mehrheit |
| Form | Schriftform |
| Nächste Schritte | Aushändigung einer Kopie der Geschäftsordnung an jedes Betriebsratsmitglied Muster M145. |

**→ M142**

**Muster für den Tagesordnungspunkt**

*Geschäftsordnung des Betriebsrats für die Amtsperiode ... [Jahre]*

**Muster für den Beschlusstext**

*Geschäftsordnung*
*des Betriebsrats*
*für die Amtsperiode 2022 – 2026*

*Der Betriebsrat hat in seiner Sitzung am ... [Datum] die folgende Geschäftsordnung gemäß § 36 BetrVG beschlossen:*

*§ 1 – Betriebsratssitzungen*

*(1) Die regelmäßigen Betriebsratssitzungen finden wöchentlich jeweils donnerstags um 14:00 Uhr statt. Davon abweichend findet keine Sitzung statt, falls der Tag der Sitzung nach dieser Regelung auf einen gesetzlichen Feiertag fällt. In diesem Fall findet die Sitzung am nächsten Arbeitstag statt.*

*(2) Der Betriebsratsvorsitzende lädt die Betriebsratsmitglieder rechtzeitig unter Mitteilung der Tagesordnung zu den Betriebsratssitzungen ein. Die Einladung zu den Betriebsratssitzungen erfolgt per E-Mail. Die Einladung und die Mitteilung der Tagesordnung sollen in der Regel mindestens drei Tage vor dem Tag der Sitzung erfolgen.*

(3) Die Tagesordnung der Betriebsratssitzungen wird vom Betriebsratsvorsitzenden aufgestellt. Der Betriebsratsvorsitzende hat ein Thema auf die Tagesordnung der nächsten regelmäßigen Betriebsratssitzung zu setzen, wenn ein Viertel der Mitglieder des Betriebsrats dies beantragt und das benannte Thema zum Aufgabenbereich des Betriebsrats gehört.

(4) Kann ein Betriebsratsmitglied nicht an einer Sitzung teilnehmen, hat es dies dem Betriebsratsvorsitzenden unverzüglich per E-Mail unter Angabe der Gründe mitzuteilen.

(5) Die Betriebsratssitzungen werden von dem Betriebsratsvorsitzenden geleitet. Der Betriebsratsvorsitzende übt im Sitzungsraum das Hausrecht aus. Er erteilt den Sitzungsteilnehmen das Wort in der Reihenfolge der Wortmeldungen. Er kann das Wort nach vorheriger Ermahnung wieder entziehen, wenn dafür ein sachlicher Grund vorliegt.

### § 2 – Außerordentliche Betriebsratssitzungen

(1) Neben den regelmäßigen Betriebsratssitzungen kann der Betriebsratsvorsitzende jederzeit weitere Betriebsratssitzungen einberufen (außerordentliche Betriebsratssitzungen). Für die außerordentlichen Betriebsratssitzungen gelten die Regelungen des § 1 entsprechend.

(2) Der Betriebsratsvorsitzende hat eine außerordentliche Betriebsratssitzung einzuberufen, wenn ein Viertel der Mitglieder des Betriebsrats die Einberufung einer Betriebsratssitzung verlangt und ein zum Aufgabenbereich des Betriebsrats gehörendes Thema benennt, das auf der Sitzung behandelt werden soll. Die Einberufung einer außerordentlichen Betriebsratssitzung kann in diesem Fall jedoch unterbleiben, wenn das benannte Thema auch in der nächsten regelmäßigen Betriebsratssitzung noch rechtzeitig behandelt werden kann. Das zu behandelnde Thema ist in diesem Fall auf die Tagesordnung der nächsten regelmäßigen Betriebsratssitzung zu setzen.

### § 3 – Betriebsratssitzungen mittels Video- oder Telefonkonferenz

→ siehe dazu das Muster M144

### § 4 – Beschlussfassung

(1) Die Beschlussfassung erfolgt durch Abstimmung. Jeder Abstimmung geht eine Beratung des zur Abstimmung stehenden Themas voraus.

(2) Die Abstimmungen finden grundsätzlich offen durch Handheben statt, wenn das Gesetz keine geheime Abstimmung verlangt. Der Betriebsrat kann im Einzelfall mit der Mehrheit der Stimmen der anwesenden Mitglieder eine geheime Abstimmung beschließen.

(3) Während einer Abstimmung darf sich keine Person im Sitzungsraum aufhalten, die im Zeitpunkt der Abstimmung kein Teilnahmerecht an der Betriebsratssitzung hat.

*(4) Die Betriebsratsmitglieder haben über das Abstimmungsverhalten Stillschweigen zu wahren.*

### *§5 - Sitzungsniederschrift*

*(1) Über jede Sitzung des Betriebsrats ist eine Sitzungsniederschrift anzufertigen. Die Sitzungsniederschrift gibt unter den einzelnen Tagesordnungspunkten den Wortlaut der Beschlüsse und das jeweilige Abstimmungsergebnis wieder. Der Sitzungsniederschrift wird eine Anwesenheitsliste beigefügt, in die sich jeder Sitzungsteilnehmer eigenhändig einzutragen hat.*

*(2) Die Sitzungsniederschrift wird von dem gewählten Schriftführer verfasst. Ist der Schriftführer verhindert, bestimmt der Betriebsrat ein anderes Betriebsratsmitglied, das die Sitzungsniederschrift verfasst.*

*(3) Die Sitzungsniederschrift soll unverzüglich nach der Sitzung angefertigt werden. Sie ist von dem Betriebsratsvorsitzenden und einem weiteren Betriebsratsmitglied zu unterschreiben.*

*(4) Die Sitzungsniederschrift wird allen an der Sitzung teilnehmenden Betriebsratsmitgliedern in Kopie zugesandt.*

*(5) Einwendungen gegen die Sitzungsniederschrift sind unverzüglich schriftlich geltend zu machen, spätestens bis zur nächsten Sitzung. Rechtzeitig erhobene Einwendungen werden an die Sitzungsteilnehmer versendet und der Sitzungsniederschrift als Anhang beigefügt.*

### *§6 - Vertretung des Betriebsratsvorsitzenden*

*(1) Im Falle der Verhinderung des Betriebsratsvorsitzenden werden dessen Aufgaben durch den Stellvertreter wahrgenommen.*

*(2) Ist auch der Stellvertreter verhindert, werden die Aufgaben des Betriebsratsvorsitzenden von dem zweiten Stellvertreter wahrgenommen. Ist auch der zweite Stellvertreter verhindert, werden die Aufgaben des Betriebsratsvorsitzenden von dem dritten Stellvertreter wahrgenommen.*

*(3) Der jeweilige Vertreter teilt dem Arbeitgeber den Vertretungsfall unverzüglich mit.*

### *§7 - Vertraulichkeit*

*(1) Die Betriebsratsmitglieder sind verpflichtet, ihnen aufgrund ihrer Betriebsratstätigkeit bekannt gewordene Betriebs- und Geschäftsgeheimnisse sowie Informationen über persönliche Verhältnisse und Angelegenheiten von Arbeitnehmern geheim zu halten. Sie sind des Weiteren verpflichtet, sonstige Informationen, die ihnen aufgrund ihrer Betriebsratstätigkeit bekannt geworden sind und die naturgemäß vertraulich behandelt werden müssen, geheim zu halten.*

*(2) Die Betriebsratsmitglieder haben Unterlagen, die sie aufgrund ihrer Betriebsratstätigkeit erhalten (zum Beispiel Sitzungsniederschriften), vertraulich zu behandeln und sicher aufzubewahren.*

*§ 8 – Inkrafttreten und Geltungsdauer dieser Geschäftsordnung*

*(1) Diese Geschäftsordnung tritt am ... [Datum] in Kraft. Sie gilt für die Dauer der laufenden Amtsperiode.*

*(2) Der Betriebsrat kann diese Geschäftsordnung mit der Mehrheit der Stimmen seiner Mitglieder ändern oder aufheben.*

---

*(BETRIEBSRATSVORSITZENDE/R)*

## Änderung oder Ergänzung der Geschäftsordnung – M143

### → Situation
Der Betriebsrat möchte seine Geschäftsordnung ändern oder ergänzen.

### → Hintergrund
Der Betriebsrat kann seine Geschäftsordnung jederzeit ändern oder ergänzen. Die Änderung bzw. Ergänzung kann auf die Weise erfolgen, dass der Betriebsrat über die geänderte bzw. ergänzte Geschäftsordnung insgesamt neu abstimmt (siehe Muster M143, Variante 1). Sie kann auch auf die Weise erfolgen, dass nur über die zu ändernde bzw. zu ergänzende Regelung abgestimmt wird (siehe Muster M143, Varianten 2 und 3).

| | |
|---|---|
| Rechtsgrundlage | § 36 BetrVG |
| Erforderliche Stimmenmehrheit | Absolute Mehrheit |
| Form | Schriftform |
| Nächste Schritte | Aushändigung einer Kopie der geänderten bzw. ergänzten Geschäftsordnung an jedes Betriebsratsmitglied Muster M145. |

→ **M143**

**Muster für den Tagesordnungspunkt**

*Änderung der Geschäftsordnung des Betriebsrats*

**Muster für den Beschlusstext (Variante 1)**

*Die Geschäftsordnung des Betriebsrats wird geändert und insgesamt wie folgt neu gefasst:*

*... [Gesamte neu gefasste Geschäftsordnung]*

*Abstimmungsergebnis:*
*Ja ... / Nein ... / Enthaltungen ...*

**Muster für den Beschlusstext (Variante 2)**

*Die Geschäftsordnung des Betriebsrats wird geändert. § ... der Geschäftsordnung wird wie folgt neu gefasst:*

*... [Neu gefasster Paragraf]*

*Abstimmungsergebnis:*
*Ja ... / Nein ... / Enthaltungen ...*

**Muster für den Beschlusstext (Variante 3)**

*Die Geschäftsordnung des Betriebsrats wird ergänzt. Nach § ... wird der folgende § ...a eingefügt:*

*... [Einzufügender Paragraf]*

*Abstimmungsergebnis:*
*Ja ... / Nein ... / Enthaltungen ...*

## Regelung zu Betriebsratssitzungen mittels Video- und Telefonkonferenz – M144

### → Situation

Der Betriebsrat möchte Betriebsratssitzungen per Video- oder Telefonkonferenz durchführen können.

### → Hintergrund

Wenn der Betriebsrat Betriebsratssitzungen mittels Video- oder Telefonkonferenz durchführen will oder wenn Betriebsratsmitglieder per Video- oder Telefonverbindung an Betriebsratssitzungen teilnehmen können sollen, ist dazu eine Regelung in der Geschäftsordnung des Betriebsrats erforderlich.

Das folgende Muster kann als Baustein für eine insgesamt neu gefasste Geschäftsordnung verwendet werden. Es kann auch dafür verwendet werden, eine bereits vorhandene Geschäftsordnung zu ergänzen (siehe dazu Muster M143, Variante 3).

| | |
|---|---|
| Rechtsgrundlage | § 30 Absatz 2 BetrVG, § 36 BetrVG |
| Erforderliche Stimmenmehrheit | Absolute Mehrheit |
| Form | Schriftform |

### → M144

*§ 3 – Betriebsratssitzungen mittels Video- oder Telefonkonferenz*

*(1) Zulässigkeit von Sitzungen mittels Video- oder Telefonkonferenz*

1. *Die Sitzungen des Betriebsrats finden grundsätzlich als Präsenzsitzungen statt. Bis zu ... [Anzahl] Sitzungen pro Kalenderjahr können jedoch mittels Video- oder Telefonkonferenz durchgeführt werden.*

2. *Darüber hinaus kann eine Sitzung mittels Video- oder Telefonkonferenz durchgeführt werden, wenn ein Sachverhalt vorliegt, der eine schnelle Beschlussfassung des Betriebsrats erforderlich macht und eine Präsenzsitzung nicht rechtzeitig durchgeführt werden kann.*

3. *Unabhängig vom Vorliegen der Voraussetzungen nach den Absätzen 1 und 2 können Sitzungen mittels Video- oder Telefonkonferenz durchgeführt werden, wenn und solange eine epidemische Lage von nationaler oder landesweiter Tragweite festgestellt ist.*

4. *Für die Durchführung einer Sitzung mittels Video- oder Telefonkonferenz wird das Video- / Telefonkonferenztool ... [Bezeichnung] eingesetzt.*

5. *Bei Vorliegen der Voraussetzungen, die für die Durchführung einer Sitzung mittels Video- oder Telefonkonferenz*

*erfüllt sein müssen, entscheidet der Betriebsratsvorsitzende nach pflichtgemäßem Ermessen, ob die Sitzung als Präsenzsitzung oder mittels Video- bzw. Telefonkonferenz durchgeführt wird.*

*(2) Einladung zu einer Sitzung mittels Video- oder Telefonkonferenz und Widerspruch*

1. *Wenn eine Sitzung mittels Video- oder Telefonkonferenz durchgeführt werden soll, hat der Betriebsratsvorsitzende die Betriebsratsmitglieder in der Einladung zu der Sitzung darauf hinzuweisen, dass und in welcher Weise die Sitzung als Video- oder Telefonkonferenz stattfinden soll, sowie eine angemessene Frist zum Widerspruch zu setzen.*

2. *Die Sitzung wird nicht mittels Video- oder Telefonkonferenz durchgeführt, wenn mindestens ein Viertel der Mitglieder des Betriebsrats binnen der von dem Betriebsratsvorsitzenden bestimmten Frist diesem gegenüber widerspricht.*

*(3) Wahrung der Nichtöffentlichkeit*

1. *Betriebsratsmitglieder, die mittels Video- oder Telefonverbindung an einer Betriebsratssitzung teilnehmen, müssen sicherstellen, dass während ihrer Teilnahme keine unbefugten Personen Kenntnis vom Inhalt der Sitzung nehmen können.*

2. *Die Betriebsratsmitglieder haben sich während der Dauer der Sitzung in einem nichtöffentlichen Raum aufzuhalten, in dem nur Personen anwesend sind, die ein Recht zur Teilnahme an der Sitzung haben.*

3. *Die Betriebsratsmitglieder versichern gegenüber dem Betriebsratsvorsitzenden zu Beginn ihrer Teilnahme an der Sitzung zu Protokoll, dass sie sich in einem nichtöffentlichen Raum befinden, in dem nur teilnahmeberechtigte Personen anwesend sind. Der Betriebsratsvorsitzende nimmt die entsprechenden Erklärungen der Betriebsratsmitglieder zu Protokoll.*

4. *Wenn bei einem Betriebsratsmitglied während der Sitzungsteilnahme ein Zustand eintritt, bei dem die Vertraulichkeit der Sitzung nicht mehr gewährleistet ist, informiert das Betriebsratsmitglied unverzüglich den Betriebsratsvorsitzenden. Dies gilt insbesondere dann, wenn eine nicht teilnahmeberechtigte Person den Raum betritt. Der Betriebsratsvorsitzende unterbricht daraufhin die Sitzung, bis die Vertraulichkeit wiederhergestellt ist.*

5. *Jede Form der Aufzeichnung einer mittels Video- oder Telefonkonferenz durchgeführten Sitzung ist unzulässig. Unzulässig ist insbesondere das Anfertigen von Video- und Tonaufnahmen der Sitzung, aber auch das Anfertigen einzelner Bildschirmfotos („Screenshots").*

*(4) Bestätigung der Teilnahme durch die Betriebsratsmitglieder*

1. *Die an der Sitzung mittels Video- oder Telefonverbindung teilnehmenden Betriebsratsmitglieder bestätigen ihre Teilnahme gegenüber dem Betriebsratsvorsitzenden zu Beginn ihrer Teilnahme in Textform (zum Beispiel per E-Mail).*

2. *Betriebsratsmitglieder, die die Sitzung vorzeitig verlassen, teilen dies dem Betriebsratsvorsitzenden ebenfalls in Textform mit.*

## 02. Schreiben

### Übersendung der Geschäftsordnung an die Betriebsratsmitglieder – M145

Muster für ein Schreiben, mit dem den Betriebsratsmitgliedern die Geschäftsordnung des Betriebsrats übersandt wird.

Absender → Betriebsrat
Empfänger → Betriebsratsmitglieder

**→ Hintergrund**
Da die Geschäftsordnung eine große Bedeutung für die Betriebsratsarbeit hat und Regeln enthält, die von den Betriebsratsmitgliedern zu beachten sind, sollte jedes Betriebsratsmitglied eine Kopie der Geschäftsordnung erhalten.

**→ Rechtsgrundlage**
§ 36 BetrVG

**→ Vorherige Beschlussfassung?**
Nein.

**→ M145**

*Geschäftsordnung für die Amtsperiode 2022 bis 2026*

*Liebe Kolleginnen und Kollegen,*

*anliegend übersende ich euch die auf der Betriebsratssitzung am … [Datum] beschlossene Geschäftsordnung des Betriebsrats für die Amtsperiode 2022 bis 2026.*

*Mit freundlichen Grüßen*

______________________________

*(BETRIEBSRATSVORSITZENDE/R)*

→

# Sprechstunden des Betriebsrats

Der Betriebsrat kann Sprechstunden für die Arbeitnehmer des Betriebs einrichten. In den Sprechstunden können die Arbeitnehmer mit dem Betriebsrat alle Themen besprechen, die mit ihrer Stellung als Arbeitnehmer des Betriebs zusammenhängen und die in den Aufgabenbereich des Betriebsrats fallen. Die Arbeitnehmer können die Sprechstunden des Betriebsrats während ihrer Arbeitszeit aufsuchen, ohne dass ihnen aufgrund der dadurch ausgefallenen Arbeitszeit das Gehalt gekürzt werden darf.

Ob der Betriebsrat Sprechstunden einrichtet, entscheidet allein der Betriebsrat durch einen entsprechenden Betriebsratsbeschluss Muster M146. Über die Fragen, wann und wo die Sprechstunden stattfinden, muss sich der Betriebsrat aber mit dem Arbeitgeber verständigen Muster M148. Falls eine Verständigung über diese Fragen nicht gelingen sollte, würde auf Antrag die Einigungsstelle entscheiden Muster M147.

Wenn sich Betriebsrat und Arbeitgeber über die Einzelheiten der Sprechstunden des Betriebsrats verständigt haben, können die Sprechstunden der Belegschaft bekannt gegeben werden Muster M150.

## 01. Beschlüsse

### Einrichtung von Sprechstunden – M146

**→ Situation**
Der Betriebsrat möchte Sprechstunden für die Arbeitnehmer einrichten.

**→ Hintergrund**
Über die Frage, ob der Betriebsrat Sprechstunden einrichtet, entscheidet allein der Betriebsrat durch das Fassen eines entsprechenden Beschlusses. Über Zeit und Ort der Sprechstunden muss sich der Betriebsrat anschließend mit dem Arbeitgeber verständigen.

| | |
|---|---|
| Rechtsgrundlage | § 39 Absatz 1 BetrVG |
| Erforderliche Stimmenmehrheit | Einfache Mehrheit |
| Form | – |
| Nächste Schritte | Arbeitgeber informieren Muster M148. |

**→ M146**

**Muster für den Tagesordnungspunkt**

*Einrichtung von Sprechstunden*

**Muster für den Beschlusstext**

*Es werden Sprechstunden des Betriebsrats gemäß § 39 BetrVG eingerichtet.*

*Die Sprechstunden sollen an folgenden Tagen und zu folgenden Uhrzeiten in … [Ort] stattfinden:*

*… [Uhrzeiten]*

*Abstimmungsergebnis:*
*Ja … / Nein … / Enthaltungen …*

**Beispiel für den Tagesordnungspunkt**

*Einrichtung von Sprechstunden*

**Beispiel für den Beschlusstext**

*Es werden Sprechstunden des Betriebsrats gemäß § 39 BetrVG eingerichtet.*

*Die Sprechstunden sollen wöchentlich an jedem Donnerstag in der Zeit von 14:00 bis 16:00 Uhr im Büro des Betriebsrats stattfinden.*

*Abstimmungsergebnis:*
*Ja … / Nein … / Enthaltungen …*

## Anrufen der Einigungsstelle wegen der Einrichtung von Sprechstunden – M147

### → Situation

Arbeitgeber und Betriebsrat konnten sich nicht über Zeit oder Ort der Sprechstunden verständigen und der Betriebsrat möchte zur Klärung dieser Fragen die Einigungsstelle einschalten.

### → Hintergrund

Wenn der Betriebsrat Sprechstunden einrichten will, muss er sich zunächst über Zeit und Ort der Sprechstunden mit dem Arbeitgeber verständigen. Wenn eine Einigung zwischen Betriebsrat und Arbeitgeber nicht zustande kommt, können diese Fragen in einem Einigungsstellenverfahren geklärt werden.

| | |
|---|---|
| Rechtsgrundlage | § 39 Absatz 1 BetrVG |
| Erforderliche Stimmenmehrheit | Einfache Mehrheit |
| Form | – |
| Nächste Schritte | Schreiben an Arbeitgeber Muster M149. |

### → M147

**Muster für den Tagesordnungspunkt**

*Anrufen der Einigungsstelle wegen der Sprechstunden des Betriebsrats*

**Muster für den Beschlusstext**

1. *Der Betriebsrat stellt fest, dass die Verhandlungen mit der Arbeitgeberseite über Zeit und Ort der Sprechstunden des Betriebsrats gescheitert sind. Der Betriebsrat ruft daher die Einigungsstelle an.*
2. *Die Einigungsstelle soll mit … [Anzahl] Beisitzern pro Seite besetzt sein.*
3. *Als Einigungsstellenvorsitzende/n schlägt der Betriebsrat Herrn / Frau … [Name] vor.*

*Abstimmungsergebnis:*
*Ja … / Nein … / Enthaltungen …*

## 02. Schreiben

### Arbeitgeber über Einrichtung von Sprechstunden informieren – M148

Muster für ein Schreiben, mit dem der Betriebsrat den Arbeitgeber darüber informiert, dass er Sprechstunden einrichten möchte und den Arbeitgeber um Zustimmung zu seinen Vorschlägen zu Zeit und Ort der Sprechstunden bittet.

Absender → Betriebsrat
Empfänger → Arbeitgeber

**→ Hintergrund**
Siehe die Erläuterung zu dem entsprechenden Betriebsratsbeschluss Muster M146.

**→ Rechtsgrundlage**
§ 39 Absatz 1 BetrVG

**→ Vorherige Beschlussfassung?**
Ja, siehe Muster M146.

**→ M148**

*Einrichtung von Sprechstunden*

*Sehr geehrte Damen und Herren,*

*der Betriebsrat hat in seiner Sitzung am … [Datum] beschlossen, nach § 39 Absatz 1 BetrVG Sprechstunden einzurichten.*

*Nach der Vorstellung des Betriebsrats sollen die Sprechstunden wöchentlich an jedem Donnerstag in der Zeit von 14:00 bis 16:00 Uhr im Büro des Betriebsrats stattfinden. Wir sind der Ansicht, dass mit der Festlegung dieses Termins allen Kolleginnen und Kollegen die Möglichkeit gegeben ist, die Sprechstunden aufzusuchen.*

*Wir bitten Sie um Mitteilung innerhalb von zwei Wochen, ob Sie mit der vorgeschlagenen Zeit und dem vorgeschlagenen Ort für die Sprechstunden einverstanden sind.*

*Mit freundlichen Grüßen*

____________________

*(BETRIEBSRATSVORSITZENDE/R)*

## Anrufen der Einigungsstelle wegen Einrichtung von Sprechstunden - M149

Muster für ein Schreiben, mit dem der Betriebsrat die Einigungsstelle anruft, weil er sich mit dem Arbeitgeber nicht über Ort und Zeit der Sprechstunden des Betriebsrats einigen konnte.

Absender → Betriebsrat
Empfänger → Arbeitgeber

### → Hintergrund

Siehe die Erläuterung zu dem entsprechenden Betriebsratsbeschluss Muster M147.

### → Rechtsgrundlage

§ 39 Absatz 1 BetrVG

### → Vorherige Beschlussfassung?

Ja, siehe Muster M147.

### → M149

*Anrufen der Einigungsstelle wegen Zeit und Ort der Sprechstunden des Betriebsrats*

*Sehr geehrte Damen und Herren,*

*wir haben ausgiebig über die Frage verhandelt, wann und wo die Sprechstunden des Betriebsrats stattfinden sollen, ohne dass es zu einer Einigung gekommen ist. Aus der Sicht des Betriebsrats sind die innerbetrieblichen Verhandlungsmöglichkeiten jetzt ausgeschöpft.*

*Der Betriebsrat hat deshalb in seiner Sitzung am ... [Datum] beschlossen, nunmehr die Einigungsstelle anzurufen, um eine verbindliche Regelung über Zeit und Ort der Sprechstunden des Betriebsrats zu erreichen.*

*Wir schlagen vor, dass Arbeitgeber und Betriebsrat jeweils zwei Personen als Beisitzer benennen. Als Vorsitzende/n der Einigungsstelle schlagen wir Herrn/ Frau ... [Name] vor.*

*Wir bitten Sie um Rückäußerung zu unseren Vorschlägen binnen einer Woche. Vorsorglich weisen wir darauf hin, dass der Betriebsrat gegebenenfalls das arbeitsgerichtliche Bestellungsverfahren einleiten wird, wenn Sie innerhalb einer Woche keine Stellungnahme zu unseren Vorschlägen abgeben oder innerhalb dieser Frist keine Einigung über die Person des*

*Vorsitzenden oder die Zahl der Beisitzer zustande kommen sollte.*

*Mit freundlichen Grüßen*

_______________________________

*(BETRIEBSRATSVORSITZENDE/R)*

## Bekanntmachung der Sprechstunden gegenüber der Belegschaft – M150

Muster für ein Schreiben bzw. für einen Aushang, mit dem der Betriebsrat seine Sprechstunden gegenüber der Belegschaft bekannt macht.

Absender → Betriebsrat
Empfänger → Belegschaft

### → Hintergrund

Wenn der Betriebsrat Sprechstunden eingerichtet hat, sollte er dies gegenüber der Belegschaft bekannt machen, zum Beispiel durch einen Aushang am Schwarzen Brett, eine Bekanntmachung im betrieblichen Intranet oder eine E-Mail an die Arbeitnehmer.

### → Rechtsgrundlage

§ 39 BetrVG

### → Vorherige Beschlussfassung?

Ja, siehe Muster M146.

### → M150

*Sprechstunden des Betriebsrats*

*Liebe Kolleginnen und Kollegen,*

*der Betriebsrat hat sich mit der Geschäftsleitung über die Sprechstunden des Betriebsrats geeinigt.*

*Die Sprechstunden werden zukünftig wöchentlich jeweils donnerstags in der Zeit von 14:00 Uhr bis 16:00 Uhr im Büro des Betriebsrats stattfinden.*

*In den Sprechstunden können alle Angelegenheiten behandelt werden, die in den Aufgabenbereich des Betriebsrats fallen. Dazu gehören unter anderem auch Beschwerden und Anregungen von euch.*

*Wir möchten darauf hinweisen, dass alle betriebszugehörigen Arbeitnehmerinnen und Arbeitnehmer berechtigt sind, die Sprechstunden während der Arbeitszeit aufzusuchen, ohne dadurch Gehaltseinbußen zu erleiden. Voraussetzung ist nur, dass es für das Aufsuchen der Sprechstunden einen sachlichen Grund gibt.*

*Für den Besuch der Sprechstunden brauchen Arbeitnehmerinnen und Arbeitnehmer grundsätzlich nicht die Zustimmung des Arbeitgebers. Sie müssen sich aber vor dem Besuch der Sprechstunden bei ihrem Vorgesetzten abmelden und anschließend wieder zurückmelden. Dem Vorgesetzten muss dabei jedoch nicht der Anlass für das*

*Aufsuchen der Sprechstunde mitgeteilt werden.*

*Mit freundlichen Grüßen*

______________________________

*(BETRIEBSRATSVORSITZENDE/R)*

# Rücktritt des Betriebsrats

Die Amtszeit eines Betriebsrats dauert im Normalfall vier Jahre. Ein Betriebsrat kann aber selbst dafür sorgen, dass seine Amtszeit schon vorzeitig endet, indem er zurücktritt Muster M151. Für den Rücktritt des Betriebsrats ist ein Betriebsratsbeschluss erforderlich, der mit absoluter Mehrheit gefasst werden muss. Ein bestimmter Grund ist für den Rücktritt nicht erforderlich.

Ein Rücktritt des Betriebsrats kann insbesondere dann sinnvoll sein, wenn dem Betriebsrat anderenfalls die Auflösung durch das Arbeitsgericht droht, zum Beispiel aufgrund einer Anfechtung der Betriebsratswahl oder wegen eines Antrags auf Auflösung des Betriebsrats wegen einer groben Pflichtverletzung.

Wenn der Betriebsrat seinen Rücktritt beschlossen hat, sollte er darüber im Anschluss den Arbeitgeber informieren Muster M152.

## 01. Beschlüsse

### Rücktritt des Betriebsrats – M151

#### → Situation
Der Betriebsrat möchte als Gremium zurücktreten.

#### → Hintergrund
Der Betriebsrat kann jederzeit seinen eigenen Rücktritt beschließen. Ein bestimmter Grund muss dafür nicht vorliegen.

Nach einem Rücktritt bleibt der Betriebsrat zunächst geschäftsführend im Amt. Er ist aber dazu verpflichtet, unverzüglich einen Wahlvorstand zu bestellen, der die Neuwahl des Betriebsrats durchführt. Wenn der Betriebsrat seinen Rücktritt beschließt, sollte er darüber anschließend den Arbeitgeber informieren und ihn zugleich darauf hinweisen, dass der Betriebsrat trotz seines Rücktrittes bis zur Neuwahl mit allen Rechten und Pflichten weiterhin im Amt bleibt.

| | |
|---|---|
| Rechtsgrundlage | § 13 Absatz 2 Nr. 3 BetrVG |
| Erforderliche Stimmenmehrheit | Absolute Mehrheit |
| Form | – |
| Nächste Schritte | 1. Wahlvorstand für die Neuwahl bestellen Muster M262.<br>2. Arbeitgeber informieren Muster M152. |

#### → M151

**Muster für den Tagesordnungspunkt**

*Rücktritt des Betriebsrats*

**Muster für den Beschlusstext**

*Der Betriebsrat tritt mit sofortiger Wirkung zurück.*

*Abstimmungsergebnis:*
*Ja … / Nein … / Enthaltungen …*

## 02. Schreiben

### Arbeitgeber über Rücktritt des Betriebsrats informieren – M152

Muster für ein Schreiben, mit dem der Betriebsrat den Arbeitgeber darüber informiert, dass der Betriebsrat zurückgetreten ist.

Absender → Betriebsrat
Empfänger → Arbeitgeber

**→ Hintergrund**
Siehe die Erläuterung zu dem entsprechenden Betriebsratsbeschluss Muster M151.

**→ Rechtsgrundlage**
§ 13 Absatz 2 Nr. 3 BetrVG, § 22 BetrVG

**→ Vorherige Beschlussfassung?**
Ja, siehe Muster M151.

**→ M152**

*Rücktritt des Betriebsrats*

*Sehr geehrte Damen und Herren,*

*wir möchten Sie darüber in Kenntnis setzen, dass der Betriebsrat in seiner Sitzung am ... [Datum] seinen Rücktritt beschlossen hat.*

*Nach § 22 BetrVG führt der zurückgetretene Betriebsrat die Geschäfte weiter, bis der neue Betriebsrat gewählt und das Wahlergebnis bekannt gegeben ist. Trotz des Rücktritts des Betriebsrats sind also weiterhin alle Mitbestimmungsrechte und sonstigen Rechte des Betriebsrats zu beachten.*

*Mit freundlichen Grüßen*

________________________
*(BETRIEBSRATSVORSITZENDE/R)*

# Aufgaben des Betriebsrats

*Wir kümmern uns.*

4

→

# Überwachung des Arbeitgebers

Eine der wichtigsten Aufgaben des Betriebsrats besteht darin, den Arbeitgeber hinsichtlich der Einhaltung arbeitnehmerschützender Gesetze und sonstiger Vorschriften zu überwachen.

Zu den praktisch wichtigsten Gesetzen, die arbeitnehmerschützende Vorschriften enthalten, deren Einhaltung der Betriebsrat zu überwachen hat, gehören zum Beispiel

- das Allgemeine Gleichbehandlungsgesetz,
- das Arbeitnehmerüberlassungsgesetz,
- das Arbeitsschutzgesetz,
- das Arbeitssicherheitsgesetz,
- das Arbeitszeitgesetz,
- das Mutterschutzgesetz,
- das Teilzeit- und Befristungsgesetz und
- das Sozialgesetzbuch IX.

Wenn der Betriebsrat einen Verstoß des Arbeitgebers gegen eine arbeitnehmerschützende Vorschrift feststellt, hat der Betriebsrat den Arbeitgeber auf diesen Verstoß hinzuweisen und ihn aufzufordern, die Vorschrift in Zukunft einzuhalten Muster M153.

## 01. Beschlüsse

### Arbeitgeber zur Einhaltung einer gesetzlichen Vorschrift auffordern – M153

**→ Situation**
Der Betriebsrat möchte den Arbeitgeber zur Einhaltung einer gesetzlichen Vorschrift auffordern.

**→ Hintergrund**
Wenn der Betriebsrat einen Verstoß des Arbeitgebers gegen eine arbeitnehmerschützende Vorschrift feststellt, hat der Betriebsrat den Arbeitgeber auf diesen Verstoß hinzuweisen und ihn aufzufordern, die Vorschrift in Zukunft einzuhalten.

| | |
|---|---|
| Rechtsgrundlage | § 80 Absatz 1 Nr. 1 BetrVG |
| Erforderliche Stimmenmehrheit | Einfache Mehrheit |
| Form | – |
| Nächste Schritte | Arbeitgeber auffordern Muster M154 und M155. |

**→ M153**

**Muster für den Tagesordnungspunkt**

*Verstoß gegen das … [Gesetz]*

**Muster für den Beschlusstext**

*Der Betriebsrat stellt fest, dass der Arbeitgeber gegen § … [Paragraf und Gesetz] verstoßen hat, indem … [Verstöße beschreiben].*

*Der Arbeitgeber soll aufgefordert werden, § … [Paragraf und Gesetz] zukünftig einzuhalten.*

*Abstimmungsergebnis:*
*Ja … / Nein … / Enthaltungen …*

**Beispiel für den Tagesordnungspunkt**

*Verstoß gegen das Arbeitszeitgesetz*

**Beispiel für den Beschlusstext**

*Der Betriebsrat stellt fest, dass der Arbeitgeber gegen § 4 Arbeitszeitgesetz verstoßen hat, indem Arbeitnehmer mehr als 6 Stunden ohne Pause gearbeitet haben.*

*Der Arbeitgeber soll aufgefordert werden, § 4 des Arbeitszeitgesetzes zukünftig einzuhalten.*

*Abstimmungsergebnis:*
*Ja … / Nein … / Enthaltungen …*

## 02. Schreiben

### Arbeitgeber zur Einhaltung des Arbeitszeitgesetzes auffordern – M154

Muster für ein Schreiben, mit dem der Betriebsrat den Arbeitgeber auf Verstöße gegen das Arbeitszeitgesetz hinweist und ihn auffordert, in Zukunft für die Einhaltung des Arbeitszeitgesetzes zu sorgen.

#### → Hintergrund

Ein wichtiges arbeitnehmerschützendes Gesetz, dessen Einhaltung der Betriebsrat zu überwachen hat, ist das Arbeitszeitgesetz. Das Arbeitszeitgesetz enthält Regeln zur Begrenzung der Arbeitszeit, die insbesondere dazu dienen, Arbeitnehmer vor Überlastung zu schützen. Wenn der Betriebsrat einen Verstoß gegen Vorschriften aus dem Arbeitszeitgesetz bemerken sollte, sollte er den Arbeitgeber darauf hinweisen und ihn auffordern, für die Einhaltung des Arbeitszeitgesetzes zu sorgen.

#### → Rechtsgrundlage

§ 80 Absatz 1 Nr. 1 BetrVG in Verbindung mit dem Arbeitszeitgesetz

#### → Vorherige Beschlussfassung?

Ja, siehe Muster M153.

#### → M154

*Einhaltung des Arbeitszeitgesetzes*

*Sehr geehrte Damen und Herren,*

*der Betriebsrat hat festgestellt, dass in unserem Betrieb in der Vergangenheit in zahlreichen Fällen gegen Vorschriften des Arbeitszeitgesetzes (ArbZG) verstoßen worden ist:*

- *Arbeitnehmer sind entgegen der Vorschrift des § 4 Satz 3 ArbZG länger als 6 Stunden hintereinander ohne Pause beschäftigt worden.*
- *Die in § 5 Absatz 1 ArbZG vorgeschriebene ununterbrochene Ruhezeit von mindestens 11 Stunden ist nicht immer eingehalten worden.*
- *Arbeitnehmer haben an bestimmten Tagen entgegen der Vorschrift des § 3 ArbZG länger als 10 Stunden gearbeitet.*

*Der Betriebsrat hat nach § 80 Absatz 1 Nr. 1 BetrVG darüber zu wachen, dass die zugunsten der Arbeitnehmer geltenden Gesetze eingehalten werden. Zu diesen arbeitnehmerschützenden Gesetzen gehört auch das Arbeitszeitgesetz. Der Betriebsrat fordert Sie deshalb auf, die Vorschriften des Arbeitszeitgesetzes zukünftig genau einzuhalten und insbesondere dafür zu sorgen, dass*

- *kein Arbeitnehmer länger als 6 Stunden hintereinander ohne Pause arbeitet,*

- *die ununterbrochene Ruhezeit von mindestens 11 Stunden nicht unterschritten wird und*
- *kein Arbeitnehmer länger als 10 Stunden pro Tag arbeitet.*

*Wir erlauben uns den Hinweis, dass Verstöße gegen das Arbeitszeitgesetz Ordnungswidrigkeiten darstellen können, die mit einer Geldbuße bis zu 30.000 Euro geahndet werden können (§ 22 ArbZG).*

*Mit freundlichen Grüßen*

______________________________

*(BETRIEBSRATSVORSITZENDE/R)*

## Arbeitgeber zur Einhaltung des Gleichbehandlungsgrundsatzes auffordern – M155

Beispiel für ein Schreiben, mit dem der Betriebsrat den Arbeitgeber zur Einhaltung des arbeitsrechtlichen Gleichbehandlungsgrundsatzes auffordert.

### → Hintergrund

Eine wichtige arbeitnehmerschützende Vorschrift, deren Einhaltung der Betriebsrat zu überwachen hat, ist der arbeitsrechtliche Gleichbehandlungsgrundsatz. Der arbeitsrechtliche Gleichbehandlungsgrundsatz verbietet es dem Arbeitgeber, Arbeitnehmer ohne sachlichen Grund schlechter zu behandeln als andere Arbeitnehmer in einer vergleichbaren Situation.

### → Rechtsgrundlage

§ 80 Absatz 1 Nr. 1 BetrVG, § 75 BetrVG, arbeitsrechtlicher Gleichbehandlungsgrundsatz

### → Vorherige Beschlussfassung?

Ja, siehe Muster M153.

### → M155

*Einhaltung des Gleichbehandlungsgrundsatzes*

*Sehr geehrte Damen und Herren,*

*der Betriebsrat hat davon erfahren, dass in diesem Jahr ungefähr die Hälfte der Belegschaft ein freiwilliges Weihnachtsgeld erhalten hat, die andere Hälfte dagegen nicht.*

*Nach Ansicht des Betriebsrats liegt hier ein Verstoß gegen den arbeitsrechtlichen Gleichbehandlungsgrundsatz vor, weil kein sachlicher Grund dafür ersichtlich ist, warum einige Arbeitnehmer ein Weihnachtsgeld bekommen haben, andere aber nicht.*

*Der Betriebsrat hat nach § 80 Absatz 1 Nr. 1 BetrVG darüber zu wachen, dass die zugunsten der Arbeitnehmer geltenden Vorschriften eingehalten werden. Zu diesen arbeitnehmerschützenden Vorschriften gehört auch der arbeitsrechtliche Gleichbehandlungsgrundsatz.*

*Der Betriebsrat fordert Sie deshalb auf, im Zusammenhang mit der Zahlung des Weihnachtsgeldes den arbeitsrechtlichen Gleichbehandlungsgrundsatz zu beachten und auch den Arbeitnehmern ein Weihnachtsgeld auszuzahlen, denen bislang kein Weihnachtsgeld ausgezahlt worden ist.*

*Mit freundlichen Grüßen*

______________________

*(BETRIEBSRATSVORSITZENDE/R)*

→

# Beschwerden und Vorschläge von Arbeitnehmern bearbeiten

Die Arbeitnehmer des Betriebs haben das Recht, sich beim Betriebsrat zu beschweren. Der Betriebsrat ist dazu verpflichtet, Beschwerden von Arbeitnehmern entgegenzunehmen und sich mit diesen zu befassen. Wenn der Betriebsrat eine Beschwerde von einem Arbeitnehmer erhält, muss er darüber entscheiden, ob er die Beschwerde für berechtigt hält oder nicht Muster M156.

Falls der Betriebsrat die Beschwerde für unberechtigt hält, hat er darüber den Arbeitnehmer zu informieren Muster M161. Hält der Betriebsrat die Beschwerde dagegen für berechtigt, hat er im nächsten Schritt den Arbeitgeber aufzufordern, sich um die Angelegenheit zu kümmern und der Beschwerde des Arbeitnehmers abzuhelfen Muster M162. Der Betriebsrat kann anschließend vom Arbeitgeber verlangen, darüber informiert zu werden, wie der Arbeitgeber mit der Beschwerde umgegangen ist Muster M163.

Wenn der Betriebsrat die Beschwerde eines Arbeitnehmers für berechtigt hält, der Arbeitgeber sie aber für unberechtigt und er ihr nicht abhelfen will, kann der Betriebsrat die Einigungsstelle anrufen, soweit es bei der Beschwerde nicht um einen Rechtsanspruch des Arbeitnehmers geht Muster M157.

Die Arbeitnehmer des Betriebs haben auch die Möglichkeit, dem Betriebsrat Vorschläge zu unterbreiten. Der Betriebsrat ist aber nur dann verpflichtet, sich mit einem Vorschlag eines Arbeitnehmers inhaltlich zu befassen, wenn dieser von mindestens 5 % der Arbeitnehmer des Betriebs unterstützt wird. Falls der Vorschlag von weniger Arbeitnehmern unterstützt wird, kann der Betriebsrat sich mit dem Vorschlag befassen, er muss es aber nicht Muster M158. Wenn der Betriebsrat sich mit einem Vorschlag eines Arbeitnehmers befassen muss oder will, entscheidet er durch einen Beschluss darüber, ob er den Vorschlag annehmen oder ablehnen will Muster M159.

Da bis zu der Entscheidung des Betriebsrats über eine Beschwerde oder einen Vorschlag eines Arbeitnehmers einige Zeit vergehen kann, kann es angebracht sein, dem Arbeitnehmer zunächst kurz den Eingang seiner Beschwerde bzw. seines Vorschlags zu bestätigen und ihn darüber zu informieren, ob und wann er sich mit der Angelegenheit befassen wird Muster M160.

## 01. Beschlüsse

### Berechtigung der Beschwerde eines Arbeitnehmers – M156

**→ Situation**
Der Betriebsrat hat eine Beschwerde eines Arbeitnehmers erhalten.

**→ Hintergrund**
Alle Arbeitnehmer des Betriebs haben das Recht, sich beim Betriebsrat zu beschweren. Wenn sich ein Arbeitnehmer beim Betriebsrat beschwert, muss der Betriebsrat darüber entscheiden, ob er die Beschwerde für berechtigt hält oder nicht.

| | |
|---|---|
| Rechtsgrundlage | § 85 Absatz 1 BetrVG |
| Erforderliche Stimmenmehrheit | Einfache Mehrheit |
| Form | – |
| Nächste Schritte | → Betriebsrat hält Beschwerde für nicht berechtigt: Arbeitnehmer informieren Muster M161.<br>→ Betriebsrat hält Beschwerde für berechtigt: Arbeitgeber auffordern, der Beschwerde abzuhelfen Muster M162. |

**→ M156**

**Muster für den Tagesordnungspunkt**

*Beschwerde des Kollegen / der Kollegin ... [Name] vom ... [Datum]*

**Muster für den Beschlusstext**

*Der Betriebsrat hält die Beschwerde des Kollegen / der Kollegin ... [Name] vom ... [Datum] für berechtigt.*

*Abstimmungsergebnis:*
*Ja ... / Nein ... / Enthaltungen ...*

**Beispiel für den Tagesordnungspunkt**

*Beschwerde des Kollegen Meier vom 10.06.2022*

**Beispiel für den Beschlusstext**

*Der Betriebsrat hält die Beschwerde des Kollegen Meier vom 10.06.2022 für berechtigt.*

*Abstimmungsergebnis:*
*Ja ... / Nein ... / Enthaltungen ...*

## Anrufen der Einigungsstelle wegen der Beschwerde eines Arbeitnehmers – M157

### → Situation

Arbeitgeber und Betriebsrat konnten sich nicht darüber einigen, ob die Beschwerde eines Arbeitnehmers berechtigt ist, und der Betriebsrat möchte zur Klärung dieser Frage die Einigungsstelle einschalten.

### → Hintergrund

Wenn zwischen Arbeitgeber und Betriebsrat Meinungsverschiedenheiten über die Berechtigung der Beschwerde eines Arbeitnehmers bestehen, kann der Betriebsrat die Einigungsstelle anrufen, soweit es bei der Beschwerde nicht um einen Rechtsanspruch des Arbeitnehmers geht. Dann entscheidet die Einigungsstelle über die Frage, ob die Beschwerde berechtigt ist oder nicht. Wenn die Einigungsstelle entscheidet, dass die Beschwerde berechtigt ist, ist der Arbeitgeber anschließend dazu verpflichtet, der Beschwerde abzuhelfen.

| | |
|---|---|
| Rechtsgrundlage | § 85 Absatz 2 BetrVG |
| Erforderliche Stimmenmehrheit | Einfache Mehrheit |
| Form | – |
| Nächste Schritte | Schreiben an Arbeitgeber Muster M164. |

### → M157

**Muster für den Tagesordnungspunkt**

*Anrufen der Einigungsstelle zur Beschwerde des Kollegen / der Kollegin ... [Name] vom ... [Datum]*

**Muster für den Beschlusstext**

1. *Der Betriebsrat stellt fest, dass die Verhandlungen mit der Arbeitgeberseite über die Berechtigung der Beschwerde des Kollegen / der Kollegin ... [Name] vom ... [Datum] gescheitert sind. Der Betriebsrat ruft daher die Einigungsstelle an.*
2. *Die Einigungsstelle soll mit ... [Anzahl] Beisitzern pro Seite besetzt sein.*
3. *Als Einigungsstellenvorsitzende/n schlägt der Betriebsrat Herrn / Frau ... [Name] vor.*

*Abstimmungsergebnis:*
*Ja ... / Nein ... / Enthaltungen ...*

## Befassen / Nichtbefassen mit dem Vorschlag eines Arbeitnehmers – M158

### → Situation

Der Betriebsrat hat einen Vorschlag eines Arbeitnehmers erhalten, welcher aber nicht von mindestens 5 % der Arbeitnehmer des Betriebs unterstützt wird.

### → Hintergrund

Die Arbeitnehmer des Betriebs können dem Betriebsrat Vorschläge unterbreiten. Wenn ein Vorschlag eines Arbeitnehmers von mindestens 5 % der Arbeitnehmer des Betriebs unterstützt wird, muss der Betriebsrat über diesen Vorschlag beraten.

Falls der Vorschlag eines Arbeitnehmers nicht von mindestens 5 % der Arbeitnehmer des Betriebs unterstützt wird, ist der Betriebsrat nicht dazu verpflichtet, über den Vorschlag zu beraten. Allerdings muss der Betriebsrat in einer solchen Situation nach pflichtgemäßem Ermessen darüber entscheiden, ob er sich trotzdem mit dem Vorschlag befassen will.

| | |
|---|---|
| Rechtsgrundlage | § 86a BetrVG |
| Erforderliche Stimmenmehrheit | Einfache Mehrheit |
| Form | – |
| Nächste Schritte | → Bei Ablehnung: Arbeitnehmer informieren Muster M165.<br>→ Bei Annahme: Beschlussfassung zu dem Vorschlag Muster M159. |

### → M158

**Muster für den Tagesordnungspunkt**

*Vorschlag des Kollegen / der Kollegin ... [Name] vom ... [Datum]*

**Muster für den Beschlusstext**

*Der Betriebsrat soll über den Vorschlag des Kollegen / der Kollegin ... [Name] vom ... [Datum] beraten.*

*Abstimmungsergebnis:*
*Ja ... / Nein ... / Enthaltungen ...*

## Entscheidung über den Vorschlag eines Arbeitnehmers – M159

### Situation

Der Betriebsrat muss darüber entscheiden, ob er den Vorschlag eines Arbeitnehmers annimmt oder ablehnt.

### Hintergrund

Die Arbeitnehmer des Betriebs können dem Betriebsrat Vorschläge unterbreiten. Wenn ein Vorschlag eines Arbeitnehmers von mindestens 5 % der Arbeitnehmer des Betriebs unterstützt wird oder wenn der Betriebsrat den Beschluss gefasst hat, über den Vorschlag eines Arbeitnehmers zu beraten (siehe dazu Muster M158), muss der Betriebsrat entscheiden, ob er den Vorschlag annehmen will.

| | |
|---|---|
| Rechtsgrundlage | § 86a BetrVG |
| Erforderliche Stimmenmehrheit | Einfache Mehrheit |
| Form | – |
| Nächste Schritte | → Bei Ablehnung: Arbeitnehmer informieren Muster M166.<br>→ Bei Annahme: Schritte zur Umsetzung des Vorschlags einleiten. |

### M159

**Muster für den Tagesordnungspunkt**

*Vorschlag des Kollegen / der Kollegin ... [Name] vom ... [Datum]*

**Muster für den Beschlusstext**

*Der Betriebsrat nimmt den Vorschlag des Kollegen / der Kollegin ... [Name] vom ... [Datum] an.*

*Abstimmungsergebnis:*
*Ja ... / Nein ... / Enthaltungen ...*

## 02. Schreiben

### Eingangsbestätigung für Beschwerde oder Vorschlag eines Arbeitnehmers – M160

Muster für ein Schreiben, mit dem der Betriebsrat einem Arbeitnehmer den Eingang einer Beschwerde oder eines Vorschlags bestätigt.

Absender → Betriebsrat
Empfänger → Arbeitnehmer

**→ Hintergrund**
Für das Einreichen einer Beschwerde oder eines Vorschlags beim Betriebsrat ist keine besondere Form vorgeschrieben, ein Arbeitnehmer kann seine Beschwerde oder seinen Vorschlag auch mündlich vorbringen. Wenn ein Arbeitnehmer sich schriftlich beim Betriebsrat beschwert bzw. seinen Vorschlag schriftlich einreicht, kann es angebracht sein, dass der Betriebsrat dem Arbeitnehmer den Eingang der Beschwerde bzw. des Vorschlags ebenfalls schriftlich bestätigt.

**→ Rechtsgrundlage**
§ 85 Absatz 1 BetrVG, § 86a BetrVG

**→ Vorherige Beschlussfassung?**
Nein.

**→ M160**

*Deine Beschwerde / Dein Vorschlag vom ... [Datum]*

*Lieber Kollege / Liebe Kollegin ... [Name],*

*Dein Schreiben vom ... [Datum] ist am ... [Datum] beim Betriebsrat eingegangen. Der Betriebsrat wird sich voraussichtlich in seiner Sitzung am ... [Datum] damit befassen.*

*Mit freundlichen Grüßen*

___________________________

*(BETRIEBSRATSVORSITZENDE/R)*

## Arbeitnehmer informieren, dass Betriebsrat seine Beschwerde für unberechtigt hält - M161

Muster für ein Schreiben, mit dem der Betriebsrat einen Arbeitnehmer darüber informiert, dass er seine Beschwerde für unberechtigt hält.

Absender → Betriebsrat
Empfänger → Arbeitnehmer

### → Hintergrund

Wenn der Betriebsrat von einem Arbeitnehmer eine Beschwerde erhält, muss der Betriebsrat entscheiden, ob er diese Beschwerde für berechtigt hält oder nicht Muster M156. Wenn der Betriebsrat die Beschwerde nicht für berechtigt hält, muss er darüber den Arbeitnehmer informieren und dies begründen.

### → Rechtsgrundlage

§ 85 Absatz 1 BetrVG

### → Vorherige Beschlussfassung?

Ja, siehe Muster M156.

### → M161

*Deine Beschwerde vom ... [Datum]*

*Lieber Kollege / Liebe Kollegin ... [Name],*

*der Betriebsrat hat sich in seiner Sitzung am ... [Datum] mit Deiner Beschwerde vom ... [Datum] befasst. Du hast Dich beim Betriebsrat darüber beschwert, dass Deinem Antrag auf Verlegung des bereits bewilligten Urlaubs vom Arbeitgeber nicht entsprochen worden ist.*

*Der Betriebsrat hat den Deiner Beschwerde zugrunde liegenden Sachverhalt geprüft und ist zu der Ansicht gelangt, dass Deine Beschwerde nicht berechtigt ist. ... [Begründung].*

*Da der Betriebsrat Deine Beschwerde für unberechtigt hält, wird er diese nicht weiterverfolgen und insbesondere auch bei der Geschäftsleitung nicht auf Abhilfe hinwirken. Selbstverständlich bleibt es Dir aber unbenommen, Dich noch einmal direkt bei der Geschäftsleitung zu beschweren oder den Versuch der gerichtlichen Durchsetzung Deiner Rechte zu unternehmen.*

*Mit freundlichen Grüßen*

______________________________

*(BETRIEBSRATSVORSITZENDE/R)*

## Arbeitgeber auffordern, einer Beschwerde eines Arbeitnehmers abzuhelfen – M162

Muster für ein Schreiben, mit dem der Betriebsrat den Arbeitgeber dazu auffordert, der Beschwerde eines Arbeitnehmers abzuhelfen.

Absender → Betriebsrat
Empfänger → Arbeitgeber

### → Hintergrund

Wenn der Betriebsrat den Beschluss gefasst hat, dass die Beschwerde eines Arbeitnehmers berechtigt ist, hat der Betriebsrat den Arbeitgeber aufzufordern, sich um das Anliegen des Arbeitnehmers zu kümmern und das Problem aus der Welt zu schaffen.

### → Rechtsgrundlage

§ 85 Absatz 1 BetrVG

### → Vorherige Beschlussfassung?

Ja, siehe Muster M156.

### → M162

*Beschwerde der Frau ... [Name]*

*Sehr geehrte Damen und Herren,*

*der Betriebsrat hat sich in seiner Sitzung am 30.06.2022 gemäß § 85 Absatz 1 BetrVG mit einer Beschwerde der Kollegin Müller befasst.*

*Wie Sie wissen, arbeitet Frau Müller in Raum Nr. 110, der im Erdgeschoss des Hauptgebäudes liegt. Das einzige Fenster dieses schlecht klimatisierten Raumes befindet sich direkt neben dem Eingang des Gebäudes. Um ein halbwegs erträgliches Raumklima zu erhalten, ist die Kollegin während der Sommermonate gezwungen, das Fenster des Raumes ständig geöffnet zu halten.*

*Nun ist es seit mehreren Wochen so, dass sich einige Kolleginnen und Kollegen in den Pausen vor dem Eingang des Gebäudes aufhalten, um dort ihre Pausenzigarette zu rauchen. Der Rauch der Zigaretten zieht durch das geöffnete Fenster direkt in den Raum der Kollegin Müller.*

*Frau Müller ist Nichtraucherin und fühlt sich durch den Rauch stark belästigt und sieht auch ihre Gesundheit gefährdet. Sie hat sich deshalb beim Betriebsrat über den soeben beschriebenen Sachverhalt beschwert.*

*Der Betriebsrat ist der Ansicht, dass die Beschwerde der Kollegin berechtigt ist.*

*Es ist nicht zu bestreiten, dass Zigarettenrauch für einen Nichtraucher äußerst unangenehm ist. Auch sind die gesundheitlichen Gefahren des Passivrauchens allgemein bekannt. Wir bitten Sie deshalb darum, dafür zu sorgen, dass vor dem Eingang des Gebäudes nicht mehr geraucht wird. Selbstverständlich sind wir auch zu einem klärenden Gespräch bereit.*

*Nur vorsorglich weisen wir darauf hin, dass für den Betriebsrat nach § 85 Absatz 2 BetrVG die Möglichkeit bestünde, zu einer Klärung der Angelegenheit die Einigungsstelle anzurufen.*

*Mit freundlichen Grüßen*

______________________________

*(BETRIEBSRATSVORSITZENDE/R)*

## Arbeitgeber auffordern, Betriebsrat über Behandlung einer Beschwerde zu informieren – M163

Muster für ein Schreiben, mit dem der Betriebsrat den Arbeitgeber auffordert, ihm mitzuteilen, wie er die Beschwerde eines Arbeitnehmers behandelt hat.

Absender → Betriebsrat
Empfänger → Arbeitgeber

### → Hintergrund

Wenn der Betriebsrat den Arbeitgeber dazu aufgefordert hat, der Beschwerde eines Arbeitnehmers abzuhelfen, ist der Arbeitgeber anschließend dazu verpflichtet, den Betriebsrat darüber zu informieren, welche Schritte er unternommen hat, um der Beschwerde abzuhelfen.

### → Rechtsgrundlage

§ 85 Absatz 3 Satz 1 BetrVG

### → Vorherige Beschlussfassung?

Nein.

### → M163

*Beschwerde der Frau ... [Name]*

*Sehr geehrte Damen und Herren,*

*mit Schreiben vom ... [Datum] hatte der Betriebsrat Sie über die Beschwerde der Frau ... [Name] vom ... [Datum] informiert. Da der Betriebsrat diese Beschwerde für berechtigt hält, hatten wir Sie dazu aufgefordert, der Beschwerde abzuhelfen.*

*Bislang haben wir von Ihnen in dieser Angelegenheit nichts weiter gehört, obwohl mittlerweile ein Zeitraum von mehr als zwei Wochen vergangen ist, seit wir Sie über die Beschwerde in Kenntnis gesetzt haben. Wir bitten Sie deshalb, uns nunmehr bis spätestens zum ... [Datum] darüber zu informieren, wie Sie mit der Beschwerde umgehen wollen. Der Betriebsrat hat nach § 85 Absatz 3 BetrVG einen Anspruch darauf, über die Behandlung der Beschwerde unterrichtet zu werden.*

*Mit freundlichen Grüßen*

____________________________

*(BETRIEBSRATSVORSITZENDE/R)*

## Anrufen der Einigungsstelle wegen der Beschwerde eines Arbeitnehmers – M164

Muster für ein Schreiben, mit dem der Betriebsrat zu der Frage der Berechtigung der Beschwerde eines Arbeitnehmers die Einigungsstelle anruft.

Absender → Betriebsrat
Empfänger → Arbeitgeber

**→ Hintergrund**
Siehe die Erläuterung zu dem entsprechenden Betriebsratsbeschluss Muster M157.

**→ Rechtsgrundlage**
§ 85 Absatz 2 BetrVG

**→ Vorherige Beschlussfassung?**
Ja, siehe Muster M157.

**→ M164**

*Beschwerde des Kollegen ... [Name]*

*Sehr geehrte Damen und Herren,*

*leider konnten wir mit Ihnen keine Einigung über die Beschwerde des Kollegen ... / der Kollegin ... [Name] vom ... [Datum] erzielen.*

*Da der Betriebsrat die Beschwerde des Kollegen / der Kollegin weiterhin für berechtigt hält, hat der Betriebsrat in seiner Sitzung am ... [Datum] beschlossen, nunmehr die Einigungsstelle anzurufen.*

*Nach § 85 Absatz 2 Satz 1 BetrVG kann der Betriebsrat die Einigungsstelle anrufen, wenn zwischen Betriebsrat und Arbeitgeber Meinungsverschiedenheiten über die Berechtigung der Beschwerde eines Arbeitnehmers bestehen.*

*Wir schlagen vor, dass Arbeitgeber und Betriebsrat für die Einigungsstelle jeweils zwei Personen als Beisitzer benennen. Als Vorsitzende/n der Einigungsstelle schlagen wir Herrn / Frau ... [Name] vor.*

*Wir bitten Sie um Rückäußerung zu unseren Vorschlägen binnen einer Woche. Vorsorglich weisen wir darauf hin, dass der Betriebsrat gegebenenfalls das arbeitsgerichtliche Bestellungsverfahren einleiten wird, wenn Sie innerhalb einer Woche keine Stellungnahme zu unseren Vorschlägen abgeben oder innerhalb dieser Frist keine Einigung über die*

*Person des Vorsitzenden oder die Zahl der Beisitzer zustande kommen sollte.*

*Mit freundlichen Grüßen*

---

*(BETRIEBSRATSVORSITZENDE/R)*

## Arbeitnehmer informieren, dass sich der Betriebsrat nicht mit seinem Vorschlag befassen wird – M165

Muster für ein Schreiben, mit dem der Betriebsrat einen Arbeitnehmer darüber informiert, dass er sich nicht mit seinem Vorschlag befassen wird.

Absender → Betriebsrat
Empfänger → Arbeitnehmer

### → Hintergrund

Siehe die Erläuterung zu dem entsprechenden Betriebsratsbeschluss Muster M158.

### → Rechtsgrundlage

§ 86a BetrVG

### → Vorherige Beschlussfassung?

Ja, siehe Muster M158.

### → M165

*Dein Vorschlag vom ... [Datum]*

*Lieber Kollege / Liebe Kollegin ... [Name],*

*mit Schreiben vom ... [Datum] hast Du dem Betriebsrat einen Vorschlag unterbreitet.*

*Der Betriebsrat hat sich in seiner Sitzung am ... [Datum] mit dieser Aufforderung befasst und beschlossen, über das benannte Thema nicht zu beraten.*

*Bitte beachte, dass der Betriebsrat gemäß § 86a BetrVG nur dann verpflichtet ist, aufgrund des Vorschlags eines Arbeitnehmers ein Thema auf die Tagesordnung einer Betriebsratssitzung zu setzen und darüber zu beraten, wenn der entsprechende Antrag des Arbeitnehmers von mindestens 5 % der Arbeitnehmer des Betriebs unterstützt wird.*

*Mit freundlichen Grüßen*

____________________________

*(BETRIEBSRATSVORSITZENDE/R)*

## Ablehnung des Vorschlags eines Arbeitnehmers – M166

Muster für ein Schreiben, mit dem der Betriebsrat einen Arbeitnehmer darüber informiert, dass er seinen Vorschlag abgelehnt hat.

Absender → Betriebsrat
Empfänger → Arbeitgeber

### → Hintergrund

Siehe die Erläuterung zu dem entsprechenden Betriebsratsbeschluss Muster M159.

Wenn der Betriebsrat beschlossen hat, den Vorschlag eines Arbeitnehmers nicht anzunehmen, sollte er über diese Entscheidung den Arbeitnehmer informieren.

### → Rechtsgrundlage

§ 86a BetrVG

### → Vorherige Beschlussfassung?

Ja, siehe Muster M159.

### → M166

*Dein Vorschlag vom ... [Datum]*

*Lieber Kollege / Liebe Kollegin ... [Name],*

*mit Schreiben vom ... [Datum] hast Du dem Betriebsrat einen Vorschlag unterbreitet.*

*Der Betriebsrat hat in seiner Sitzung am ... [Datum] über Deinen Vorschlag beraten, jedoch beschlossen, den Vorschlag nicht anzunehmen und die Angelegenheit nicht weiterzuverfolgen.*

*Mit freundlichen Grüßen*

______________________________

*(BETRIEBSRATSVORSITZENDE/R)*

→

# Mitbestimmungsrechte wahrnehmen

Zu den wichtigsten Aufgaben eines Betriebsrats gehört die Wahrnehmung seiner Mitbestimmungsrechte. Ein Mitbestimmungsrecht hat der Betriebsrat zum Beispiel bei

- → dem Aufstellen von Verhaltensregeln für die Arbeitnehmer im Betrieb,
- → der Festlegung der Arbeitszeiten,
- → Überstunden,
- → der Urlaubsgewährung,
- → dem Einsatz von IT-Sytemen,
- → der betrieblichen Lohngestaltung,
- → mobiler Arbeit,
- → dem Einsatz von Personalfragebögen,
- → der Aufstellung von Beurteilungsgrundsätzen und
- → der Aufstellung von Auswahlrichtlinien.

Wenn der Betriebsrat bei einem bestimmten Thema ein Mitbestimmungsrecht hat, steht er dem Arbeitgeber völlig gleichberechtigt gegenüber. Mitbestimmungspflichtige Maßnahmen müssen im beiderseitigen Einvernehmen von Arbeitgeber und Betriebsrat erfolgen.

Der Arbeitgeber braucht für die Durchführung einer mitbestimmungspflichtigen Maßnahme das vorherige ausdrückliche Einverständnis des Betriebsrats. Bevor der Arbeitgeber eine mitbestimmungspflichtige Maßnahme durchführen darf, muss er deshalb den Betriebsrat nach seiner Zustimmung fragen. Der Betriebsrat hat dann darüber zu entscheiden, ob er der Maßnahme zustimmen will oder nicht Muster M167. Wenn der Betriebsrat eine mitbestimmungspflichtige Maßnahme per Beschluss abgelehnt hat, sollte er darüber den Arbeitgeber informieren Muster M171.

Falls der Betriebsrat die Sorge hat, dass der Arbeitgeber ihn bei einer anstehenden mitbestimmungspflichtigen Maßnahme nicht vorher nach seiner Zustimmung fragen wird, kann der Betriebsrat den Arbeitgeber vorsorglich auf die Mitbestimmungspflichtigkeit der Maßnahme hinweisen Muster M172. In einer solchen Situation könnte der Betriebsrat den Arbeitgeber auch auffordern, die Durchführung der mitbestimmungspflichtigen Maßnahme zu unterlassen, solange der Betriebsrat der Maßnahme nicht zugestimmt hat Muster M173.

Ein Betriebsrat sollte stets darauf achten, dass der Arbeitgeber seine Mitbestimmungsrechte beachtet. Wenn der Arbeitgeber ein Mitbestimmungsrecht des Betriebsrats verletzt, sollte der Betriebsrat den Arbeitgeber schriftlich zur Einhaltung seiner Mitbestimmungsrechte auffordern Muster M174.

Bei vielen Mitbestimmungsrechten hat der Betriebsrat auch ein sogenanntes Initiativrecht. Das bedeutet, der Betriebsrat muss nicht darauf warten, bis der Arbeitgeber zu einem mitbestimmungspflichtigen Thema eine Maßnahme ergreifen oder eine Regelung treffen will, sondern der Betriebsrat kann auch von sich aus aktiv werden und vom Arbeitgeber eine Maßnahme bzw. eine Regelung zu dem mitbestimmungspflichtigen Thema verlangen Muster M170.

## 01. Beschlüsse

### Zustimmung zu mitbestimmungspflichtiger Maßnahme erteilen oder verweigern – M167

**→ Situation**

Der Betriebsrat möchte darüber entscheiden, ob er einer mitbestimmungspflichtigen Maßnahme zustimmt.

**→ Hintergrund**

Wenn der Arbeitgeber eine mitbestimmungspflichtige Maßnahme durchführen will, muss der Betriebsrat entscheiden, ob er mit der Maßnahme einverstanden ist.

| | |
|---|---|
| Rechtsgrundlage | Zum Beispiel § 87 BetrVG, § 94 BetrVG, § 95 BetrVG |
| Erforderliche Stimmenmehrheit | Einfache Mehrheit |
| Form | – |
| Nächste Schritte | Arbeitgeber informieren (bei Ablehnung Muster M171). |

**→ M167**

**Muster für den Tagesordnungspunkt**

*Beschlussfassung über die Zustimmung des Betriebsrats zu … [mitbestimmungspflichtige Maßnahme]*

**Muster für den Beschlusstext**

*Der Betriebsrat stimmt … [mitbestimmungspflichtige Maßnahme] zu.*

*Abstimmungsergebnis:*
*Ja … / Nein … / Enthaltungen …*

**Beispiel 1**

*Im Betrieb der Express Logistik GmbH wird normalerweise von Montag bis Freitag gearbeitet. Aufgrund eines erhöhten Arbeitsaufkommens möchte der Niederlassungsleiter einige Mitarbeiter auch am Samstag, den 25.06.2022, arbeiten lassen.*

**Tagesordnungspunkt**

*Samstagsarbeit am 25.06.2022*

**Beschlusstext**

*Der Betriebsrat stimmt der Arbeit am Samstag, den 25.06.2022, zu.*

*Abstimmungsergebnis:*
*Ja … / Nein … / Enthaltungen …*

**Beispiel 2**

*Die Express Logistik GmbH hat ihren Arbeitnehmern in den letzten Jahren stets ein Weihnachtsgeld in Höhe eines Bruttomonatsgehalts als „freiwillige Leistung" gezahlt. Bei der Express Logistik GmbH findet kein Tarifvertrag Anwendung. Der Geschäftsführer informiert den Betriebsrat darüber, dass es zukünftig kein Weihnachtsgeld mehr geben soll.*

**Tagesordnungspunkt**

*Streichung des Weihnachtsgeldes*

**Beschlusstext**

*Der Betriebsrat stimmt der Streichung des Weihnachtsgeldes zu.*

*Abstimmungsergebnis:*
*Ja ... / Nein ... / Enthaltungen ...*

**Beispiel 3**

*Der Geschäftsführer der Stahl & Metallbau GmbH möchte den Betrieb vom 01.08.2022 bis 21.08.2022 schließen. Er möchte für diesen Zeitraum Betriebsferien anordnen. Alle Mitarbeiter sollen in dieser Zeit Urlaub „nehmen".*

**Tagesordnungspunkt**

*Betriebsferien im August 2022*

**Beschlusstext**

*Der Betriebsrat stimmt den Betriebsferien vom 1. bis zum 21. August 2021 zu.*

*Abstimmungsergebnis:*
*Ja ... / Nein ... / Enthaltungen ...*

## Arbeitgeber zur Unterlassung einer mitbestimmungspflichtigen Maßnahme auffordern – M168

### → Situation
Der Betriebsrat möchte den Arbeitgeber auffordern, eine mitbestimmungspflichtige Maßnahme nicht durchzuführen.

### → Hintergrund
Wenn der Betriebsrat davon erfährt, dass der Arbeitgeber eine mitbestimmungspflichtige Maßnahme durchführen will, obwohl der Betriebsrat dieser Maßnahme (noch) nicht zugestimmt hat, kann der Betriebsrat den Arbeitgeber dazu auffordern, die Maßnahme nicht durchzuführen.

| | |
|---|---|
| Rechtsgrundlage | Zum Beispiel § 87 BetrVG, § 94 BetrVG, § 95 BetrVG |
| Erforderliche Stimmenmehrheit | Einfache Mehrheit |
| Form | – |
| Nächste Schritte | Arbeitgeber auffordern Muster M173 . |

### → M168

**Muster für den Tagesordnungspunkt**

*Unterlassung der … [mitbestimmungspflichtige Maßnahme]*

**Muster für den Beschlusstext**

*Der Betriebsrat fordert den Arbeitgeber auf, die … [mitbestimmungspflichtige Maßnahme] nicht durchzuführen.*

*Abstimmungsergebnis:*
*Ja … / Nein … / Enthaltungen …*

**Beispiel für den Tagesordnungspunkt**

*Unterlassung von Samstagsarbeit*

**Beispiel für den Beschlusstext**

*Der Betriebsrat fordert den Arbeitgeber auf, die Arbeitnehmer nicht an Samstagen arbeiten zu lassen.*

*Abstimmungsergebnis:*
*Ja … / Nein … / Enthaltungen …*

## Arbeitgeber zur Beachtung eines Mitbestimmungsrechts auffordern – M169

### → Situation

Der Arbeitgeber hat ein Mitbestimmungsrecht des Betriebsrats verletzt und der Betriebsrat möchte den Arbeitgeber auffordern, sein Mitbestimmungsrecht in Zukunft zu beachten.

### → Hintergrund

Wenn der Arbeitgeber eine mitbestimmungspflichtige Maßnahme ohne Zustimmung des Betriebsrats durchgeführt und damit das Mitbestimmungsrecht des Betriebsrats verletzt hat, sollte der Betriebsrat den Arbeitgeber auf die Mitbestimmungspflichtigkeit der Maßnahme hinweisen und ihn auffordern, das Mitbestimmungsrecht des Betriebsrats bei dem entsprechenden Thema in Zukunft zu beachten.

| | |
|---|---|
| Rechtsgrundlage | Zum Beispiel § 87 BetrVG, § 94 BetrVG, § 95 BetrVG |
| Erforderliche Stimmenmehrheit | Einfache Mehrheit |
| Form | – |
| Nächste Schritte | Arbeitgeber auffordern Muster M174. |

### → M169

**Muster für den Tagesordnungspunkt**

*... [mitbestimmungspflichtige Maßnahme]*

**Muster für den Beschlusstext**

*Der Betriebsrat fordert den Arbeitgeber auf, das Mitbestimmungsrecht des Betriebsrats bei ... [mitbestimmungspflichtige Maßnahme] zukünftig zu beachten.*

*Abstimmungsergebnis:*
*Ja ... / Nein ... / Enthaltungen ...*

**Beispiel für den Tagesordnungspunkt**

*Arbeit an Samstagen*

**Beispiel für den Beschlusstext**

*Der Betriebsrat fordert den Arbeitgeber auf, das Mitbestimmungsrecht des Betriebsrats bei Arbeit an Samstagen zukünftig zu beachten.*

*Abstimmungsergebnis:*
*Ja ... / Nein ... / Enthaltungen ...*

## Initiativrecht ausüben – M170

### Situation

Der Betriebsrat möchte mit dem Arbeitgeber eine Vereinbarung zu einem mitbestimmungspflichtigen Thema bzw. zu einer mitbestimmungspflichtigen Maßnahme treffen.

### Hintergrund

Wenn der Betriebsrat bei einem bestimmten Thema ein Mitbestimmungsrecht hat, hat er grundsätzlich auch ein sogenanntes Initiativrecht. Das bedeutet, der Betriebsrat muss nicht warten, bis der Arbeitgeber zu einem mitbestimmungspflichtigen Thema eine Maßnahme durchführen oder etwas regeln will, sondern der Betriebsrat kann auch von sich aus aktiv werden und vom Arbeitgeber verlangen, mit ihm eine mitbestimmungspflichtige Maßnahme oder Regelung zu vereinbaren.

Wenn das Ziel des Betriebsrats darin besteht, mit dem Arbeitgeber eine Betriebsvereinbarung zu dem mitbestimmungspflichtigen Thema abzuschließen, kann der Betriebsrat auch den Beschluss fassen, den Arbeitgeber zu Verhandlungen über eine Betriebsvereinbarung aufzufordern (siehe dazu Muster M177).

| | |
|---|---|
| Rechtsgrundlage | Zum Beispiel § 87 BetrVG, § 94 BetrVG, § 95 BetrVG |
| Erforderliche Stimmenmehrheit | Einfache Mehrheit |
| Form | – |
| Nächste Schritte | Arbeitgeber informieren Muster M176. |

### M170

**Muster für den Tagesordnungspunkt**

*... [mitbestimmungspflichtige Maßnahme]*

**Muster für den Beschlusstext**

*Der Betriebsrat fordert den Arbeitgeber auf, mit ihm eine Regelung / Maßnahme zu ... [mitbestimmungspflichtiges Thema] zu vereinbaren.*

*Abstimmungsergebnis:*
*Ja ... / Nein ... / Enthaltungen ...*

**Beispiel für den Tagesordnungspunkt**

*Gefährdungsbeurteilungen*

**Beispiel für den Beschlusstext**

*Der Betriebsrat fordert den Arbeitgeber auf, mit ihm eine Vereinbarung über die Durchführung von Gefährdungsbeurteilungen abzuschließen.*

*Abstimmungsergebnis:*
*Ja ... / Nein ... / Enthaltungen ...*

## 02. Schreiben

### Ablehnung einer mitbestimmungspflichtigen Maßnahme – M171

Muster für ein Schreiben, mit dem der Betriebsrat eine vom Arbeitgeber beabsichtigte mitbestimmungspflichtige Maßnahme ablehnt.

Absender → Betriebsrat
Empfänger → Arbeitgeber

**→ Hintergrund**
Wenn der Arbeitgeber eine mitbestimmungspflichtige Maßnahme durchführen will, muss er zunächst den Betriebsrat nach seiner Zustimmung fragen. Der Arbeitgeber darf die Maßnahme erst dann durchführen, wenn der Betriebsrat ausdrücklich seine Zustimmung zu der Maßnahme erklärt hat. Wenn der Betriebsrat sich auf eine entsprechende Anfrage des Arbeitgebers gar nicht zurückmelden würde, dürfte der Arbeitgeber die Maßnahme nicht durchführen. Wegen des Grundsatzes der vertrauensvollen Zusammenarbeit sollte der Betriebsrat dem Arbeitgeber aber auch dann eine Rückmeldung geben, wenn er die mitbestimmungspflichtige Maßnahme ablehnt. Wegen des Grundsatzes der vertrauensvollen Zusammenarbeit wäre es auch gut, wenn ein Betriebsrat trotz Ablehnung weiterhin Gesprächsbereitschaft signalisiert.

**→ Rechtsgrundlage**
Zum Beispiel § 87 BetrVG, § 94 BetrVG, § 95 BetrVG

**→ Vorherige Beschlussfassung?**
Ja, siehe Muster M167.

**→ M171**

*Ablehnung der ... [mitbestimmungspflichtige Maßnahme]*

*Sehr geehrte Damen und Herren,*

*der Betriebsrat hat in seiner Sitzung am ... [Datum] über ... [mitbestimmungspflichtige Maßnahme] beraten und beschlossen, der von Ihnen beabsichtigten Maßnahme nicht zuzustimmen.*

*Da die von Ihnen beabsichtigte Maßnahme nach § ... BetrVG mitbestimmungspflichtig ist, darf diese aufgrund der Ablehnung des Betriebsrats nicht durchgeführt werden.*

*Für eine weitere Erörterung der Angelegenheit stehen wir Ihnen aber selbstverständlich zur Verfügung.*

*Mit freundlichen Grüßen*

___________________________

*(BETRIEBSRATSVORSITZENDE/R)*

## Vorsorglicher Hinweis auf die Mitbestimmungspflichtigkeit einer Maßnahme (Beispiel) – M172

Muster für ein Schreiben, mit dem der Betriebsrat den Arbeitgeber darauf hinweist, dass es sich bei einem IT-System um eine technische Überwachungseinrichtung handelt und der Einsatz mitbestimmungspflichtig ist.

Absender → Betriebsrat
Empfänger → Arbeitgeber

### → Hintergrund

Wenn der Betriebsrat davon erfährt, dass der Arbeitgeber eine mitbestimmungspflichtige Maßnahme durchführen will, und zu befürchten ist, dass der Arbeitgeber nicht vorher den Betriebsrat nach seiner Zustimmung fragen wird, kann der Betriebsrat den Arbeitgeber vorsorglich auf die Mitbestimmungspflichtigkeit der Maßnahme hinweisen.

In dem folgenden Beispiel geht es um den mitbestimmungspflichtigen Einsatz einer sogenannten technischen Überwachungseinrichtung. Technische Überwachungseinrichtungen sind technische Geräte und Softwareanwendungen, die arbeitnehmerbezogene Informationen speichern können, mit denen der Arbeitgeber Rückschlüsse auf die Leistung oder das Verhalten der Arbeitnehmer ziehen könnte. Wenn der Betriebsrat von Planungen des Arbeitgebers erfährt, eine neue technische Überwachungseinrichtung im Betrieb einzusetzen, und zu befürchten ist, dass der Arbeitgeber den Betriebsrat nicht ordnungsgemäß beteiligen wird, kann es Sinn machen, den Arbeitgeber vorsorglich auf die Mitbestimmungspflichtigkeit dieser Angelegenheit hinzuweisen.

### → Rechtsgrundlage

§ 87 Absatz 1 Nr. 6 und Absatz 2 BetrVG

### → Vorherige Beschlussfassung?

Nein.

### → M172

*Einführung und Anwendung einer technischen Einrichtung im Sinne des § 87 Absatz 1 Nr. 6 BetrVG*

*Sehr geehrte Damen und Herren,*

*der Betriebsrat hat von den Planungen der Geschäftsleitung Kenntnis erlangt, ein neues IT-System einführen zu wollen.*

*Der Betriebsrat geht davon aus, dass ihm bei der Einführung dieses neuen IT-Systems ein Mitbestimmungsrecht aus § 87 Absatz 1 Nr. 6 BetrVG zusteht. Denn ein IT-System ist eine technische Einrichtung und in der Regel dazu geeignet, das Verhalten und die Leistung der Arbeitnehmer zu überwachen, die mit dem System arbeiten.*

*Wir bitten Sie, in dieser Angelegenheit das Mitbestimmungsrecht des Betriebsrats zu beachten.*

*Mit freundlichen Grüßen*

______________________________

*(BETRIEBSRATSVORSITZENDE/R)*

## Arbeitgeber zur Unterlassung einer mitbestimmungspflichtigen Maßnahme auffordern – M173

Muster für ein Schreiben, mit dem der Betriebsrat den Arbeitgeber dazu auffordert, eine mitbestimmungspflichtige Maßnahme nicht durchzuführen.

Absender → Betriebsrat
Empfänger → Arbeitgeber

### → Hintergrund

Siehe die Erläuterung zu dem entsprechenden Betriebsratsbeschluss Muster M168.

### → Rechtsgrundlage

Zum Beispiel § 87 BetrVG, § 94 BetrVG, § 95 BetrVG

### → Vorherige Beschlussfassung?

Ja, siehe Muster M168.

### → M173

*Unterlassung der ... [mitbestimmungspflichtige Maßnahme]*

*Sehr geehrte Damen und Herren,*

*der Betriebsrat hat davon erfahren, dass Sie vorhaben, ... [mitbestimmungspflichtige Maßnahme].*

*Wir weisen Sie darauf hin, dass diese Maßnahme nach § ... BetrVG mitbestimmungspflichtig ist.*

*Wir fordern Sie deshalb dazu auf, diese Maßnahme nicht durchzuführen, solange der Betriebsrat ihr nicht zugestimmt hat oder die Zustimmung des Betriebsrats durch die Einigungsstelle ersetzt worden ist.*

*Wir weisen Sie bereits jetzt vorsorglich darauf hin, dass der Betriebsrat einen Anspruch auf Unterlassung derartiger Maßnahmen hat, wenn Sie diese ohne die Zustimmung des Betriebsrats durchführen. Diesen Anspruch kann der Betriebsrat auch mit Hilfe des Arbeitsgerichts durchsetzen, gegebenenfalls auch in einem Eilverfahren mit Hilfe einer einstweiligen Verfügung. Wenn Sie also die von Ihnen beabsichtigte Maßnahme trotz fehlender Zustimmung des Betriebsrats durchführen sollten, müsste der Betriebsrat darüber beraten, ob er die Einhaltung seiner Rechte mit gerichtlicher Hilfe durchsetzt.*

*Mit freundlichen Grüßen*

______________________________

*(BETRIEBSRATSVORSITZENDE/R)*

## Arbeitgeber zur Beachtung eines Mitbestimmungsrechts auffordern – M174

Muster für ein Schreiben, mit dem der Betriebsrat den Arbeitgeber auffordert, ein Mitbestimmungsrecht des Betriebsrats in Zukunft zu beachten, nachdem der Arbeitgeber dieses Mitbestimmungsrecht verletzt hat.

Absender → Betriebsrat
Empfänger → Arbeitgeber

### → Hintergrund

Siehe die Erläuterung zu dem entsprechenden Betriebsratsbeschluss Muster M169.

### → Rechtsgrundlage

Zum Beispiel § 87 BetrVG, § 94 BetrVG, § 95 BetrVG

### → Vorherige Beschlussfassung?

Ja, siehe Muster M169.

### → M174

*Mitbestimmung des Betriebsrats bei ... [mitbestimmungspflichtige Maßnahme]*

*Sehr geehrte Damen und Herren,*

*der Betriebsrat hat davon erfahren, dass Sie am ... [Datum] ... [mitbestimmungspflichtige Maßnahme] durchgeführt haben.*

*Wir weisen Sie darauf hin, dass diese Maßnahme mitbestimmungspflichtig war. Sie durften diese Maßnahme nicht durchführen, weil der Betriebsrat ihr nicht zugestimmt hat und die Zustimmung des Betriebsrats auch nicht durch die Einigungsstelle ersetzt worden ist.*

*Wir fordern Sie auf, das Mitbestimmungsrecht des Betriebsrats bei ... [mitbestimmungspflichtiges Thema] zukünftig zu beachten. Bitte bestätigen Sie uns innerhalb von drei Tagen schriftlich, dass Sie in Zukunft keine zu diesem Themenbereich gehörenden mitbestimmungspflichtigen Maßnahmen durchführen werden, solange der Betriebsrat diesen nicht zugestimmt hat oder die Zustimmung des Betriebsrats durch die Einigungsstelle ersetzt worden ist.*

*Falls eine solche Erklärung nicht fristgemäß beim Betriebsrat eingehen sollte, müsste der Betriebsrat darüber beraten, ob er die Beachtung seines Mitbestimmungsrechts mit gerichtlicher Hilfe durchsetzt. Wir weisen Sie darauf hin, dass ein Betriebsrat einen Anspruch auf zukünftige Unterlassung mitbestimmungspflichtiger Maßnahmen hat, wenn der Arbeitgeber derartige Maßnahmen bereits einmal ohne die Zustimmung des Betriebsrats durchgeführt hat. Diesen Anspruch kann der Betriebsrat mit Hilfe des Arbeitsgerichts durchsetzen, gegebenenfalls auch in einem Eilverfahren mittels einer einstweiligen Verfügung.*

*Mit freundlichen Grüßen*

______________________________

*(BETRIEBSRATSVORSITZENDE/R)*

## Arbeitgeber zur Beachtung eines Mitbestimmungsrechts auffordern (Beispiel) - M175

Muster für ein Schreiben, mit dem der Betriebsrat den Arbeitgeber dazu auffordert, keine Überstunden leisten zu lassen, solange der Betriebsrat nicht vorher zugestimmt hat.

Absender → Betriebsrat
Empfänger → Arbeitgeber

### → Hintergrund

Der Betriebsrat hat unter anderem ein Mitbestimmungsrecht bei der Frage, ob Mitarbeiter Überstunden leisten. Wenn der Betriebsrat davon erfährt, dass Mitarbeiter Überstunden geleistet haben, ohne dass der Betriebsrat vorher nach seiner Zustimmung gefragt wurde, sollte er den Arbeitgeber auffordern, sein Mitbestimmungsrecht bei diesem Thema in Zukunft zu beachten.

### → Rechtsgrundlage

§ 87 Absatz 1 Nr. 3 und Absatz 2 BetrVG

### → Vorherige Beschlussfassung?

Ja, siehe Muster M169.

**→ M175**

*Unterlassung der Durchführung von Überstunden ohne Zustimmung des Betriebsrats*

*Sehr geehrte Damen und Herren,*

*der Betriebsrat hat davon erfahren, dass einige Arbeitnehmer Überstunden geleistet haben. Über diesen Sachverhalt haben Sie den Betriebsrat weder informiert noch die erforderliche Zustimmung des Betriebsrats eingeholt.*

*Nach § 87 Absatz 1 Nr. 3 BetrVG hat der Betriebsrat bei der „vorübergehenden Verlängerung der betriebsüblichen Arbeitszeit" mitzubestimmen. Das bedeutet, dass Sie zwingend die Zustimmung des Betriebsrats einholen müssen, bevor einzelne Arbeitnehmer Überstunden leisten. Ohne eine entsprechende Vereinbarung mit dem Betriebsrat dürfen Sie Überstunden nicht einseitig anordnen. Auch wenn die Arbeitnehmer mit den Überstunden einverstanden sind oder diese freiwillig leisten, ist die vorherige Zustimmung des Betriebsrats erforderlich. Dies gilt selbst dann, wenn Sie aufgrund des Vorliegens von dringenden, nicht vorhersehbaren betrieblichen Gründen Überstunden ableisten lassen wollen. Eine Regelung für Eilfälle müsste von Ihnen im Voraus mit dem Betriebsrat getroffen werden. Nur in echten Notfällen (zum Beispiel bei Bränden, Überschwemmungen, Explosionsgefahr) dürfen Sie Überstunden einseitig anordnen.*

*Der Betriebsrat fordert Sie deshalb auf, Maßnahmen zur vorübergehenden Verlängerung der betrieblichen Arbeitszeit im Sinne des § 87 Absatz 1 Nr. 3 BetrVG – insbesondere die Anordnung von Überstunden – zu unterlassen, solange hierüber keine Einigung mit dem Betriebsrat zustande gekommen ist.*

*Sollten Sie das Mitbestimmungsrecht des Betriebsrats nach § 87 Absatz 1 Nr. 3 BetrVG weiterhin missachten, müssen Sie damit rechnen, dass der Betriebsrat den ihm in diesem Fall zustehenden Unterlassungsanspruch mit Hilfe des Arbeitsgerichts durchsetzt.*

*Mit freundlichen Grüßen*

____________________________

*(BETRIEBSRATSVORSITZENDE/R)*

## Initiativrecht ausüben (Beispiel) - M176

Beispiel für ein Schreiben, mit dem der Betriebsrat in einer mitbestimmungspflichtigen Angelegenheit sein Initiativrecht ausübt.

Absender → Betriebsrat
Empfänger → Arbeitgeber

### → Hintergrund

Siehe zunächst die Erläuterung zu dem entsprechenden Betriebsratsbeschluss Muster M170.

In dem folgenden Beispiel geht es um das Mitbestimmungsrecht des Betriebsrats bei dem Thema Gesundheitsschutz.

### → Rechtsgrundlage

§ 87 Absatz 1 Nr. 7 BetrVG, § 5 ArbSchG

### → Vorherige Beschlussfassung?

Ja, siehe Muster M170.

### → M176

*Gefährdungsbeurteilung*

*Sehr geehrte Damen und Herren,*

*nach § 5 Arbeitsschutzgesetz (ArbSchG) hat jeder Arbeitgeber durch eine Beurteilung der für die Beschäftigten mit ihrer Arbeit verbundenen Gefährdung zu ermitteln, welche Maßnahmen des Arbeitsschutzes erforderlich sind. Diese Gefährdungsbeurteilung ist ein zentrales Element des Gesundheitsschutzes und notwendige Voraussetzung für die betriebliche Umsetzung der Arbeitsschutzpflichten eines Arbeitgebers.*

*Der Betriebsrat hat bei der Gefährdungsbeurteilung nach § 5 ArbSchG ein Mitbestimmungsrecht aus § 87 Absatz 1 Nr. 7 BetrVG. Der Betriebsrat möchte mit Ihnen daher eine Vereinbarung über die Durchführung von Gefährdungsbeurteilungen abschließen. Bitte schlagen Sie uns bis zum ... [Datum] einen Termin für ein erstes Gespräch zu diesem Thema vor.*

*Mit freundlichen Grüßen*

______________________________

*(BETRIEBSRATSVORSITZENDE/R)*

→

# Betriebsvereinbarungen abschließen

Betriebsvereinbarungen sind zwischen Betriebsrat und Arbeitgeber schriftlich abgeschlossene, rechtsverbindliche Verträge. Betriebsvereinbarungen sind das klassische Instrument, mit dem die Betriebsparteien mitbestimmungspflichtige Themen regeln wie zum Beispiel die Arbeitszeit, die Urlaubsgewährung, Vergütungsfragen oder den Einsatz von IT-Systemen. Betriebsrat und Arbeitgeber können aber nicht nur in den mitbestimmungspflichtigen Angelegenheiten Betriebsvereinbarungen abschließen, sondern auch zu allen anderen Themen, die in den Aufgabenbereich des Betriebsrats fallen.

Falls der Betriebsrat mit dem Arbeitgeber eine Betriebsvereinbarung zu einem bestimmten Thema abschließen möchte, kann er den Arbeitgeber zu entsprechenden Verhandlungen auffordern Muster M177. Wenn die Verhandlungen abgeschlossen sind und ein abschlussreifer Text einer Betriebsvereinbarung vorliegt, muss der Betriebsrat durch Beschluss darüber entscheiden, ob er mit dieser Betriebsvereinbarung einverstanden ist Muster M178.

Nachdem der Betriebsrat mit dem Arbeitgeber eine Betriebsvereinbarung abgeschlossen hat, hat er anschließend die Aufgabe, darauf zu achten, dass der Arbeitgeber die in der Betriebsvereinbarung enthaltenen Regeln auch einhält. Falls der Betriebsrat einen Verstoß des Arbeitgebers gegen eine Betriebsvereinbarung feststellt, sollte er den Arbeitgeber auf den Verstoß hinweisen und ihn auffordern, die Betriebsvereinbarung zukünftig einzuhalten Muster M179.

Wenn der Betriebsrat eine mit dem Arbeitgeber abgeschlossene Betriebsvereinbarung nicht mehr gelten lassen möchte, kann er sie kündigen Muster M180.

## 01. Beschlüsse

### Über eine Betriebsvereinbarung verhandeln – M177

**→ Situation**

Der Betriebsrat möchte mit dem Arbeitgeber zu einem bestimmten Thema eine Betriebsvereinbarung abschließen und ihn deshalb zu entsprechenden Verhandlungen auffordern.

**→ Hintergrund**

Dem Abschluss einer Betriebsvereinbarung gehen normalerweise mehr oder weniger intensive Verhandlungen zwischen Betriebsrat und Arbeitgeber voraus. Wenn der Betriebsrat mit dem Arbeitgeber eine Betriebsvereinbarung zu einem bestimmten Thema abschließen will, sollte der Betriebsrat den Arbeitgeber deshalb in einem ersten Schritt zu entsprechenden Verhandlungen auffordern.

| | |
|---|---|
| Rechtsgrundlage | § 77 Absatz 2 BetrVG |
| Erforderliche Stimmenmehrheit | Einfache Mehrheit |
| Form | – |
| Nächste Schritte | Arbeitgeber auffordern Muster M181 und M182. |

**→ M177**

**Muster für den Tagesordnungspunkt**

*Betriebsvereinbarung zum Thema …*
*[Thema bezeichnen]*

**Muster für den Beschlusstext**

*Der Betriebsrat fordert den Arbeitgeber auf, mit ihm über den Abschluss einer Betriebsvereinbarung zu dem Thema … [Thema bezeichnen] zu verhandeln.*

*Abstimmungsergebnis:*
*Ja … / Nein … / Enthaltungen …*

**Beispiel für den Tagesordnungspunkt**

*Betriebsvereinbarung zur Regelung der Arbeitszeit*

**Beispiel für den Beschlusstext**

*Der Betriebsrat fordert den Arbeitgeber auf, mit ihm über den Abschluss einer Betriebsvereinbarung zur Regelung der Arbeitszeit zu verhandeln.*

*Abstimmungsergebnis:*
*Ja … / Nein … / Enthaltungen …*

## Betriebsvereinbarung abschließen – M178

### → Situation

Der Betriebsrat hat mit dem Arbeitgeber eine Betriebsvereinbarung ausgehandelt, die jetzt rechtswirksam abgeschlossen werden soll.

### → Hintergrund

Eine Betriebsvereinbarung kommt dadurch zustande, dass Betriebsrat und Arbeitgeber sich auf ihren Inhalt einigen und die Vereinbarung dann von beiden Seiten unterschrieben wird. Auf der Betriebsratsseite wird eine Betriebsvereinbarung vom Betriebsratsvorsitzenden unterzeichnet. Bevor der Betriebsratsvorsitzende eine Betriebsvereinbarung unterschreiben darf, muss der Betriebsrat der Betriebsvereinbarung durch einen Beschluss zugestimmt haben.

| | |
|---|---|
| Rechtsgrundlage | §77 Absatz 2 BetrVG |
| Erforderliche Stimmenmehrheit | Einfache Mehrheit |
| Form | – |
| Nächste Schritte | Der Betriebsratsvorsitzende unterschreibt die Betriebsvereinbarung. |

### → M178

**Muster für den Tagesordnungspunkt**

*Beschlussfassung zu der Betriebsvereinbarung … [Name der Betriebsvereinbarung]*

**Muster für den Beschlusstext**

*Der Betriebsrat stimmt dem Entwurf der Betriebsvereinbarung … [Name der Betriebsvereinbarung] vom … [Datum] zu.*

*Abstimmungsergebnis:*
*Ja … / Nein … / Enthaltungen …*

**Beispiel für den Tagesordnungspunkt**

*Beschlussfassung zu der Betriebsvereinbarung „Arbeitszeit“*

**Beispiel für den Beschlusstext**

*Der Betriebsrat stimmt dem Entwurf der Betriebsvereinbarung „Arbeitszeit“ vom 30.06.2022 zu.*

*Abstimmungsergebnis:*
*Ja … / Nein … / Enthaltungen …*

## Einhaltung einer Betriebsvereinbarung - M179

### Situation
Der Betriebsrat möchte den Arbeitgeber zur Einhaltung einer Betriebsvereinbarung auffordern.

### Hintergrund
Wenn Betriebsrat und Arbeitgeber eine Betriebsvereinbarung abschließen, sind die darin enthaltenen Regeln rechtsverbindlich. Der Betriebsrat kann vom Arbeitgeber verlangen, dass die in einer Betriebsvereinbarung getroffenen Regeln eingehalten werden. Wenn der Betriebsrat einen Verstoß des Arbeitgebers gegen eine Betriebsvereinbarung feststellt, sollte er ihn zur Einhaltung der Betriebsvereinbarung auffordern.

| | |
|---|---|
| Rechtsgrundlage | § 77 Absatz 1 Satz 1 BetrVG |
| Erforderliche Stimmenmehrheit | Einfache Mehrheit |
| Form | – |
| Nächste Schritte | Arbeitgeber zur Einhaltung der Betriebsvereinbarung auffordern Muster M184. |

### M179

**Muster für den Tagesordnungspunkt**

*Einhaltung der Betriebsvereinbarung ... [Name der Betriebsvereinbarung]*

**Muster für den Beschlusstext**

*Der Betriebsrat stellt fest, dass der Arbeitgeber gegen die Regelung in § ... der Betriebsvereinbarung ... [Name der Betriebsvereinbarung] vom ... [Datum] verstoßen hat. Der Betriebsrat fordert den Arbeitgeber auf, zukünftig sämtliche Regelungen der Betriebsvereinbarung ... [Name der Betriebsvereinbarung] einzuhalten.*

*Abstimmungsergebnis:*
*Ja ... / Nein ... / Enthaltungen ...*

**Beispiel für den Tagesordnungspunkt**

*Einhaltung der Betriebsvereinbarung „Arbeitszeit“*

**Beispiel für den Beschlusstext**

*Der Betriebsrat stellt fest, dass der Arbeitgeber gegen die Regelung in § 3 der Betriebsvereinbarung „Arbeitszeit“ vom 30.06.2022 verstoßen hat. Der Betriebsrat fordert den Arbeitgeber auf, zukünftig sämtliche Regelungen der Betriebsvereinbarung „Arbeitszeit“ einzuhalten.*

*Abstimmungsergebnis:*
*Ja … / Nein … / Enthaltungen …*

## Betriebsvereinbarung kündigen – M180

### Situation
Der Betriebsrat möchte eine Betriebsvereinbarung nicht mehr gelten lassen.

### Hintergrund
Betriebsvereinbarungen können sowohl vom Betriebsrat als auch vom Arbeitgeber mit Wirkung für die Zukunft gekündigt werden. Ein besonderer Grund ist für die Kündigung nicht erforderlich. Sofern in der Betriebsvereinbarung nichts anderes vereinbart ist, beträgt die Kündigungsfrist drei Monate.

| | |
|---|---|
| Rechtsgrundlage | § 77 Absatz 5 BetrVG |
| Erforderliche Stimmenmehrheit | Einfache Mehrheit |
| Form | – |
| Nächste Schritte | Erklärung der Kündigung gegenüber dem Arbeitgeber Muster M185. |

### M180

**Muster für den Tagesordnungspunkt**

*Kündigung der Betriebsvereinbarung … [Name der Betriebsvereinbarung]*

**Muster für den Beschlusstext**

*Der Betriebsrat kündigt die Betriebsvereinbarung … [Name der Betriebsvereinbarung] vom … [Datum].*

*Abstimmungsergebnis:*
*Ja … / Nein … / Enthaltungen …*

**Beispiel für den Tagesordnungspunkt**

*Kündigung der Betriebsvereinbarung „Urlaubsgrundsätze“*

**Beispiel für den Beschlusstext**

*Der Betriebsrat kündigt die Betriebsvereinbarung „Urlaubsgrundsätze“ vom 01.04.2020.*

*Abstimmungsergebnis:*
*Ja … / Nein … / Enthaltungen …*

## 02. Schreiben

### Arbeitgeber zu Verhandlungen über eine Betriebsvereinbarung auffordern - M181

Muster für ein Schreiben, mit dem der Betriebsrat den Arbeitgeber auffordert, mit ihm über den Abschluss einer Betriebsvereinbarung zu verhandeln.

Absender → Betriebsrat
Empfänger → Arbeitgeber

**→ Hintergrund**
Siehe die Erläuterung zu dem entsprechenden Betriebsratsbeschluss Muster M177.

**→ Rechtsgrundlage**
§77 Absatz 2 BetrVG

**→ Vorherige Beschlussfassung?**
Ja, siehe Muster M177.

**→ M181**

*Abschluss einer Betriebsvereinbarung zu dem Thema ... [Thema bezeichnen]*

*Sehr geehrte Damen und Herren,*

*der Betriebsrat hat sich in seiner Sitzung am ... [Datum] mit dem Thema ... [Thema bezeichnen] befasst. Dieses Thema gehört zum Aufgabenbereich des Betriebsrats und wir sind zu dem Ergebnis gekommen, dass es sinnvoll ist, mit Ihnen hierzu eine Betriebsvereinbarung abzuschließen.*

*Wir möchten mit Ihnen deshalb Verhandlungen über den Abschluss einer solchen Betriebsvereinbarung führen. Wir schlagen vor, zu diesem Zweck am ... [Datum] um ... [Uhrzeit] ein erstes Gespräch zu führen. Falls Ihnen dieser Termin nicht zusagen sollte, bitten wir Sie um einen alternativen Terminvorschlag.*

*Mit freundlichen Grüßen*

___________________________

*(BETRIEBSRATSVORSITZENDE/R)*

## Arbeitgeber zu Verhandlungen über Betriebsvereinbarung zu mitbestimmungspflichtigem Thema auffordern – M182

Muster für ein Schreiben, mit dem der Betriebsrat den Arbeitgeber auffordert, mit ihm in einer mitbestimmungspflichtigen Angelegenheit über den Abschluss einer Betriebsvereinbarung zu verhandeln.

Absender → Betriebsrat
Empfänger → Arbeitgeber

### → Hintergrund

Wenn der Betriebsrat bei einem Thema ein echtes Mitbestimmungsrecht hat, kann er den Arbeitgeber sogar gegen dessen Willen zum Abschluss einer Betriebsvereinbarung zwingen. Denn falls sich Betriebsrat und Arbeitgeber bei einem solchen Thema nicht auf den Inhalt einer Betriebsvereinbarung verständigen können, könnte der Betriebsrat eine Betriebsvereinbarung über ein Einigungsstellenverfahren durchsetzen.

Wenn der Betriebsrat den Arbeitgeber in einer mitbestimmungspflichtigen Angelegenheit zu Verhandlungen über eine Betriebsvereinbarung auffordert, sollte er mit seiner Aufforderung gleich deutlich machen, dass das Verhandlungsthema mitbestimmungspflichtig ist.

### → Rechtsgrundlage

§ 77 Absatz 2 BetrVG in Verbindung mit zum Beispiel § 87 BetrVG

### → Vorherige Beschlussfassung?

Ja, siehe Muster M177.

### → M182

*Abschluss einer Betriebsvereinbarung zu dem Thema ... [Thema bezeichnen]*

*Sehr geehrte Damen und Herren,*

*der Betriebsrat hat sich in seiner Sitzung am ... [Datum] mit dem Thema ... [Thema bezeichnen] befasst. Bei diesem Thema handelt es sich um eine Angelegenheit, die nach § ... BetrVG mitbestimmungspflichtig ist.*

*Um die Mitbestimmung des Betriebsrats bei dem Thema ... [Thema bezeichnen] möglichst praktikabel zu gestalten, erscheint es uns sinnvoll, eine Betriebsvereinbarung abzuschließen. Wir möchten mit Ihnen deshalb Verhandlungen über den Abschluss einer solchen Betriebsvereinbarung führen. Wir schlagen vor, zu diesem Zweck am ... [Datum] um ... [Uhrzeit] ein erstes Gespräch zu führen. Falls Ihnen dieser Termin nicht zusagen sollte, bitten wir Sie um einen alternativen Terminvorschlag.*

*Mit freundlichen Grüßen*

______________________________

*(BETRIEBSRATSVORSITZENDE/R)*

## Arbeitgeber zu Verhandlungen über eine Betriebsvereinbarung zur Arbeitszeit auffordern – M183

Muster für ein Schreiben, mit dem der Betriebsrat den Arbeitgeber zu Verhandlungen über den Abschluss einer Betriebsvereinbarung zur Regelung der Arbeitszeit auffordert.

Absender → Betriebsrat
Empfänger → Arbeitgeber

### → Hintergrund

Ein praktisch sehr wichtiges Thema, das Betriebsrat und Arbeitgeber in einer Betriebsvereinbarung regeln können, ist das Thema Arbeitszeit. Eine Betriebsvereinbarung zur Regelung der Arbeitszeit gibt es in praktisch jedem Betrieb mit Betriebsrat.

### → Rechtsgrundlage

§ 77 Absatz 2 BetrVG in Verbindung mit § 87 Absatz 1 Nr. 2 BetrVG

### → Vorherige Beschlussfassung?

Ja, siehe Muster M177.

### → M183

*Abschluss einer Betriebsvereinbarung zur Regelung der Arbeitszeit*

*Sehr geehrte Damen und Herren,*

*bislang gibt es in unserem Betrieb noch keine Betriebsvereinbarung, die die Verteilung der Arbeitszeit regelt. Bei diesem Thema handelt es sich um eine Angelegenheit, die nach § 87 Absatz 1 Nr. 2 BetrVG mitbestimmungspflichtig ist. Der Betriebsrat möchte in diesem Regelungsbereich nunmehr die Initiative ergreifen und mit Ihnen eine Betriebsvereinbarung abschließen.*

*Wir haben bereits einen ersten Entwurf einer Betriebsvereinbarung „Arbeitszeit" erstellt, der hoffentlich auch Ihren Vorstellungen entspricht. Unseren Entwurf haben wir diesem Schreiben beigelegt.*

*Bitte lassen Sie uns zeitnah Ihre Stellungnahme zu unserem Entwurf oder einen Vorschlag für einen Termin zur Erörterung der Angelegenheit zukommen.*

*Mit freundlichen Grüßen*

________________________

*(BETRIEBSRATSVORSITZENDE/R)*

## Arbeitgeber zur Einhaltung einer Betriebsvereinbarung auffordern – M184

Muster für ein Schreiben, mit dem der Betriebsrat den Arbeitgeber auffordert, die Regelungen einer Betriebsvereinbarung einzuhalten.

Absender → Betriebsrat
Empfänger → Arbeitgeber

### → Hintergrund

Siehe die Erläuterung zu dem entsprechenden Betriebsratsbeschluss Muster M179.

### → Rechtsgrundlage

§77 Absatz 1 Satz 1 BetrVG

### → Vorherige Beschlussfassung?

Ja, siehe Muster M179.

### → M184

*Einhaltung der Betriebsvereinbarung ...*
*[Name der Betriebsvereinbarung]*

*Sehr geehrte Damen und Herren,*

*der Betriebsrat hat davon erfahren, dass ... [Verstoß gegen die Betriebsvereinbarung beschreiben].*

*Dieses Vorgehen verstößt gegen die Regelung in § ... der Betriebsvereinbarung ... [Name der Betriebsvereinbarung] vom ... [Datum].*

*Der Betriebsrat fordert Sie auf, sämtliche Regelungen der Betriebsvereinbarung ... [Name der Betriebsvereinbarung] in Zukunft einzuhalten. Wir weisen darauf hin, dass Sie nach §77 Absatz 1 BetrVG zur Einhaltung und Durchführung von Betriebsvereinbarungen verpflichtet sind. Der Betriebsrat hat einen gesetzlichen Anspruch auf die Einhaltung und Durchführung von Betriebsvereinbarungen.*

*Mit freundlichen Grüßen*

____________________________

*(BETRIEBSRATSVORSITZENDE/R)*

## Kündigung einer Betriebsvereinbarung – M185

Muster für ein Schreiben, mit dem der Betriebsrat eine Betriebsvereinbarung kündigt.

Absender → Betriebsrat
Empfänger → Arbeitgeber

### → Hintergrund

Siehe die Erläuterung zu dem entsprechenden Betriebsratsbeschluss Muster M180.

### → Rechtsgrundlage

§77 Absatz 5 BetrVG

### → Vorherige Beschlussfassung?

Ja, siehe Muster M180.

### → M185

*Kündigung der Betriebsvereinbarung ...*
*[Name der Betriebsvereinbarung]*

*Sehr geehrte Damen und Herren,*

*der Betriebsrat hat sich in seiner Sitzung am ... [Datum] mit der Betriebsvereinbarung ... [Name der Betriebsvereinbarung] befasst und beschlossen, diese Betriebsvereinbarung zu kündigen.*

*Der Betriebsrat kündigt die Betriebsvereinbarung ... [Name der Betriebsvereinbarung] hiermit zum nächstmöglichen Termin.*

*Mit freundlichen Grüßen*

____________________________
*(BETRIEBSRATSVORSITZENDE/R)*

→

# Allgemeine personelle Angelegenheiten

Ein Aufgabenbereich des Betriebsrats steht im Betriebsverfassungsgesetz unter der Überschrift „Allgemeine personelle Angelegenheiten“. Bei den allgemeinen personellen Angelegenheiten geht es um personelle Maßnahmen des Arbeitgebers, von denen nicht nur ein einzelner Arbeitnehmer betroffen ist, sondern mehrere Arbeitnehmer oder sogar alle Arbeitnehmer des Betriebs.

Im Bereich der allgemeinen personellen Angelegenheiten hat der Betriebsrat einige Mitbestimmungsrechte. So hat der Betriebsrat mitzubestimmen, wenn der Arbeitgeber Personalfragebögen einsetzen und wenn der Arbeitgeber Beurteilungsgrundsätze oder Auswahlrichtlinien anwenden will. Der mitbestimmungspflichtige Einsatz eines **Personalfragebogens** liegt vor, wenn der Arbeitgeber Daten und Informationen von Arbeitnehmern abfragen will, zum Beispiel dadurch, dass die Arbeitnehmer ein Formular ausfüllen sollen. **Beurteilungsgrundsätze** sind Verfahrensweisen und Regeln, nach denen die Leistung oder das Verhalten der Arbeitnehmer bewertet werden sollen. Unter **Auswahlrichtlinien** sind Vorgaben zu verstehen, nach denen die Entscheidung getroffen werden soll, wenn für eine Einstellung, Versetzung oder Kündigung eine Auswahl unter mehreren in Betracht kommenden Kandidaten vorgenommen werden muss.

Wenn ein Personalfragebogen eingesetzt werden soll, oder wenn Beurteilungsgrundsätze oder Auswahlrichtlinien aufgestellt werden sollen, ist dazu die Zustimmung des Betriebsrats erforderlich Muster M187. Wenn der Betriebsrat seine Zustimmung einmal erteilt hat, ist er daran nicht für alle Ewigkeit gebunden. Er kann seine Zustimmung vielmehr jederzeit mit Wirkung für die Zukunft kündigen Muster M189. Wenn es um Beurteilungsgrundsätze oder um Auswahlrichtlinien geht, sollte sich der Betriebsrat allerdings ohnehin nicht darauf beschränken, bloß seine Zustimmung zu erteilen, sondern den Abschluss einer Betriebsvereinbarung anstreben Muster M188.

Ein weiteres wichtiges Recht des Betriebsrats, das im Betriebsverfassungsgesetz im Abschnitt „Allgemeine personelle Angelegenheiten“ vorgesehen ist, ist das Recht, vom Arbeitgeber die **innerbetriebliche Ausschreibung von zu besetzenden Arbeitsplätzen** verlangen zu können Muster M186.

## 01. Beschlüsse

### Innerbetriebliche Stellenausschreibung – M186

**→ Situation**

Der Betriebsrat möchte durchsetzen, dass zu besetzende Arbeitsplätze innerhalb des Betriebs ausgeschrieben werden.

**→ Hintergrund**

Der Betriebsrat kann vom Arbeitgeber verlangen, Arbeitsplätze, die besetzt werden sollen, innerbetrieblich auszuschreiben. Wenn der Betriebsrat den Arbeitgeber ein Mal zur innerbetrieblichen Stellenausschreibung aufgefordert hat, ist der Arbeitgeber dazu verpflichtet, zu besetzende Arbeitsplätze zukünftig immer innerbetrieblich auszuschreiben.

| | |
|---|---|
| Rechtsgrundlage | § 93 BetrVG |
| Erforderliche Stimmenmehrheit | Einfache Mehrheit |
| Form | – |
| Nächste Schritte | Arbeitgeber informieren Muster M190. |

**→ M186**

**Muster für den Tagesordnungspunkt**

*Innerbetriebliche Stellenausschreibung*

**Muster für den Beschlusstext**

*Der Betriebsrat verlangt gemäß § 93 BetrVG vom Arbeitgeber, dass Arbeitsplätze, die besetzt werden sollen, vor ihrer Besetzung innerhalb des Betriebs ausgeschrieben werden.*

*Abstimmungsergebnis:*
*Ja … / Nein … / Enthaltungen …*

## Zustimmung zu Personalfragebogen, Beurteilungsgrundsätzen oder Auswahlrichtlinien erteilen oder verweigern – M187

### → Situation

Der Betriebsrat muss entscheiden, ob er mit einem Personalfragebogen, mit Beurteilungsgrundsätzen oder mit Auswahlrichtlinien einverstanden ist.

### → Hintergrund

Wenn der Arbeitgeber einen Personalfragebogen einsetzen will oder wenn er allgemeine Beurteilungsgrundsätze oder Auswahlrichtlinien aufstellen will, muss der Betriebsrat darüber entscheiden, ob er damit einverstanden ist. Personalfragebögen, allgemeine Beurteilungsgrundsätze und Auswahlrichtlinien bedürfen der Zustimmung des Betriebsrats.

Seine Zustimmung erteilt ein Betriebsrat in der Regel erst, nachdem er sich nach mehr oder weniger intensiven Verhandlungen mit dem Arbeitgeber auf den Inhalt des Personalfragebogens bzw. auf bestimmte Beurteilungsgrundsätze oder Auswahlrichtlinien geeinigt hat.

Bei Beurteilungsgrundsätzen und Auswahlrichtlinien sollte der Betriebsrat in der Regel den Abschluss einer Betriebsvereinbarung anstreben (siehe dazu das Muster M188).

| | |
|---|---|
| Rechtsgrundlage | § 94 BetrVG, § 95 BetrVG |
| Erforderliche Stimmenmehrheit | Einfache Mehrheit |
| Form | – |
| Nächste Schritte | Arbeitgeber informieren:<br>→ Bei Erteilung der Zustimmung Muster M191.<br>→ Bei Verweigerung der Zustimmung Muster M192. |

### → M187

**Muster für den Tagesordnungspunkt**

*Personalfragebogen / Beurteilungsgrundsätze / Auswahlrichtlinien*

**Muster für den Beschlusstext**

*Der Betriebsrat stimmt dem Personalfragebogen ... [Bezeichnung] / den Beurteilungsgrundsätzen ... [Bezeichnung] / den Auswahlrichtlinien ... [Bezeichnung] in der Fassung vom ... [Datum] zu.*

*Abstimmungsergebnis:*
*Ja ... / Nein ... / Enthaltungen ...*

## Über eine Betriebsvereinbarung zu Beurteilungsgrundsätzen oder Auswahlrichtlinien verhandeln – M188

### → Situation

Der Betriebsrat möchte mit dem Arbeitgeber eine Betriebsvereinbarung zu Beurteilungsgrundsätzen oder Auswahlrichtlinien abschließen und ihn deshalb zu entsprechenden Verhandlungen auffordern.

### → Hintergrund

Nach dem Gesetzeswortlaut bedürfen Personalfragebogen, allgemeine Beurteilungsgrundsätze und Auswahlrichtlinien der Zustimmung des Betriebsrats. Wenn es um einen Personalfragebogen geht, macht es häufig Sinn, dass der Betriebsrat schlicht seine Zustimmung zu dem Personalfragebogen erteilt, nachdem er sich mit dem Arbeitgeber auf dessen Inhalt geeinigt hat (siehe Muster M187). Wenn es aber um Beurteilungsgrundsätze oder Auswahlrichtlinien geht, sollte sich der Betriebsrat in der Regel nicht mit einer schlichten Zustimmung begnügen, sondern besser den Abschluss einer Betriebsvereinbarung anstreben.

| | |
|---|---|
| Rechtsgrundlage | § 94 BetrVG, § 95 BetrVG, § 77 Absatz 2 BetrVG |
| Erforderliche Stimmenmehrheit | Einfache Mehrheit |
| Form | – |
| Nächste Schritte | Arbeitgeber informieren Muster M193. |

### → M188

#### Muster für den Tagesordnungspunkt

*Betriebsvereinbarung zu Beurteilungsgrundsätzen / Auswahlrichtlinien*

#### Muster für den Beschlusstext

*Der Betriebsrat bietet dem Arbeitgeber an, mit ihm über den Abschluss einer Betriebsvereinbarung zu Beurteilungsgrundsätzen / Auswahlrichtlinien zu verhandeln.*

*Abstimmungsergebnis:*
*Ja … / Nein … / Enthaltungen …*

## Kündigung der Zustimmung zu Personalfragebogen, Beurteilungsgrundsätzen oder Auswahlrichtlinien – M189

### → Situation

Der Betriebsrat hatte seine Zustimmung zu einem Personalfragebogen, zu Beurteilungsgrundsätzen oder zu Auswahlrichtlinien erteilt, ist damit jedoch jetzt nicht mehr einverstanden.

### → Hintergrund

Der Betriebsrat ist an die einmal erteilte Zustimmung zu einem Personalfragebogen, zu Beurteilungsgrundsätzen oder zu Auswahlrichtlinien nicht für alle Ewigkeit gebunden. Wenn der Betriebsrat mit einem Personalfragebogen, mit Beurteilungsgrundsätzen oder mit Auswahlrichtlinien nicht mehr einverstanden ist, kann er seine Zustimmung kündigen. Die Kündigungsfrist beträgt drei Monate, wenn nichts anderes vereinbart wurde.

| | |
|---|---|
| Rechtsgrundlage | § 94 BetrVG, § 95 BetrVG, § 77 Absatz 5 BetrVG analog |
| Erforderliche Stimmenmehrheit | Einfache Mehrheit |
| Form | – |
| Nächste Schritte | Die Kündigung gegenüber dem Arbeitgeber erklären Muster M194. |

### → M189

**Muster für den Tagesordnungspunkt**

*Kündigung der Zustimmung zu dem Personalfragebogen ... [Bezeichnung] / den Beurteilungsgrundsätzen ... [Bezeichnung] / den Auswahlrichtlinien ... [Bezeichnung]*

**Muster für den Beschlusstext**

*Der Betriebsrat kündigt seine Zustimmung zu dem Personalfragebogen ... [Bezeichnung] / den Beurteilungsgrundsätzen ... [Bezeichnung] / den Auswahlrichtlinien ... [Bezeichnung] vom ... [Datum].*

*Abstimmungsergebnis:*
*Ja ... / Nein ... / Enthaltungen ...*

## 02. Schreiben

### Verlangen nach innerbetrieblicher Stellenausschreibung – M190

Muster für ein Schreiben, mit dem der Betriebsrat den Arbeitgeber auffordert, zu besetzende Arbeitsplätze innerbetrieblich auszuschreiben.

Absender → Betriebsrat
Empfänger → Arbeitgeber

**→ Hintergrund**
Siehe die Erläuterung zu dem entsprechenden Betriebsratsbeschluss Muster M186.

**→ Rechtsgrundlage**
§ 93 BetrVG

**→ Vorherige Beschlussfassung?**
Ja, siehe Muster M186.

**→ M190**

*Innerbetriebliche Stellenausschreibungen*

*Sehr geehrte Damen und Herren,*

*der Betriebsrat hat in seiner Sitzung am ... [Datum] beschlossen, von Ihnen nach § 93 BetrVG innerbetriebliche Stellenausschreibungen zu verlangen. Wir bitten Sie, zukünftig alle Arbeitsplätze, die besetzt werden sollen, vor ihrer Besetzung innerhalb des Betriebs auszuschreiben.*

*Mit freundlichen Grüßen*

______________________________

*(BETRIEBSRATSVORSITZENDE/R)*

## Zustimmung zu Personalfragebogen, Beurteilungsgrundsätzen oder Auswahlrichtlinien erteilen – M191

Muster für ein Schreiben, mit dem der Betriebsrat seine Zustimmung zu einem Personalfragebogen, zu Beurteilungsgrundsätzen oder zu Auswahlrichtlinien erteilt.

Absender → Betriebsrat
Empfänger → Arbeitgeber

### → Hintergrund

Siehe die Erläuterung zu dem entsprechenden Betriebsratsbeschluss Muster M187.

### → Rechtsgrundlage

§ 94 BetrVG, § 95 BetrVG

### → Vorherige Beschlussfassung?

Ja, siehe Muster M187.

### → M191

*Personalfragebogen / Beurteilungsgrundsätze / Auswahlrichtlinien*

*Sehr geehrte Damen und Herren,*

*der Betriebsrat hat in seiner Sitzung am ... [Datum] beschlossen, dem Personalfragebogen ... [Bezeichnung] / den Beurteilungsgrundsätzen ... [Bezeichnung] / den Auswahlrichtlinien ... [Bezeichnung] in der Fassung vom ... [Datum] zuzustimmen. Um Missverständnisse zu vermeiden, haben wir die Fassung des Fragebogens / der Beurteilungsgrundsätze / der Auswahlrichtlinie, auf die sich die Zustimmung des Betriebsrats bezieht, diesem Schreiben vorsorglich in Kopie beigefügt.*

*Mit freundlichen Grüßen*

________________________

*(BETRIEBSRATSVORSITZENDE/R)*

## Zustimmung zu Personalfragebogen, Beurteilungsgrundsätzen oder Auswahlrichtlinien verweigern – M192

Muster für ein Schreiben, mit dem der Betriebsrat seine Zustimmung zu einem Personalfragebogen, zu Beurteilungsgrundsätzen oder zu Auswahlrichtlinien verweigert.

Absender → Betriebsrat
Empfänger → Arbeitgeber

### → Hintergrund

Siehe zunächst die Erläuterung zu dem entsprechenden Betriebsratsbeschluss Muster M187.

Wenn der Betriebsrat seine Zustimmung zu einem Personalfragebogen, zu Beurteilungsgrundsätzen oder zu einer Auswahlrichtlinie verweigert, muss er dies – anders als eine Zustimmungsverweigerung zu einer personellen Einzelmaßnahme – dem Arbeitgeber gegenüber nicht unbedingt schriftlich begründen.

### → Rechtsgrundlage

§ 94 BetrVG, § 95 BetrVG

### → Vorherige Beschlussfassung?

Ja, siehe Muster M187.

### → M192

*Personalfragebogen / Beurteilungsgrundsätze / Auswahlrichtlinien*

*Sehr geehrte Damen und Herren,*

*der Betriebsrat hat in seiner Sitzung am ... [Datum] beschlossen, seine Zustimmung zu dem von Ihnen vorgelegten Personalfragebogen / den von Ihnen vorgelegten Beurteilungsgrundsätzen / Auswahlrichtlinien zu verweigern.*

*Die Gründe für die Zustimmungsverweigerung können wir Ihnen in einem Gespräch gerne näher erläutern.*

*Mit freundlichen Grüßen*

______________________________

*(BETRIEBSRATSVORSITZENDE/R)*

## Arbeitgeber den Abschluss einer Betriebsvereinbarung zu Beurteilungsgrundsätzen oder Auswahlrichtlinien anbieten – M193

Muster für ein Schreiben, mit dem der Betriebsrat dem Arbeitgeber anbietet, eine Betriebsvereinbarung zu Beurteilungsgrundsätzen oder Auswahlrichtlinien abzuschließen.

Absender → Betriebsrat
Empfänger → Arbeitgeber

### → Hintergrund

Siehe die Erläuterung zu dem entsprechenden Betriebsratsbeschluss Muster M188.

### → Rechtsgrundlage

§ 94 BetrVG, § 95 BetrVG, § 77 Absatz 2 BetrVG

### → Vorherige Beschlussfassung?

Ja, siehe Muster M188.

### → M193

*Beurteilungsgrundsätze / Auswahlrichtlinien*

*Sehr geehrte Damen und Herren,*

*der Betriebsrat hat sich in seiner Sitzung am ... [Datum] mit dem Thema Beurteilungsgrundsätze / Auswahlrichtlinien befasst.*

*Der Betriebsrat ist grundsätzlich dazu bereit, seine Zustimmung zu Beurteilungsgrundsätzen / Auswahlrichtlinien zu erteilen. Da in diesem Zusammenhang aber verschiedene Fragen zu regeln sind, halten wir es für sinnvoll, zu diesem Thema eine Betriebsvereinbarung abzuschließen.*

*Für Verhandlungen über eine solche Betriebsvereinbarung stehen wir Ihnen gerne zur Verfügung.*

*Mit freundlichen Grüßen*

______________________________

*(BETRIEBSRATSVORSITZENDE/R)*

## Kündigung der Zustimmung zu Personalfragebogen, Beurteilungsgrundsätzen oder Auswahlrichtlinien – M194

Muster für ein Schreiben, mit dem der Betriebsrat die von ihm erteilte Zustimmung zu einem Personalfragebogen, zu Beurteilungsgrundsätzen oder zu Auswahlrichtlinien kündigt.

Absender → Betriebsrat
Empfänger → Arbeitgeber

### → Hintergrund

Siehe die Erläuterung zu dem entsprechenden Betriebsratsbeschluss Muster M189.

### → Rechtsgrundlage

§ 94 BetrVG, § 95 BetrVG, § 77 Absatz 5 BetrVG analog

### → Vorherige Beschlussfassung?

Ja, siehe Muster M189.

### → M194

*Kündigung der Zustimmung zu Personalfragebogen / Beurteilungsgrundsätzen / Auswahlrichtlinien*

*Sehr geehrte Damen und Herren,*

*der Betriebsrat hat sich in seiner Sitzung am ... [Datum] mit dem Personalfragebogen ... [Bezeichnung] / mit den Beurteilungsgrundsätzen ... [Bezeichnung] / Auswahlrichtlinien ... [Bezeichnung] vom ... [Datum] befasst und beschlossen, seine dazu erteilte Zustimmung zu kündigen.*

*Der Betriebsrat kündigt die Zustimmung hiermit zum nächstmöglichen Termin.*

*Mit freundlichen Grüßen*

______________________

*(BETRIEBSRATSVORSITZENDE/R)*

→

# Berufsbildungsmaßnahmen durchsetzen und begleiten

Der Betriebsrat hat nach dem Betriebsverfassungsgesetz verschiedene Aufgaben und Rechte im Zusammenhang mit Berufsbildungsmaßnahmen. Unter den Begriff Berufsbildungsmaßnahmen im Sinne des Gesetzes fallen insbesondere Schulungen, Fortbildungen und Lehrgänge, die den Arbeitnehmern Kenntnisse oder Fähigkeiten vermitteln sollen, die sie für ihre berufliche Tätigkeit benötigen.

Der Betriebsrat kann vom Arbeitgeber zunächst verlangen, den Berufsbildungsbedarf im Betrieb zu ermitteln Muster M195. Wenn der Berufsbildungsbedarf festgestellt ist, kann daraus abgeleitet werden, welche Schulungs- und Fortbildungsmaßnahmen für die Arbeitnehmer des Betriebs sinnvoll oder sogar erforderlich sind.

Darüber hinaus kann der Betriebsrat dem Arbeitgeber Vorschläge zu Berufsbildungsmaßnahmen unterbreiten und ihn zum Beispiel auch dazu auffordern, bestimmte Schulungen bzw. Fortbildungen für Arbeitnehmer durchzuführen Muster M196. Unter gewissen Voraussetzungen kann der Betriebsrat den Arbeitgeber sogar über ein Einigungsstellenverfahren zur Durchführung bestimmter Berufsbildungsmaßnahmen zwingen Muster M202.

Wenn der Arbeitgeber von sich aus Schulungen oder Fortbildungen für Arbeitnehmer des Betriebs durchführen will, kann der Betriebsrat Vorschläge dazu machen, welche Arbeitnehmer an diesen Maßnahmen teilnehmen sollen Muster M197.

Nicht zuletzt hat der Betriebsrat auch ein Mitspracherecht bei der Frage, wer im Betrieb welche Berufsbildungsmaßnahmen durchführt. Unter bestimmten Voraussetzungen kann der Betriebsrat der Bestellung einer mit der Durchführung einer Berufsbildungsmaßnahme beauftragten Person widersprechen Muster M198 bzw. deren Abberufung verlangen Muster M199.

## 01. Beschlüsse

### Arbeitgeber zur Ermittlung des Berufsbildungsbedarfs auffordern – M195

**→ Situation**
Der Betriebsrat möchte den Arbeitgeber auffordern, den Berufsbildungsbedarf im Betrieb zu ermitteln.

**→ Hintergrund**
Der Betriebsrat kann vom Arbeitgeber verlangen, den Berufsbildungsbedarf zu ermitteln. Mit der Ermittlung des Berufsbildungsbedarfs soll insbesondere festgestellt werden, ob und in welchem Umfang Arbeitnehmer geschult bzw. fortgebildet werden müssen, damit sie über die Kenntnisse und Fähigkeiten verfügen, die sie aktuell und in Zukunft für die Arbeit an ihrem Arbeitsplatz benötigen.

| | |
|---|---|
| Rechtsgrundlage | § 96 Absatz 1 Satz 2 BetrVG |
| Erforderliche Stimmenmehrheit | Einfache Mehrheit |
| Form | – |
| Nächste Schritte | Arbeitgeber auffordern Muster M200 . |

**→ M195**

**Muster für den Tagesordnungspunkt**

*Ermittlung des Berufsbildungsbedarfs*

**Muster für den Beschlusstext**

*Der Betriebsrat verlangt vom Arbeitgeber, gemäß § 96 Absatz 1 Satz 2 BetrVG den Berufsbildungsbedarf zu ermitteln.*

*Abstimmungsergebnis:*
*Ja … / Nein … / Enthaltungen …*

## Arbeitgeber zur Durchführung von Berufsbildungsmaßnahmen auffordern – M196

### → Situation

Der Betriebsrat möchte den Arbeitgeber dazu auffordern, Schulungs- bzw. Fortbildungsmaßnahmen für Arbeitnehmer durchzuführen.

### → Hintergrund

Der Betriebsrat kann den Arbeitgeber auffordern, bestimmte Berufsbildungsmaßnahmen für Arbeitnehmer durchzuführen. Wenn sich Arbeitgeber und Betriebsrat daraufhin nicht auf die Durchführung entsprechender Berufsbildungsmaßnahmen einigen können, kann der Betriebsrat die Einigungsstelle um Vermittlung anrufen (siehe dazu das Muster M201). Allerdings kann der Arbeitgeber grundsätzlich nicht gegen seinen Willen durch einen Einigungsspruch zur Durchführung von Berufsbildungsmaßnahmen gezwungen werden.

Wenn sich allerdings aufgrund bestimmter Maßnahmen des Arbeitgebers die Tätigkeit von Arbeitnehmern ändert und die Arbeitnehmer nicht über ausreichende Kenntnisse oder Fähigkeiten für die Ausübung der geänderten Tätigkeit verfügen, kann der Betriebsrat den Arbeitgeber gegebenenfalls über ein Einigungsstellenverfahren zur Durchführung von Berufsbildungsmaßnahmen zwingen (siehe dazu das Muster M202).

| | |
|---|---|
| Rechtsgrundlage | § 96 Absatz 1 und 1a BetrVG, § 97 Absatz 2 BetrVG |
| Erforderliche Stimmenmehrheit | Einfache Mehrheit |
| Form | – |
| Nächste Schritte | Arbeitgeber auffordern Muster M201 und M202. |

### → M196

**Muster für den Tagesordnungspunkt**

*Schulungen zum Thema ... [Bezeichnung des Schulungsthemas]*

**Muster für den Beschlusstext**

*Der Arbeitgeber soll aufgefordert werden, für die Arbeitnehmer ... [Benennung der zu schulenden Arbeitnehmergruppe] Schulungen zum Thema ... [Bezeichnung des Schulungsthemas] durchzuführen.*

*Abstimmungsergebnis:*
*Ja ... / Nein ... / Enthaltungen ...*

**Beispiel für den Tagesordnungspunkt**

*Schulungen zu „Microsoft 365“*

**Beispiel für den Beschlusstext**

*Der Arbeitgeber soll aufgefordert werden, für die Arbeitnehmer in der Verwaltung Schulungen zu „Microsoft 365“ durchzuführen.*

*Abstimmungsergebnis:*
*Ja ... / Nein ... / Enthaltungen ...*

## Teilnehmer für eine Berufsbildungsmaßnahme vorschlagen – M197

### → Situation

Der Betriebsrat möchte dem Arbeitgeber bestimmte Arbeitnehmer vorschlagen, die an einer vom Arbeitgeber beabsichtigten Schulungs- bzw. Fortbildungsmaßnahme teilnehmen sollen.

### → Hintergrund

Wenn der Arbeitgeber Arbeitnehmer an einer Schulungs- oder Fortbildungsmaßnahme teilnehmen lassen möchte, kann der Betriebsrat dem Arbeitgeber vorschlagen, auch noch weitere Arbeitnehmer an dieser Maßnahme teilnehmen zu lassen, die der Arbeitgeber zunächst nicht als Teilnehmer ausgewählt hatte. Falls der Arbeitgeber die Vorschläge des Betriebsrats nicht berücksichtigen will und eine Einigung mit dem Betriebsrat nicht zustande kommt, würde auf Antrag die Einigungsstelle entscheiden.

| | |
|---|---|
| Rechtsgrundlage | § 98 Absatz 3 BetrVG |
| Erforderliche Stimmenmehrheit | Einfache Mehrheit |
| Form | – |
| Nächste Schritte | Arbeitgeber auffordern Muster M203. |

### → M197

#### Muster für den Tagesordnungspunkt

*Teilnehmer an der Schulung ... [Bezeichnung der Schulung]*

#### Muster für den Beschlusstext

*Dem Arbeitgeber soll vorgeschlagen werden, dass die folgenden Arbeitnehmer an der Schulung ... [Bezeichnung der Schulung] teilnehmen:*

*... [Namen]*

*Abstimmungsergebnis:*
*Ja ... / Nein ... / Enthaltungen ...*

#### Beispiel für den Tagesordnungspunkt

*Teilnehmer an der Schulung zu „Microsoft 365“*

#### Beispiel für den Beschlusstext

*Dem Arbeitgeber soll vorgeschlagen werden, dass die folgenden Arbeitnehmer an der Schulung zu „Microsoft 365“ teilnehmen:*

- *Susanne Stark*
- *Erik Ehrgeiz*
- *Felix Fröhlich*

*Abstimmungsergebnis:*
*Ja ... / Nein ... / Enthaltungen ...*

## Widerspruch gegen Bestellung einer mit der Durchführung der betrieblichen Berufsbildung beauftragten Person – M198

### → Situation

Der Betriebsrat möchte verhindern, dass eine Berufsbildungsmaßnahme von einer bestimmten, vom Arbeitgeber benannten Person durchgeführt wird.

### → Hintergrund

Der Betriebsrat kann der Bestellung einer mit der Durchführung einer Berufsbildungsmaßnahme beauftragten Person widersprechen, wenn diese nicht die persönliche oder fachliche Eignung besitzt oder wenn sie ihre Aufgaben vernachlässigt.

| | |
|---|---|
| Rechtsgrundlage | § 98 Absatz 2 BetrVG |
| Erforderliche Stimmenmehrheit | Einfache Mehrheit |
| Form | – |
| Nächste Schritte | Arbeitgeber informieren Muster M204. |

### → M198

#### Muster für den Tagesordnungspunkt

*Bestellung des Herrn / der Frau ... [Name] als mit der Durchführung der betrieblichen Berufsbildung beauftragte Person*

#### Muster für den Beschlusstext

*Der Betriebsrat widerspricht der Bestellung des Herrn / der Frau ... [Name] als mit der Durchführung der betrieblichen Berufsbildung beauftragte Person.*

*Abstimmungsergebnis:*
*Ja ... / Nein ... / Enthaltungen ...*

## Abberufung einer mit der Durchführung der betrieblichen Berufsbildung beauftragten Person – M199

### → Situation

Der Betriebsrat möchte, dass der Arbeitgeber eine mit der Durchführung einer Berufsbildungsmaßnahme beauftragte Person abberuft.

### → Hintergrund

Der Betriebsrat kann vom Arbeitgeber die Abberufung einer mit der Durchführung einer Berufsbildungsmaßnahme beauftragten Person verlangen, wenn diese nicht die persönliche oder fachliche Eignung besitzt oder wenn sie ihre Aufgaben vernachlässigt.

| | |
|---|---|
| Rechtsgrundlage | § 98 Absatz 2 BetrVG |
| Erforderliche Stimmenmehrheit | Einfache Mehrheit |
| Form | – |
| Nächste Schritte | Arbeitgeber informieren Muster M205. |

### → M199

**Muster für den Tagesordnungspunkt**

*Abberufung des Herrn / der Frau ... [Name] als mit der Durchführung der betrieblichen Berufsbildung beauftragte Person*

**Muster für den Beschlusstext**

*Der Betriebsrat verlangt, dass der Arbeitgeber Herrn / Frau ... [Name] als mit der Durchführung der betrieblichen Berufsbildung beauftragte Person abberuft.*

*Abstimmungsergebnis:*
*Ja ... / Nein ... / Enthaltungen ...*

## 02. Schreiben

### Arbeitgeber zur Ermittlung des Berufsbildungsbedarfs auffordern – M200

Muster für ein Schreiben, mit dem der Betriebsrat den Arbeitgeber dazu auffordert, den Berufsbildungsbedarf zu ermitteln.

Absender → Betriebsrat
Empfänger → Arbeitgeber

→ **Hintergrund**
Siehe die Erläuterung zu dem entsprechenden Betriebsratsbeschluss Muster M195.

→ **Rechtsgrundlage**
§ 96 Absatz 1 Satz 2 BetrVG

→ **Vorherige Beschlussfassung?**
Ja, siehe Muster M195.

→ **M200**

*Ermittlung des Berufsbildungsbedarfs*

*Sehr geehrte Damen und Herren,*

*der Betriebsrat möchte sich verstärkt mit dem Thema Berufsbildung befassen. Nach Auffassung des Betriebsrats wird diesem Thema aufgrund der technischen und wirtschaftlichen Entwicklungen eine immer größere Bedeutung zukommen.*

*Damit der Betriebsrat sich mit Fragen der Berufsbildung intensiv befassen und Vorschläge erarbeiten kann, bitten wir Sie zunächst darum, gemäß § 96 Absatz 1 Satz 2 BetrVG den betrieblichen Berufsbildungsbedarf zu ermitteln. Die Ermittlung des betrieblichen Berufsbildungsbedarfs sollte nach Ansicht des Betriebsrats anhand der Durchführung einer Ist-Analyse (Bestandsaufnahme) und einer Soll-Analyse erfolgen. Der Vergleich zwischen beiden Analysen würde dann Art und Umfang des betrieblichen Bildungsbedarfs aufzeigen.*

*Bitte teilen Sie uns innerhalb einer Woche mit, bis wann der Betriebsrat mit einer Unterrichtung über die Ergebnisse der Bedarfsermittlung rechnen kann.*

*Mit freundlichen Grüßen*

____________________________

*(BETRIEBSRATSVORSITZENDE/R)*

## Vorschlag zur Durchführung von nicht erzwingbaren Berufsbildungsmaßnahmen – M201

Muster für ein Schreiben, mit dem der Betriebsrat den Arbeitgeber dazu auffordert, Arbeitnehmern Schulungen bzw. Fortbildungen anzubieten.

Absender → Betriebsrat
Empfänger → Arbeitgeber

### → Hintergrund

Siehe die Erläuterung zu dem entsprechenden Betriebsratsbeschluss Muster M196.

### → Rechtsgrundlage

§ 96 Absatz 1 und 1a BetrVG

### → Vorherige Beschlussfassung?

Ja, siehe Muster M196.

### → M201

*Schulungen zu „Microsoft 365"*

*Sehr geehrte Damen und Herren,*

*bei uns im Betrieb kommt das Softwarepaket „Microsoft 365" zum Einsatz. Nach Ansicht des Betriebsrats verfügen viele Kolleginnen und Kollegen nicht über die nötigen Kenntnisse, um mit diesem Softwarepaket wirklich effektiv zu arbeiten.*

*Wir möchten deshalb vorschlagen, sämtliche Kolleginnen und Kollegen, die mit „Microsoft 365" arbeiten, umfassend in der Anwendung dieses Softwarepakets schulen zu lassen. Gerne würden wir mit Ihnen darüber sprechen, wie entsprechende Schulungsmaßnahmen aussehen könnten, und bitten Sie zu diesem Zweck um die Vereinbarung eines Gesprächstermins.*

*Vorsorglich weisen wir darauf hin, dass der Betriebsrat nach § 96 Absatz 1a BetrVG die Einigungsstelle um Vermittlung anrufen kann, falls keine Einigung über die vorgeschlagenen Schulungsmaßnahmen zustande kommen sollte.*

*Mit freundlichen Grüßen*

____________________________

*(BETRIEBSRATSVORSITZENDE/R)*

## Arbeitgeber zur Durchführung von erzwingbaren Berufsbildungsmaßnahmen auffordern – M202

Muster für ein Schreiben, mit dem der Betriebsrat den Arbeitgeber dazu auffordert, Arbeitnehmern Schulungen bzw. Fortbildungen anzubieten, weil sich aufgrund von Maßnahmen, die der Arbeitgeber geplant oder durchgeführt hat, die Tätigkeit von Arbeitnehmern geändert hat.

Absender → Betriebsrat
Empfänger → Arbeitgeber

### → Hintergrund

Siehe die Erläuterung zu dem entsprechenden Betriebsratsbeschluss Muster M196.

### → Rechtsgrundlage

§ 97 Absatz 2 BetrVG

### → Vorherige Beschlussfassung?

Ja, siehe Muster M196.

### → M202

*Maßnahmen der Berufsbildung*

*Sehr geehrte Damen und Herren,*

*der Betriebsrat hat davon erfahren, dass Sie planen, ... [geplante Maßnahme]. Diese Maßnahme wird dazu führen, dass sich die Tätigkeit bestimmter Arbeitnehmer ändert. Der Betriebsrat ist der Überzeugung, dass die beruflichen Kenntnisse und Fähigkeiten dieser Arbeitnehmer nicht ausreichen, um die geänderte Tätigkeit ordnungsgemäß auszuüben. Der Betriebsrat hält es deshalb für unbedingt erforderlich, dass die betroffenen Arbeitnehmer im Hinblick auf die geänderte Tätigkeit umfassend geschult werden. Wir möchten deshalb mit Ihnen die Durchführung entsprechender Schulungsmaßnahmen vereinbaren.*

*Wir weisen darauf hin, dass der Betriebsrat in diesem Zusammenhang nach § 97 Absatz 2 BetrVG ein Mitbestimmungsrecht hat. Deshalb müsste gegebenenfalls die Einigungsstelle entscheiden, falls es nicht gelingen sollte, eine einvernehmliche Vereinbarung über die Durchführung der nötigen Schulungsmaßnahmen abzuschließen.*

*Bitte unterbreiten Sie uns innerhalb einer Woche einen Vorschlag für einen ersten Besprechungstermin in dieser Angelegenheit.*

*Mit freundlichen Grüßen*

_______________________

*(BETRIEBSRATSVORSITZENDE/R)*

## Teilnehmer für eine Berufsbildungsmaßnahme vorschlagen – M203

Muster für ein Schreiben, mit dem der Betriebsrat dem Arbeitgeber Teilnehmer für eine Schulungs- oder Fortbildungsmaßnahme vorschlägt.

Absender → Betriebsrat
Empfänger → Arbeitgeber

### → Hintergrund

Siehe die Erläuterung zu dem entsprechenden Betriebsratsbeschluss Muster M197.

### → Rechtsgrundlage

§ 98 Absatz 3 BetrVG

### → Vorherige Beschlussfassung?

Ja, siehe Muster M197.

### → M203

*Teilnehmer an der Schulung ... [Bezeichnung der Schulungsmaßnahme]*

*Sehr geehrte Damen und Herren,*

*der Betriebsrat hat davon erfahren, dass einige Arbeitnehmerinnen und Arbeitnehmer an der Schulung ... [Bezeichnung der Schulungsmaßnahme] teilnehmen sollen.*

*Wir schlagen vor, dass zusätzlich auch noch die folgenden Kolleginnen und Kollegen an dieser Schulung teilnehmen:*

*... [Namen]*

*Auch für diese Kolleginnen und Kollegen macht eine Teilnahme an der Schulung nach Ansicht des Betriebsrats Sinn.*

*Wir weisen darauf hin, dass im Falle der Ablehnung unseres Vorschlags gegebenenfalls die Einigungsstelle nach § 98 Absatz 4 BetrVG über die Schulungsteilnahme der von uns vorgeschlagenen Teilnehmer entscheiden müsste.*

*Mit freundlichen Grüßen*

______________________________

*(BETRIEBSRATSVORSITZENDE/R)*

## Widerspruch gegen Bestellung einer mit der Durchführung der betrieblichen Berufsbildung beauftragten Person – M204

Muster für ein Schreiben, mit dem der Betriebsrat der Bestellung einer mit der Durchführung einer Berufsbildungsmaßnahme beauftragten Person widerspricht.

Absender → Betriebsrat
Empfänger → Arbeitgeber

### → Hintergrund

Siehe die Erläuterung zu dem entsprechenden Betriebsratsbeschluss Muster M198.

### → Rechtsgrundlage

§ 98 Absatz 2 BetrVG

### → Vorherige Beschlussfassung?

Ja, siehe Muster M198.

### → M204

*Widerspruch gegen die Bestellung einer mit der Durchführung der betrieblichen Berufsbildung beauftragten Person*

*Sehr geehrte Damen und Herren,*

*Sie haben uns darüber unterrichtet, dass eine Schulung zum Thema ... stattfinden soll. Diese Schulung soll Herr / Frau ... [Name] durchführen.*

*Der Betriebsrat begrüßt grundsätzlich die Durchführung der Schulung. Er hat in seiner Sitzung am ... [Datum] jedoch beschlossen, der Durchführung der Schulung durch Herrn / Frau ... [Name] zu widersprechen.*

*Der Betriebsrat kann nach § 98 Absatz 2 BetrVG der Bestellung einer mit der Durchführung einer betrieblichen Berufsbildungsmaßnahme beauftragten Person widersprechen, wenn diese die persönliche oder fachliche Eignung nicht besitzt oder ihre Aufgaben vernachlässigt. Dieses Recht bezieht sich grundsätzlich auf alle Personen, die mit der Durchführung einer beruflichen Bildungsmaßnahme beauftragt werden.*

*Nach Ansicht des Betriebsrats besitzt Herr / Frau ... [Name] nicht die für die Durchführung der Schulung erforderliche fachliche Eignung bzw. ist er / sie aus persönlichen Gründen nicht für die Durchführung der Schulung geeignet. Grund dafür ist, dass ... [Gründe angeben].*

*Wir weisen darauf hin, dass der Betriebsrat nach § 98 Absatz 5 BetrVG beim Arbeitsgericht beantragen kann, die Bestellung einer mit der Durchführung einer betrieblichen Berufsbildungsmaßnahme beauftragten Person zu unterlassen, wenn zwischen Betriebsrat und Arbeitgeber keine Einigung über den Widerspruch zustande kommt.*

*Mit freundlichen Grüßen*

______________________________

*(BETRIEBSRATSVORSITZENDE/R)*

## Abberufung einer mit der Durchführung der betrieblichen Berufsbildung beauftragten Person – M205

Muster für ein Schreiben, mit dem der Betriebsrat den Arbeitgeber dazu auffordert, eine mit der Durchführung einer Berufsbildungsmaßnahme beauftragte Person abzuberufen.

Absender → Betriebsrat
Empfänger → Arbeitgeber

### → Hintergrund

Siehe die Erläuterung zu dem entsprechenden Betriebsratsbeschluss Muster M199.

### → Rechtsgrundlage

§ 98 Absatz 2 BetrVG

### → Vorherige Beschlussfassung?

Ja, siehe Muster M199.

### → M205

*Abberufung einer mit der Durchführung der betrieblichen Berufsbildung beauftragten Person*

*Sehr geehrte Damen und Herren,*

*der Betriebsrat hat in seiner Sitzung am ... [Datum] über Herrn / Frau ... [Name] als mit der Durchführung der betrieblichen Berufsbildung beauftragte Person beraten und beschlossen, seine / ihre Abberufung zu verlangen.*

*Wir weisen darauf hin, dass der Betriebsrat nach § 98 Absatz 2 BetrVG das Recht hat, die Abberufung einer mit der Durchführung der betrieblichen Berufsbildung beauftragten Person zu verlangen, wenn diese die persönliche oder fachliche Eignung nicht besitzt oder ihre Aufgaben vernachlässigt. Dieses Recht bezieht sich zum einen auf die Ausbilder nach dem Berufsbildungsgesetz (BBiG) und der Handwerksordnung, zum anderen aber auch auf alle anderen Personen, die mit der Durchführung einer beruflichen Bildungsmaßnahme beauftragt werden. Bei Herrn / Frau ... [Name] handelt es sich um eine solche Person, da er / sie von Ihnen mit der Durchführung der ... [Berufsbildungsmaßnahme benennen] beauftragt worden ist.*

*Nach Ansicht des Betriebsrats besitzt Herr / Frau ... [Name] nicht die persönliche und fachliche Eignung bzw. hat Herr / Frau ... [Name] seine / ihre Aufgaben vernachlässigt. Grund dafür ist, dass ... [Gründe angeben].*

*Der Betriebsrat fordert Sie deshalb auf, Herrn / Frau ... [Name] innerhalb von zwei Wochen von seiner / ihrer Aufgabe abzuberufen.*

*Wir weisen darauf hin, dass der Betriebsrat nach § 98 Absatz 5 BetrVG beim Arbeitsgericht beantragen kann, dem Arbeitgeber aufzugeben, die Abberufung einer mit der Durchführung der betrieblichen Berufsbildung beauftragten Person durchzuführen, wenn zwischen Betriebsrat und Arbeitgeber keine Einigung über die Abberufung zustande kommt.*

*Mit freundlichen Grüßen*

____________________________

*(BETRIEBSRATSVORSITZENDE/R)*

→

# Personelle Einzelmaßnahmen prüfen

Betriebsräte müssen sich häufig mit sogenannten personellen Einzelmaßnahmen befassen. Bei einer personellen Einzelmaßnahme geht es um eine vom Arbeitgeber beabsichtigte Personalmaßnahme, von der ein einzelner namentlich genau bezeichneter Bewerber oder Arbeitnehmer betroffen ist. Zu den personellen Einzelmaßnahmen gehören

- Einstellungen,
- Eingruppierungen,
- Umgruppierungen,
- Versetzungen,
- Kündigungen und
- die „Entfernung betriebsstörender Arbeitnehmer".

Wenn der Arbeitgeber einen Arbeitnehmer neu einstellen will, muss er zunächst die Zustimmung des Betriebsrats zu dieser **Einstellung** beantragen. Der Betriebsrat hat dann die Aufgabe, dem Arbeitgeber innerhalb einer Frist von einer Woche mitzuteilen, ob er seine Zustimmung zu dieser Einstellung erteilt oder verweigert Muster M206.

Gleiches gilt bei der **Versetzung** eines Arbeitnehmers. Bevor der Arbeitgeber einen Arbeitnehmer versetzen darf, muss er zunächst einmal die Zustimmung des Betriebsrats zu der Versetzung beantragen. Der Betriebsrat hat dann dem Arbeitgeber ebenfalls innerhalb einer Woche mitzuteilen, ob er die Zustimmung zu der Versetzung erteilt oder verweigert Muster M206. Eine Versetzung liegt in der Regel auch dann vor, wenn der Arbeitgeber einen Arbeitnehmer befördern will.

Wenn es im Betrieb ein Vergütungssystem mit verschiedenen Entgeltgruppen gibt, muss der Arbeitgeber außerdem vor jeder **Eingruppierung** und **Umgruppierung** eines Arbeitnehmers die Zustimmung des Betriebsrats beantragen. Der Betriebsrat hat dann zu prüfen, ob die vom Arbeitgeber angegebene Entgeltgruppe zutreffend ist oder nicht. Je nachdem, wie die Prüfung des Betriebsrats ausfällt, hat der Betriebsrat anschließend seine Zustimmung zu der Eingruppierung bzw. Umgruppierung zu erteilen oder zu verweigern Muster M206.

Wenn es aus sachlichen Gründen dringend erforderlich ist, kann der Arbeitgeber eine Einstellung, Eingruppierung, Umgruppierung oder Versetzung vorläufig durchführen, bevor der Betriebsrat seine Zustimmung zu der Maßnahme erteilt oder wenn er diese verweigert hat. Wenn der Arbeitgeber von dieser Möglichkeit Gebrauch macht, muss der Betriebsrat darüber entscheiden, ob er dies akzeptieren will oder ob er gegenüber dem Arbeitgeber bestreiten will, dass die vorläufige Durchführung der Maßnahme tatsächlich aus sachlichen Gründen dringend erforderlich ist Muster M207.

Ebenfalls zu den personellen Einzelmaßnahmen gehört die Kündigung von Arbeitnehmern durch den Arbeitgeber. Wenn der Arbeitgeber einem Arbeitnehmer kündigen will, muss er vorher den Betriebsrat anhören. Das Thema *Kündigung* wird in einem eigenen Abschnitt behandelt (ab *Seite 362*).

Die letzte im Betriebsverfassungsgesetz geregelte personelle Einzelmaßnahme ist die **„Entfernung betriebsstörender Arbeitnehmer".** Unter bestimmten Voraussetzungen kann der Betriebsrat vom Arbeitgeber verlangen, einen Arbeitnehmer, der den Betriebsfrieden gestört hat, zu entlassen oder zu versetzen Muster M209.

## 01. Beschlüsse

### Zustimmung zu einer Einstellung, Eingruppierung, Umgruppierung oder Versetzung erteilen oder verweigern – M206

#### → Situation

Der Arbeitgeber hat die Zustimmung des Betriebsrats zu einer Einstellung, Eingruppierung, Umgruppierung oder Versetzung beantragt.

#### → Hintergrund

Wenn der Arbeitgeber eine Einstellung, Eingruppierung, Umgruppierung oder Versetzung durchführen will, muss er dafür zunächst beim Betriebsrat die Zustimmung beantragen. Der Betriebsrat muss dann entscheiden, ob er seine Zustimmung zu der Maßnahme erteilt oder verweigert.

Damit der Betriebsrat seine Zustimmung verweigern kann, muss einer der im Gesetz vorgesehenen Zustimmungsverweigerungsgründe in Betracht kommen (siehe §99 Absatz 2 BetrVG). Der Betriebsrat kann seine Zustimmung aus den folgenden Gründen verweigern:

- → Die Maßnahme verstößt gegen eine bestimmte Vorschrift, insbesondere gegen eine gesetzliche Vorschrift.
- → Die Maßnahme verstößt gegen eine mit dem Betriebsrat vereinbarte Auswahlrichtlinie.
- → Es besteht die Gefahr, dass infolge der Maßnahme im Betrieb beschäftigte Arbeitnehmer einen Nachteil erleiden.
- → Der von der Maßnahme betroffene Arbeitnehmer wird durch die Maßnahme benachteiligt.
- → Es geht um die Besetzung eines Arbeitsplatzes und dieser Arbeitsplatz wurde entgegen einem Verlangen des Betriebsrats zuvor nicht innerbetrieblich ausgeschrieben.
- → Es besteht die Gefahr, dass der für die Maßnahme in Aussicht genommene Bewerber oder Arbeitnehmer den Betriebsfrieden stören wird.

| | |
|---|---|
| Rechtsgrundlage | §99 Absatz 2 BetrVG |
| Erforderliche Stimmenmehrheit | Einfache Mehrheit |
| Form | – |
| Nächste Schritte | → Bei Erteilung der Zustimmung → Arbeitgeber informieren Muster M211.<br>→ Bei Verweigerung der Zustimmung → Zustimmungsverweigerung mit Begründung dem Arbeitgeber schriftlich mitteilen Muster M212 bis M220. |

**→ M206**

**Muster für den Tagesordnungspunkt**

*Einstellung / Eingruppierung / Umgruppierung / Versetzung des Herrn / der Frau ... [Name]*

**Muster für den Beschlusstext**

*Der Betriebsrat verweigert seine Zustimmung zu der Einstellung / Eingruppierung / Umgruppierung / Versetzung des Herrn / der Frau ... [Name].*

*Abstimmungsergebnis:*
*Ja ... / Nein ... / Enthaltungen ...*

**Beispiel für den Tagesordnungspunkt**

*Einstellung des Herrn Hans Meier*

**Beispiel für den Beschlusstext**

*Der Betriebsrat verweigert seine Zustimmung zu der Einstellung des Herrn Hans Meier.*

*Abstimmungsergebnis:*
*Ja ... / Nein ... / Enthaltungen ...*

## Bestreiten der dringenden Erforderlichkeit der vorläufigen Durchführung einer Einstellung, Eingruppierung, Umgruppierung oder Versetzung – M207

### → Situation

Der Arbeitgeber teilt dem Betriebsrat mit, dass er eine personelle Einzelmaßnahme, der der Betriebsrat (noch) nicht zugestimmt hat, vorläufig durchführen will. Der Betriebsrat muss jetzt darüber entscheiden, ob er bestreiten will, dass die vorläufige Durchführung der Maßnahme aus sachlichen Gründen dringend erforderlich ist.

### → Hintergrund

Der Arbeitgeber kann eine personelle Einzelmaßnahme, zu der er (noch) nicht die Zustimmung des Betriebsrats hat, vorläufig durchführen, falls dies aus sachlichen Gründen dringend erforderlich ist. Wenn der Arbeitgeber eine personelle Einzelmaßnahme vorläufig durchführen will, muss er darüber den Betriebsrat informieren. Der Betriebsrat kann dann gegenüber dem Arbeitgeber bestreiten, dass die vorläufige Durchführung der Maßnahme aus sachlichen Gründen dringend erforderlich ist. Mit diesem Bestreiten zwingt der Betriebsrat den Arbeitgeber dazu, entweder binnen drei Tagen ein Arbeitsgerichtsverfahren einzuleiten, um die dringende Erforderlichkeit gerichtlich feststellen zu lassen, oder die personelle Einzelmaßnahme aufzuheben.

| | |
|---|---|
| Rechtsgrundlage | § 100 Absatz 2 BetrVG |
| Erforderliche Stimmenmehrheit | Einfache Mehrheit |
| Form | – |
| Nächste Schritte | Bei Bestreiten → unverzüglich Arbeitgeber informieren Muster M221. |

### → M207

**Muster für den Tagesordnungspunkt**

*Einstellung/Eingruppierung/Umgruppierung/Versetzung des Herrn/der Frau ... [Name]*

**Muster für den Beschlusstext**

*Der Betriebsrat bestreitet, dass die vorläufige Durchführung der Einstellung/Eingruppierung/Umgruppierung/Versetzung des Herrn/der Frau ... [Name] aus sachlichen Gründen dringend erforderlich ist.*

*Abstimmungsergebnis:*
*Ja .../Nein .../Enthaltungen ...*

**Beispiel für den Tagesordnungspunkt**

*Einstellung des Herrn Hans Meier*

**Beispiel für den Beschlusstext**

*Der Betriebsrat bestreitet, dass die vorläufige Durchführung der Einstellung des Herrn Hans Meier aus sachlichen Gründen dringend erforderlich ist.*

*Abstimmungsergebnis:*
*Ja .../Nein .../Enthaltungen ...*

## Zustimmung zur Versetzung eines Betriebsratsmitglieds erteilen oder verweigern – M208

### → Situation

Der Arbeitgeber beantragt beim Betriebsrat die Zustimmung zur Versetzung eines Betriebsratsmitglieds, die gegen den Willen des Betriebsratsmitglieds erfolgen soll und die dazu führen würde, dass das Betriebsratsmitglied sein Betriebsratsamt verliert.

### → Hintergrund

Wenn der Arbeitgeber ein Betriebsratsmitglied gegen dessen Willen versetzen will und diese Versetzung dazu führen würde, dass das Betriebsratsmitglied aus dem Betriebsrat ausscheidet (zum Beispiel bei Versetzung in einen anderen Betrieb), braucht der Arbeitgeber für die Versetzung die vorherige ausdrückliche Zustimmung des Betriebsrats. Der Arbeitgeber darf die Versetzung nur vornehmen, wenn der Betriebsrat seine Zustimmung zu der Versetzung erteilt hat oder das Arbeitsgericht die vom Betriebsrat nicht erteilte Zustimmung ersetzt hat.

| | |
|---|---|
| Rechtsgrundlage | § 103 Absatz 3 BetrVG |
| Erforderliche Stimmenmehrheit | Einfache Mehrheit |
| Form | – |
| Nächste Schritte | Arbeitgeber informieren:<br>→ Wenn der Betriebsrat zustimmt Muster M211.<br>→ Wenn der Betriebsrat nicht zustimmt Muster M223. |

### → M208

**Muster für den Tagesordnungspunkt**

*Versetzung des Herrn / der Frau ... [Name]*

**Muster für den Beschlusstext**

*Der Betriebsrat stimmt der Versetzung des Herrn / der Frau ... [Name] zu.*

*Abstimmungsergebnis:*
*Ja ... / Nein ... / Enthaltungen ...*

## Aufforderung zur Entlassung oder Versetzung eines betriebsstörenden Arbeitnehmers – M209

### → Situation

Der Betriebsrat möchte, dass der Arbeitgeber einen Arbeitnehmer, der den Betriebsfrieden gestört hat, entlässt oder versetzt.

### → Hintergrund

Wenn ein Arbeitnehmer durch ein gesetzwidriges Verhalten oder durch rassistische oder fremdenfeindliche Betätigungen den Betriebsfrieden wiederholt ernsthaft gestört hat, kann der Betriebsrat vom Arbeitgeber verlangen, den Arbeitnehmer zu versetzen oder zu entlassen.

| | |
|---|---|
| Rechtsgrundlage | § 104 BetrVG |
| Erforderliche Stimmenmehrheit | Einfache Mehrheit |
| Form | – |
| Nächste Schritte | Arbeitgeber auffordern Muster M224. |

### → M209

**Muster für den Tagesordnungspunkt**

*Entlassung oder Versetzung des Herrn / der Frau ... [Name] wegen Störung des Betriebsfriedens*

**Muster für den Beschlusstext**

*Der Betriebsrat verlangt vom Arbeitgeber die Entlassung / Versetzung des Herrn / der Frau ... [Name] wegen wiederholter ernstlicher Störung des Betriebsfriedens nach § 104 BetrVG.*

*Abstimmungsergebnis:*
*Ja ... / Nein ... / Enthaltungen ...*

## 02. Schreiben

### Weitere Informationen zu einer Einstellung, Eingruppierung, Umgruppierung oder Versetzung verlangen – M210

Muster für ein Schreiben, mit dem der Betriebsrat vom Arbeitgeber weitere Informationen zu einer Einstellung, Eingruppierung, Umgruppierung oder Versetzung verlangt.

Absender → Betriebsrat
Empfänger → Arbeitgeber

#### → Hintergrund

Der Arbeitgeber muss den Betriebsrat über eine beabsichtigte Einstellung, Eingruppierung, Umgruppierung oder Versetzung umfassend informieren. Er muss dem Betriebsrat insbesondere die Informationen zukommen lassen, die der Betriebsrat benötigt, um prüfen zu können, ob einer der im Gesetz vorgesehenen Gründe für eine Zustimmungsverweigerung in Betracht kommt. Wenn für eine personelle Einzelmaßnahme mehrere Kandidaten in Betracht kommen (zum Beispiel bei einer Einstellung oder Beförderung), muss der Betriebsrat außerdem auch alle Informationen bekommen, die er benötigt, um dem Arbeitgeber gegebenenfalls einen anderen Kandidaten vorschlagen zu können.

#### → Rechtsgrundlage

§ 99 Absatz 1 Satz 1 und 2 BetrVG

#### → Vorherige Beschlussfassung?

Nein.

#### → M210

*Einstellung / Eingruppierung / Umgruppierung / Versetzung des Herrn / der Frau ... [Name]*

*Sehr geehrte Damen und Herren,*

*der Betriebsrat hat in seiner Sitzung am ... [Datum] über die von Ihnen beabsichtigte Einstellung / Eingruppierung / Umgruppierung / Versetzung des Herrn / der Frau ... [Name] beraten und ist zu dem Ergebnis gekommen, dass er zurzeit noch keine abschließende Stellungnahme abgeben kann. Grund dafür ist, dass dem Betriebsrat noch nicht sämtliche Informationen und Unterlagen vorliegen, die er für seine Entscheidung benötigt.*

*Um eine Entscheidung treffen zu können, benötigt der Betriebsrat insbesondere noch die folgenden Informationen und Unterlagen:*

*... [Informationen / Unterlagen bezeichnen]*

*Nach § 99 Absatz 1 BetrVG sind Sie verpflichtet, den Betriebsrat rechtzeitig und umfassend über beabsichtigte personelle Einzelmaßnahmen zu unterrichten und die erforderlichen Unterlagen vorzulegen.*

*Wir weisen darauf hin, dass die beabsichtigte personelle Einzelmaßnahme grundsätzlich so lange nicht durchgeführt werden darf, bis der Betriebsrat seine Zustimmung zu der Maßnahme erteilt oder die Zustimmung des Betriebsrats durch das Arbeitsgericht ersetzt worden ist. Wir weisen außerdem darauf hin, dass weder die Frist des § 99 Absatz 3 BetrVG zu laufen beginnt, noch die Zustimmung des Betriebsrats durch das Arbeitsgericht ersetzt werden kann, solange keine ordnungsgemäße Unterrichtung des Betriebsrats nach § 99 Absatz 1 Satz 1 und 2 BetrVG erfolgt ist. Sollten Sie die beabsichtigte personelle Einzelmaßnahme ohne Zustimmung des Betriebsrats durchführen, kann der Betriebsrat nach § 101 BetrVG beim Arbeitsgericht beantragen, Ihnen aufzugeben, die Maßnahme aufzuheben.*

*Mit freundlichen Grüßen*

---

*(BETRIEBSRATSVORSITZENDE/R)*

## Zustimmung zu einer Einstellung, Eingruppierung, Umgruppierung oder Versetzung erteilen - M211

Muster für ein Schreiben, mit dem der Betriebsrat gegenüber dem Arbeitgeber seine Zustimmung zu einer Einstellung, Eingruppierung, Umgruppierung oder Versetzung erklärt.

Absender → Betriebsrat
Empfänger → Arbeitgeber

### → Hintergrund

Wenn der Betriebsrat mit der vom Arbeitgeber beabsichtigten personellen Einzelmaßnahme einverstanden ist, genügt die einfache Mitteilung an den Arbeitgeber, dass der Betriebsrat der Maßnahme zustimmt. Gründe für seine Zustimmung muss der Betriebsrat nicht angeben.

### → Rechtsgrundlage

§ 99 Absatz 1 Satz 1 BetrVG

### → Vorherige Beschlussfassung?

Ja, siehe Muster M206.

### → M211

*Einstellung / Eingruppierung / Umgruppierung / Versetzung des Herrn / der Frau ... [Name]*

*Sehr geehrte Damen und Herren,*

*der Betriebsrat hat in seiner Sitzung am ... [Datum] über die beabsichtigte Einstellung / Eingruppierung / Umgruppierung / Versetzung des Herrn / der Frau ... [Name] beraten. Der Betriebsrat stimmt der beabsichtigten Maßnahme zu.*

*Mit freundlichen Grüßen*

________________________

*(BETRIEBSRATSVORSITZENDE/R)*

## Zustimmungsverweigerung zu einer Einstellung, Eingruppierung, Umgruppierung oder Versetzung (Grundmuster) – M212

Muster für ein Schreiben, mit dem der Betriebsrat seine Zustimmung zu einer Einstellung, Eingruppierung, Umgruppierung oder Versetzung verweigert.

Absender → Betriebsrat
Empfänger → Arbeitgeber

### → Hintergrund

Wenn der Betriebsrat seine Zustimmung zu einer personellen Einzelmaßnahme verweigern will, hat er dies dem Arbeitgeber innerhalb einer Woche schriftlich mitzuteilen und die Zustimmungsverweigerung zu begründen.

### → Rechtsgrundlage

§ 99 Absatz 3 BetrVG

### → Vorherige Beschlussfassung?

Ja, siehe Muster M206.

### → M212

*Einstellung / Eingruppierung / Umgruppierung / Versetzung des Herrn / der Frau ... [Name]*

*Sehr geehrte Damen und Herren,*

*der Betriebsrat hat in seiner Sitzung am ... [Datum] beschlossen, seine Zustimmung zu der Einstellung / Eingruppierung / Umgruppierung / Versetzung des Herrn / der Frau ... [Name] zu verweigern.*

*Der Betriebsrat verweigert seine Zustimmung aus den folgenden Gründen:*

*... [Begründung]*

*Mit freundlichen Grüßen*

___________________________

*(BETRIEBSRATSVORSITZENDE/R)*

## Zustimmungsverweigerung zu einer Einstellung (Beispiel 1) – M213

### → Situation
Beispiel für ein Schreiben, mit dem der Betriebsrat seine Zustimmung zu einer Einstellung mit der Begründung verweigert, dass der Arbeitgeber nicht geprüft hat, ob der Arbeitsplatz nicht auch mit einem schwerbehinderten Menschen besetzt werden kann.

Absender → Betriebsrat
Empfänger → Arbeitgeber

### → Hintergrund
Der Betriebsrat kann die Zustimmung zu einer Einstellung verweigern, wenn die Einstellung gegen eine gesetzliche Vorschrift verstößt. Ein Beispiel für eine gesetzliche Vorschrift, gegen die viele Arbeitgeber bei der Einstellung neuer Mitarbeiter verstoßen, ist § 164 Absatz 1 Satz 1 Sozialgesetzbuch IX. Nach dieser Vorschrift ist ein Arbeitgeber verpflichtet zu prüfen, ob freie Arbeitsplätze mit schwerbehinderten Menschen, insbesondere mit bei der Agentur für Arbeit arbeitslos oder arbeitsuchend gemeldeten schwerbehinderten Menschen, besetzt werden können. Ein Verstoß gegen diese Prüfpflicht berechtigt den Betriebsrat dazu, seine Zustimmung zu einer Einstellung zu verweigern.

### → Rechtsgrundlage
§ 99 Absatz 2 Nr. 1 und Absatz 3 BetrVG

### → Vorherige Beschlussfassung?
Ja, siehe Muster M206.

### → M213

*Einstellung der Frau Beate Becker*

*Sehr geehrte Damen und Herren,*

*der Betriebsrat hat in seiner Sitzung am 13.06.2022 beschlossen, seine Zustimmung zu der Einstellung der Frau Beate Becker zu verweigern.*

*Begründung:*

*Die Einstellung der Frau Becker verstößt gegen ein Gesetz, weshalb der Betriebsrat seine Zustimmung nach § 99 Absatz 2 Nr. 1 BetrVG verweigert.*

*Nach § 164 Absatz 1 Satz 1 SGB IX sind Arbeitgeber verpflichtet zu prüfen, ob freie Arbeitsplätze mit schwerbehinderten Menschen, insbesondere mit bei der Agentur für Arbeit arbeitslos oder arbeitsuchend gemeldeten schwerbehinderten Menschen, besetzt werden können. Nach § 164 Absatz 1 Satz 2 SGB IX müssen Arbeitgeber dazu frühzeitig Verbindung mit der Agentur für Arbeit aufnehmen.*

*Aus Ihrer Unterrichtung des Betriebsrats geht nicht hervor, dass Sie geprüft haben, ob der Arbeitsplatz auch mit einem schwerbehinderten Menschen besetzt werden kann, und Sie dazu Kontakt mit der Arbeitsagentur aufgenommen haben. Wir müssen daher davon ausgehen, dass die Prüfung und Kontaktaufnahme mit der Arbeitsagentur unterblieben ist.*

*Damit verstößt die Einstellung gegen §164 Absatz 1 Satz 1 und 2 SGB IX.*

*Mit freundlichen Grüßen*

______________________________

*(BETRIEBSRATSVORSITZENDE/R)*

## Zustimmungsverweigerung zu einer Einstellung (Beispiel 2) – M214

Beispiel für ein Schreiben, mit dem der Betriebsrat seine Zustimmung zum Einsatz eines Leiharbeitnehmers verweigert.

Absender → Betriebsrat
Empfänger → Arbeitgeber

### → Hintergrund

Auch der Einsatz eines Leiharbeitnehmers im Betrieb ist eine Einstellung, zu der der Arbeitgeber die Zustimmung des Betriebsrats beantragen muss. Der Betriebsrat kann die Zustimmung zu der Einstellung eines Leiharbeitnehmers unter anderem dann verweigern, wenn der Leiharbeitnehmer nicht nur vorübergehend, sondern länger als 18 Monate eingesetzt werden soll. Denn nach dem Arbeitnehmerüberlassungsgesetz darf ein Arbeitgeber einen Leiharbeitnehmer nicht länger als 18 aufeinander folgende Monate tätig werden lassen.

### → Rechtsgrundlage

§ 99 Absatz 2 Nr. 1 und Absatz 3 BetrVG

### → Vorherige Beschlussfassung?

Ja, siehe Muster M206.

### → M214

*Einstellung des Herrn Werner Wagner*

*Sehr geehrte Damen und Herren,*

*der Betriebsrat hat in seiner Sitzung am 13.06.2022 beschlossen, seine Zustimmung zu der Einstellung des Herrn Werner Wagner zu verweigern.*

*Begründung:*

*Die Einstellung des Herrn Wagner verstößt gegen ein Gesetz, weshalb der Betriebsrat seine Zustimmung nach § 99 Absatz 2 Nr. 1 BetrVG verweigert.*

*Herr Wagner soll als Leiharbeitnehmer bei uns eingesetzt werden. Nach § 1 Absatz 1b Arbeitnehmerüberlassungsgesetz (AÜG) darf ein Arbeitgeber denselben Leiharbeitnehmer nicht länger als 18 aufeinander folgende Monate tätig werden lassen.*
*Aus Ihrer Unterrichtung des Betriebsrats geht nicht hervor, wie lange Herr Wagner bei uns eingesetzt werden soll. Wir müssen daher davon ausgehen, dass Sie beabsichtigen, Herrn Wagner auf unbestimmte Zeit und damit länger als 18 Monate zu beschäftigen. Damit verstößt die Einstellung gegen § 1 Absatz 1b AÜG.*

*Mit freundlichen Grüßen*

*(BETRIEBSRATSVORSITZENDE/R)*

## Zustimmungsverweigerung zu einer Einstellung (Beispiel 3) – M215

Beispiel für ein Schreiben, mit dem der Betriebsrat seine Zustimmung zu einer Einstellung verweigert, weil der Arbeitgeber den Arbeitsplatz nicht zuvor innerbetrieblich ausgeschrieben hat.

Absender → Betriebsrat
Empfänger → Arbeitgeber

### → Hintergrund

Der Betriebsrat kann vom Arbeitgeber verlangen, dass Arbeitsplätze, die besetzt werden sollen, innerhalb des Betriebs ausgeschrieben werden (siehe Muster M186). Wenn der Arbeitgeber einen Arbeitsplatz trotz eines solchen Verlangens des Betriebsrats nicht innerhalb des Betriebs ausgeschrieben hat, kann der Betriebsrat seine Zustimmung zu einer Einstellung auf diesen Arbeitsplatz verweigern.

### → Rechtsgrundlage

§ 99 Absatz 2 Nr. 5 und Absatz 3 BetrVG, § 93 BetrVG

### → Vorherige Beschlussfassung?

Ja, siehe Muster M206.

### → M215

*Einstellung des Herrn Kerim Kaya*

*Sehr geehrte Damen und Herren,*

*der Betriebsrat hat sich in seiner Sitzung am 13.06.2022 mit der von Ihnen beabsichtigten Einstellung des Herrn Kerim Kaya befasst. Der Betriebsrat hat beschlossen, seine Zustimmung zu dieser Einstellung nach § 99 Absatz 2 Nr. 5 BetrVG zu verweigern.*

*Begründung:*

*Der Betriebsrat verweigert seine Zustimmung zu der geplanten Einstellung, weil Sie den Arbeitsplatz, auf dem Herr Kaya eingesetzt werden soll, nicht zuvor innerhalb des Betriebs ausgeschrieben haben. Der Betriebsrat hatte Sie mit Schreiben vom 02.05.2022 dazu aufgefordert, sämtliche Arbeitsplätze, die besetzt werden sollen, gemäß § 93 BetrVG vor ihrer Besetzung innerhalb des Betriebs auszuschreiben. Deshalb waren Sie verpflichtet, auch den Arbeitsplatz, den Sie jetzt mit Herrn Kaya besetzen wollen, innerbetrieblich auszuschreiben.*

*Bei einem Verstoß gegen die Pflicht zur innerbetrieblichen Stellenausschreibung kann der Betriebsrat seine Zustimmung zu einer Einstellung nach § 99 Absatz 2 Nr. 5 BetrVG verweigern.*

*Mit freundlichen Grüßen*

______________________

*(BETRIEBSRATSVORSITZENDE/R)*

## Zustimmungsverweigerung zu einer Einstellung (Beispiel 4) – M216

Beispiel für ein Schreiben, mit dem der Betriebsrat seine Zustimmung zu einer Einstellung wegen Diskriminierung eines älteren Bewerbers verweigert.

Absender → Betriebsrat
Empfänger → Arbeitgeber

### → Hintergrund

Auch ein Verstoß des Arbeitgebers gegen ein Diskriminierungsverbot aus dem Allgemeinen Gleichbehandlungsgesetz (AGG) kann den Betriebsrat dazu berechtigen, seine Zustimmung zu einer Einstellung zu verweigern. Nach dem Allgemeinen Gleichbehandlungsgesetz darf zum Beispiel ein Bewerber nicht wegen seines Alters benachteiligt werden. Wenn sich ein Arbeitgeber allein wegen seines Alters gegen einen Bewerber entscheidet, kann dies einen Verstoß gegen das Allgemeine Gleichbehandlungsgesetz darstellen.

### → Rechtsgrundlage

§ 99 Absatz 2 Nr. 1 und Absatz 3 BetrVG

### → Vorherige Beschlussfassung?

Ja, siehe Muster M206.

### → M216

*Einstellung des Herrn Markus Müller*

*Sehr geehrte Damen und Herren,*

*der Betriebsrat hat sich in seiner Sitzung am 30.06.2022 mit der von Ihnen beabsichtigten Einstellung des Herrn Markus Müller befasst. Der Betriebsrat hat beschlossen, seine Zustimmung zu dieser geplanten personellen Einzelmaßnahme nach § 99 Absatz 2 Nr. 1 BetrVG zu verweigern.*

*Der Betriebsrat verweigert seine Zustimmung aus den folgenden Gründen:*

*Mit Schreiben vom 24.06.2022 haben Sie uns über die beabsichtigte Einstellung des Herrn Müller unterrichtet und uns in diesem Zusammenhang auch die Bewerbungsunterlagen aller weiteren Bewerber vorgelegt. Der Betriebsrat hat die vorgelegten Unterlagen durchgesehen und dabei festgestellt, dass ein anderer Bewerber, Herr Schmidt, bei sämtlichen objektiven Einstellungskriterien besser abschneidet als Herr Müller. Aus den Protokollen der mit den Bewerbern geführten Vorstellungsgespräche geht hervor, dass Herr Schmidt auch während des Vorstellungsgesprächs einen besseren Eindruck gemacht hat als Herr Müller. Einer handschriftlichen Notiz der Personalleiterin konnte der Betriebsrat entnehmen, dass die Entscheidung für Herrn Müller und gegen Herrn Schmidt offensichtlich allein deshalb getroffen wurde, weil Herr Müller mit 34 Jahren jünger ist als der 55-jährige Herr Schmidt.*

*Nach Ansicht des Betriebsrats verstößt die von Ihnen getroffene Auswahlentscheidung gegen das Allgemeine Gleichbehandlungsgesetz (AGG). Denn nach dem AGG dürfen Bewerber wegen ihres Alters nicht benachteiligt werden.*

*Mit dem Verstoß gegen das AGG liegt ein Grund vor, der den Betriebsrat zur Verweigerung seiner Zustimmung zu der Einstellung nach § 99 Absatz 2 Nr. 1 BetrVG berechtigt. Denn ein Grund zur Zustimmungsverweigerung nach § 99 Absatz 2 Nr. 1 BetrVG ist unter anderem dann gegeben, wenn eine Einstellung unter Verletzung einer für die Einstellungsentscheidung des Arbeitgebers geltenden Vorschrift durchgeführt wird.*

*Mit freundlichen Grüßen*

______________________________

*(BETRIEBSRATSVORSITZENDE/R)*

## Zustimmungsverweigerung zu einer Einstellung (Beispiel 5) - M217

Beispiel für ein Schreiben, mit dem der Betriebsrat seine Zustimmung zu einer Einstellung verweigert, weil der Betriebsrat befürchtet, der vom Arbeitgeber für die Einstellung vorgesehene Bewerber werde den Betriebsfrieden durch rassistische oder fremdenfeindliche Betätigung stören.

Absender → Betriebsrat
Empfänger → Arbeitgeber

### → Hintergrund

Der Betriebsrat kann seine Zustimmung zu einer Einstellung verweigern, wenn Tatsachen vorliegen, die die Befürchtung rechtfertigen, dass der für die Einstellung vorgesehene Bewerber den Betriebsfrieden durch rassistische oder fremdenfeindliche Betätigung stören wird.

### → Rechtsgrundlage

§ 99 Absatz 2 Nr. 6 und Absatz 3 BetrVG

### → Vorherige Beschlussfassung?

Ja, siehe Muster M206.

### → M217

*Einstellung des Herrn Sascha Schneider*

*Sehr geehrte Damen und Herren,*

*der Betriebsrat hat in seiner Sitzung am 13.06.2022 beschlossen, seine Zustimmung zu der Einstellung des Herrn Sascha Schneider zu verweigern.*

*Begründung:*

*Es besteht die durch Tatsachen begründete Besorgnis, dass Herr Schneider den Betriebsfrieden durch grobe Verletzung der in § 75 Absatz 1 BetrVG enthaltenen Grundsätze, insbesondere durch rassistische oder fremdenfeindliche Betätigung, stören wird. Der Betriebsrat verweigert deshalb seine Zustimmung zu dieser Einstellung nach § 99 Absatz 2 Nr. 6 BetrVG.*

*Der Betriebsrat hat davon erfahren, dass Herr Schneider auf Facebook Beiträge mit „Gefällt mir“ markiert hat, die einen rassistischen oder fremdenfeindlichen Inhalt aufweisen und auch selbst Kommentare mit einem klar erkennbaren rassistischen und fremdenfeindlichen Charakter geschrieben hat. Unter einen Facebook Beitrag vom 19.02.2022, in dem über einen fremdenfeindlich motivierten Anschlag in Hanau am 19.02.2020 berichtet wurde, schrieb Herr Schneider zum Beispiel, dass der Täter seine volle Unterstützung habe.*

*Der Betriebsrat sieht die Gefahr, dass Herr Schneider sich auch in unserem*

*Betrieb rassistisch oder fremdenfeindlich äußern wird und dadurch der Betriebsfrieden gestört wird.*

*Mit freundlichen Grüßen*

____________________________

*(BETRIEBSRATSVORSITZENDE/R)*

## Zustimmungsverweigerung zu einer Eingruppierung oder Umgruppierung – M218

Muster für ein Schreiben, mit dem der Betriebsrat seine Zustimmung zu einer Eingruppierung oder Umgruppierung verweigert.

Absender → Betriebsrat
Empfänger → Arbeitgeber

### → Hintergrund

Wenn der Arbeitgeber beim Betriebsrat die Zustimmung zu einer Eingruppierung oder Umgruppierung beantragt, hat der Betriebsrat zu prüfen, ob die vom Arbeitgeber angegebene Entgeltgruppe zutreffend ist. Wenn der Betriebsrat die vom Arbeitgeber angegebene Entgeltgruppe für unzutreffend hält, kann der Betriebsrat seine Zustimmung zu der Ein- bzw. Umgruppierung in diese Entgeltgruppe verweigern. In seiner Begründung muss der Betriebsrat dann die richtige Entgeltgruppe angeben und außerdem Ausführungen dazu machen, warum die vom Betriebsrat genannte Entgeltgruppe die Richtige ist.

### → Rechtsgrundlage

§ 99 Absatz 2 Nr. 1 und Absatz 3 BetrVG

### → Vorherige Beschlussfassung?

Ja, siehe Muster M206.

### → M218

*Zustimmungsverweigerung zur beabsichtigten Eingruppierung / Umgruppierung des Herrn / der Frau ... [Name]*

*Sehr geehrte Damen und Herren,*

*der Betriebsrat hat sich in seiner Sitzung am ... [Datum] mit der von Ihnen beabsichtigten Eingruppierung / Umgruppierung des Herrn / der Frau ... [Name] befasst. Der Betriebsrat hat beschlossen, seine Zustimmung zu dieser Eingruppierung / Umgruppierung nach § 99 Absatz 2 Nr. 1 BetrVG zu verweigern.*

*Der Betriebsrat verweigert seine Zustimmung aus den folgenden Gründen:*

*Sie beabsichtigen, Herrn / Frau ... [Name] in die Entgeltgruppe ... [vom Arbeitgeber genannte Entgeltgruppe] einzugruppieren. Richtigerweise ist Herr / Frau ... [Name] jedoch in die Entgeltgruppe ... [vom Betriebsrat als zutreffend angesehene Entgeltgruppe] einzugruppieren. Denn Herr / Frau ... [Name] erfüllt aufgrund seiner / ihrer Qualifikation und der von ihm / ihr auszuübenden Tätigkeiten die Merkmale der Entgeltgruppe ... [vom Betriebsrat als zutreffend angesehene Entgeltgruppe].*

*Begründung:*

*... [Gründe angeben]*

*Mit freundlichen Grüßen*

______________________

*(BETRIEBSRATSVORSITZENDE/R)*

## Zustimmungsverweigerung zu einer Versetzung (Beispiel 1) – M219

Beispiel für ein Schreiben, mit dem der Betriebsrat seine Zustimmung zu einer Versetzung verweigert, weil infolge der Versetzung des Arbeitnehmers Nachteile für andere Arbeitnehmer zu befürchten sind.

Absender → Betriebsrat
Empfänger → Arbeitgeber

### → Hintergrund

Der Betriebsrat kann seine Zustimmung zu einer Versetzung unter anderem dann verweigern, wenn zu befürchten ist, dass aufgrund der Versetzung des Arbeitnehmers Nachteile für andere Arbeitnehmer entstehen. Diese Nachteile muss der Betriebsrat in der Begründung seiner Zustimmungsverweigerung möglichst konkret bezeichnen.

### → Rechtsgrundlage

§ 99 Absatz 2 Nr. 3 und Absatz 3 BetrVG

### → Vorherige Beschlussfassung?

Ja, siehe Muster M206.

### → M219

*Versetzung der Frau Henriette Hoffmann*

*Sehr geehrte Damen und Herren,*

*der Betriebsrat hat sich in seiner Sitzung am 30.06.2022 mit der von Ihnen beabsichtigten Versetzung der Frau Henriette Hoffmann befasst. Der Betriebsrat hat beschlossen, seine Zustimmung zu dieser Versetzung nach § 99 Absatz 2 Nr. 3 BetrVG zu verweigern, weil durch die Versetzung andere im Betrieb beschäftigte Arbeitnehmer Nachteile erleiden, ohne dass dies aus betrieblichen oder persönlichen Gründen gerechtfertigt ist.*

*Sie beabsichtigen, Frau Hoffmann von der Abteilung „Wareneingang" in die Abteilung „Warenausgang" zu versetzen. Dies würde dazu führen, dass der ohnehin schon nicht ausreichend besetzten Abteilung „Wareneingang" eine Vollzeitarbeitskraft verloren geht. Dies würde wiederum zu einer weiteren Leistungs- und Arbeitsverdichtung für die in der Abteilung „Wareneingang" verbleibenden Mitarbeiter führen. Außerdem ist damit zu rechnen, dass die Mitarbeiter in dieser Abteilung aufgrund der Versetzung der Frau Hoffmann noch mehr Überstunden leisten müssen als bisher. Durch die von Ihnen beabsichtigte Versetzung der Kollegin von der Abteilung „Wareneingang" in die Abteilung „Warenausgang" würden deshalb die in der Abteilung „Wareneingang" verbleibenden Mitarbeiter Nachteile im Sinne des § 99 Absatz 2 Nr. 3 BetrVG erleiden. Ihre Arbeit würde durch die Versetzung der*

*Frau Hoffmann erheblich schwerer werden. Die Versetzung der Kollegin in die Abteilung „Warenausgang“ ist weder aus betrieblichen noch aus persönlichen Gründen gerechtfertigt.*

*Mit freundlichen Grüßen*

______________________________

*(BETRIEBSRATSVORSITZENDE/R)*

## Zustimmungsverweigerung zu einer Versetzung (Beispiel 2) - M220

Beispiel für ein Schreiben, mit dem der Betriebsrat seine Zustimmung zu einer Versetzung verweigert, weil der zu versetzende Arbeitnehmer durch die Versetzung Nachteile erleiden würde.

Absender → Betriebsrat
Empfänger → Arbeitgeber

### → Hintergrund

Der Betriebsrat kann seine Zustimmung zu einer Versetzung unter anderem auch dann verweigern, wenn der zu versetzende Arbeitnehmer durch die Versetzung Nachteile erleiden würde. In der Begründung seiner Zustimmungsverweigerung sollte der Betriebsrat diese Nachteile möglichst konkret benennen.

### → Rechtsgrundlage

§ 99 Absatz 2 Nr. 4 und Absatz 3 BetrVG

### → Vorherige Beschlussfassung?

Ja, siehe Muster M206.

→ **M220**

*Versetzung des Herrn Herbert Hoffmann*

*Sehr geehrte Damen und Herren,*

*der Betriebsrat hat sich in seiner Sitzung am 30.06.2022 mit der von Ihnen beabsichtigten Versetzung des Herrn Herbert Hoffmann befasst. Der Betriebsrat hat beschlossen, seine Zustimmung zu dieser Versetzung nach § 99 Absatz 2 Nr. 4 BetrVG zu verweigern, weil Herr Hoffmann durch die Versetzung benachteiligt wird, ohne dass dies aus betrieblichen oder in seiner Person liegenden Gründen gerechtfertigt ist.*

*Sie beabsichtigen, Herrn Hoffmann von unserem Betrieb in Hamburg nach Düsseldorf zu versetzen. Durch diese Maßnahme wird der Kollege im Sinne des § 99 Absatz 2 Nr. 4 BetrVG benachteiligt. Herr Hoffmann hat mit seiner Ehefrau und seinen Kindern seinen Lebensmittelpunkt seit vielen Jahren in Hamburg. Bei einer Versetzung nach Düsseldorf wäre der Kollege entweder in erheblichem zeitlichem Umfang von seiner Familie getrennt oder die gesamte Familie müsste nach Düsseldorf umziehen, wodurch diese aus ihrem sozialen Umfeld herausgerissen werden würde. In beiden Fällen würden Herrn Hoffmann unzumutbare Nachteile im Sinne des § 99 Absatz 2 Nr. 4 BetrVG entstehen.*

*Die Versetzung des Herrn Hoffmann nach Düsseldorf ist auch weder aus betrieblichen noch aus in seiner Person liegenden Gründen gerechtfertigt. Selbst wenn es so sein sollte, dass die Arbeitskraft des Herrn Hoffmann in Düsseldorf benötigt wird, wiegt sein Interesse an einem Verbleib in Hamburg höher als das betriebliche Interesse an einem Einsatz in Düsseldorf. Hinzu kommt, dass für die Besetzung der Stelle in Düsseldorf mehrere Kollegen aus Hamburg in Betracht kommen, denen ein Umzug nach Düsseldorf eher zuzumuten wäre. So sind zum Beispiel Frau Schulze und Herr Meier nicht verheiratet und kinderlos. Für diese beiden Kollegen wäre ein Umzug nach Düsseldorf deshalb viel weniger belastend.*

*Mit freundlichen Grüßen*

______________________________

*(BETRIEBSRATSVORSITZENDE/R)*

## Bestreiten der dringenden Erforderlichkeit der vorläufigen Durchführung einer Einstellung, Eingruppierung, Umgruppierung oder Versetzung – M221

Muster für ein Schreiben, mit dem der Betriebsrat bestreitet, dass die vorläufige Durchführung einer personellen Einzelmaßnahme dringend erforderlich ist.

Absender → Betriebsrat
Empfänger → Arbeitgeber

### → Hintergrund

Siehe zunächst die Erläuterung zu dem entsprechenden Betriebsratsbeschluss Muster M207.

Wenn der Betriebsrat bestreiten will, dass die vorläufige Durchführung einer personellen Einzelmaßnahme aus sachlichen Gründen dringend erforderlich ist, muss er dies dem Arbeitgeber unverzüglich mitteilen. Begründen muss der Betriebsrat sein Bestreiten in der Mitteilung an den Arbeitgeber nicht Muster M221a. In bestimmten Fällen kann aber eine Begründung angebracht sein Muster M221b.

### → Rechtsgrundlage

§ 100 Absatz 2 Satz 2 BetrVG

### → Vorherige Beschlussfassung?

Ja, siehe Muster M207.

### → M221a

*Vorläufige Einstellung / Eingruppierung / Umgruppierung / Versetzung des Herrn / der Frau ... [Name]*

*Sehr geehrte Damen und Herren,*

*mit Schreiben vom ... [Datum] hatten Sie die Zustimmung des Betriebsrats zu der Einstellung / Eingruppierung / Umgruppierung / Versetzung des Herrn / der Frau ... [Name] beantragt. Mit Schreiben vom ... [Datum] haben wir Ihnen mitgeteilt, dass der Betriebsrat seine Zustimmung zu dieser personellen Einzelmaßnahme verweigert.*

*Nunmehr haben Sie uns darüber informiert, dass Sie die Maßnahme vorläufig durchführen werden.*

*Der Betriebsrat hat in seiner Sitzung am ... [Datum] beschlossen, zu bestreiten, dass die vorläufige Durchführung der Maßnahme aus sachlichen Gründen dringend erforderlich ist.*

*Wir haben Sie daher aufzufordern, die vorläufige Maßnahme entweder aufzuheben oder binnen drei Tagen beim Arbeitsgericht die Feststellung zu beantragen, dass die vorläufige Durchführung der Maßnahme aus sachlichen Gründen dringend erforderlich ist.*

*Mit freundlichen Grüßen*

______________________

*(BETRIEBSRATSVORSITZENDE/R)*

**→ M221b**

*Vorläufige Einstellung / Eingruppierung / Umgruppierung / Versetzung des Herrn / der Frau ... [Name]*

*Sehr geehrte Damen und Herren,*

*mit Schreiben vom ... [Datum] hatten Sie die Zustimmung des Betriebsrats zu der Einstellung / Eingruppierung / Umgruppierung / Versetzung des Herrn / der Frau ... [Name] beantragt. Mit Schreiben vom ... [Datum] haben wir Ihnen mitgeteilt, dass der Betriebsrat seine Zustimmung zu dieser personellen Einzelmaßnahme verweigert.*

*Nunmehr haben Sie uns darüber informiert, dass Sie die Maßnahme vorläufig durchführen werden.*

*Der Betriebsrat hat in seiner Sitzung am ... [Datum] beschlossen, zu bestreiten, dass die vorläufige Durchführung der Maßnahme aus sachlichen Gründen dringend erforderlich ist.*

*Die vorläufige Durchführung einer Einstellung / Eingruppierung / Umgruppierung / Versetzung ist nur dann im Sinne des § 100 Absatz 1 Satz 1 BetrVG aus sachlichen Gründen dringend erforderlich, wenn sie wirklich notwendig und unaufschiebbar ist und wenn kein anderer zumutbarer Weg zur Verfügung steht. Außerdem muss die Dringlichkeit auf Umständen beruhen, die vom Arbeitgeber nicht rechtzeitig voraussehbar waren.*

*Nach Ansicht des Betriebsrats liegen diese Voraussetzungen hier nicht vor.*

*Zum einen könnte die derzeitige Situation dadurch überbrückt werden, dass ... [darlegen, wie die Situation ohne die vorläufige personelle Einzelmaßnahme überbrückt werden kann].*

*Zum anderen war es aber auch schon seit längerer Zeit vorhersehbar, dass ... [darlegen, dass Arbeitgeber zu spät gehandelt hat].*

*Wir haben Sie daher aufzufordern, die vorläufige Maßnahme entweder aufzuheben oder binnen drei Tagen beim Arbeitsgericht die Feststellung zu beantragen, dass die vorläufige Durchführung der Maßnahme aus sachlichen Gründen dringend erforderlich ist.*

*Mit freundlichen Grüßen*

___________________________

*(BETRIEBSRATSVORSITZENDE/R)*

## Zustimmungsverweigerung und Bestreiten der dringenden Erforderlichkeit der vorläufigen Durchführung einer Einstellung, Eingruppierung, Umgruppierung oder Versetzung – M222

Muster für ein Schreiben, mit dem der Betriebsrat seine Zustimmung zu einer personellen Einzelmaßnahme verweigert und außerdem bestreitet, dass die vorläufige Durchführung der Maßnahme dringend erforderlich ist.

Absender → Betriebsrat
Empfänger → Arbeitgeber

### → Hintergrund

Siehe zunächst die Erläuterung zu Muster M207 und M221.

Der Arbeitgeber kann sich auch gleich von Anfang an dazu entscheiden, eine personelle Einzelmaßnahme als vorläufige Maßnahme durchzuführen, ohne die Entscheidung des Betriebsrats abzuwarten. In einem solchen Fall wird der Arbeitgeber beim Betriebsrat die Zustimmung zu der Maßnahme beantragen und zugleich darauf hinweisen, dass er die Maßnahme schon vorläufig durchführen will, weil dies aus sachlichen Gründen dringend erforderlich sei.

Der Betriebsrat muss sich dann auf jeden Fall zu der Frage äußern, ob er der personellen Einzelmaßnahme zustimmen oder seine Zustimmung verweigern will. Wenn der Betriebsrat bestreiten will, dass die Maßnahme aus sachlichen Gründen dringend erforderlich ist, muss er dies zusätzlich zum Ausdruck bringen.

### → Rechtsgrundlage

§ 99 BetrVG, § 100 Absatz 2 BetrVG

### → Vorherige Beschlussfassung?

Ja, siehe Muster M206 und M207.

### → M222

*Einstellung / Eingruppierung / Umgruppierung / Versetzung des Herrn / der Frau ... [Name]*

*Sehr geehrte Damen und Herren,*

*der Betriebsrat hat in seiner Sitzung am ... [Datum] beschlossen, seine Zustimmung zu der Einstellung / Eingruppierung / Umgruppierung / Versetzung des Herrn / der Frau ... [Name] zu verweigern.*

*Der Betriebsrat verweigert seine Zustimmung aus den folgenden Gründen:*

*... [Begründung der Zustimmungsverweigerung]*

*Der Betriebsrat bestreitet außerdem, dass die vorläufige Durchführung der Maßnahme aus sachlichen Gründen dringend erforderlich ist.*

*Wir haben Sie daher aufzufordern, die vorläufige Maßnahme entweder aufzuheben oder binnen drei Tagen beim Arbeitsgericht die Feststellung zu beantragen, dass die vorläufige Durchführung der Maßnahme aus sachlichen Gründen dringend erforderlich ist.*

*Mit freundlichen Grüßen*

______________________
*(BETRIEBSRATSVORSITZENDE/R)*

## Nichterteilung der Zustimmung zur Versetzung eines Betriebsratsmitglieds – M223

Muster für ein Schreiben, mit dem der Betriebsrat seine Zustimmung zur Versetzung eines Betriebsratsmitglieds verweigert.

Absender → Betriebsrat
Empfänger → Arbeitgeber

### → Hintergrund

Siehe zunächst die Erläuterung zu dem entsprechenden Betriebsratsbeschluss Muster M208.

Wenn der Betriebsrat seine Zustimmung zu der Versetzung eines Betriebsratsmitglieds, für die der Arbeitgeber die ausdrückliche Zustimmung des Betriebsrats benötigt, nicht erteilt, genügt eine einfache Mitteilung an den Arbeitgeber. Gründe für die Nichterteilung seiner Zustimmung muss der Betriebsrat nicht angeben.

### → Rechtsgrundlage

§ 103 Absatz 3 BetrVG

### → Vorherige Beschlussfassung?

Ja, siehe Muster M208.

### → M223

*Beabsichtigte Versetzung des Herrn / der Frau ... [Name]*

*Sehr geehrte Damen und Herren,*

*der Betriebsrat hat sich in seiner Sitzung am ... [Datum] mit der von Ihnen beabsichtigten Versetzung des Herrn / der Frau ... [Name] befasst. Ich habe Ihnen mitzuteilen, dass der Betriebsrat seine Zustimmung zu der beabsichtigten Versetzung nicht erteilt.*

*Mit freundlichen Grüßen*

_______________________

*(BETRIEBSRATSVORSITZENDE/R)*

## Aufforderung zur Entlassung oder Versetzung eines betriebsstörenden Arbeitnehmers – M224

Muster für ein Schreiben, mit dem der Betriebsrat den Arbeitgeber zur Entlassung oder Versetzung eines betriebsstörenden Arbeitnehmers auffordert.

Absender → Betriebsrat
Empfänger → Arbeitgeber

### → Hintergrund

Siehe die Erläuterung zu dem entsprechenden Betriebsratsbeschluss Muster M209.

### → Rechtsgrundlage

§ 104 BetrVG

### → Vorherige Beschlussfassung?

Ja, siehe Muster M209.

### → M224

*Entlassung des Herrn Sascha Schneider*

*Sehr geehrte Damen und Herren,*

*der Betriebsrat hat sich in seiner Sitzung am 30.06.2022 mit dem immer wieder vorkommenden Fehlverhalten des Kollegen Sascha Schneider befasst und nunmehr beschlossen, von Ihnen nach § 104 BetrVG dessen Entlassung zu verlangen.*

*Herr Schneider ist in der Vergangenheit bereits mehrfach durch abfällige, diskriminierende und beleidigende Äußerungen gegenüber Kolleginnen und Kollegen mit Migrationshintergrund negativ aufgefallen. Wir hatten Sie darüber bereits informiert.*

*Am 24.06.2022 kam es nun erneut zu einem Zwischenfall. Ohne jeden Anlass provozierte Herr Schneider die türkischstämmige Kollegin Frau Yilmaz mit rassistischen Bemerkungen. Nur durch das beherzte Eingreifen einiger Kollegen konnte eine körperliche Auseinandersetzung zwischen Herrn Schneider und anderen Kollegen verhindert werden, die Frau Yilmaz gegen die Angriffe des Herrn Schneider verteidigen wollten.*

*Der Betriebsrat hat in der Zwischenzeit Gespräche mit verschiedenen Kolleginnen und Kollegen geführt. Er hat dabei festgestellt, dass das immer wieder vorkommende Fehlverhalten des Herrn Schneider mittlerweile für eine erhebliche Beunruhigung und Missstimmung im Betrieb sorgt. Nach Ansicht des Betriebsrats verursacht das wiederholte Fehlverhalten des Herrn Schneider eine grobe und ernstliche Störung des Betriebsfriedens.*

*Wir bitten Sie deshalb, unserem Verlangen nach einer Entlassung des Herrn Schneider im Interesse des Betriebsfriedens nachzukommen. Sollte eine Entlassung nach Ihrer Einschätzung aus rechtlichen Gründen nicht möglich sein, bitten wir darum, Herrn Schneider zumindest in eine andere Abteilung zu versetzen.*

*Mit freundlichen Grüßen*

____________________________

*(BETRIEBSRATSVORSITZENDE/R)*

→

# Kündigung von Arbeitnehmern prüfen

Bevor der Arbeitgeber einem Arbeitnehmer kündigen darf, muss er den Betriebsrat über die beabsichtigte Kündigung informieren und ihm die Gelegenheit geben, sich zu äußern. Der Betriebsrat hat dann die Aufgabe, eine Stellungnahme zu der Kündigung abzugeben.

### → Ordentliche und außerordentliche Kündigung

Wenn der Betriebsrat zu einer Kündigung angehört wird, muss er zunächst einmal feststellen, welche Art von Kündigung der Arbeitgeber aussprechen möchte, eine ordentliche oder eine außerordentliche Kündigung. Denn der Betriebsrat hat bei diesen beiden Kündigungsarten unterschiedliche Reaktionsmöglichkeiten und auch unterschiedliche Fristen für seine Stellungnahme einzuhalten.

Bei einer ordentlichen Kündigung hat der Betriebsrat grundsätzlich vier verschiedene Möglichkeiten, zu reagieren:

01. Er kann Bedenken gegen die Kündigung äußern Muster M225.
02. Er kann der Kündigung widersprechen Muster M226.
03. Er kann der Kündigung zustimmen Muster M227.
04. Er kann auf die Abgabe einer Stellungnahme verzichten Muster M228.

Bei einer außerordentlichen Kündigung fällt die Widerspruchsmöglichkeit weg. Wenn der Arbeitgeber den Betriebsrat zu einer außerordentlichen Kündigung anhört, kann der Betriebsrat deshalb nur Bedenken äußern, der Kündigung zustimmen oder auf eine Stellungnahme verzichten.

Des Weiteren hat der Betriebsrat zu beachten, dass die Frist für seine Stellungnahme gegenüber dem Arbeitgeber bei einer ordentlichen Kündigung eine Woche beträgt, bei einer außerordentlichen Kündigung nur drei Tage.

Wenn ein Arbeitgeber einem Arbeitnehmer außerordentlich kündigt, spricht er häufig zusätzlich hilfsweise auch eine ordentliche Kündigung aus. In diesem Fall sollte der Betriebsrat sowohl zu der außerordentlichen als auch zu der ordentlichen Kündigung eine Stellungnahme abgeben Muster M236.

### → Bedenken äußern

Das Gesetz sieht vor, dass der Betriebsrat gegen eine beabsichtigte Kündigung des Arbeitgebers Bedenken äußern kann. Mit der Äußerung von Bedenken kann der Betriebsrat zum Ausdruck bringen, dass er die Kündigung ablehnt, und versuchen den Arbeitgeber dazu zu bringen, von der Kündigung abzusehen. Anders als ein Widerspruch des Betriebsrats gegen eine Kündigung löst das bloße Äußern von Bedenken aber keinerlei Rechtsfolgen aus.

### → Widerspruch erheben

Bei einer ordentlichen Kündigung kann der Betriebsrat die Möglichkeit haben, der Kündigung zu widersprechen. Voraussetzung für einen rechtsverbindlichen Widerspruch des Betriebsrats gegen eine ordentliche Kündigung ist aber, dass einer der im Gesetz vorgesehenen Widerspruchsgründe in Betracht kommt. Ein solcher Widerspruchsgrund kann vorliegen, wenn

- → der Arbeitgeber bei der Auswahl des zu kündigenden Arbeitnehmers soziale Gesichtspunkte nicht ausreichend berücksichtigt hat,
- → die Kündigung gegen eine mit dem Betriebsrat vereinbarte Auswahlrichtlinie verstößt oder
- → der zu kündigende Arbeitnehmer auf einem anderen Arbeitsplatz weiterbeschäftigt werden kann.

Wenn der Betriebsrat einer ordentlichen Kündigung widersprechen will, muss er dies dem Arbeitgeber innerhalb einer Frist von einer Woche schriftlich mitteilen und dabei auch den Grund für den Widerspruch angeben. Bei der Begründung des Widerspruchs ist es wichtig, den Sachverhalt, aus dem der Betriebsrat den Widerspruchsgrund ableitet, möglichst konkret und ausführlich wiederzugeben.

Auch wenn der Betriebsrat einer ordentlichen Kündigung widersprochen hat, kann der Arbeitgeber die von ihm beabsichtigte Kündigung trotzdem aussprechen. Der Betriebsrat kann die Kündigung mit einem Widerspruch also nicht verhindern. Der Widerspruch des Betriebsrats gegen eine ordentliche Kündigung hat aber – wenn der Arbeitgeber die Kündigung trotzdem ausspricht – zwei andere wichtige Rechtsfolgen:

01. Der Arbeitgeber muss dem Arbeitnehmer zusammen mit der Kündigung eine Kopie des Widerspruchs des Betriebsrats aushändigen. Damit erhält der Arbeitnehmer in der Regel gute Argumente, mit denen er sich im Kündigungsschutzprozess gegen die Kündigung wehren kann.
02. Der Arbeitnehmer kann – wenn er nach Erhalt der Kündigung eine Kündigungsschutzklage beim Arbeitsgericht einreicht – vom Arbeitgeber verlangen, auch nach Ablauf seiner Kündigungsfrist so lange weiterbeschäftigt zu werden, bis der Kündigungsschutzprozess rechtskräftig abgeschlossen ist.

### → Der Kündigung zustimmen

Der Betriebsrat kann einer vom Arbeitgeber beabsichtigten Kündigung ausdrücklich zustimmen. Dies gilt sowohl für eine ordentliche als auch für eine außerordentliche Kündigung. Mit seiner Zustimmung zu einer Kündigung bringt der Betriebsrat zum Ausdruck, dass das Arbeitsverhältnis mit dem zu kündigenden Arbeitnehmer auch aus der Sicht des Betriebsrats beendet werden sollte.

Die Zustimmung des Betriebsrats zu einer Kündigung löst keine Rechtsfolgen aus. Insbesondere kann der betroffene Arbeitnehmer selbstverständlich trotz der vom Betriebsrat erteilten Zustimmung zu der Kündigung eine Kündigungsschutzklage beim Arbeitsgericht einreichen. Und auch die Chancen des Arbeitnehmers, diesen Kündigungsschutzprozess zu gewinnen, werden durch eine Zustimmung des Betriebsrats zu der Kündigung nicht schlechter. Die Zustimmung des Betriebsrats kann dem Arbeitgeber aber „moralische" Rückendeckung geben.

### → Keine Stellungnahme abgeben

Der Betriebsrat kann sich auch dazu entscheiden, zu einer vom Arbeitgeber beabsichtigten Kündigung keine Stellungnahme abzugeben. Dies kann dann angebracht sein, wenn der Betriebsrat einer Kündigung neutral gegenübersteht.

## 01. Beschlüsse

### Bedenken gegen eine Kündigung äußern – M225

**Situation**

Der Betriebsrat möchte Bedenken gegen eine vom Arbeitgeber beabsichtigte Kündigung äußern.

**Hintergrund**

Wenn der Betriebsrat gegen die vom Arbeitgeber beabsichtigte Kündigung ist, kann er der Kündigung entweder widersprechen oder er kann Bedenken gegen die Kündigung äußern. Einer Kündigung rechtsverbindlich widersprechen kann der Betriebsrat aber nur, wenn es sich um eine ordentliche Kündigung handelt und einer der im Gesetz vorgesehenen Widerspruchsgründe in Betracht kommt. Wenn der Betriebsrat gegen die vom Arbeitgeber beabsichtigte Kündigung ist, aber keiner der gesetzlichen Widerspruchsgründe in Betracht kommt oder es sich um eine außerordentliche Kündigung handelt, hat der Betriebsrat nur die Möglichkeit, Bedenken gegen die Kündigung zu äußern.

| | |
|---|---|
| Rechtsgrundlage | § 102 Absatz 2 BetrVG |
| Erforderliche Stimmenmehrheit | Einfache Mehrheit |
| Form | – |
| Nächste Schritte | Arbeitgeber schriftlich informieren Muster M230 und M231. |

**M225**

**Muster für den Tagesordnungspunkt**

*Kündigung des Herrn / der Frau ... [Name]*

**Muster für den Beschlusstext**

*Der Betriebsrat äußert gegen die Kündigung des Herrn / der Frau ... [Name] Bedenken.*

*Abstimmungsergebnis:*
*Ja ... / Nein ... / Enthaltungen ...*

## Einer Kündigung widersprechen – M226

### → Situation

Der Betriebsrat möchte einer Kündigung widersprechen.

### → Hintergrund

Wenn der Betriebsrat vom Arbeitgeber zu einer ordentlichen Kündigung angehört wird, kann er der Kündigung widersprechen, falls einer der im Gesetz vorgesehenen Widerspruchsgründe in Betracht kommt (siehe § 102 Absatz 3 BetrVG). Ein solcher Widerspruchsgrund kann vorliegen, wenn

- der Arbeitgeber bei der Auswahl des zu kündigenden Arbeitnehmers soziale Gesichtspunkte nicht ausreichend berücksichtigt hat,
- die Kündigung gegen eine mit dem Betriebsrat vereinbarte Auswahlrichtlinie verstößt oder
- der zu kündigende Arbeitnehmer auf einem anderen Arbeitsplatz weiterbeschäftigt werden kann.

| | |
|---|---|
| Rechtsgrundlage | § 102 Absatz 2 und 3 BetrVG |
| Erforderliche Stimmenmehrheit | Einfache Mehrheit |
| Form | – |
| Nächste Schritte | Widerspruch mit Begründung dem Arbeitgeber schriftlich mitteilen Muster M232 und M233. |

### → M226

**Muster für den Tagesordnungspunkt**

*Kündigung des Herrn / der Frau ... [Name]*

**Muster für den Beschlusstext**

*Der Betriebsrat widerspricht der Kündigung des Herrn / der Frau ... [Name].*

*Abstimmungsergebnis:*
*Ja ... / Nein ... / Enthaltungen ...*

## Einer Kündigung zustimmen – M227

### Situation
Der Betriebsrat möchte einer Kündigung zustimmen.

### Hintergrund
Wenn der Betriebsrat die Kündigung unterstützen möchte, kann er der Kündigung ausdrücklich zustimmen.

| | |
|---|---|
| Rechtsgrundlage | § 102 Absatz 2 BetrVG |
| Erforderliche Stimmenmehrheit | Einfache Mehrheit |
| Form | – |
| Nächste Schritte | Arbeitgeber informieren Muster M234. |

### M227

**Muster für den Tagesordnungspunkt**

*Kündigung des Herrn / der Frau ... [Name]*

**Muster für den Beschlusstext**

*Der Betriebsrat stimmt der Kündigung des Herrn / der Frau ... [Name] zu.*

*Abstimmungsergebnis:*
*Ja ... / Nein ... / Enthaltungen ...*

## Keine Stellungnahme zu einer Kündigung abgeben – M228

### → Situation

Der Betriebsrat möchte zu einer beabsichtigten Kündigung keine Stellungnahme abgeben.

### → Hintergrund

Der Betriebsrat ist zwar dazu verpflichtet, sich mit einer vom Arbeitgeber beabsichtigten Kündigung auseinanderzusetzen und darüber zu beraten. Er ist aber nicht gezwungen, eine Stellungnahme abzugeben. Der Betriebsrat kann sich also auch dazu entscheiden, zu einer Kündigung keine Stellungnahme abzugeben.

| | |
|---|---|
| Rechtsgrundlage | § 102 Absatz 2 BetrVG |
| Erforderliche Stimmenmehrheit | Einfache Mehrheit |
| Form | – |
| Nächste Schritte | Arbeitgeber informieren Muster M235. |

### → M228

**Muster für den Tagesordnungspunkt**

*Kündigung des Herrn / der Frau ... [Name]*

**Muster für den Beschlusstext**

*Der Betriebsrat gibt zu der Kündigung des Herrn / der Frau ... [Name] keine Stellungnahme ab.*

*Abstimmungsergebnis:*
*Ja ... / Nein ... / Enthaltungen ...*

## Zustimmung zur Kündigung eines Betriebsratsmitglieds erteilen oder verweigern – M229

### → Situation

Der Arbeitgeber beantragt beim Betriebsrat die Zustimmung zur Kündigung eines Betriebsratsmitglieds.

### → Hintergrund

Wenn der Arbeitgeber das Arbeitsverhältnis eines Betriebsratsmitglieds kündigen möchte, braucht er dazu die vorherige ausdrückliche Zustimmung des Betriebsrats. Der Arbeitgeber darf einem Betriebsratsmitglied nur kündigen, wenn der Betriebsrat seine Zustimmung zu der Kündigung erteilt hat oder das Arbeitsgericht die vom Betriebsrat nicht erteilte Zustimmung ersetzt hat.

| | |
|---|---|
| Rechtsgrundlage | §103 Absatz 1 BetrVG |
| Erforderliche Stimmenmehrheit | Einfache Mehrheit |
| Form | – |
| Nächste Schritte | Arbeitgeber informieren:<br>→ Wenn der Betriebsrat zustimmt Muster M234.<br>→ Wenn der Betriebsrat nicht zustimmt Muster M237. |

### → M229

**Muster für den Tagesordnungspunkt**

*Kündigung des Herrn / der Frau ... [Name]*

**Muster für den Beschlusstext**

*Der Betriebsrat stimmt der Kündigung des Herrn / der Frau ... [Name] zu.*

*Abstimmungsergebnis:*
*Ja ... / Nein ... / Enthaltungen ...*

## 02. Schreiben

### Bedenken gegen ordentliche Kündigung (Beispiel) – M230

Beispiel für ein Schreiben, mit dem der Betriebsrat Bedenken gegen eine ordentliche Kündigung äußert.

Absender → Betriebsrat
Empfänger → Arbeitgeber

**→ Hintergrund**
Siehe zunächst die Erläuterung zu dem entsprechenden Betriebsratsbeschluss Muster M225.

Wenn der Betriebsrat einer Kündigung ablehnend gegenübersteht, sollte er dem Arbeitgeber nicht nur mitteilen, dass er Bedenken gegen die Kündigung hat, sondern ihm auch die Gründe dafür darlegen.

**→ Rechtsgrundlage**
§ 102 Absatz 2 Satz 1 BetrVG

**→ Vorherige Beschlussfassung?**
Ja, siehe Muster M225.

**→ M230**

*Bedenken gegen die beabsichtigte Kündigung des Herrn Stefan Schmidt*

*Sehr geehrte Damen und Herren,*

*der Betriebsrat hat sich in seiner Sitzung am 30.06.2022 mit der beabsichtigten Kündigung des Arbeitsverhältnisses des Herrn Stefan Schmidt befasst. Der Betriebsrat hat Bedenken gegen diese Kündigung.*

*Begründung:*

*Sie haben uns mitgeteilt, dass der Grund für die beabsichtigte Kündigung darin liegt, Herr Schmidt sei wiederholt zu spät zur Arbeit erschienen. Es handelt sich damit um eine verhaltensbedingte Kündigung. Voraussetzung für die Wirksamkeit einer verhaltensbedingten Kündigung ist aber grundsätzlich, dass der zu kündigende Arbeitnehmer bereits zuvor einmal wegen eines vergleichbaren Fehlverhaltens abgemahnt worden ist. Nach unseren Informationen hat Herr Schmidt bislang noch keine Abmahnung wegen Zuspätkommens erhalten.*

*Nach Ansicht des Betriebsrats wiegt die von Herrn Schmidt begangene Pflichtverletzung nicht so schwer, dass eine Kündigung des Arbeitsverhältnisses ohne vorangegangene Abmahnung gerechtfertigt sein könnte. Der Betriebsrat ist jedenfalls der Auffassung, dass es ausreichen dürfte, dem Kollegen eine Abmahnung zu erteilen. Nach Ansicht des Betriebsrats kann davon ausgegangen werden, dass Herr Schmidt seine arbeitsvertraglichen Pflichten dann in Zukunft einhalten wird.*

*Mit freundlichen Grüßen*

______________________________

*(BETRIEBSRATSVORSITZENDE/R)*

## Bedenken gegen außerordentliche Kündigung (Beispiel) - M231

Beispiel für ein Schreiben, mit dem der Betriebsrat Bedenken gegen eine außerordentliche Kündigung äußert.

Absender → Betriebsrat
Empfänger → Arbeitgeber

### → Hintergrund

Siehe zunächst die Erläuterung zu dem entsprechenden Betriebsratsbeschluss Muster M225.

Bei einer außerordentlichen Kündigung geht es in der Regel um die fristlose Beendigung des Arbeitsverhältnisses. Wenn der Arbeitgeber einem Arbeitnehmer außerordentlich kündigen möchte, wirft er ihm häufig eine besonders schwerwiegende Pflichtverletzung vor. Wenn der Betriebsrat gegen die außerordentliche Kündigung ist, kann er unter anderem in die Richtung argumentieren, dass die dem Arbeitnehmer vorgeworfene Pflichtverletzung nicht so schwerwiegend ist, dass eine außerordentliche Kündigung gerechtfertigt wäre, sondern allenfalls eine ordentliche.

### → Rechtsgrundlage

§102 Absatz 2 Satz 3 BetrVG

### → Vorherige Beschlussfassung?

Ja, siehe Muster M225.

### → M231

*Beabsichtigte außerordentliche Kündigung des Herrn Moritz Meier*

*Sehr geehrte Damen und Herren,*

*der Betriebsrat hat sich in seiner Sitzung am 30.06.2022 mit der von Ihnen beabsichtigten außerordentlichen Kündigung des Herrn Moritz Meier befasst. Nach umfassender Beratung hat der Betriebsrat beschlossen, Bedenken gegen diese Kündigung zu äußern.*

*Sie begründen die beabsichtigte außerordentliche Kündigung damit, Herr Meier sei am 27.05.2022 gegenüber dem Kollegen Herrn Müller handgreiflich geworden und habe diesem eine Ohrfeige gegeben.*

*Es ist zwar richtig, dass eine Tätlichkeit gegenüber einem Kollegen ein Verhalten ist, welches an sich eine außerordentliche Kündigung rechtfertigen kann. Der Betriebsrat ist jedoch in diesem konkreten Fall der Ansicht, dass eine außerordentliche Kündigung des Arbeitsverhältnisses nicht gerechtfertigt ist. Denn eine wirksame außerordentliche Kündigung setzt immer voraus, dass dem Arbeitgeber unter Berücksichtigung aller Umstände des Einzelfalls und unter Abwägung der Interessen von Arbeitgeber und Arbeitnehmer die Fortsetzung des Arbeitsverhältnisses bis zum Ablauf der Kündigungsfrist nicht zugemutet werden kann.*

*Nach Ansicht des Betriebsrats ist diese Voraussetzung im vorliegenden Fall nicht gegeben. Die zwingend vorzunehmende*

*Interessenabwägung fällt unserer Meinung nach zugunsten des Herrn Meier aus. Selbstverständlich will der Betriebsrat keine körperlichen Auseinandersetzungen unter Kollegen dulden. Im Betrieb ist aber allgemein bekannt, dass das Verhältnis zwischen Herrn Meier und Herrn Müller schon seit längerer Zeit angespannt ist. Nach den dem Betriebsrat vorliegenden Informationen liegt die Ursache dafür ganz überwiegend im Verhalten des Herrn Müller begründet. Nach dem Kenntnisstand des Betriebsrats hat Herr Müller Herrn Meier in der Vergangenheit ohne jeden Grund wiederholt beleidigt und sich bei Kollegen abfällig über ihn geäußert. Recherchen des Betriebsrats haben ergeben, dass es an dem Tag des von Ihnen geschilderten Vorfalls wohl erneut zu beleidigenden Äußerungen des Herrn Müller gegenüber Herrn Meier gekommen ist. In dieser Situation wusste sich Herr Meier offenbar nicht mehr anders zu helfen und es kam zu der in Ihrem Anhörungsschreiben geschilderten körperlichen Auseinandersetzung. Die Tätlichkeit des Herrn Meier wurde von Herrn Müller also regelrecht provoziert. Nach Ansicht des Betriebsrats kann diese deshalb nicht zum Anlass für eine außerordentliche Kündigung genommen werden. Darüber hinaus ist zu berücksichtigen, dass Herr Meier seit über 15 Jahren bei uns beschäftigt ist, ohne jemals negativ aufgefallen zu sein.*

*Unter Berücksichtigung aller Umstände dieses Einzelfalls hält es der Betriebsrat für ausreichend, Herrn Meier für sein Fehlverhalten eine Abmahnung zu erteilen. Nach Ansicht des Betriebsrats wäre allenfalls eine ordentliche Kündigung berechtigt. Der Betriebsrat bittet Sie deshalb darum, von der beabsichtigten außerordentlichen Kündigung abzusehen.*

*Mit freundlichen Grüßen*

___________________________

*(BETRIEBSRATSVORSITZENDE/R)*

## Widerspruch gegen ordentliche Kündigung (Beispiel 1) - M232

Beispiel für ein Schreiben, mit dem der Betriebsrat einer ordentlichen Kündigung wegen einer aus Betriebsratssicht fehlerhaften Sozialauswahl widerspricht.

Absender → Betriebsrat
Empfänger → Arbeitgeber

### → Hintergrund

Der Betriebsrat kann einer ordentlichen Kündigung unter anderem dann widersprechen, wenn der Arbeitgeber bei der Auswahl des zu kündigenden Arbeitnehmers soziale Gesichtspunkte nicht ausreichend berücksichtigt hat. Für diesen Widerspruchsgrund muss ein Sachverhalt vorliegen, bei dem mehrere Arbeitnehmer für die Kündigung in Betracht kommen und der Arbeitgeber die Entscheidung treffen muss, welcher Arbeitnehmer die Kündigung bekommt. Der Betriebsrat kann der Kündigung des vom Arbeitgeber ausgewählten Arbeitnehmers dann mit der Begründung widersprechen, dass dieser Arbeitnehmer seinen Arbeitsplatz behalten soll, weil er sozial schutzwürdiger ist als ein oder mehrere andere Arbeitnehmer, denen vorrangig zu kündigen wäre.

In seiner Begründung sollte der Betriebsrat angeben, auf welche soziale Auswahlkriterien er abstellen möchte und warum der betroffene Arbeitnehmer nach diesen Kriterien sozial schutzwürdiger ist als andere Arbeitnehmer.

### → Rechtsgrundlage

§ 102 Absatz 3 Nr. 1 BetrVG

### → Vorherige Beschlussfassung?

Ja, siehe Muster M226.

### → M232

*Widerspruch gegen die beabsichtigte Kündigung des Herrn Stefan Schmidt*

*Sehr geehrte Damen und Herren,*

*der Betriebsrat hat sich in seiner Sitzung am 30.06.2022 mit der beabsichtigten Kündigung des Herrn Stefan Schmidt befasst und beschlossen, dieser Kündigung nach § 102 Absatz 3 Nr. 1 BetrVG zu widersprechen.*

*Begründung:*

*Der Betriebsrat widerspricht der Kündigung, weil bei der von Ihnen getroffenen Auswahl des zu kündigenden Arbeitnehmers soziale Gesichtspunkte nicht ausreichend berücksichtigt worden sind.*

*Der für die Kündigung in Aussicht genommene Herr Schmidt ist 46 Jahre alt und seit 15 Jahren in unserem Betrieb beschäftigt. Er ist verheiratet und hat drei Kinder, denen er zum Unterhalt verpflichtet ist. In unserem Betrieb gibt es mehrere mit Herrn Schmidt vergleichbare Arbeitnehmer, die sozial weniger schutzbedürftig sind. So ist beispielsweise der mit Herrn Schmidt vergleichbare Herr Schneider lediglich 24 Jahre alt und erst seit ungefähr zwei Jahren in unserem Betrieb beschäftigt. Herr Schneider ist zwar auch verheiratet, er hat aber keine Kinder. Nach Ansicht des Betriebsrats ist auch Herr Fischer sozial weniger schutzbedürftig als der zur Kündigung ausgewählte Herr Schmidt.*

*Herr Fischer ist zwar ebenfalls bereits seit 15 Jahren bei uns beschäftigt und mit 50 Jahren auch etwas älter als Herr Schmidt. Herr Fischer ist aber weder verheiratet noch hat er Kinder, denen er zum Unterhalt verpflichtet ist.*

*Wir bitten Sie aus diesen Gründen, von der Kündigung des Herrn Schmidt abzusehen. Für den Fall, dass Sie trotz unseres Widerspruchs die Kündigung aussprechen wollen, weisen wir darauf hin, dass Sie Herrn Schmidt gemäß § 102 Absatz 4 BetrVG zusammen mit der Kündigung eine Kopie dieser Stellungnahme des Betriebsrats aushändigen müssen.*

*Mit freundlichen Grüßen*

___________________________

*(BETRIEBSRATSVORSITZENDE/R)*

## Widerspruch gegen ordentliche Kündigung (Beispiel 2) – M233

Beispiel für ein Schreiben, mit dem der Betriebsrat einer ordentlichen Kündigung widerspricht, weil die zu kündigende Arbeitnehmerin auf einem anderen Arbeitsplatz weiterbeschäftigt werden könnte.

Absender → Betriebsrat
Empfänger → Arbeitgeber

### → Hintergrund

Der Betriebsrat kann einer ordentlichen Kündigung auch dann widersprechen, wenn der zu kündigende Arbeitnehmer vom Arbeitgeber auf einem anderen Arbeitsplatz weiterbeschäftigt werden könnte. Wenn der Betriebsrat diesen Widerspruchsgrund geltend machen will, sollte er den Arbeitsplatz, auf dem der Arbeitnehmer seiner Meinung nach weiterbeschäftigt werden könnte, so genau wie möglich bezeichnen.

Wenn der Arbeitnehmer erst nach Umschulungs- oder Fortbildungsmaßnahmen auf dem anderen Arbeitsplatz eingesetzt werden kann, sollte der Betriebsrat die erforderlichen Maßnahmen benennen. Wenn der Einsatz auf dem anderen Arbeitsplatz eine Änderung des Arbeitsvertrages erforderlich macht, muss der betroffene Arbeitnehmer außerdem mit einer entsprechenden Änderung seines Arbeitsvertrages einverstanden sein. In einem solchen Fall muss der Betriebsrat den Arbeitnehmer deshalb vorher nach seinem Einverständnis fragen und dem Arbeitgeber in der Widerspruchsbegründung dann mitteilen, dass der Arbeitnehmer mit der Änderung seines Arbeitsvertrages einverstanden ist.

### → Rechtsgrundlage

§ 102 Absatz 3 Nr. 3 bis 5 BetrVG

### → Vorherige Beschlussfassung?

Ja, siehe Muster M226.

### → M233

*Widerspruch gegen die beabsichtigte Kündigung der Frau Wiebke Weber*

*Sehr geehrte Damen und Herren,*

*der Betriebsrat hat sich in seiner Sitzung am 30.06.2022 mit der beabsichtigten Kündigung der Frau Wiebke Weber befasst und beschlossen, dieser Kündigung nach § 102 Absatz 3 Nr. 3 BetrVG zu widersprechen.*

*Begründung:*

*Sie begründen ihre Kündigungsabsicht damit, dass Frau Weber nicht mehr auf ihrem bisherigen Arbeitsplatz weiterbeschäftigt werden kann. Selbst wenn dies zutreffend sein sollte, wäre die Kündigung des Arbeitsverhältnisses der Frau Weber nach Ansicht des Betriebsrats nicht gerechtfertigt.*

*Der Betriebsrat ist der Auffassung, dass die Kollegin auf einem anderen Arbeitsplatz weiterbeschäftigt werden könnte. Sie könnte als ... [Tätigkeit bezeichnen] in der Abteilung ... [Abteilung bezeichnen] arbeiten. Der Betriebsrat ist der Meinung, dass dort ein entsprechender Arbeitsplatz frei und zu besetzen ist.*

*Wir möchten abschließend noch darauf hinweisen, dass Frau Weber gemäß § 102 Absatz 4 BetrVG eine Kopie dieser Stellungnahme des Betriebsrats zuzuleiten ist, falls die Kündigung trotz unseres*

*Widerspruchs ausgesprochen werden sollte.*

*Mit freundlichen Grüßen*

____________________________

*(BETRIEBSRATSVORSITZENDE/R)*

## Zustimmung zu einer Kündigung – M234

Muster für ein Schreiben, mit dem der Betriebsrat einer beabsichtigten Kündigung zustimmt.

Absender → Betriebsrat
Empfänger → Arbeitgeber

### → Hintergrund

Wenn der Betriebsrat die vom Arbeitgeber beabsichtigte Kündigung unterstützen möchte, genügt die einfache Mitteilung an den Arbeitgeber, dass der Betriebsrat der Kündigung zustimmt. Gründe für seine Zustimmung muss der Betriebsrat nicht angeben.

### → Rechtsgrundlage

§ 102 Absatz 1 Satz 1 und Absatz 2 BetrVG

### → Vorherige Beschlussfassung?

Ja, siehe Muster M227.

### → M234

*Beabsichtigte Kündigung des Herrn / der Frau ... [Name]*

*Sehr geehrte Damen und Herren,*

*der Betriebsrat hat sich in seiner Sitzung am ... [Datum] mit der von Ihnen beabsichtigten Kündigung des Herrn / der Frau ... [Name] befasst. Der Betriebsrat stimmt der beabsichtigten Kündigung zu.*

*Mit freundlichen Grüßen*

________________________

*(BETRIEBSRATSVORSITZENDE/R)*

## Keine Stellungnahme zu einer Kündigung – M235

Muster für ein Schreiben, mit dem der Betriebsrat den Arbeitgeber darüber informiert, dass er zu einer beabsichtigten Kündigung keine Stellungnahme abgeben möchte.

Absender → Betriebsrat
Empfänger → Arbeitgeber

### → Hintergrund

Wenn der Betriebsrat zu einer Kündigung keine Stellungnahme abgeben möchte, könnte er im Prinzip einfach seine einwöchige bzw. dreitägige Stellungnahmefrist ablaufen lassen. Dabei ist aber zu bedenken, dass die Zustimmung des Betriebsrats zu einer Kündigung als erteilt gilt, wenn sich der Betriebsrat innerhalb seiner Stellungnahmefrist nicht äußert. Wenn der Betriebsrat der Kündigung also nicht zustimmen, sondern sich neutral positionieren will, sollte er dem Arbeitgeber ausdrücklich mitteilen, dass er keine Stellungnahme abgeben wird.

### → Rechtsgrundlage

§ 102 Absatz 2 BetrVG

### → Vorherige Beschlussfassung?

Ja, siehe Muster M228.

### → M235

*Beabsichtigte Kündigung des Herrn / der Frau ... [Name]*

*Sehr geehrte Damen und Herren,*

*der Betriebsrat hat in seiner Sitzung am ... [Datum] über die beabsichtigte Kündigung des Herrn / der Frau ... [Name] beraten. Der Betriebsrat wird zu der beabsichtigten Kündigung keine Stellungnahme abgeben.*

*Mit freundlichen Grüßen*

________________________

*(BETRIEBSRATSVORSITZENDE/R)*

## Stellungnahme zu einer außerordentlichen und hilfsweise ordentlichen Kündigung – M236

Muster für ein Schreiben, mit dem der Betriebsrat seine Stellungnahme zu einer beabsichtigten außerordentlichen und hilfsweise ordentlichen Kündigung abgibt.

Absender → Betriebsrat
Empfänger → Arbeitgeber

### → Hintergrund

Wenn der Arbeitgeber den Betriebsrat zeitgleich zu einer außerordentlichen und einer hilfsweise ordentlichen Kündigung anhört, kann der Betriebsrat zu beiden Kündigungen in einem einzigen Schreiben Stellung nehmen. Er sollte darin zunächst auf die außerordentliche und anschließend auf die ordentliche Kündigung eingehen.

### → Rechtsgrundlage

§ 102 Absatz 2 BetrVG

### → Vorherige Beschlussfassung?

Ja, siehe Muster M225 bis M227.

### → M236

*Beabsichtigte Kündigung des Herrn / der Frau ... [Name]*

*Sehr geehrte Damen und Herren,*

*der Betriebsrat hat sich in seiner Sitzung am ... [Datum] mit der von Ihnen beabsichtigten Kündigung des Herrn / der Frau ... [Name] befasst.*

*Der Betriebsrat hat gegen die außerordentliche Kündigung Bedenken.*

*Begründung:*

*... [Gründe nennen]*

*Der Betriebsrat hat auch gegen die ordentliche Kündigung Bedenken.*

*Begründung:*

*... [Gründe nennen]*

_______________________

*(BETRIEBSRATSVORSITZENDE/R)*

## Nichterteilung der Zustimmung zur Kündigung eines Betriebsratsmitglieds – M237

Muster für ein Schreiben, mit dem der Betriebsrat seine Zustimmung zur Kündigung eines Betriebsratsmitglieds verweigert.

Absender → Betriebsrat
Empfänger → Arbeitgeber

### → Hintergrund

Siehe zunächst die Erläuterung zu dem entsprechenden Betriebsratsbeschluss Muster M229.

Wenn der Betriebsrat seine Zustimmung zur Kündigung eines Betriebsratsmitglieds nicht erteilt, genügt eine einfache Mitteilung an den Arbeitgeber. Gründe für die Nichterteilung seiner Zustimmung muss der Betriebsrat nicht angeben.

### → Rechtsgrundlage

§ 103 Absatz 1 BetrVG

### → Vorherige Beschlussfassung?

Ja, siehe Muster M229.

### → M237

*Beabsichtigte Kündigung des Herrn / der Frau ... [Name]*

*Sehr geehrte Damen und Herren,*

*der Betriebsrat hat sich in seiner Sitzung am ... [Datum] mit der von Ihnen beabsichtigten Kündigung des Herrn / der Frau ... [Name] befasst. Ich habe Ihnen mitzuteilen, dass der Betriebsrat seine Zustimmung zu der beabsichtigten Kündigung nicht erteilt.*

____________________________

*(BETRIEBSRATSVORSITZENDE/R)*

→

# Betriebsänderung, Interessenausgleich und Sozialplan

Sehr wichtige und anspruchsvolle Aufgaben kommen auf den Betriebsrat zu, wenn der Arbeitgeber eine Betriebsänderung durchführen will. Eine Betriebsänderung ist eine Änderung der betrieblichen Organisation, der Struktur, des Tätigkeitsbereichs, der Arbeitsweise oder des Standorts des Betriebs, die für die Belegschaft wesentliche Nachteile zur Folge haben kann.

**Beispiele**

- Schließung des Betriebs
- Stilllegung einer Betriebsabteilung
- Umfangreicher Personalabbau, „Massenentlassung“
- Abbau einer Hierarchieebene

Im Falle einer Betriebsänderung hat der Betriebsrat die Aufgabe, mit dem Arbeitgeber über einen Interessenausgleich zu verhandeln und – wenn infolge der Betriebsänderung finanzielle Nachteile für die Arbeitnehmer zu erwarten sind – einen Sozialplan abzuschließen.

Ein **Interessenausgleich** ist eine Vereinbarung zwischen Arbeitgeber und Betriebsrat über die Fragen, ob, wann und wie eine vom Arbeitgeber geplante Betriebsänderung durchgeführt wird. Ein **Sozialplan** ist eine rechtsverbindliche Vereinbarung zwischen Arbeitgeber und Betriebsrat, mit der die finanziellen Nachteile ausgeglichen oder abgemildert werden sollen, die den Arbeitnehmern infolge einer Betriebsänderung entstehen.

Wenn der Arbeitgeber eine Betriebsänderung geplant hat, muss er darüber den Betriebsrat umfassend informieren. Falls der Arbeitgeber den Betriebsrat nicht von sich aus vollständig informiert, sollte der Betriebsrat den Arbeitgeber aktiv dazu auffordern, ihm sämtliche relevanten Informationen zu der geplanten Betriebsänderung zukommen zu lassen Muster M238.

Wenn der Betriebsrat ausreichend informiert ist, muss anschließend über einen Interessenausgleich und zumeist auch über einen Sozialplan verhandelt werden Muster M241. Weil der Betriebsrat hier vor schwierigen Aufgaben steht, hat er das Recht, zu seiner Unterstützung einen externen Berater hinzuzuziehen Muster M239 und M240.

Der Betriebsrat kann vom Arbeitgeber verlangen, mit der Umsetzung der von ihm geplanten Betriebsänderung so lange zu warten, bis die Verhandlungen über den Interessenausgleich abgeschlossen sind Muster M242.

Falls der Betriebsrat bei den Verhandlungen mit dem Arbeitgeber nicht mehr weiterkommt, kann er die Bundesagentur für Arbeit um Vermittlung bitten Muster M243.

## 01. Beschlüsse

### Informationen und Unterlagen zu geplanter Betriebsänderung anfordern - M238

**→ Situation**

Der Betriebsrat möchte den Arbeitgeber zur Übermittlung von Informationen und Unterlagen zu einer geplanten Betriebsänderung auffordern.

**→ Hintergrund**

Damit ein Betriebsrat mit dem Arbeitgeber effektiv über einen Interessenausgleich und einen Sozialplan verhandeln kann, muss er möglichst viel über die vom Arbeitgeber geplante Betriebsänderung wissen. Der Arbeitgeber ist zwar kraft Gesetzes dazu verpflichtet, den Betriebsrat von sich aus rechtzeitig und umfassend über geplante Betriebsänderungen zu informieren. Häufig kommen Arbeitgeber dieser Verpflichtung jedoch nicht ordnungsgemäß nach. Oftmals ist es deshalb erforderlich, dass der Betriebsrat selbst aktiv wird und Informationen und Unterlagen vom Arbeitgeber einfordert.

| | |
|---|---|
| Rechtsgrundlage | § 111 Satz 1 BetrVG, § 80 Absatz 2 Satz 1 und 2 BetrVG |
| Erforderliche Stimmenmehrheit | Einfache Mehrheit |
| Form | – |
| Nächste Schritte | Arbeitgeber anschreiben Muster M244. |

**→ M238**

**Muster für den Tagesordnungspunkt**

*Geplante ... [Betriebsänderung bezeichnen]*

**Muster für den Beschlusstext**

*Der Betriebsrat fordert den Arbeitgeber auf, dem Betriebsrat sämtliche Informationen zu der geplanten ... [Betriebsänderung bezeichnen] zukommen zu lassen und dem Betriebsrat die dazu vorhandenen Unterlagen zur Verfügung zu stellen. Der Betriebsrat verlangt insbesondere die folgenden Informationen und Unterlagen:*

- *... [Informationen und Unterlagen benennen]*

*Abstimmungsergebnis:*
*Ja ... / Nein ... / Enthaltungen ...*

**Beispiel für den Tagesordnungspunkt**

*Geplante Schließung des Standorts Hannover*

**Beispiel für den Beschlusstext**

*Der Betriebsrat fordert den Arbeitgeber auf, dem Betriebsrat sämtliche Informationen zu der geplanten Schließung des Standorts Hannover zukommen zu lassen und dem Betriebsrat die dazu vorhandenen Unterlagen zur Verfügung zu stellen. Der Betriebsrat verlangt insbesondere die folgenden Informationen und Unterlagen:*

- → *Ausführliche Beschreibung der geplanten Maßnahmen*
- → *Beschreibung der Auswirkungen der geplanten Maßnahmen*
- → *Personalübersichten über die von der Betriebsänderung unmittelbar betroffenen Mitarbeiter*
- → *Berechnungen zur Ermittlung der wirtschaftlichen Vorteile der geplanten Maßnahmen*
- → *Ausführliche Beschreibung und Bewertung der geprüften Alternativen zu den geplanten Maßnahmen*
- → *Begründungen zu den geprüften Alternativen (warum sollen diese nicht umgesetzt werden?)*
- → *Etwaige Gutachten, Berichte und Stellungnahmen von Unternehmensberatern*

*Abstimmungsergebnis:*
*Ja ... / Nein ... / Enthaltungen ...*

## Berater bei Betriebsänderung hinzuziehen (Unternehmen mit über 300 Arbeitnehmern) – M239

### → Situation

Ein Betriebsrat in einem Unternehmen mit mehr als 300 Arbeitnehmern möchte sich im Zusammenhang mit einer Betriebsänderung von einem externen Berater unterstützen lassen.

### → Hintergrund

Wenn der Arbeitgeber eine Betriebsänderung geplant hat, hat der Betriebsrat die Aufgabe, mit dem Arbeitgeber über das Ob und Wie der Betriebsänderung zu verhandeln. Dabei kann er sich von einem externen Berater unterstützen lassen. Wenn im Unternehmen mehr als 300 Arbeitnehmer beschäftigt sind, braucht der Betriebsrat für die Hinzuziehung eines externen Beraters nicht die Zustimmung des Arbeitgebers (zu Unternehmen mit bis zu 300 Arbeitnehmern siehe Muster M240).

Vor der Beauftragung eines externen Beraters sollte der Betriebsrat Kontakt zu einem oder mehreren in Betracht kommenden Beratern aufnehmen und sich ein Angebot für die Beratung zukommen lassen. Bei der Beschlussfassung kann der Betriebsrat dann auf das eingeholte Angebot Bezug nehmen.

Als Berater des Betriebsrats bei einer Betriebsänderung kommen zum Beispiel in Betracht:

- → Betriebswirtschaftliche Sachverständige
- → Rechtsanwälte
- → IT-Sachverständige

| | |
|---|---|
| Rechtsgrundlage | § 111 Satz 2 BetrVG |
| Erforderliche Stimmenmehrheit | Einfache Mehrheit |
| Form | – |
| Nächste Schritte | 1. Arbeitgeber informieren Muster M245 .<br>2. Berater informieren und Beschlusstext übermitteln. |

→ **M239**

**Muster für den Tagesordnungspunkt**

*Hinzuziehung eines Beraters wegen … [Betriebsänderung bezeichnen]*

**Muster für den Beschlusstext**

*Der Betriebsrat zieht im Hinblick auf die vom Arbeitgeber geplante … [Betriebsänderung bezeichnen] Herrn / Frau … [Name, Anschrift] zu den Bedingungen seines / ihres Angebots vom … [Datum] als Berater/in nach § 111 Satz 2 BetrVG hinzu.*

*Abstimmungsergebnis:*
*Ja … / Nein … / Enthaltungen …*

**Beispiel für den Tagesordnungspunkt**

*Hinzuziehung eines Beraters wegen der beabsichtigten Schließung des Standorts Hannover*

**Beispiel für den Beschlusstext**

*Der Betriebsrat zieht im Hinblick auf die vom Arbeitgeber beabsichtigte Schließung des Standorts Hannover Herrn Diplom-Ökonom Manfred Müller, Beraterstraße 11, 30159 Hannover, zu den Bedingungen seines Angebots vom 24.06.2022 als Berater nach § 111 Satz 2 BetrVG hinzu.*

*Abstimmungsergebnis:*
*Ja … / Nein … / Enthaltungen …*

## Berater bei Betriebsänderung hinzuziehen (Unternehmen mit bis zu 300 Arbeitnehmern) - M240

### → Situation

Ein Betriebsrat in einem Unternehmen mit bis zu 300 Arbeitnehmern möchte sich im Zusammenhang mit einer Betriebsänderung von einem externen Berater unterstützen lassen.

### → Hintergrund

Siehe zur Beauftragung eines externen Beraters bei einer Betriebsänderung zunächst die Erläuterungen zum Muster M239.

Auch in Unternehmen, in denen nicht mehr als 300 Arbeitnehmer beschäftigt sind, kann der Betriebsrat im Falle einer vom Arbeitgeber geplanten Betriebsänderung das Recht haben, einen externen Berater bzw. Sachverständigen hinzuziehen. Hier muss der Betriebsrat aber in jedem Fall zunächst eine Vereinbarung mit dem Arbeitgeber abschließen, bevor er den externen Berater beauftragen darf.

**Hinweis**
Das folgende Muster ist einfach gehalten und für Situationen gedacht, in denen zwischen Betriebsrat und Arbeitgeber voraussichtlich kein Streit über die Hinzuziehung eines Sachverständigen besteht. Wenn der Betriebsrat sein Recht auf Hinzuziehung eines Sachverständigen gerichtlich durchsetzen möchte, sollte er in dem Beschlusstext die konkreten Fragestellungen benennen, die der Sachverständige für den Betriebsrat beantworten soll.

| | |
|---|---|
| Rechtsgrundlage | § 80 Absatz 3 BetrVG |
| Erforderliche Stimmenmehrheit | Einfache Mehrheit |
| Form | – |
| Nächste Schritte | 1. Arbeitgeber informieren und um Zustimmung bitten Muster M246.<br>2. Sachverständigen informieren. |

→ **M240**

**Muster für den Tagesordnungspunkt**

*Hinzuziehung eines Sachverständigen wegen ... [Betriebsänderung bezeichnen]*

**Muster für den Beschlusstext**

*Der Betriebsrat beschließt, im Hinblick auf die vom Arbeitgeber geplante ... [Betriebsänderung bezeichnen] Herrn / Frau ... [Name, Anschrift] zu den Bedingungen seines / ihres Angebots vom ... [Datum] als Sachverständige/n nach § 80 Absatz 3 BetrVG hinzuzuziehen und dazu eine entsprechende Vereinbarung mit dem Arbeitgeber zu treffen.*

*Abstimmungsergebnis:*
*Ja ... / Nein ... / Enthaltungen ...*

**Beispiel für den Tagesordnungspunkt**

*Hinzuziehung eines Sachverständigen wegen der geplanten Betriebsschließung*

**Beispiel für den Beschlusstext**

*Der Betriebsrat beschließt, im Hinblick auf die vom Arbeitgeber geplante Betriebsschließung Frau Rechtsanwältin Dr. Schlau, Schiffgraben 17, 30159 Hannover, als Sachverständige nach § 80 Absatz 3 BetrVG hinzuzuziehen und dazu eine entsprechende Vereinbarung mit dem Arbeitgeber zu treffen.*

*Abstimmungsergebnis:*
*Ja ... / Nein ... / Enthaltungen ...*

## Arbeitgeber zu Verhandlungen über Interessenausgleich und / oder Sozialplan auffordern – M241

### → Situation

Der Betriebsrat möchte wegen einer vom Arbeitgeber geplanten Betriebsänderung mit dem Arbeitgeber über einen Interessenausgleich und / oder einen Sozialplan verhandeln.

### → Hintergrund

Wenn der Arbeitgeber eine Betriebsänderung geplant hat, hat der Betriebsrat das Recht, mit dem Arbeitgeber darüber zu verhandeln, ob die Betriebsänderung tatsächlich umgesetzt werden soll, wann sie umgesetzt werden soll und wie sie umgesetzt werden soll. Ziel dieser Verhandlungen ist der Abschluss eines sogenannten Interessenausgleichs. Der Arbeitgeber darf mit der Umsetzung einer Betriebsänderung erst beginnen, wenn die Verhandlungen über den Interessenausgleich erfolgreich abgeschlossen oder endgültig gescheitert sind. Normalerweise wird deshalb der Arbeitgeber von sich aus auf den Betriebsrat zukommen, um mit ihm über einen Interessenausgleich zu verhandeln. Der Betriebsrat kann aber auch selbst aktiv werden und den Arbeitgeber zu Verhandlungen über einen Interessenausgleich auffordern.

Wenn eine Betriebsänderung tatsächlich umgesetzt werden soll, kann der Betriebsrat vom Arbeitgeber die Aufstellung eines Sozialplans verlangen, falls infolge der Betriebsänderung mit wirtschaftlichen Nachteilen für die Arbeitnehmer zu rechnen ist. Mit einem Sozialplan sollen die wirtschaftlichen Nachteile ausgeglichen oder abgemildert werden, die den Arbeitnehmern durch die Betriebsänderung entstehen. In der Regel werden Sozialplan und Interessenausgleich gemeinsam verhandelt.

| | |
|---|---|
| Rechtsgrundlage | § 111 Satz 1 BetrVG, § 112 BetrVG |
| Erforderliche Stimmenmehrheit | Einfache Mehrheit |
| Form | – |
| Nächste Schritte | Arbeitgeber auffordern Muster M247 und M248 . |

→ **M241**

**Muster für den Tagesordnungspunkt**

*Geplante ... [Betriebsänderung bezeichnen]*

**Muster für den Beschlusstext**

*Der Betriebsrat fordert den Arbeitgeber auf, wegen der geplanten ... [Betriebsänderung bezeichnen] mit ihm über einen Interessenausgleich und / oder Sozialplan zu verhandeln.*

*Abstimmungsergebnis:*
*Ja ... / Nein ... / Enthaltungen ...*

**Beispiel für den Tagesordnungspunkt**

*Geplante Schließung des Standorts Hannover*

**Beispiel für den Beschlusstext**

*Der Betriebsrat fordert den Arbeitgeber auf, wegen der geplanten Schließung des Standorts Hannover mit ihm über einen Interessenausgleich und Sozialplan zu verhandeln.*

*Abstimmungsergebnis:*
*Ja ... / Nein ... / Enthaltungen ...*

## Arbeitgeber zur Unterlassung einer Betriebsänderung auffordern – M242

### → Situation

Der Betriebsrat möchte den Arbeitgeber auffordern, mit der Umsetzung einer geplanten Betriebsänderung so lange nicht zu beginnen, bis die Verhandlungen über einen Interessenausgleich abgeschlossen sind.

### → Hintergrund

Der Arbeitgeber darf eine Betriebsänderung erst dann umsetzen, wenn die Verhandlungen mit dem Betriebsrat über einen Interessenausgleich erfolgreich abgeschlossen oder endgültig gescheitert sind. Der Betriebsrat kann deshalb vom Arbeitgeber verlangen, mit der Umsetzung einer Betriebsänderung so lange zu warten, bis die Verhandlungen über einen Interessenausgleich beendet sind.

| | |
|---|---|
| Rechtsgrundlage | § 111 Satz 1 BetrVG |
| Erforderliche Stimmenmehrheit | Einfache Mehrheit |
| Form | – |
| Nächste Schritte | Arbeitgeber auffordern Muster M249. |

### → M242

**Muster für den Tagesordnungspunkt**

*Geplante ... [Betriebsänderung bezeichnen]*

**Muster für den Beschlusstext**

*Der Betriebsrat fordert den Arbeitgeber auf, mit der Umsetzung der geplanten ... [Betriebsänderung bezeichnen] so lange nicht zu beginnen, bis die Verhandlungen über einen Interessenausgleich abgeschlossen sind.*

*Abstimmungsergebnis:*
*Ja ... / Nein ... / Enthaltungen ...*

**Beispiel für den Tagesordnungspunkt**

*Geplante Schließung des Standorts Hannover*

**Beispiel für den Beschlusstext**

*Der Betriebsrat fordert den Arbeitgeber auf, mit der Umsetzung der Schließung des Standorts Hannover so lange nicht zu beginnen, bis die Verhandlungen über einen Interessenausgleich abgeschlossen sind.*

*Abstimmungsergebnis:*
*Ja ... / Nein ... / Enthaltungen ...*

## Bundesagentur für Arbeit um Vermittlung bitten – M243

### → Situation

Der Betriebsrat möchte die Bundesagentur für Arbeit um Vermittlung bei den Verhandlungen mit dem Arbeitgeber über einen Interessenausgleich oder Sozialplan bitten.

### → Hintergrund

Wenn sich Arbeitgeber und Betriebsrat in ihren Verhandlungen nicht auf einen Interessenausgleich oder Sozialplan einigen können, können beide Seiten die Bundesagentur für Arbeit um Vermittlung bitten. Die Bundesagentur für Arbeit ist dazu verpflichtet, einer solchen Bitte nachzukommen.

| | |
|---|---|
| Rechtsgrundlage | § 112 Absatz 2 Satz 1 BetrVG |
| Erforderliche Stimmenmehrheit | Einfache Mehrheit |
| Form | – |
| Nächste Schritte | Bundesagentur für Arbeit anschreiben Muster M250. |

### → M243

#### Muster für den Tagesordnungspunkt

*Vermittlung der Bundesagentur für Arbeit hinsichtlich der geplanten … [Betriebsänderung bezeichnen]*

#### Muster für den Beschlusstext

*Der Betriebsrat ersucht die Bundesagentur für Arbeit um Vermittlung bei den Verhandlungen mit dem Arbeitgeber über einen Interessenausgleich / Sozialplan wegen der geplanten … [Betriebsänderung bezeichnen].*

*Abstimmungsergebnis:*
*Ja … / Nein … / Enthaltungen …*

#### Beispiel für den Tagesordnungspunkt

*Vermittlung der Bundesagentur für Arbeit hinsichtlich der geplanten Schließung des Standorts Hannover*

#### Beispiel für den Beschlusstext

*Der Betriebsrat ersucht die Bundesagentur für Arbeit um Vermittlung bei den Verhandlungen mit dem Arbeitgeber über einen Interessenausgleich und Sozialplan wegen der geplanten Schließung des Standorts Hannover.*

*Abstimmungsergebnis:*
*Ja … / Nein … / Enthaltungen …*

## 02. Schreiben

### Informationen und Unterlagen zu geplanter Betriebsänderung anfordern – M244

Muster für ein Schreiben, mit dem der Betriebsrat vom Arbeitgeber Informationen und Unterlagen zu einer vom Arbeitgeber geplanten Betriebsänderung anfordert.

Absender → Betriebsrat
Empfänger → Arbeitgeber

→ **Hintergrund**
Siehe die Erläuterung zu dem entsprechenden Betriebsratsbeschluss Muster M238.

→ **Rechtsgrundlage**
§ 111 Satz 1 BetrVG, § 80 Absatz 2 Satz 2 BetrVG

→ **Vorherige Beschlussfassung?**
Ja, siehe Muster M238.

→ **M244**

*Informationen zu geplanter Betriebsänderung*

*Sehr geehrte Damen und Herren,*

*der Betriebsrat hat davon erfahren, dass Sie planen, ... [geplante Maßnahmen bezeichnen].*

*Die von Ihnen geplanten Maßnahmen stellen eine Betriebsänderung im Sinne des § 111 BetrVG dar, weshalb Sie dazu verpflichtet sind, uns umfassend darüber zu unterrichten.*

*Wir bitten Sie deshalb, uns sämtliche Ihnen vorliegenden Informationen und Unterlagen zu den geplanten Maßnahmen zukommen zu lassen. Wir bitten Sie insbesondere um die folgenden Informationen und Unterlagen:*

- *Ausführliche Beschreibung der geplanten Maßnahmen*
- *Beschreibung der Auswirkungen der geplanten Maßnahmen*
- *Personalübersichten über die von der Betriebsänderung unmittelbar betroffenen Mitarbeiter und über die vergleichbaren Mitarbeiter mit den wesentlichen sozialen Daten*
- *Berechnungen zur Ermittlung der wirtschaftlichen Vorteile der geplanten Maßnahmen*
- *Ausführliche Beschreibung und Bewertung der geprüften Alternativen zu den geplanten Maßnahmen*

- *Begründungen zu den geprüften Alternativen (warum sollen diese nicht umgesetzt werden?)*
- *Etwaige Gutachten, Berichte und Stellungnahmen von Unternehmensberatern*

*Wir erlauben uns den Hinweis, dass dem Betriebsrat ein Anspruch auf diese Informationen und Unterlagen nach § 111 Satz 1 BetrVG und § 80 Absatz 2 Satz 2 BetrVG zusteht und dass die wahrheitswidrige, unvollständige oder verspätete Erfüllung Ihrer Informationspflicht nach § 121 BetrVG eine Ordnungswidrigkeit darstellt, die mit einer Geldbuße bis zu 10.000 Euro geahndet werden kann.*

*Die Anforderung weiterer Informationen und Unterlagen behalten wir uns vor.*

*Mit freundlichen Grüßen*

______________________________

*(BETRIEBSRATSVORSITZENDE/R)*

## Berater bei Betriebsänderung hinzuziehen (Unternehmen mit über 300 Arbeitnehmern) - M245

Muster für ein Schreiben, mit dem der Betriebsrat in einem Unternehmen mit mehr als 300 Arbeitnehmern den Arbeitgeber über die Hinzuziehung eines externen Beraters bei einer Betriebsänderung informiert.

Absender → Betriebsrat
Empfänger → Arbeitgeber

### → Hintergrund

Siehe zunächst die Erläuterung zu dem entsprechenden Betriebsratsbeschluss Muster M239.

In Unternehmen mit mehr als 300 Arbeitnehmern braucht der Betriebsrat bei einer Betriebsänderung für die Hinzuziehung eines externen Beraters zwar nicht die vorherige Zustimmung des Arbeitgebers. Es ist einem Betriebsrat aber trotzdem zu empfehlen, sich vom Arbeitgeber kurz bestätigen zu lassen, dass dieser mit der Hinzuziehung des externen Beraters einverstanden ist.

### → Rechtsgrundlage

§ 111 Satz 2 BetrVG

### → Vorherige Beschlussfassung?

Ja, siehe Muster M239.

### → M245

*Hinzuziehung eines Beraters gemäß § 111 Satz 2 BetrVG*

*Sehr geehrte Damen und Herren,*

*kürzlich haben Sie uns Ihre Pläne zur ... [Betriebsänderung bezeichnen] präsentiert.*

*Bei den von Ihnen beabsichtigten Maßnahmen handelt es sich um eine Betriebsänderung im Sinne des § 111 BetrVG. Da in unserem Unternehmen mehr als 300 Arbeitnehmer beschäftigt sind, hat der Betriebsrat gemäß § 111 Satz 2 BetrVG das Recht, einen externen Berater zu seiner Unterstützung hinzuzuziehen.*

*Der Betriebsrat hat in seiner Sitzung am ... [Datum] den Beschluss gefasst, Herrn / Frau ... [Name, Anschrift] als externen Berater zu seiner Unterstützung hinzuzuziehen. Der Betriebsrat hält die Hinzuziehung eines ... [Berufsbezeichnung des Beraters] für erforderlich, da er nicht über die erforderlichen Kenntnisse verfügt, um seine im Zusammenhang mit der Betriebsänderung stehenden Beteiligungsrechte wirksam wahrzunehmen.*

*Bitte bestätigen Sie uns kurzfristig, ob Sie mit der Hinzuziehung des Herrn / der Frau ... [Name] einverstanden sind.*

*Mit freundlichen Grüßen*

______________________________

*(BETRIEBSRATSVORSITZENDE/R)*

## Berater bei Betriebsänderung hinzuziehen (Unternehmen mit bis zu 300 Arbeitnehmern) – M246

Muster für ein Schreiben, mit dem der Betriebsrat in einem Unternehmen mit nicht mehr als 300 Arbeitnehmern den Arbeitgeber um Zustimmung zur Hinzuziehung eines externen Beraters bei einer Betriebsänderung bittet.

Absender → Betriebsrat
Empfänger → Arbeitgeber

### → Hintergrund

Siehe die Erläuterung zu dem entsprechenden Betriebsratsbeschluss Muster M240.

### → Rechtsgrundlage

§ 80 Absatz 3 BetrVG

### → Vorherige Beschlussfassung?

Ja, siehe Muster M240.

### → M246

*Hinzuziehung eines Sachverständigen nach § 80 Absatz 3 BetrVG*

*Sehr geehrte Damen und Herren,*

*kürzlich haben Sie uns Ihre Pläne zur … [Betriebsänderung bezeichnen] präsentiert.*

*Bei den von Ihnen beabsichtigten Maßnahmen handelt es sich um eine Betriebsänderung im Sinne des § 111 BetrVG, so dass der Betriebsrat vor der Aufgabe steht, mit Ihnen über einen Interessenausgleich zu verhandeln und gegebenenfalls einen Sozialplan abzuschließen.*

*Der Betriebsrat hat in seiner Sitzung am … [Datum] den Beschluss gefasst, Herrn / Frau … [Name, Anschrift] als externe/n Sachverständige/n zu seiner Unterstützung bei diesen Aufgaben hinzuzuziehen. Der Betriebsrat hält die Hinzuziehung eines … [Berufsbezeichnung des Sachverständigen] für erforderlich, da er nicht über die erforderlichen Kenntnisse verfügt, um seine im Zusammenhang mit der Betriebsänderung stehenden Aufgaben wirksam auszuüben.*

*Anliegend überreichen wir Ihnen das uns von Herrn / Frau … [Name des / der Sachverständigen] vorgelegte Angebot / die uns von Herrn / Frau … [Name des / der Sachverständigen] vorgelegte Honorarvereinbarung.*

*Wir bitten Sie, der Beauftragung des / der Sachverständigen zu den dort genannten Bedingungen zuzustimmen.*

*Mit freundlichen Grüßen*

______________________________

*(BETRIEBSRATSVORSITZENDE/R)*

## Arbeitgeber zu Verhandlungen über einen Interessenausgleich auffordern – M247

Muster für ein Schreiben, mit dem der Betriebsrat den Arbeitgeber auffordert, mit ihm über einen Interessenausgleich zu verhandeln.

Absender → Betriebsrat
Empfänger → Arbeitgeber

### → Hintergrund

Siehe die Erläuterung zu dem entsprechenden Betriebsratsbeschluss Muster M241.

### → Rechtsgrundlage

§ 111 Satz 1 BetrVG, § 112 BetrVG

### → Vorherige Beschlussfassung?

Ja, siehe Muster M241.

### → M247

*Verhandlungen über einen Interessenausgleich*

*Sehr geehrte Damen und Herren,*

*der Betriebsrat hat davon erfahren, dass Sie planen, ... [geplante Maßnahmen bezeichnen].*

*Die von Ihnen geplanten Maßnahmen stellen eine Betriebsänderung im Sinne des § 111 BetrVG dar. Der Betriebsrat fordert Sie deshalb dazu auf, mit ihm Verhandlungen über einen Interessenausgleich gemäß § 112 BetrVG zu führen. Bei den Verhandlungen soll es um die Fragen gehen, ob, wann und wie die von Ihnen geplante Betriebsänderung durchgeführt wird. Bitte schlagen Sie uns einen Termin für ein erstes Gespräch vor.*

*Wir erlauben uns den Hinweis, dass Sie mit der Umsetzung der Betriebsänderung erst beginnen dürfen, wenn die Verhandlungen über einen Interessenausgleich abgeschlossen sind. Außerdem kann der Betriebsrat gemäß § 112 Absatz 2 Satz 2 BetrVG die Einigungsstelle anrufen, wenn Sie sich nicht auf Verhandlungen über einen Interessenausgleich einlassen oder wenn der Betriebsrat die Verhandlungen als gescheitert betrachtet.*

*Mit freundlichen Grüßen*

______________________

*(BETRIEBSRATSVORSITZENDE/R)*

## Arbeitgeber zu Verhandlungen über einen Sozialplan auffordern – M248

Muster für ein Schreiben, mit dem der Betriebsrat den Arbeitgeber auffordert, mit ihm über einen Sozialplan zu verhandeln.

Absender → Betriebsrat
Empfänger → Arbeitgeber

### → Hintergrund

Siehe die Erläuterung zu dem entsprechenden Betriebsratsbeschluss Muster M241.

### → Rechtsgrundlage

§ 111 Satz 1 BetrVG, § 112 BetrVG

### → Vorherige Beschlussfassung?

Ja, siehe Muster M241.

### → M248

*Verhandlungen über einen Sozialplan*

*Sehr geehrte Damen und Herren,*

*der Betriebsrat hat davon erfahren, dass Sie planen, ... [geplante Maßnahmen bezeichnen].*

*Die von Ihnen geplanten Maßnahmen stellen eine Betriebsänderung im Sinne des § 111 BetrVG dar. Der Betriebsrat fordert Sie deshalb dazu auf, mit ihm Verhandlungen über einen Sozialplan gemäß § 112 BetrVG zu führen. Bei den Verhandlungen soll es um die Frage gehen, wie die wirtschaftlichen Nachteile, die den Arbeitnehmern durch die geplante Betriebsänderung entstehen können, ausgeglichen oder abgemildert werden sollen. Bitte schlagen Sie uns einen Termin für ein erstes Gespräch vor.*

*Wir erlauben uns den Hinweis, dass der Betriebsrat gemäß § 112 Absatz 2 Satz 2 BetrVG die Einigungsstelle anrufen kann, wenn Sie sich nicht auf Verhandlungen über einen Sozialplan einlassen oder wenn der Betriebsrat die Verhandlungen als gescheitert betrachtet. Der Betriebsrat kann über die Einigungsstelle einen Sozialplan erzwingen.*

*Mit freundlichen Grüßen*

______________________________

*(BETRIEBSRATSVORSITZENDE/R)*

## Arbeitgeber zur Unterlassung einer Betriebsänderung auffordern – M249

Muster für ein Schreiben, mit dem der Betriebsrat den Arbeitgeber auffordert, mit der Umsetzung einer Betriebsänderung so lange zu warten, bis die Verhandlungen über einen Interessenausgleich beendet sind.

Absender → Betriebsrat
Empfänger → Arbeitgeber

### → Hintergrund

Siehe die Erläuterung zu dem entsprechenden Betriebsratsbeschluss Muster M242.

### → Rechtsgrundlage

§ 111 Satz 1 BetrVG

### → Vorherige Beschlussfassung?

Ja, siehe Muster M242.

### → M249

*Unterlassung der … [geplante Maßnahmen bezeichnen]*

*Sehr geehrte Damen und Herren,*

*der Betriebsrat hat davon erfahren, dass Sie planen, … [geplante Maßnahmen bezeichnen].*

*Die von Ihnen geplanten Maßnahmen stellen eine Betriebsänderung im Sinne des § 111 BetrVG dar. Bei einer Betriebsänderung steht dem Betriebsrat gegenüber dem Arbeitgeber das Recht zu, über einen Interessenausgleich zu verhandeln, bevor die Betriebsänderung umgesetzt wird.*

*Aus diesem Grund fordert der Betriebsrat Sie dazu auf, sämtliche Maßnahmen, die die Betriebsänderung ausmachen oder diese (teilweise) vorwegnehmen, zu unterlassen, und zwar so lange, bis die Verhandlungen über einen Interessenausgleich erfolgreich abgeschlossen oder endgültig gescheitert sind.*

*Mit freundlichen Grüßen*

____________________________

*(BETRIEBSRATSVORSITZENDE/R)*

## Bundesagentur für Arbeit um Vermittlung bitten – M250

Muster für ein Schreiben, mit dem der Betriebsrat die Bundesagentur für Arbeit um Vermittlung bei den Verhandlungen mit dem Arbeitgeber über einen Interessenausgleich oder Sozialplan bittet.

Absender → Betriebsrat
Empfänger → Bundesagentur für Arbeit

### → Hintergrund

Siehe die Erläuterung zu dem entsprechenden Betriebsratsbeschluss Muster M243.

### → Rechtsgrundlage

§ 112 Absatz 2 Satz 1 BetrVG

### → Vorherige Beschlussfassung?

Ja, siehe Muster M243.

### → M250

*Vermittlungsersuchen gemäß § 112 Absatz 2 Satz 1 BetrVG*

*Sehr geehrte Damen und Herren,*

*der Betriebsrat der Firma ... [Name] bittet Sie hiermit um Ihre Vermittlung bei den Verhandlungen mit dem Arbeitgeber über einen Interessenausgleich und Sozialplan.*

*Unser Arbeitgeber plant, ... [kurze Beschreibung der geplanten Maßnahmen]. Bei den geplanten Maßnahmen handelt es sich um eine Betriebsänderung im Sinne des § 111 BetrVG. Als Betriebsrat haben wir deshalb mit dem Arbeitgeber über einen Interessenausgleich und einen Sozialplan verhandelt.*

*Die innerbetrieblichen Verhandlungen sind aus der Sicht des Betriebsrats leider gescheitert. Wir möchten Sie deshalb gemäß § 112 Absatz 2 Satz 1 BetrVG um Vermittlung ersuchen, um hoffentlich doch noch ohne ein Einigungsstellenverfahren zum Abschluss eines Interessenausgleichs und eines Sozialplans zu kommen.*

*Mit freundlichen Grüßen*

______________________________

*(BETRIEBSRATSVORSITZENDE/R)*

# Betriebsversammlungen veranstalten

Betriebsversammlungen sind Veranstaltungen, die der Betriebsrat für die Arbeitnehmer des Betriebs durchführt. Sie dienen dem wechselseitigen Informations- und Meinungsaustausch zwischen Betriebsrat und Belegschaft.

Die Veranstaltung von Betriebsversammlungen ist für jeden Betriebsrat Pflicht. Mindestens eine Betriebsversammlung pro Quartal muss ein Betriebsrat durchführen.

Über die Termine, den Veranstaltungsort und die Tagesordnung der Betriebsversammlungen entscheidet – anders als bei den Betriebsratssitzungen – nicht der Betriebsratsvorsitzende, sondern der gesamte Betriebsrat. Dazu muss der Betriebsrat entsprechende Beschlüsse fassen Muster M251 und M252.

Betriebsversammlungen sind Veranstaltungen für die Arbeitnehmer eines Betriebs. Zu jeder Betriebsversammlung hat der Betriebsrat deshalb alle betriebszugehörigen Arbeitnehmer einzuladen Muster M254. Zu den sogenannten regelmäßigen Betriebsversammlungen, die der Betriebsrat ein Mal pro Quartal veranstalten muss, ist immer auch der Arbeitgeber einzuladen Muster M255.

Da Betriebsversammlungen nicht öffentlich sind, dürfen nicht betriebszugehörige Personen an ihnen grundsätzlich nicht teilnehmen. Ein Teilnahmerecht an sämtlichen Betriebsversammlungen haben allerdings die im Betrieb vertretenen Gewerkschaften. Wenn eine Gewerkschaft auch im Betriebsrat vertreten ist, muss der Betriebsrat die Gewerkschaft stets über die Termine seiner Betriebsversammlungen informieren Muster M256.

Darüber hinaus kann der Betriebsrat einer nicht betriebszugehörigen Person die Teilnahme an einer Betriebsversammlung durch einen Beschluss gestatten, wenn deren Teilnahme sachdienlich ist Muster M253.

## 01. Beschlüsse

### Betriebsversammlung einberufen – M251

**→ Situation**
Der Betriebsrat möchte eine Betriebsversammlung veranstalten.

**→ Hintergrund**
Wenn der Betriebsrat eine Betriebsversammlung einberufen möchte, muss er zunächst den Termin und den Ort der Versammlung festlegen.

| | |
|---|---|
| Rechtsgrundlage | § 43 Absatz 1 und Absatz 3 BetrVG |
| Erforderliche Stimmenmehrheit | Einfache Mehrheit |
| Form | – |
| Nächste Schritte | Tagesordnung festlegen Muster M252 . |

**→ M251**

**Muster für den Tagesordnungspunkt**

*Einberufung der nächsten Betriebsversammlung*

**Muster für den Beschlusstext**

*Die nächste Betriebsversammlung findet am … [Datum] um … [Uhrzeit] in … [Ort] statt.*

*Abstimmungsergebnis:*
*Ja … / Nein … / Enthaltungen …*

**Beispiel für den Beschlusstext**

*Die nächste Betriebsversammlung findet am 30.09.2022 um 10:00 Uhr in der Halle 1 statt.*

*Abstimmungsergebnis:*
*Ja … / Nein … / Enthaltungen …*

## Tagesordnung einer Betriebsversammlung festlegen – M252

### Situation
Der Betriebsrat möchte die Tagesordnung für die nächste Betriebsversammlung festlegen.

### Hintergrund
Der Betriebsrat muss für jede Betriebsversammlung eine Tagesordnung aufstellen. Die Tagesordnung ist eine Auflistung der Themen, die auf der Betriebsversammlung behandelt werden sollen.

Anders als bei der Tagesordnung einer Betriebsratssitzung, die vom Betriebsratsvorsitzenden aufgestellt wird, entscheidet über die Tagesordnung einer Betriebsversammlung der Betriebsrat per Beschluss.

| | |
|---|---|
| Rechtsgrundlage | § 43 Absatz 1, 2 und 3 BetrVG, § 45 BetrVG |
| Erforderliche Stimmenmehrheit | Einfache Mehrheit |
| Form | – |
| Nächste Schritte | 1. Belegschaft einladen Muster M254.<br>2. Gegebenenfalls weitere Teilnehmer einladen Muster M255, M256 und M257. |

### M252

**Muster für den Tagesordnungspunkt**

*Tagesordnung der nächsten Betriebsversammlung*

**Muster für den Beschlusstext**

*Die Tagesordnung der Betriebsversammlung am ... [Datum] lautet wie folgt:*

1. *Begrüßung und Eröffnung der Versammlung durch den Betriebsratsvorsitzenden*
2. *Tätigkeitsbericht des Betriebsrats*
3. *Bericht des Arbeitgebers*
4. *... [gegebenenfalls weitere Themen]*
5. *Verschiedenes*
6. *Schlusswort*

*Abstimmungsergebnis:*
*Ja ... / Nein ... / Enthaltungen ...*

## Externe Person an Betriebsversammlung teilnehmen lassen – M253

### → Situation

Der Betriebsrat möchte eine nicht betriebszugehörige Person zu einer Betriebsversammlung einladen.

### → Hintergrund

Betriebsversammlungen sind Veranstaltungen für die Arbeitnehmer eines Betriebs. Da Betriebsversammlungen nicht öffentlich sind, dürfen grundsätzlich nur betriebszugehörige Personen daran teilnehmen. Der Betriebsrat kann aber beschließen, auch nicht betriebszugehörige Personen zu einer Betriebsversammlung einzuladen, wenn deren Teilnahme an der Versammlung sachdienlich ist.

| | |
|---|---|
| Rechtsgrundlage | § 42 Absatz 1 Satz 2 BetrVG |
| Erforderliche Stimmenmehrheit | Einfache Mehrheit |
| Form | – |
| Nächste Schritte | Die externe Person einladen Muster M257. |

### → M253

**Muster für den Tagesordnungspunkt**

*Einladung des Herrn / der Frau ... [Name] zur nächsten Betriebsversammlung*

**Muster für den Beschlusstext**

*Der Betriebsrat lädt Herrn / Frau ... [Name] zu der Betriebsversammlung am ... [Datum] ein.*

*Abstimmungsergebnis:*
*Ja ... / Nein ... / Enthaltungen ...*

**Beispiel für den Tagesordnungspunkt**

*Einladung des Gesamtbetriebsratsvorsitzenden zur nächsten Betriebsversammlung*

**Beispiel für den Beschlusstext**

*Der Betriebsrat lädt den Gesamtbetriebsratsvorsitzenden Karl König zu der Betriebsversammlung am 30.09.2022 ein.*

*Abstimmungsergebnis:*
*Ja ... / Nein ... / Enthaltungen ...*

## 02. Schreiben

### Einladung zu einer Betriebsversammlung - M254

Muster für ein Schreiben, mit dem der Betriebsrat die Arbeitnehmer des Betriebs zu einer Betriebsversammlung einlädt.

Absender → Betriebsrat
Empfänger → Belegschaft

**→ Hintergrund**
Der Betriebsrat muss die Arbeitnehmer des Betriebs rechtzeitig unter Mitteilung der Tagesordnung zu seinen Betriebsversammlungen einladen. Die Einladung muss nicht an jeden Arbeitnehmer persönlich geschickt werden, sie muss nur auf betriebsübliche Weise bekannt gegeben werden (zum Beispiel durch einen Aushang am Schwarzen Brett). Arbeitnehmer, die von der Einladung keine Kenntnis nehmen können, weil sie nicht im Betrieb vor Ort anwesend sind, können gesondert über die Betriebsversammlung informiert werden (zum Beispiel per E-Mail).

**→ Rechtsgrundlage**
§ 42 Absatz 1 Satz 1 BetrVG

**→ Vorherige Beschlussfassung?**
Ja, siehe Muster M251 und M252.

**→ M254**

*Einladung zur Betriebsversammlung*

*Liebe Kolleginnen und Kollegen,*

*hiermit laden wir euch herzlich zu unserer nächsten regelmäßigen Betriebsversammlung ein.*

*Die Betriebsversammlung findet statt am ... [Datum] um ... [Uhrzeit] in ... [Ort].*

*Die Tagesordnung lautet wie folgt:*

1. *Begrüßung und Eröffnung der Versammlung durch den Betriebsratsvorsitzenden*
2. *Tätigkeitsbericht des Betriebsrats*
3. *Bericht des Arbeitgebers*
4. *... [gegebenenfalls weitere Themen]*
5. *Verschiedenes*
6. *Schlusswort*

*Jeder Arbeitnehmer des Betriebs ist berechtigt, an der Betriebsversammlung teilzunehmen. Die Zeit der Teilnahme an der Betriebsversammlung ist vom Arbeitgeber wie Arbeitszeit zu vergüten.*

*Wir hoffen auf ein zahlreiches Erscheinen!*

____________________
*(ORT, DATUM)*

____________________
*(BETRIEBSRATSVORSITZENDE/R)*

## Einladung des Arbeitgebers zu einer Betriebsversammlung – M255

Muster für ein Schreiben, mit dem der Betriebsrat den Arbeitgeber zu einer Betriebsversammlung einlädt.

Absender → Betriebsrat
Empfänger → Arbeitgeber

### → Hintergrund

Zu seinen regelmäßigen Betriebsversammlungen muss der Betriebsrat auch den Arbeitgeber unter Mitteilung der Tagesordnung einladen.

### → Rechtsgrundlage

§ 43 Absatz 2 Satz 1 BetrVG

### → Vorherige Beschlussfassung?

Nein.

### → M255

*Einladung zur Betriebsversammlung*

*Sehr geehrte Damen und Herren,*

*hiermit laden wir Sie zu unserer Betriebsversammlung am ... [Datum] um ... [Uhrzeit] in ... [Ort] ein.*

*Die Tagesordnung dieser Betriebsversammlung lautet wie folgt:*

1. *Begrüßung und Eröffnung der Versammlung durch den Betriebsratsvorsitzenden*
2. *Tätigkeitsbericht des Betriebsrats*
3. *Bericht des Arbeitgebers*
4. *... [gegebenenfalls weitere Themen]*
5. *Verschiedenes*
6. *Schlusswort*

*Mit freundlichen Grüßen*

______________________________

*(BETRIEBSRATSVORSITZENDE/R)*

## Gewerkschaft über eine Betriebsversammlung informieren - M256

Muster für ein Schreiben, mit dem der Betriebsrat eine Gewerkschaft zu einer Betriebsversammlung einlädt bzw. über Zeitpunkt und Tagesordnung einer Betriebsversammlung informiert.

Absender → Betriebsrat
Empfänger → Gewerkschaft

### → Hintergrund

Die im Betrieb vertretenen Gewerkschaften haben das Recht, durch einen Beauftragten an allen Betriebsversammlungen teilzunehmen. Eine Gewerkschaft ist dann im Betrieb vertreten, wenn mindestens ein Arbeitnehmer des Betriebs Mitglied in der Gewerkschaft ist.

Wenn eine Gewerkschaft auch im Betriebsrat vertreten ist, ist der Betriebsrat verpflichtet, der Gewerkschaft den Termin und die Tagesordnung einer Betriebsversammlung rechtzeitig schriftlich mitzuteilen. Eine Gewerkschaft ist im Betriebsrat vertreten, wenn mindestens ein Betriebsratsmitglied Mitglied in der Gewerkschaft ist. Die Mitteilung an die Gewerkschaft kann in Form einer Einladung Muster M256a oder einer schlichten Information erfolgen Muster M256b.

### → Rechtsgrundlage

§ 46 BetrVG

### → Vorherige Beschlussfassung?

Nein, wenn die Gewerkschaft im Betrieb vertreten ist.

### → M256a

*Einladung zur Betriebsversammlung des Betriebsrats der Firma ... [Name]*

*Liebe Kolleginnen und Kollegen,*

*hiermit laden wir euch zu unserer Betriebsversammlung am ... [Datum] um ... [Uhrzeit] in ... [Ort] ein.*

*Die Tagesordnung dieser Betriebsversammlung lautet wie folgt:*

1. *Begrüßung und Eröffnung der Versammlung durch den Betriebsratsvorsitzenden*
2. *Tätigkeitsbericht des Betriebsrats*
3. *Bericht des Arbeitgebers*
4. *... [gegebenenfalls weitere Themen]*
5. *Verschiedenes*
6. *Schlusswort*

*Mit freundlichen Grüßen*

______________________________

*(BETRIEBSRATSVORSITZENDE/R)*

**→ M256b**

*Betriebsversammlung des Betriebsrats der Firma ... [Name]*

*Liebe Kolleginnen und Kollegen,*

*hiermit möchten wir euch darüber informieren, dass am ... [Datum] um ... [Uhrzeit] in ... [Ort] unsere nächste Betriebsversammlung stattfindet.*

*Die Tagesordnung dieser Betriebsversammlung lautet wie folgt:*

1. *Begrüßung und Eröffnung der Versammlung durch den Betriebsratsvorsitzenden*
2. *Tätigkeitsbericht des Betriebsrats*
3. *Bericht des Arbeitgebers*
4. *... [gegebenenfalls weitere Themen]*
5. *Verschiedenes*
6. *Schlusswort*

*Mit freundlichen Grüßen*

______________________________

*(BETRIEBSRATSVORSITZENDE/R)*

## Einladung eines externen Teilnehmers zu einer Betriebsversammlung - M257

Muster für ein Schreiben, mit dem der Betriebsrat eine nicht betriebszugehörige Person zu einer Betriebsversammlung einlädt.

Absender → Betriebsrat
Empfänger → externer Teilnehmer

### → Hintergrund

Siehe die Erläuterung zu dem entsprechenden Betriebsratsbeschluss Muster M253.

### → Rechtsgrundlage

§ 42 Absatz 1 Satz 2 BetrVG

### → Vorherige Beschlussfassung?

Ja, siehe Muster M253.

### → M257

*Einladung zur Betriebsversammlung des Betriebsrats der Firma ... [Name]*

*Sehr geehrte/r Herr / Frau ... [Name],*

*hiermit laden wir Sie zu unserer Betriebsversammlung am ... [Datum] um ... [Uhrzeit] in ... [Ort] ein.*

*Die Tagesordnung dieser Betriebsversammlung lautet wie folgt:*

1. *Begrüßung und Eröffnung der Versammlung durch den Betriebsratsvorsitzenden*
2. *Tätigkeitsbericht des Betriebsrats*
3. *Bericht des Arbeitgebers*
4. *Vortrag des/der Herrn / Frau ... [Name] zum Thema ... [Thema bezeichnen]*
5. *... [gegebenenfalls weitere Themen]*
6. *Verschiedenes*
7. *Schlusswort*

*Unter Tagesordnungspunkt Nr. 4 ist Ihr Vortrag zum Thema ... [Thema bezeichnen] vorgesehen. Für diesen Vortrag haben wir eine Redezeit von 15 bis 30 Minuten eingeplant.*

*Für Rückfragen stehen wir Ihnen selbstverständlich gern zur Verfügung.*

*Mit freundlichen Grüßen*

______________________________

*(BETRIEBSRATSVORSITZENDE/R)*

## Arbeitgeber zur Erstattung seines Berichts auf einer Betriebsversammlung auffordern – M258

Muster für ein Schreiben, mit dem der Betriebsrat den Arbeitgeber auffordert, auf der nächsten Betriebsversammlung seinen Bericht zu erstatten.

Absender → Betriebsrat
Empfänger → Arbeitgeber

### → Hintergrund

Der Arbeitgeber ist dazu verpflichtet, mindestens einmal im Jahr auf einer Betriebsversammlung über bestimmte Themen zu berichten (unter anderem über die wirtschaftliche Lage und Entwicklung des Betriebs).

### → Rechtsgrundlage

§ 43 Absatz 2 Satz 3 BetrVG

### → Vorherige Beschlussfassung?

Ja, für die Aufstellung der Tagesordnung mit dem Tagesordnungspunkt „Bericht des Arbeitgebers" Muster M252 .

### → M258

*Betriebsversammlung am ... [Datum] – Bericht des Arbeitgebers*

*Sehr geehrte Damen und Herren,*

*am ... [Datum] findet die nächste regelmäßige Betriebsversammlung statt. Auf die Tagesordnung dieser Betriebsversammlung haben wir den Tagesordnungspunkt „Bericht des Arbeitgebers" gesetzt.*

*Wir möchten Sie noch einmal ausdrücklich darauf hinweisen, dass Sie nach § 43 Absatz 2 Satz 3 BetrVG dazu verpflichtet sind, mindestens einmal in jedem Kalenderjahr in einer Betriebsversammlung einen Bericht zu erstatten. Inhalt dieses Berichts müssen sein:*

- → *das Personal- und Sozialwesen,*
- → *die wirtschaftliche Lage und Entwicklung des Betriebs und*
- → *der betriebliche Umweltschutz.*

*Wir fordern Sie dazu auf, dieser Verpflichtung auf der nächsten Betriebsversammlung nachzukommen und Ihren Bericht ordnungsgemäß zu erstatten.*

*Mit freundlichen Grüßen*

______________________________

*(BETRIEBSRATSVORSITZENDE/R)*

→

# Jugend- und Auszubildendenvertretung wählen lassen

In Betrieben, in denen es insgesamt mindestens fünf Auszubildende oder minderjährige Arbeitnehmer gibt, wird eine Jugend- und Auszubildendenvertretung (abgekürzt JAV) gewählt. Wenn diese Voraussetzungen für die Errichtung einer Jugend- und Auszubildendenvertretung vorliegen, ist es Aufgabe des Betriebsrats, einen Wahlvorstand zu bestellen, der die entsprechende Wahl durchführt Muster M259. Darüber hinaus muss der Betriebsrat alle zwei Jahre einen Wahlvorstand bestellen, der die Neuwahl der Jugend- und Auszubildendenvertretung organisiert.

## 01. Beschlüsse

### Wahlvorstand bestellen – M259

**→ Situation**

Der Betriebsrat möchte den Wahlvorstand für die Vorbereitung und Durchführung der Wahl der Jugend- und Auszubildendenvertretung bestellen.

**→ Hintergrund**

Wenn wegen des Vorliegens der entsprechenden Voraussetzungen erstmals eine Jugend- und Auszubildendenvertretung errichtet werden soll oder wenn die Jugend- und Auszubildendenvertretung neu gewählt werden muss, hat der Betriebsrat einen Wahlvorstand zu bestellen, der die Wahl vorbereitet und durchführt. Der Betriebsrat muss außerdem eines der Wahlvorstandsmitglieder zum Vorsitzenden des Wahlvorstands bestellen.

| | |
|---|---|
| Rechtsgrundlage | § 60 Absatz 1 BetrVG,<br>§ 63 Absatz 2 BetrVG |
| Erforderliche Stimmenmehrheit | Einfache Mehrheit |
| Form | – |
| Nächste Schritte | 1. Wahlvorstandsmitglieder benachrichtigen.<br>2. Arbeitgeber informieren Muster M261 . |

**→ M259**

**Muster für den Tagesordnungspunkt**

*Bestellung eines Wahlvorstands für die Wahl der Jugend- und Auszubildendenvertretung*

**Muster für den Beschlusstext**

1. *Der Betriebsrat bestellt zur Vorbereitung und Durchführung der Wahl der Jugend- und Auszubildendenvertretung einen Wahlvorstand.*

2. *Der Wahlvorstand besteht aus drei Mitgliedern.*

3. *Als Mitglieder des Wahlvorstands werden bestellt:*

   *Herr / Frau _______________ [Name]*

   *Herr / Frau _______________ [Name]*

   *Herr / Frau _______________ [Name]*

4. *Als Ersatzmitglieder des Wahlvorstands werden bestellt:*

   *Herr / Frau _______________ [Name]*

   *Herr / Frau _______________ [Name]*

   *Herr / Frau _______________ [Name]*

   *Die Ersatzmitglieder rücken in der Reihenfolge der vorstehenden Auflistung nach.*

*5. Als Vorsitzende/r des Wahlvorstands wird bestellt:*

*Herr / Frau ______________ [Name]*

*6. Als stellvertretende/r Vorsitzende/r des Wahlvorstands wird bestellt:*

*Herr / Frau ______________ [Name]*

*Abstimmungsergebnis:*
*Ja ... / Nein ... / Enthaltungen ...*

## 02. Schreiben

### Suche nach Wahlvorstandsmitgliedern - M260

Muster für ein Schreiben, mit dem der Betriebsrat nach Kandidaten für den Wahlvorstand für die Wahl der Jugend- und Auszubildendenvertretung sucht.

Absender → Betriebsrat
Empfänger → Belegschaft

**→ Hintergrund**
Die Mitglieder des Wahlvorstands, der die Wahl der Jugend- und Auszubildendenvertretung durchführt, werden vom Betriebsrat bestellt. Zu einem Mitglied im Wahlvorstand kann jeder betriebszugehörige Auszubildende oder sonstige Arbeitnehmer bestellt werden. Um Kandidaten für den Wahlvorstand zu finden, kann es sinnvoll sein, einen entsprechenden Aufruf zu veröffentlichen (zum Beispiel am Schwarzen Brett oder im betrieblichen Intranet).

**→ Rechtsgrundlage**
§ 60 Absatz 1 BetrVG, § 63 Absatz 2 BetrVG

**→ Vorherige Beschlussfassung?**
Nein.

**→ M260**

*Wir suchen Kandidatinnen / Kandidaten für den Wahlvorstand für die Wahl der Jugend- und Ausubildendenvertretung!*

*Liebe Kolleginnen und Kollegen,*

*demnächst steht die Wahl der Jugend- und Auszubildendenvertretung an.*

*Die Wahl der Jugend- und Auszubildendenvertretung wird von einem Wahlvorstand durchgeführt. Ein solcher Wahlvorstand besteht in der Regel aus drei Mitgliedern. Die Mitglieder des Wahlvorstands werden vom Betriebsrat bestellt. Mitglied im Wahlvorstand kann jeder Arbeitnehmer und jeder Auszubildende des Betriebs werden.*

*Die Bestellung der Mitglieder des Wahlvorstands soll auf der Betriebsratssitzung am ... [Datum] erfolgen.*

*Falls ihr selbst Mitglied im Wahlvorstand werden wollt oder falls ihr einen Kollegen / eine Kollegin als Mitglied für den Wahlvorstand vorschlagen wollt, teilt uns dies bitte bis zum ... [Datum] mit.*

*Mit freundlichen Grüßen*

______________________
*(BETRIEBSRATSVORSITZENDE/R)*

## Arbeitgeber über Bestellung eines Wahlvorstands informieren – M261

Muster für ein Schreiben, mit dem der Betriebsrat den Arbeitgeber über die Bestellung eines Wahlvorstands für die Wahl der Jugend- und Auszubildendenvertretung informiert.

Absender → Betriebsrat
Empfänger → Arbeitgeber

### → Hintergrund

Wenn der Betriebsrat einen Wahlvorstand für die Wahl der Jugend- und Auszubildendenvertretung bestellt hat, sollte er darüber anschließend den Arbeitgeber informieren.

### → Rechtsgrundlage

§ 60 Absatz 1 BetrVG, § 63 Absatz 2 BetrVG

### → Vorherige Beschlussfassung?

Ja, siehe Muster M259.

### → M261

*Bestellung eines Wahlvorstands für die Wahl der Jugend- und Auszubildendenvertretung*

*Sehr geehrte Damen und Herren,*

*wir möchten Sie darüber informieren, dass der Betriebsrat in seiner Sitzung am ... [Datum] einen Wahlvorstand bestellt hat, der die Wahl der Jugend- und Auszubildendenvertretung vorbereiten und durchführen wird.*

*Der Wahlvorstand besteht aus den folgenden Mitgliedern:*

1. *... [Name]*
2. *... [Name]*
3. *... [Name]*

*Zu Ersatzmitgliedern des Wahlvorstands wurden bestellt:*

1. *... [Name]*
2. *... [Name]*
3. *... [Name]*

*Zum / Zur Vorsitzenden des Wahlvorstandes wurde Herr / Frau ... [Name] bestimmt.*

*Mit freundlichen Grüßen*

_______________________

*(BETRIEBSRATSVORSITZENDE/R)*

→

# Neuwahl des Betriebsrats einleiten

Die Amtszeit eines Betriebsrats dauert im Normalfall vier Jahre. Alle vier Jahre werden die Betriebsräte in ganz Deutschland neu gewählt.

In bestimmten Fällen muss ein Betriebsrat aber auch schon vor Ablauf seiner regulären Amtszeit vorzeitig neu gewählt werden. Dies ist dann der Fall,

- wenn die Mitarbeiterzahl innerhalb der ersten zwei Jahre nach der Betriebsratswahl um die Hälfte, mindestens aber um fünfzig Mitarbeiter, gestiegen oder gesunken ist,
- wenn der Betriebsrat nicht mehr die erforderliche Anzahl an Betriebsratsmitgliedern hat oder
- wenn der Betriebsrat zurückgetreten ist.

Spätestens zehn Wochen vor Ablauf seiner regelmäßigen Amtszeit, oder wenn eine vorzeitige Neuwahl des Betriebsrats erforderlich wird, muss der Betriebsrat einen Wahlvorstand bestellen, der die Neuwahl des Betriebsrats vorbereitet und durchführt Muster M262.

Ein Wahlvorstand besteht in der Regel aus drei Mitgliedern. Wenn sich nach der Bestellung des Wahlvorstands herausstellt, dass die Anzahl der bestellten Wahlvorstandsmitglieder nicht ausreicht, kann der Betriebsrat die Anzahl der Wahlvorstandsmitglieder nachträglich erhöhen Muster M263.

Mitglied des Wahlvorstandes kann jeder betriebszugehörige Arbeitnehmer werden, der das 16. Lebensjahr vollendet hat. Vor der Bestellung des Wahlvorstandes muss der Betriebsrat geeignete Kandidaten ausfindig machen Muster M266.

Wenn der Betriebsrat einen Wahlvorstand bestellt hat, sollte er darüber den Arbeitgeber informieren Muster M267.

Betriebsteile, die wegen ihrer weiten Entfernung vom Hauptbetrieb oder aufgrund eines eigenständigen Aufgabenbereichs und eigenständiger Organisation als selbständige Betriebe gelten, wählen grundsätzlich einen eigenen Betriebsrat. Allerdings können die Arbeitnehmer solcher Betriebsteile auch beschließen, an der Betriebsratswahl des Hauptbetriebs teilzunehmen Muster M264. Die entsprechende Abstimmung kann auch vom Betriebsrat des Hauptbetriebs herbeigeführt werden Muster M265.

## 01. Beschlüsse

### Wahlvorstand bestellen – M262

#### → Situation

Der Betriebsrat möchte einen Wahlvorstand bestellen, der die Neuwahl des Betriebsrats vorbereitet und durchführt.

#### → Hintergrund

Rechtzeitig vor dem Ende seiner regulären Amtszeit muss der Betriebsrat einen Wahlvorstand bestellen, der die Neuwahl des Betriebsrats vorbereitet und durchführt. Der Betriebsrat muss außerdem dann einen Wahlvorstand bestellen, wenn seine Amtszeit aus einem bestimmten Grund vorzeitig endet. Der Wahlvorstand besteht in der Regel aus drei Mitgliedern. Eines der Wahlvorstandsmitglieder muss der Betriebsratsvorsitzende zum Vorsitzenden des Wahlvorstands bestellen.

Der Betriebsrat kann die einzelnen bei der Bestellung des Wahlvorstands zu treffenden Entscheidungen in einem einheitlichen Beschluss oder in getrennten Beschlüssen treffen.

| | |
|---|---|
| Rechtsgrundlage | § 16 Absatz 1 BetrVG |
| Erforderliche Stimmenmehrheit | Einfache Mehrheit |
| Form | – |
| Nächste Schritte | 1. Wahlvorstandsmitglieder benachrichtigen.<br>2. Arbeitgeber informieren Muster M267. |

#### → M262

**Muster für den Tagesordnungspunkt**

*Bestellung eines Wahlvorstands für die Betriebsratswahl*

**Muster für den Beschlusstext**

1. *Der Betriebsrat bestellt zur Vorbereitung und Durchführung der Wahl des Betriebsrats einen Wahlvorstand.*

2. *Der Wahlvorstand besteht aus drei Mitgliedern.*

3. *Als Mitglieder des Wahlvorstands werden bestellt:*

   *Herr / Frau ______________ [Name]*

   *Herr / Frau ______________ [Name]*

   *Herr / Frau ______________ [Name]*

4. *Als Ersatzmitglieder des Wahlvorstands werden bestellt:*

   *Herr / Frau ______________ [Name]*

   *Herr / Frau ______________ [Name]*

   *Herr / Frau ______________ [Name]*

   *Die Ersatzmitglieder rücken in der Reihenfolge der vorstehenden Auflistung nach.*

5. *Als Vorsitzende/r des Wahlvorstands wird bestellt:*

   *Herr / Frau ______________ [Name]*

6. *Als stellvertretende/r Vorsitzende/r des Wahlvorstands wird bestellt:*

   *Herr / Frau ______________ [Name]*

*Abstimmungsergebnis:*
*Ja ... / Nein ... / Enthaltungen ...*

## Anzahl der Wahlvorstandsmitglieder erhöhen – M263

### → Situation

Die Anzahl der Wahlvorstandsmitglieder soll erhöht werden.

### → Hintergrund

Nach der Bestellung des Wahlvorstands kann sich herausstellen, dass die Anzahl der Wahlvorstandsmitglieder nicht ausreicht, um die Betriebsratswahl ordnungsgemäß durchzuführen. In einer solchen Situation kann der Betriebsrat weitere Wahlvorstandsmitglieder bestellen.

| | |
|---|---|
| Rechtsgrundlage | § 16 Absatz 1 Satz 2 BetrVG |
| Erforderliche Stimmenmehrheit | Einfache Mehrheit |
| Form | – |
| Nächste Schritte | 1. Wahlvorstandsmitglieder benachrichtigen.<br>2. Arbeitgeber informieren. |

### → M263

**Muster für den Tagesordnungspunkt**

*Bestellung weiterer Wahlvorstandsmitglieder*

**Muster für den Beschlusstext**

1. *Der Betriebsrat erhöht die Anzahl der Wahlvorstandsmitglieder auf insgesamt ... [Anzahl].*
2. *Als weitere Mitglieder des Wahlvorstands werden bestellt:*

   *Herr / Frau ______________ [Name]*

   *Herr / Frau ______________ [Name]*
3. *Als weitere Ersatzmitglieder des Wahlvorstands werden bestellt:*

   *Herr / Frau ______________ [Name]*

   *Herr / Frau ______________ [Name]*

   *Die Ersatzmitglieder rücken in der Reihenfolge der vorstehenden Auflistung nach.*

*Abstimmungsergebnis:*
*Ja ... / Nein ... / Enthaltungen ...*

## Beschluss eines Betriebsteils zur Teilnahme an Betriebsratswahl des Hauptbetriebs – M264

### → Situation

Ein Betriebsteil, der als selbständiger Betrieb gilt, möchte keinen eigenen Betriebsrat wählen, sondern sich an der Betriebsratswahl des Hauptbetriebs beteiligen.

### → Hintergrund

Betriebsteile, die aufgrund ihrer räumlichen Entfernung vom Hauptbetrieb oder aufgrund eines eigenständigen Aufgabenbereichs und eigenständiger Organisation als selbständige Betriebe gelten, wählen grundsätzlich einen eigenen Betriebsrat. Die Arbeitnehmer solcher Betriebe können jedoch auch beschließen, keinen eigenen Betriebsrat zu wählen, sondern an der Betriebsratswahl im Hauptbetrieb teilzunehmen.

Die Abstimmung kann zum Beispiel durch die Ausgabe von Stimmzetteln Muster M264a oder durch eine Unterschriftenliste erfolgen Muster 264b.

| | |
|---|---|
| Rechtsgrundlage | § 4 Absatz 1 BetrVG |
| Erforderliche Stimmenmehrheit | Absolute Mehrheit |
| Form | – |
| Nächste Schritte | Betriebsrat des Hauptbetriebs informieren Muster M269. |

### → M264a

*1. Variante: Stimmzettel*

*Abstimmung über die Teilnahme an der Betriebsratswahl des Hauptbetriebs nach § 4 Absatz 1 Satz 2 BetrVG*

*Soll der Betriebsteil ... [Bezeichnung des Betriebsteils] an der Betriebsratswahl des Hauptbetriebs teilnehmen?*

| | |
|---|---|
| *Ja* | ☐ |
| *Nein* | ☐ |

**→ M264b**

*2. Variante: Unterschriftenliste*

### *Abstimmung über die Teilnahme an der Betriebsratswahl des Hauptbetriebs nach §4 Absatz 1 Satz 2 BetrVG*

*Mit meiner Eintragung in die folgende Liste und meine Unterschrift stimme ich für die Teilnahme des Betriebsteils … [Bezeichnung des Betriebsteils] an der Betriebsratswahl des Hauptbetriebs.*

| NAME | UNTERSCHRIFT |
|---|---|
| | |
| | |
| | |

## Abstimmung über die Teilnahme an Betriebsratswahl des Hauptbetriebs veranlassen – M265

### → Situation

Der Betriebsrat des Hauptbetriebs möchte die Arbeitnehmer eines selbständigen Betriebsteils darüber abstimmen lassen, ob sie an der Betriebsratswahl des Hauptbetriebs teilnehmen wollen.

### → Hintergrund

Betriebsteile, die aufgrund ihrer räumlichen Entfernung vom Hauptbetrieb oder aufgrund eines eigenständigen Aufgabenbereichs und eigenständiger Organisation als selbständige Betriebe gelten, können ihre Teilnahme an der Betriebsratswahl des Hauptbetriebs beschließen (siehe Muster M264). Die entsprechende Abstimmung kann vom Betriebsrat des Hauptbetriebs veranlasst werden.

| | |
|---|---|
| Rechtsgrundlage | § 4 Absatz 1 BetrVG |
| Erforderliche Stimmenmehrheit | Einfache Mehrheit |
| Form | – |
| Nächste Schritte | Belegschaft des Betriebsteils informieren und abstimmen lassen Muster M270 und M264. |

### → M265

**Muster für den Tagesordnungspunkt**

*Teilnahme des Betriebsteils ... [Bezeichnung des Betriebsteils] an unserer Betriebsratswahl*

**Muster für den Beschlusstext**

*Es soll im Betriebsteil ... [Bezeichnung des Betriebsteils] eine Abstimmung gemäß § 4 Absatz 1 BetrVG über die Teilnahme des Betriebsteils an unserer Betriebsratswahl veranlasst werden.*

*Abstimmungsergebnis:*
*Ja ... / Nein ... / Enthaltungen ...*

## 02. Schreiben

### Suche nach Wahlvorstandsmitgliedern - M266

Muster für ein Schreiben, mit dem der Betriebsrat nach Kandidaten für den Wahlvorstand sucht.

Absender → Betriebsrat
Empfänger → Belegschaft

**→ Hintergrund**
Die Mitglieder des Wahlvorstands werden vom Betriebsrat bestellt. Zu einem Mitglied im Wahlvorstand kann jeder betriebszugehörige Arbeitnehmer bestellt werden, der das 16. Lebensjahr vollendet hat. Die Übernahme des Amts als Wahlvorstandsmitglied ist freiwillig. Um Kandidaten für den Wahlvorstand zu finden, kann es sinnvoll sein, einen entsprechenden Aufruf zu veröffentlichen (zum Beispiel am Schwarzen Brett oder im betrieblichen Intranet).

**→ Rechtsgrundlage**
§ 16 Absatz 1 BetrVG

**→ Vorherige Beschlussfassung?**
Nein.

**→ M266**

*Wir suchen Kandidatinnen / Kandidaten für den Wahlvorstand für die nächste Betriebsratswahl!*

*Liebe Kolleginnen und Kollegen,*

*demnächst steht die Neuwahl des Betriebsrats an.*

*Eine Betriebsratswahl wird von einem Wahlvorstand durchgeführt. Ein solcher Wahlvorstand besteht aus mindestens drei Mitgliedern. Die Mitglieder des Wahlvorstands werden vom Betriebsrat bestellt. Mitglied im Wahlvorstand werden kann jeder Arbeitnehmer des Betriebs, der das 16. Lebensjahr vollendet hat.*

*Die Bestellung der Mitglieder des Wahlvorstands soll auf der Betriebsratssitzung am ... [Datum] erfolgen.*

*Falls ihr selbst Mitglied im Wahlvorstand werden wollt oder falls ihr einen Kollegen / eine Kollegin als Wahlvorstandsmitglied vorschlagen wollt, teilt uns dies bitte bis zum ... [Datum] mit.*

*Mit freundlichen Grüßen*

___________________________

*(BETRIEBSRATSVORSITZENDE/R)*

## Arbeitgeber über Bestellung eines Wahlvorstands informieren – M267

Muster für ein Schreiben, mit dem der Betriebsrat den Arbeitgeber über die Bestellung eines Wahlvorstands informiert.

Absender → Betriebsrat
Empfänger → Arbeitgeber

### → Hintergrund

Wenn der Betriebsrat einen Wahlvorstand bestellt hat, sollte er darüber den Arbeitgeber informieren und ihm dabei mitteilen, welche Arbeitnehmer zu Mitgliedern des Wahlvorstands bestellt worden sind.

### → Rechtsgrundlage

§ 16 Absatz 1 BetrVG

### → Vorherige Beschlussfassung?

Ja, siehe Muster M262.

### → M267

*Bestellung eines Wahlvorstands*

*Sehr geehrte Damen und Herren,*

*wir möchten Sie darüber informieren, dass der Betriebsrat in seiner Sitzung am ... [Datum] einen Wahlvorstand bestellt hat, der die anstehende Neuwahl des Betriebsrats vorbereiten und durchführen wird.*

*Der Wahlvorstand besteht aus den folgenden Mitgliedern:*

1. *... [Name]*
2. *... [Name]*
3. *... [Name]*

*Zu Ersatzmitgliedern des Wahlvorstands wurden bestellt:*

1. *... [Name]*
2. *... [Name]*
3. *... [Name]*

*Zum / Zur Vorsitzenden des Wahlvorstandes wurde Herr / Frau ... [Name] und zum / zur stellvertretenden Vorsitzenden Herr / Frau ... [Name] bestimmt.*

*Mit freundlichen Grüßen*

__________________________

*(BETRIEBSRATSVORSITZENDE/R)*

## Arbeitgeber über Erfordernis der vorzeitigen Neuwahl des Betriebsrats informieren – M268

Muster für ein Schreiben, mit dem der Betriebsrat den Arbeitgeber darüber informiert, dass der Betriebsrat vorzeitig neu gewählt werden muss.

Absender → Betriebsrat
Empfänger → Arbeitgeber

### → Hintergrund

In bestimmten Situationen muss der Betriebsrat schon vor dem Ablauf seiner regulären Amtszeit vorzeitig neu gewählt werden. Dies ist der Fall bei

- → einem starken Ansteigen oder Absinken der Anzahl der im Betrieb beschäftigten Arbeitnehmer,
- → bei einem Absinken der Anzahl vorhandener Betriebsratsmitglieder unter die gesetzlich vorgeschriebene Anzahl und
- → bei einem Rücktritt des Betriebsrats.

Wenn ein solcher Fall eintritt, sollte der Betriebsrat den Arbeitgeber darüber informieren und ihn bei der Gelegenheit gleich darauf hinweisen, dass trotz des Erfordernisses der vorzeitigen Neuwahl der alte Betriebsrat bis zur Neuwahl mit allen Rechten und Pflichten weiterhin im Amt bleibt.

### → Rechtsgrundlage

§ 13 Absatz 2 Nr. 1 bis 3 BetrVG, § 22 BetrVG

### → Vorherige Beschlussfassung?

Nur für den Rücktritt des Betriebsrats Muster M151 und die spätere Bestellung des Wahlvorstands Muster M262.

### → M268

*Vorzeitige Neuwahl des Betriebsrats*

*Sehr geehrte Damen und Herren,*

*wir möchten Sie darüber in Kenntnis setzen, dass der Betriebsrat vorzeitig neu gewählt werden muss. Grund dafür ist, dass … [Grund angeben].*

*Der bestehende Betriebsrat bleibt aber trotz des Erfordernisses der vorzeitigen Neuwahl so lange geschäftsführend im Amt, bis der neue Betriebsrat gewählt und das Wahlergebnis bekannt gegeben ist. Es sind also weiterhin alle Mitbestimmungsrechte und sonstigen Rechte des Betriebsrats zu beachten.*

*Der Betriebsrat wird in Kürze einen Wahlvorstand bestellen, der die Neuwahl des Betriebsrats vorbereiten und durchführen wird.*

*Mit freundlichen Grüßen*

______________________________

*(BETRIEBSRATSVORSITZENDE/R)*

## Betriebsrat des Hauptbetriebs über Teilnahme an dessen Betriebsratswahl informieren – M269

Muster für ein Schreiben, mit dem die Belegschaft eines Betriebsteils den Betriebsrat des Hauptbetriebs über ihren Beschluss informiert, an der Betriebsratswahl des Hauptbetriebs teilzunehmen.

Absender → Belegschaft eines Betriebsteils
Empfänger → Betriebsrat des Hauptbetriebs

### → Hintergrund

Betriebsteile, die aufgrund ihrer räumlichen Entfernung vom Hauptbetrieb oder aufgrund eines eigenständigen Aufgabenbereichs und eigenständiger Organisation als selbständige Betriebe gelten, können ihre Teilnahme an der Betriebsratswahl des Hauptbetriebs beschließen. Ein entsprechender Beschluss des Betriebsteils muss dem Betriebsrat des Hauptbetriebs spätestens zehn Wochen vor Ablauf seiner Amtszeit mitgeteilt werden.

### → Rechtsgrundlage

§ 4 Absatz 1 Satz 4 BetrVG

### → Vorherige Beschlussfassung?

Ja, siehe Muster M264.

### → M269

*Teilnahme des Betriebsteils ... [Bezeichnung des Betriebsteils] an der Betriebsratswahl des Hauptbetriebs*

*Liebe Kolleginnen und Kollegen,*

*wir möchten euch hiermit darüber informieren, dass die Arbeitnehmer des Betriebsteils ... [Bezeichnung des Betriebsteils] gemäß § 4 Absatz 1 Satz 2 BetrVG mit absoluter Mehrheit beschlossen haben, an der Betriebsratswahl des Hauptbetriebs teilzunehmen.*

*Mit freundlichen Grüßen*

______________________________

*(ARBEITNEHMER DES BETRIEBSTEILS)*

## Abstimmung über die Teilnahme an Betriebsratswahl des Hauptbetriebs veranlassen – M270

Muster für ein Schreiben, mit dem der Betriebsrat des Hauptbetriebs die Abstimmung eines Betriebsteils über die Teilnahme an der Betriebsratswahl des Hauptbetriebs veranlasst.

Absender → Betriebsrat des Hauptbetriebs
Empfänger → Belegschaft eines Betriebsteils

### → Hintergrund

Siehe die Erläuterung zu dem entsprechenden Betriebsratsbeschluss Muster M265.

### → Rechtsgrundlage

§ 4 Absatz 1 Satz 3 BetrVG

### → Vorherige Beschlussfassung?

Ja, siehe Muster M265.

### → M270

*Teilnahme an der Betriebsratswahl des Hauptbetriebs*

*Liebe Kolleginnen und Kollegen,*

*ihr seid in einem Betriebsteil beschäftigt, der nach § 4 Absatz 1 BetrVG als selbständiger Betrieb gilt. Ihr könntet für euren Betriebsteil deshalb einen eigenen Betriebsrat wählen.*

*Wenn ihr keinen eigenen Betriebsrat wählen wollt, ihr eure Interessen aber trotzdem durch einen Betriebsrat vertreten wissen wollt, könnt ihr an der Betriebsratswahl des Hauptbetriebs teilnehmen.*

*Damit euer Betriebsteil an der Betriebsratswahl des Hauptbetriebs teilnehmen kann, müsste allerdings eine Abstimmung durchgeführt werden und die Mehrheit der in eurem Betriebsteil beschäftigten Arbeitnehmer müsste für die Teilnahme an der Betriebsratswahl des Hauptbetriebs stimmen.*

*Wir möchten eine solche Abstimmung in eurem Betriebsteil veranlassen und werden diese am ... [Datum] bei euch vor Ort durchführen.*

*Für Rückfragen stehen wir euch selbstverständlich gern zur Verfügung.*

*Mit freundlichen Grüßen*

______________________________

*(BETRIEBSRATSVORSITZENDE/R)*

# Die Betriebsratsmitglieder

*Eine regelrechte Berufung.*

# 5

→

# Arbeitsbefreiung von Betriebsratsmitgliedern

Betriebsratsmitglieder haben ihre Betriebsratsaufgaben grundsätzlich während der Arbeitszeit zu erledigen. Damit ein Betriebsratsmitglied seine Betriebsratsaufgaben während der Arbeitszeit erledigen kann, ohne seine Arbeitspflicht zu verletzen, ist es insoweit von der Arbeit befreit.

Es gibt zwei unterschiedliche Arten, wie ein Betriebsratsmitglied zur Erledigung von Betriebsratsaufgaben von der Arbeit befreit sein kann:

01. Es gibt Betriebsratsmitglieder, die immer nur vorübergehend von der Arbeit befreit sind, wenn und solange sie eine konkrete Betriebsratsaufgabe wahrnehmen wollen oder müssen. Wenn diese Betriebsratsmitglieder ihre Betriebsratsaufgabe erledigt haben, müssen sie wieder normal arbeiten § 37 Absatz 2 BetrVG.
02. Es gibt aber auch Betriebsratsmitglieder, die generell und dauerhaft von der Arbeit befreit sind, unabhängig davon, ob für sie eine konkrete Betriebsratsaufgabe ansteht oder nicht. Bei diesen Betriebsratsmitgliedern handelt es sich um sogenannte freigestellte Betriebsratsmitglieder § 38 BetrVG.

In diesem Abschnitt geht es nur um die Betriebsratsmitglieder, die für die Erledigung von Betriebsratsaufgaben nur vorübergehend von der Arbeit befreit sind. Um die generell und dauerhaft von der Arbeit befreiten Betriebsratsmitglieder geht es im Abschnitt „Freistellung von Betriebsratsmitgliedern“ (ab Seite 446).

Ein Betriebsratsmitglied, das während der Arbeitszeit Betriebsratsaufgaben erledigen will, muss sich dazu bei seinem Vorgesetzten abmelden. Für diese Abmeldung ist keine besondere Form vorgeschrieben, deshalb ist eine mündliche Abmeldung ausreichend. Die Abmeldung kann aber auch schriftlich erfolgen Muster M273. Wenn das Betriebsratsmitglied mit der Erledigung der Betriebsratstätigkeit fertig ist, muss es sich anschließend wieder bei seinem Vorgesetzten zurückmelden.

Ein Betriebsratsmitglied kann in eigener Verantwortung selbst darüber entscheiden, ob und in welchem Umfang es eine Arbeitsbefreiung in Anspruch nimmt, um während der Arbeitszeit Betriebsratsaufgaben zu erledigen. Für die Arbeitsbefreiung ist kein Beschluss durch den Betriebsrat erforderlich. Der Betriebsrat kann allerdings ein Betriebsratsmitglied bei der Geltendmachung der Arbeitsbefreiung unterstützen. Dies kann dadurch geschehen, dass der Betriebsrat den Arbeitgeber „offiziell“ über Zeiten informiert, für die ein Betriebsratsmitglied Arbeitsbefreiung in Anspruch nehmen will Muster M274, M275 und M276. Der Betriebsrat kann aber auch direkt die Arbeitsbefreiung bzw. damit zusammenhängende Maßnahmen für ein Betriebsratsmitglied beim Arbeitgeber einfordern Muster M271 und M272.

## 01. Beschlüsse

### Arbeitgeber zur Versetzung eines Betriebsratsmitglieds in die Normalschicht auffordern – M271

#### → Situation

Der Betriebsrat möchte den Arbeitgeber dazu auffordern, ein Betriebsratsmitglied von der Nachtschicht in die Normalschicht zu versetzen.

#### → Hintergrund

Das Recht eines Betriebsratsmitglieds auf Arbeitsbefreiung zielt in erster Linie darauf ab, während der Arbeitszeit Betriebsratsaufgaben erledigen zu können. Darüber hinaus kann das Recht auf Arbeitsbefreiung einem Betriebsratsmitglied aber auch einen Anspruch darauf geben, von einer bestimmten Art von Arbeit befreit zu werden, wenn dies zur sachgerechten Erfüllung von Betriebsratsaufgaben erforderlich ist. In dem folgenden Beispiel verlangt der Betriebsrat, dass ein Betriebsratsmitglied von der Arbeit in Nachtschicht befreit und in die Normalschicht eingeteilt wird.

| | |
|---|---|
| Rechtsgrundlage | § 37 Absatz 2 BetrVG |
| Erforderliche Stimmenmehrheit | Einfache Mehrheit |
| Form | – |
| Nächste Schritte | Arbeitgeber auffordern Muster M277. |

#### → M271

**Muster für den Tagesordnungspunkt**

*Versetzung des Betriebsratsmitglieds … [Name] in die Normalschicht*

**Muster für den Beschlusstext**

*Der Arbeitgeber soll aufgefordert werden, das Betriebsratsmitglied … [Name] von der Nachtschicht in die Normalschicht zu versetzen.*

*Abstimmungsergebnis:*
*Ja … / Nein … / Enthaltungen …*

## Arbeitgeber zur Verringerung des Arbeitspensums eines Betriebsratsmitglieds auffordern – M272

### → Situation

Der Betriebsrat möchte den Arbeitgeber dazu auffordern, das Arbeitspensum eines Betriebsratsmitglieds zu reduzieren.

### → Hintergrund

Der Anspruch eines Betriebsratsmitglieds auf Arbeitsbefreiung zur Erledigung von Betriebsratsaufgaben wäre nicht viel wert, wenn das Betriebsratsmitglied in der verbleibenden Arbeitszeit die gleiche Arbeitsmenge erledigen müsste wie ein Arbeitnehmer ohne Betriebsratsamt. Der Betriebsrat kann deshalb verlangen, dass der Arbeitgeber einem Betriebsratsmitglied nur so viel Arbeit zuweist, wie das Betriebsratsmitglied unter Berücksichtigung der aufgrund von Betriebsratstätigkeiten ausfallenden normalen Arbeitszeit auch erledigen kann.

| | |
|---|---|
| Rechtsgrundlage | § 37 Absatz 2 BetrVG |
| Erforderliche Stimmenmehrheit | Einfache Mehrheit |
| Form | – |
| Nächste Schritte | Arbeitgeber auffordern Muster M278 . |

### → M272

#### Muster für den Tagesordnungspunkt

*Arbeitspensum des Betriebsratsmitglieds ... [Name]*

#### Muster für den Beschlusstext

*Der Arbeitgeber soll aufgefordert werden, das Arbeitspensum des Betriebsratsmitglieds ... [Name] in dem Umfang zu verringern, wie das Betriebsratsmitglied durch Betriebsratstätigkeiten in Anspruch genommen wird.*

*Abstimmungsergebnis:*
*Ja ... / Nein ... / Enthaltungen ...*

## 02. Schreiben

### Abmeldung eines Betriebsratsmitglieds – M273

Muster für ein Schreiben, mit dem sich ein Betriebsratsmitglied bei seinem Vorgesetzten abmeldet, um während der Arbeitszeit eine Betriebsratstätigkeit zu erledigen.

Absender → Betriebsratsmitglied
Empfänger → Vorgesetzter

**→ Hintergrund**
Betriebsratsmitglieder, die nicht generell freigestellt sind, müssen sich rechtzeitig bei ihrem Vorgesetzten abmelden, wenn sie während der Arbeitszeit eine Betriebsratstätigkeit ausüben müssen oder wollen. Im Normalfall muss ein Betriebsratsmitglied dem Vorgesetzten bei der Abmeldung nur mitteilen, dass es zu einem bestimmten Zeitpunkt nicht arbeiten, sondern eine Betriebsratstätigkeit erledigen wird, wo es diese Betriebsratstätigkeit erledigen wird und wie lange dies voraussichtlich dauern wird. Angaben zum Inhalt der beabsichtigten Betriebsratstätigkeit muss das Betriebsratsmitglied grundsätzlich nicht machen.

**→ Rechtsgrundlage**
§ 37 Absatz 2 BetrVG

**→ M273**

*Abmeldung zur Erledigung von Betriebsratsaufgaben gemäß § 37 Absatz 2 BetrVG*

*Sehr geehrte/r Frau / Herr ... [Name des / der Vorgesetzten],*

*hiermit möchte ich Sie darüber informieren, dass ich am kommenden Freitag um 10:00 Uhr meinen Arbeitsplatz verlassen werde, um im Betriebsratsbüro Betriebsratsaufgaben zu erledigen.*

*Die Erledigung der Betriebsratsaufgaben wird voraussichtlich 2 Stunden dauern.*

*Mit freundlichen Grüßen*

____________________
*(BETRIEBSRATSMITGLIED)*

## Vorübergehende Arbeitsbefreiung eines Betriebsratsmitglieds mit der gesamten Arbeitszeit – M274

Muster für ein Schreiben, mit dem der Betriebsrat den Arbeitgeber darüber informiert, dass ein Betriebsratsmitglied für einen bestimmten Zeitraum mit dem gesamten Umfang seiner Arbeitszeit eine Betriebsratsaufgabe erledigt.

Absender → Betriebsrat
Empfänger → Arbeitgeber

### → Hintergrund

Ein Betriebsratsmitglied ist automatisch kraft Gesetzes von der Arbeit befreit, wenn und solange es eine konkrete Betriebsratsaufgabe erledigen will. Für die Arbeitsbefreiung ist keine Erlaubnis des Arbeitgebers und auch kein Beschluss durch den Betriebsrat erforderlich.
Ein Betriebsratsmitglied, das eine Arbeitsbefreiung in Anspruch nehmen will, muss sich lediglich bei seinem Vorgesetzten abmelden Muster M273 und wieder zurückmelden, wenn es die Betriebsratsarbeit beendet hat.

Diese Grundsätze gelten auch dann, wenn ein Betriebsratsmitglied aufgrund einer besonderen Situation ausnahmsweise in einem sehr großen zeitlichen Umfang Betriebsratstätigkeiten leistet (zum Beispiel über mehrere ganze Arbeitstage). In einem solchen Fall, in dem ein Betriebsratsmitglied in einem ungewöhnlich großen Umfang für den Arbeitgeber als Arbeitskraft ausfällt, kann es im Interesse der vertrauensvollen Zusammenarbeit mit dem Arbeitgeber aber angebracht sein, dass der Betriebsrat den Arbeitgeber hierüber gesondert informiert. Diesem Zweck dient das folgende Musterschreiben.

### → Rechtsgrundlage

§ 37 Absatz 2 BetrVG

### → Vorherige Beschlussfassung?

Für die Information an den Arbeitgeber ist kein Beschluss erforderlich.

### → M274

*Arbeitsbefreiung des Betriebsratsmitglieds Kornelia Klug*

*Sehr geehrte Damen und Herren,*

*hiermit möchte ich Sie darüber informieren, dass der Betriebsrat in seiner Sitzung am 04.07.2022 beschlossen hat, das Betriebsratsmitglied Kornelia Klug mit der Erarbeitung eines Konzepts zur Beschäftigungssicherung zu beauftragen. Wir gehen davon aus, dass Frau Klug für die Erstellung dieses Konzepts ungefähr zwei Wochen benötigen wird.*

*Frau Klug wird ihre Aufgabe beginnend ab dem 18.07.2022 erledigen. Ab diesem Tag wird Ihnen Frau Klug deshalb für voraussichtlich zwei Wochen nicht für die Erledigung von Arbeitsaufgaben zur Verfügung stehen. Sie ist in diesem Zeitraum gemäß § 37 Absatz 2 BetrVG von der Arbeit befreit. Aus der Sicht des Betriebsrats stehen dieser Arbeitsbefreiung keine betrieblichen Belange entgegen.*

*Wir bitten Sie, den Vorgesetzten der Frau Klug hierüber zu informieren und für eine Vertretung am Arbeitsplatz zu sorgen.*

*Mit freundlichen Grüßen*

______________________________

*(BETRIEBSRATSVORSITZENDE/R)*

## Vorübergehende Arbeitsbefreiung eines Betriebsratsmitglieds mit einem Teil der Arbeitszeit – M275

Muster für ein Schreiben, mit dem der Betriebsrat den Arbeitgeber darüber informiert, dass ein Betriebsratsmitglied für einen bestimmten Zeitraum täglich mit einem Teil seiner Arbeitszeit eine Betriebsratsaufgabe erledigt.

Absender → Betriebsrat
Empfänger → Arbeitgeber

### → Hintergrund

Gleiche Situation wie bei dem Muster M274 mit dem Unterschied, dass das Betriebsratsmitglied hier an jedem Arbeitstag nur einige Stunden mit der Erledigung einer Betriebsratsaufgabe verbringt und mit dem Rest seiner Arbeitszeit normal arbeitet.

### → Rechtsgrundlage

§ 37 Absatz 2 BetrVG

### → Vorherige Beschlussfassung?

Für die Information an den Arbeitgeber ist kein Beschluss erforderlich.

### → M275

*Arbeitsbefreiung des Betriebsratsmitglieds Kornelia Klug*

*Sehr geehrte Damen und Herren,*

*hiermit möchte ich Sie darüber informieren, dass der Betriebsrat in seiner Sitzung am 04.07.2022 beschlossen hat, das Betriebsratsmitglied Kornelia Klug mit der Erstellung eines Entwurfs für eine neue Betriebsvereinbarung zur Arbeitszeit zu beauftragen. Wir gehen davon aus, dass Frau Klug für die Anfertigung des Entwurfs inklusive Recherche ungefähr 20 Stunden benötigen wird.*

*Frau Klug wird diese Aufgabe in dem Zeitraum ab Montag, dem 18.07.2022, bis Freitag, den 22.07.2022, jeweils von 13:00 Uhr bis 17:00 Uhr erledigen. Sie ist in diesen Zeiten gemäß § 37 Absatz 2 BetrVG von der Arbeit befreit. In der Zeit von 08:00 Uhr bis 12:00 Uhr wird Frau Klug normal arbeiten. Aus der Sicht des Betriebsrats stehen dieser Arbeitsbefreiung keine betrieblichen Belange entgegen.*

*Wir bitten Sie, den Vorgesetzten der Frau Klug hierüber zu informieren und für eine Vertretung am Arbeitsplatz zu sorgen.*

*Mit freundlichen Grüßen*

__________________________

*(BETRIEBSRATSVORSITZENDE/R)*

## Arbeitsbefreiung eines Betriebsratsmitglieds für regelmäßige Aufgaben – M276

Muster für ein Schreiben, mit dem der Betriebsrat den Arbeitgeber darüber informiert, dass ein Betriebsratsmitglied regelmäßig eine bestimmte Betriebsratsaufgabe wahrnehmen wird.

Absender → Betriebsrat
Empfänger → Arbeitgeber

### → Hintergrund

Es gibt Betriebsratsaufgaben, die regelmäßig wiederkehrend anfallen (zum Beispiel die Durchführung der Sprechstunden des Betriebsrats). Wenn ein Betriebsratsmitglied regelmäßig wiederkehrend eine Betriebsratsaufgabe zu einem bestimmten Termin wahrnimmt, kann es im Interesse einer vertrauensvollen Zusammenarbeit angebracht sein, hierüber den Arbeitgeber zu informieren.

### → Rechtsgrundlage

§ 37 Absatz 2 BetrVG

### → Vorherige Beschlussfassung?

Für die Information an den Arbeitgeber ist kein Beschluss erforderlich.

### → M276

*Arbeitsbefreiung des Betriebsratsmitglieds Ronny Riese*

*Sehr geehrte Damen und Herren,*

*hiermit möchte ich Sie darüber informieren, dass das Betriebsratsmitglied Ronny Riese zukünftig jeden Donnerstag von 14:00 bis 16:00 Uhr die Sprechstunde des Betriebsrats durchführt. Herr Riese ist in diesen Zeiten gemäß § 37 Absatz 2 BetrVG von der Arbeit befreit.*

*Wir bitten Sie, den Vorgesetzten des Herrn Riese hierüber zu informieren und für eine Vertretung am Arbeitsplatz zu sorgen.*

*Mit freundlichen Grüßen*

____________________________

*(BETRIEBSRATSVORSITZENDE/R)*

## Arbeitgeber zur Versetzung eines Betriebsratsmitglieds in die Normalschicht auffordern – M277

Muster für ein Schreiben, mit dem der Betriebsrat vom Arbeitgeber verlangt, ein Betriebsratsmitglied von der Nachtschicht in die Normalschicht zu versetzen.

Absender → Betriebsrat
Empfänger → Arbeitgeber

### → Hintergrund

Siehe die Erläuterung zu dem entsprechenden Betriebsratsbeschluss Muster M271.

### → Rechtsgrundlage

§ 37 Absatz 2 BetrVG

### → Vorherige Beschlussfassung?

Ja, siehe Muster M271.

### → M277

*Versetzung des Betriebsratsmitglieds Manfred Mutig in die Normalschicht*

*Sehr geehrte Damen und Herren,*

*hiermit möchte ich Sie darüber informieren, dass der Betriebsrat in seiner Sitzung am 04.07.2022 beschlossen hat, Sie dazu aufzufordern, das Betriebsratsmitglied Manfred Mutig von der Nachtschicht in die Normalschicht zu versetzen.*

*Der Umstand, dass Herr Mutig in der Nachtschicht eingesetzt ist, führt dazu, dass er in erheblichem Umfang Betriebsratsarbeit außerhalb seiner persönlichen Arbeitszeit leisten muss. Grund dafür ist unter anderem, dass Herr Mutig als Mitglied des Betriebsausschusses und des Personalausschusses nicht nur an den Betriebsratssitzungen, sondern auch an den einmal wöchentlich stattfindenden Sitzungen des Betriebsausschusses und des Personalausschusses teilnehmen muss. Diese Sitzungen finden wie die Betriebsratssitzungen grundsätzlich vormittags statt, also während der Normalschicht und außerhalb der Nachtschicht.*

*Die mit der ständigen Wahrnehmung von Betriebsratsaufgaben außerhalb der persönlichen Arbeitszeit verbundenen Belastungen halten wir auf Dauer für nicht zumutbar. Die ständige Wahrnehmung von Betriebsratsaufgaben außerhalb der persönlichen Arbeitszeit widerspricht auch der Intention des Betriebsverfassungsgesetzes, nach der Betriebsratsarbeit grundsätzlich während der persönlichen Arbeitszeit eines Betriebsratsmitglieds zu leisten ist.*

*Wir bitten Sie deshalb, Herrn Mutig schnellstmöglich in die Normalschicht zu versetzen. Nach der Rechtsauffassung des Betriebsrats wären Sie hierzu aufgrund der Vorschrift des § 37 Absatz 2 BetrVG sogar verpflichtet. Nach dem Sinn und Zweck des § 37 Absatz 2 BetrVG können neben der reinen Arbeitsbefreiung auch andere, die vertragliche Arbeitsleistung des Betriebsratsmitglieds betreffende Maßnahmen geboten sein, um eine ordnungsgemäße Wahrnehmung der Betriebsratsarbeit zu ermöglichen.*

*Mit freundlichen Grüßen*

______________________________

*(BETRIEBSRATSVORSITZENDE/R)*

## Arbeitgeber zur Verringerung des Arbeitspensums eines Betriebsratsmitglieds auffordern – M278

Muster für ein Schreiben, mit dem der Betriebsrat vom Arbeitgeber verlangt, das Arbeitspensum eines Betriebsratsmitglieds zu reduzieren.

Absender → Betriebsrat
Empfänger → Arbeitgeber

### → Hintergrund

Siehe die Erläuterung zu dem entsprechenden Betriebsratsbeschluss Muster M272.

### → Rechtsgrundlage

§ 37 Absatz 2 BetrVG

### → Vorherige Beschlussfassung?

Ja, siehe Muster M272.

**→ M278**

*Verringerung des Arbeitspensums des Betriebsratsmitglieds Manfred Mutig*

*Sehr geehrte Damen und Herren,*

*hiermit möchte ich Sie darüber informieren, dass sich der Betriebsrat in seiner Sitzung am 04.07.2022 mit der Arbeitsbelastung der nicht freigestellten Betriebsratsmitglieder befasst hat. Der Betriebsrat hat dabei festgestellt, dass dem Betriebsratsmitglied Manfred Mutig in demselben Umfang Arbeitsaufgaben zugewiesen werden wie vergleichbaren Arbeitnehmern, die kein Betriebsratsamt ausüben.*

*Wir weisen Sie darauf hin, dass ein Arbeitgeber nach der Rechtsprechung des Bundesarbeitsgerichts dazu verpflichtet ist, bei der Zuteilung des Arbeitspensums auf die Belastung eines Betriebsratsmitglieds durch die Wahrnehmung von Betriebsratsaufgaben Rücksicht zu nehmen. Ein Arbeitgeber darf einem Betriebsratsmitglied nur so viel Arbeit zuweisen, wie das Betriebsratsmitglied unter Berücksichtigung der aufgrund von Betriebsratstätigkeiten ausfallenden Arbeitszeit auch erledigen kann.*

*Bitte berücksichtigen Sie bei der Zuweisung von Arbeit an Herrn Mutig zukünftig, dass dieser pro Woche für ungefähr 8 Stunden mit Betriebsratsarbeit beschäftigt ist. Das Arbeitspensum des Herrn Mutig sollte also um ungefähr 8 Stunden geringer sein als das Arbeitspensum vergleichbarer Arbeitnehmer ohne Betriebsratsamt.*

*Mit freundlichen Grüßen*

______________________________

*(BETRIEBSRATSVORSITZENDE/R)*

→

# Freistellung von Betriebsratsmitgliedern

In Betrieben mit mindestens 200 Arbeitnehmern muss der Arbeitgeber eine bestimmte Anzahl von Betriebsratsmitgliedern von der Arbeit freistellen, damit diese mit ihrer gesamten Arbeitszeit Betriebsratstätigkeiten ausüben können.

Wie viele Betriebsratsmitglieder der Arbeitgeber freistellen muss, hängt von der Anzahl der im Betrieb beschäftigten Arbeitnehmer ab:

| ANZAHL ARBEITNEHMER IM BETRIEB | FREIZUSTELLENDE BETRIEBSRATSMITGLIEDER |
|---|---|
| 200 bis 500 | 1 |
| 501 bis 900 | 2 |
| 901 bis 1.500 | 3 |
| 1.501 bis 2.000 | 4 |
| 2.001 bis 3.000 | 5 |
| 3.001 bis 4.000 | 6 |
| ... | ... |

Im Normalfall werden die freizustellenden Betriebsratsmitglieder mit dem gesamten Umfang ihrer Arbeitszeit von der Arbeit freigestellt (sogenannte Vollfreistellungen). Der Betriebsrat kann eine ihm zustehenden Freistellung aber auch auf mehrere Betriebsratsmitglieder aufteilen Muster M279. Dann werden mehrere Betriebsratsmitglieder mit einem Teil ihrer Arbeitszeit für die Ausübung von Betriebsratstätigkeiten von der Arbeit freigestellt (sogenannte Teilfreistellungen).

Die freizustellenden Betriebsratsmitglieder werden vom Betriebsrat gewählt. Vor der Wahl muss der Betriebsrat mit dem Arbeitgeber über die Frage beraten, welche Betriebsratsmitglieder freigestellt werden sollen Muster M284.

Die Wahl der freizustellenden Betriebsratsmitglieder erfolgt nach den Grundsätzen der Verhältniswahl, wenn mehr als eine Freistellung zu vergeben ist und mindestens zwei verschiedene Vorschlagslisten eingereicht worden sind Muster M281. Wenn nur eine Freistellung zu vergeben ist oder nur eine Vorschlagsliste eingereicht worden ist, erfolgt die Wahl in Mehrheitswahl Muster M282. Nach der Wahl hat der Betriebsrat dem Arbeitgeber die Namen der Gewählten bekannt zu geben Muster M285.

Der Betriebsrat hat die Möglichkeit, freigestellte Betriebsratsmitglieder auch wieder aus der Freistellung abzuberufen Muster M280.

## 01. Beschlüsse

### Aufteilung der Freistellungen in Teilfreistellungen – M279

**→ Situation**

Der Betriebsrat möchte eine ihm zustehende Freistellung auf mehrere Betriebsratsmitglieder aufteilen.

**→ Hintergrund**

Dem Betriebsrat steht nach § 38 Absatz 1 BetrVG eine bestimmte Anzahl an Freistellungen zu. Diese Anzahl an Freistellungen bezieht sich auf Vollzeitmitarbeiter. Der Betriebsrat kann die „Vollzeit-Freistellungen" nach eigenem Ermessen in „Teilzeit-Freistellungen" aufteilen.

| | |
|---|---|
| Rechtsgrundlage | § 38 Absatz 1 BetrVG |
| Erforderliche Stimmenmehrheit | Einfache Mehrheit |
| Form | – |
| Nächste Schritte | 1. Arbeitgeber informieren.<br>2. Mit dem Arbeitgeber über die freizustellenden Betriebsratsmitglieder beraten Muster M284.<br>3. Die freizustellenden Betriebsratsmitglieder wählen Muster M281 und M282. |

**→ M279**

**Muster für den Tagesordnungspunkt**

*Aufteilung der dem Betriebsrat zustehenden Freistellungen in Teilfreistellungen*

**Muster für den Beschlusstext**

*Von den dem Betriebsrat gemäß § 38 BetrVG zustehenden insgesamt ... [Anzahl] Freistellungen werden ... [Anzahl] Freistellungen in ... [Anzahl] Teilfreistellungen aufgeteilt. Der zeitliche Umfang der Teilfreistellungen beläuft sich auf ... % der Arbeitszeit eines Vollzeitbeschäftigten.*

*Abstimmungsergebnis:*
*Ja ... / Nein ... / Enthaltungen ...*

**Beispiel für den Beschlusstext (Beispiel 1)**

*Die dem Betriebsrat gemäß § 38 BetrVG zustehende Freistellung wird in zwei Teilfreistellungen mit jeweils 50 % der Arbeitszeit eines Vollzeitbeschäftigten aufgeteilt.*

*Abstimmungsergebnis:*
*Ja ... / Nein ... / Enthaltungen ...*

**Beispiel für den Beschlusstext (Beispiel 2)**

*Die dem Betriebsrat gemäß § 38 BetrVG zustehende Freistellung wird in*

*eine Teilfreistellung mit 75 % der Arbeitszeit eines Vollzeitbeschäftigten und*

*eine Teilfreistellung mit 25 % der Arbeitszeit eines Vollzeitbeschäftigten aufgeteilt.*

*Abstimmungsergebnis:*
*Ja … / Nein … / Enthaltungen …*

**Beispiel für den Beschlusstext (Beispiel 3)**

*Die dem Betriebsrat gemäß § 38 BetrVG zustehenden insgesamt drei Freistellungen werden wie folgt aufgeteilt:*

- → *eine Freistellung im vollen Umfang der Arbeitszeit eines Vollzeitbeschäftigten*
- → *vier Teilfreistellungen im zeitlichen Umfang von jeweils der Hälfte der Arbeitszeit eines Vollzeitbeschäftigten*

*Abstimmungsergebnis:*
*Ja … / Nein … / Enthaltungen …*

## Abberufung eines Betriebsratsmitglieds aus der Freistellung – M280

### → Situation

Ein freigestelltes Betriebsratsmitglied soll aus der Freistellung abberufen werden.

### → Hintergrund

Der Betriebsrat kann ein freigestelltes Betriebsratsmitglied jederzeit wieder aus der Freistellung abberufen. Ein besonderer Grund muss für die Abberufung nicht vorliegen. Der Beschluss über die Abberufung muss allerdings mit einer Dreiviertelmehrheit gefasst werden, wenn das freigestellte Betriebsratsmitglied nach den Grundsätzen der Verhältniswahl (Listenwahl) gewählt worden ist. In diesem Fall muss außerdem die Abstimmung geheim durchgeführt werden.

| | |
|---|---|
| Rechtsgrundlage | § 38 Absatz 2 Satz 8 BetrVG in Verbindung mit § 27 Absatz 1 Satz 5 BetrVG |
| Erforderliche Stimmenmehrheit | → Wenn in Verhältniswahl gewählt: Dreiviertelmehrheit.<br>→ Wenn in Mehrheitswahl gewählt: einfache Mehrheit. |
| Verfahren | Wenn in Verhältniswahl gewählt: geheime Abstimmung. |
| Form | – |
| Nächste Schritte | 1. Abberufenes Betriebsratsmitglied informieren.<br>2. Gegebenenfalls neues freizustellendes Betriebsratsmitglied wählen. |

### → M280

**Muster für den Tagesordnungspunkt**

*Abberufung des Herrn / der Frau ... [Name] aus der Freistellung*

**Muster für den Beschlusstext**

*Herr / Frau ... [Name] wird mit sofortiger Wirkung aus der Freistellung abberufen.*

*Abstimmungsergebnis:*
*Ja ... / Nein ... / Enthaltungen ...*

## 02. Wahlen

### Wahl der freizustellenden Betriebsratsmitglieder (Verhältniswahl) – M281

**→ Situation**

Der Betriebsrat hat die freizustellenden Betriebsratsmitglieder zu wählen. Es sind mindestens zwei freizustellende Betriebsratsmitglieder zu wählen und es wurden verschiedene Vorschlagslisten mit jeweils einem oder mehreren Kandidaten eingereicht.

**→ Hintergrund**

Wenn mindestens zwei Freistellungen zu vergeben sind und von den Betriebsratsmitgliedern für die Wahl mindestens zwei verschiedene Vorschlagslisten mit jeweils einem oder mehreren Kandidaten eingereicht worden sind, findet die Wahl nach den Grundsätzen der Verhältniswahl (Listenwahl) statt. Die Betriebsratsmitglieder geben ihre Stimme dann nicht für einzelne Kandidaten ab, sondern für eine Liste als solche. Die auf die einzelnen Listen entfallenden Freistellungen werden nach dem d'hondtschen Höchstzahlensystem ermittelt.[5]

Wenn nur ein freizustellendes Betriebsratsmitglied zu wählen ist oder wenn nur eine Vorschlagsliste eingereicht worden ist, findet die Wahl nach den Grundsätzen der Mehrheitswahl statt Muster M282.

| | |
|---|---|
| Rechtsgrundlage | § 38 Absatz 2 BetrVG |
| Erforderliche Stimmenmehrheit | → D'Hondtsches Verfahren |
| Verfahren | Geheime Wahl |
| Nächste Schritte | Arbeitgeber informieren Muster M285. |

**→ M281**

**Muster für den Tagesordnungspunkt**

*Wahl der freizustellenden Betriebsratsmitglieder*

**Muster für einen Stimmzettel**

*Stimmzettel für die Wahl der freizustellenden Betriebsratsmitglieder*

| | |
|---|---|
| *LISTE 1* | ☐ |
| → *Kandidat/in 1*<br>→ *Kandidat/in 2*<br>→ … | |
| *LISTE 2* | ☐ |
| → *Kandidat/in 1*<br>→ *Kandidat/in 2*<br>→ … | |
| *LISTE 3* | ☐ |
| → *Kandidat/in 1*<br>→ *Kandidat/in 2*<br>→ … | |

[5] Ein Tool zur Berechnung des Wahlergebnisses nach dem d'hondtschen Höchstzahlensystem finden Sie auf www.kluge-seminare.de

**Muster für die Feststellung des Wahlergebnisses im Sitzungsprotokoll**

*Bei der Wahl der freizustellenden Betriebsratsmitglieder haben die Vorschlagslisten die folgende Anzahl an Stimmen erhalten:*

| LISTE | STIMMENZAHL |
|---|---|
| LISTE 1<br>→ Kandidat/in 1<br>→ Kandidat/in 2<br>→ ... | ... [Anzahl Stimmen] |
| LISTE 2<br>→ Kandidat/in 1<br>→ Kandidat/in 2<br>→ ... | ... [Anzahl Stimmen] |
| LISTE 3<br>→ Kandidat/in 1<br>→ Kandidat/in 2<br>→ ... | ... [Anzahl Stimmen] |
| ... | ... |

*Damit entfallen auf die Liste 1 ... [Anzahl] Freistellungen, auf die Liste 2 ... [Anzahl] Freistellungen und auf die Liste 3 ... [Anzahl] Freistellungen. Zur Freistellung gewählt sind also:*

*... [Namen]*

**Beispiel**

*Im Betrieb sind 600 Arbeitnehmer beschäftigt. Damit sind zwei freizustellende Betriebsratsmitglieder zu wählen.*

*Bei der Wahl der freizustellenden Betriebsratsmitglieder haben die Vorschlagslisten die folgende Anzahl an Stimmen erhalten:*

| LISTE | STIMMENZAHL |
|---|---|
| LISTE 1<br>1. Susanne Sieger<br>2. Horst Held<br>3. Ronny Riese | 6 |
| LISTE 2<br>1. Bernd Blender<br>2. Gerd Groß<br>3. Maria Mühe | 4 |
| LISTE 3<br>1. Norbert Null<br>2. ... | 1 |

| DIVISOR | LISTE 1 | LISTE 2 | LISTE 3 |
|---|---|---|---|
| 1 | 6 | 4 | 1 |
| 2 | 3 | 2 | 0,5 |

*Damit entfällt eine Freistellung auf die Liste 1 und eine Freistellung auf die Liste 2. Susanne Sieger und Bernd Blender sind als freizustellende Betriebsratsmitglieder gewählt.*

## Wahl der freizustellenden Betriebsratsmitglieder (Mehrheitswahl) - M282

### → Situation

Der Betriebsrat hat die freizustellenden Betriebsratsmitglieder zu wählen. Es ist nur ein freizustellendes Betriebsratsmitglied zu wählen oder es sind mehrere freizustellende Betriebsratsmitglieder zu wählen, es wurde aber nur eine Vorschlagsliste eingereicht.

### → Hintergrund

Wenn nur eine Freistellung zu vergeben ist oder wenn zwar mehrere Freistellungen zu vergeben sind, von den Betriebsratsmitgliedern für die Wahl aber nur eine Vorschlagsliste eingereicht worden ist, findet die Wahl als Mehrheitswahl statt.

Falls mindestens zwei Freistellungen zu vergeben und mindestens zwei verschiedene Vorschlagslisten eingereicht worden sind, findet die Wahl nach den Grundsätzen der Verhältniswahl (Listenwahl) statt Muster M281.

| | |
|---|---|
| Rechtsgrundlage | § 38 Absatz 2 BetrVG |
| Erforderliche Stimmenmehrheit | Bewerber mit den meisten Stimmen ist / sind gewählt. |
| Verfahren | Geheime Wahl |
| Nächste Schritte | Arbeitgeber informieren Muster M285. |

### → M282

**Muster für den Tagesordnungspunkt**

*Wahl der freizustellenden Betriebsratsmitglieder*

**Muster für einen Stimmzettel**

*Stimmzettel für die Wahl des freizustellenden Betriebsratsmitglieds / der freizustellenden Betriebsratsmitglieder*

| | |
|---|---|
| *Kandidat/in 1* | ☐ |
| *Kandidat/in 2* | ☐ |
| *Kandidat/in 3* | ☐ |
| ... | ... |

### Muster für die Feststellung des Wahlergebnisses im Sitzungsprotokoll

*Bei der Wahl des freizustellenden Betriebsratsmitglieds / der freizustellenden Betriebsratsmitglieder haben die Kandidatinnen / Kandidaten die folgende Anzahl an Stimmen erhalten:*

| KANDIDATEN | STIMMENZAHL |
|---|---|
| *Kandidat/in 1* | *... [Anzahl Stimmen]* |
| *Kandidat/in 2* | *... [Anzahl Stimmen]* |
| *Kandidat/in 3* | *... [Anzahl Stimmen]* |
| ... | ... |

*Zur Freistellung gewählt ist / sind damit:*

*... [Namen]*

### Beispiel für die Feststellung des Wahlergebnisses im Sitzungsprotokoll

*Im Betrieb sind 600 Arbeitnehmer beschäftigt. Damit sind zwei freizustellende Betriebsratsmitglieder zu wählen. Es wurde nur ein Wahlvorschlag eingereicht.*

*Bei der Wahl der freizustellenden Betriebsratsmitglieder haben die Kandidatinnen / Kandidaten die folgende Anzahl an Stimmen erhalten:*

| KANDIDATEN | STIMMENZAHL |
|---|---|
| *Bernd Blender* | *1* |
| *Horst Held* | *3* |
| *Susanne Sieger* | *6* |

*Damit sind Susanne Sieger und Horst Held als freizustellende Betriebsratsmitglieder gewählt.*

## 03. Schreiben

### Abmeldung eines freigestellten Betriebsratsmitglieds bei Verlassen des Betriebs - M283

Muster für ein Schreiben, mit dem sich ein freigestelltes Betriebsratsmitglied bei seinem Vorgesetzten abmeldet, um während der Arbeitszeit eine Betriebsratstätigkeit außerhalb des Betriebs zu erledigen.

Absender → Betriebsratsmitglied
Empfänger → Arbeitgeber

#### → Hintergrund

Freigestellte Betriebsratsmitglieder müssen sich grundsätzlich nicht bei ihren Vorgesetzten abmelden, wenn sie während der Arbeitszeit eine Betriebsratsaufgabe erledigen wollen. Denn freigestellte Betriebsratsmitglieder sind im Normalfall mit dem vollen Umfang ihrer Arbeitszeit von der Arbeit befreit, sie müssen also überhaupt nicht mehr arbeiten.

Freigestellte Betriebsratsmitglieder müssen sich aber ausnahmsweise dann abmelden, wenn sie während der Arbeitszeit den Betrieb verlassen wollen, um eine Betriebsratsaufgabe außerhalb des Betriebs zu erledigen.

#### → Rechtsgrundlage

§ 38 Absatz 1 BetrVG

#### → Vorherige Beschlussfassung?

Nein.

#### → M283

*Abmeldung zur Erledigung von Betriebsratsaufgaben außerhalb des Betriebs*

*Sehr geehrte/r Herr/Frau ... [Name],*

*hiermit möchte ich Sie darüber informieren, dass ich heute um ... [Uhrzeit] den Betrieb verlassen werde, um Betriebsratstätigkeiten außerhalb des Betriebs zu erledigen. Ich werde für voraussichtlich 2 Stunden abwesend sein.*

*Mit freundlichen Grüßen*

______________________

*(BETRIEBSRATSMITGLIED)*

## Arbeitgeber zur Beratung über die Freistellung von Betriebsratsmitgliedern einladen - M284

Muster für ein Schreiben, mit dem der Betriebsrat den Arbeitgeber zur Beratung über die freizustellenden Betriebsratsmitglieder einlädt.

Absender → Betriebsrat
Empfänger → Arbeitgeber

### → Hintergrund

Die freizustellenden Betriebsratsmitglieder werden vom Betriebsrat gewählt. Bevor die Wahl durchgeführt wird, muss der Betriebsrat mit dem Arbeitgeber über die freizustellenden Betriebsratsmitglieder beraten. Dadurch soll es dem Arbeitgeber ermöglicht werden, Bedenken gegen die Freistellung bestimmter Betriebsratsmitglieder zu äußern.

### → Rechtsgrundlage

§ 38 Absatz 2 Satz 1 BetrVG

### → Vorherige Beschlussfassung?

Nein.

### → M284

*Beratung über die Freistellung von Betriebsratsmitgliedern*

*Sehr geehrte Damen und Herren,*

*da unserem Betrieb in der Regel 600 Arbeitnehmer angehören, sind nach § 38 Absatz 1 Satz 1 BetrVG zwei Betriebsratsmitglieder vollständig von der Verpflichtung zur Arbeitsleistung freizustellen, damit der Betriebsrat seine gesetzlichen Aufgaben ordnungsgemäß erfüllen kann.*

*Das Betriebsverfassungsgesetz sieht in § 38 Absatz 2 Satz 1 vor, dass die Wahl der freizustellenden Betriebsratsmitglieder nach Beratung mit dem Arbeitgeber erfolgt. Zur Durchführung dieser Beratung laden wir Sie zu unserer Betriebsratssitzung am ... [Datum] um ... [Uhrzeit] in ... [Ort] ein.*

*Mit freundlichen Grüßen*

____________________________

*(BETRIEBSRATSVORSITZENDE/R)*

## Freizustellende Betriebsratsmitglieder gegenüber dem Arbeitgeber bekannt geben – M285

Muster für ein Schreiben, mit dem der Betriebsrat dem Arbeitgeber die Namen der gewählten freizustellenden Betriebsratsmitglieder bekannt gibt.

Absender → Betriebsrat
Empfänger → Arbeitgeber

### → Hintergrund

Die vom Betriebsrat gewählten freizustellenden Betriebsratsmitglieder sind erst dann freigestellt und damit von der Arbeitspflicht befreit, wenn der Arbeitgeber der Freistellung zugestimmt hat oder wenn nach der Bekanntgabe der Namen der Gewählten eine Frist von zwei Wochen verstrichen ist und der Arbeitgeber innerhalb dieser Frist nicht die Einigungsstelle eingeschaltet hat. Aus diesem Grund muss der Betriebsrat nach der Wahl der freizustellenden Betriebsratsmitglieder dem Arbeitgeber die Namen der Gewählten bekannt geben.

### → Rechtsgrundlage

§ 38 Absatz 2 Satz 3 BetrVG

### → Vorherige Beschlussfassung?

Die freizustellenden Betriebsratsmitglieder werden vom Betriebsrat gewählt Muster M281 und M282.

### → M285

*Freizustellende Betriebsratsmitglieder*

*Sehr geehrte Damen und Herren,*

*der Betriebsrat hat in seiner Sitzung am … [Datum] die Betriebsratsmitglieder … [Name], … [Name] und … [Name] als nach § 38 BetrVG von ihrer beruflichen Tätigkeit freizustellende Betriebsratsmitglieder gewählt.*

*Wir bitten Sie, der Freistellung der gewählten Betriebsratsmitglieder baldmöglichst zuzustimmen.*

*Mit freundlichen Grüßen*

______________________

*(BETRIEBSRATSVORSITZENDE/R)*

## Arbeitgeber informieren, dass sein Einverständnis mit Freistellungen wegen Fristablaufs als erteilt gilt – M286

Muster für ein Schreiben, mit dem der Betriebsrat den Arbeitgeber darüber informiert, dass sein Einverständnis mit der Freistellung der vom Betriebsrat gewählten Betriebsratsmitglieder wegen Fristablaufs als erteilt gilt.

Absender → Betriebsrat
Empfänger → Arbeitgeber

### → Hintergrund

Wenn der Betriebsrat dem Arbeitgeber die Namen der von ihm gewählten Betriebsratsmitglieder mitgeteilt hat und der Arbeitgeber nicht innerhalb einer Frist von zwei Wochen die Einigungsstelle eingeschaltet hat, gilt sein Einverständnis mit den Freistellungen als erteilt.

### → Rechtsgrundlage

§ 38 Absatz 2 Satz 7 BetrVG

### → Vorherige Beschlussfassung?

Nein.

### → M286

*Freigestellte Betriebsratsmitglieder*

*Sehr geehrte Damen und Herren,*

*der Betriebsrat hatte Sie mit Schreiben vom ... [Datum] darüber informiert, welche Betriebsratsmitglieder er für eine Freistellung nach § 38 BetrVG gewählt hat.*

*Da in der Zwischenzeit die Zwei-Wochen-Frist des § 38 Absatz 2 Satz 4 BetrVG abgelaufen ist, gilt Ihr Einverständnis mit den Freistellungen als erteilt. Die von uns gewählten Betriebsratsmitglieder sind damit ab sofort von der Arbeit freigestellt.*

*Mit freundlichen Grüßen*

____________________________

*(BETRIEBSRATSVORSITZENDE/R)*

→

# Betriebsratsvorsitzender

Der Betriebsratsvorsitzende hat unter den Betriebsratsmitgliedern eine herausgehobene Stellung im Betriebsrat. Dies liegt an seinen besonderen Aufgaben. Der Betriebsratsvorsitzende hat insbesondere die Aufgaben, die Betriebsratssitzungen einzuberufen und zu leiten und die Tagesordnung für die Betriebsratssitzungen aufzustellen. Des Weiteren vertritt der Betriebsratsvorsitzende den Betriebsrat gegenüber Außenstehenden, insbesondere natürlich gegenüber dem Arbeitgeber Muster M293. Wenn der Betriebsratsvorsitzende sein Amt vorübergehend nicht ausüben kann, weil er verhindert ist, übernimmt der stellvertretende Betriebsratsvorsitzende seine Aufgaben Muster M294 und M295.

Der Betriebsratsvorsitzende und der stellvertretende Vorsitzende werden vom Betriebsrat gewählt Muster M287 und M288. Die Wahl des Vorsitzenden und des Stellvertreters muss getrennt erfolgen. Der Betriebsratsvorsitzende muss immer dann neu gewählt werden, wenn der Betriebsrat neu gewählt worden ist. Der Betriebsratsvorsitzende muss außerdem während der laufenden Amtszeit des Betriebsrats neu gewählt werden, wenn der für diese Amtsperiode gewählte Betriebsratsvorsitzende – aus welchem Grund auch immer – vorzeitig aus seinem Amt ausgeschieden ist. Gleiches gilt für den stellvertretenden Betriebsratsvorsitzenden.

Sowohl der Betriebsratsvorsitzende als auch der Stellvertreter können vom Betriebsrat jederzeit aus ihrem Amt abberufen werden Muster M289 und M290. Ein besonderer Grund muss dafür nicht vorliegen.

## 01. Wahlen

### Wahl des Betriebsratsvorsitzenden – M287

**→ Situation**
Der Betriebsratsvorsitzende muss (neu) gewählt werden.

**→ Hintergrund**
Nach jeder Neuwahl des Betriebsrats besteht die allererste Aufgabe des neu gewählten Betriebsrats darin, ein Betriebsratsmitglied zum Betriebsratsvorsitzenden zu wählen.

Während der laufenden Amtsperiode eines Betriebsrats muss der Betriebsratsvorsitzende neu gewählt werden, wenn der für diese Amtsperiode gewählte Betriebsratsvorsitzende vor dem Ende der Amtsperiode des Betriebsrats vorzeitig aus seinem Amt ausscheiden sollte.

| | |
|---|---|
| Rechtsgrundlage | § 26 Absatz 1 BetrVG |
| Erforderliche Stimmenmehrheit | Einfache Mehrheit: Gewählt ist, wer die meisten Stimmen erhalten hat. |
| Verfahren | Geheime Wahl, wenn ein Betriebsratsmitglied dies beantragt. |
| Nächste Schritte | Arbeitgeber informieren Muster M291 . |

**→ M287**

**Muster für den Tagesordnungspunkt**

*Wahl des / der Betriebsratsvorsitzenden*

**Muster für einen Stimmzettel**

*Stimmzettel für die Wahl des / der Betriebsratsvorsitzenden*

| | |
|---|---|
| *Kandidat/in 1* | ☐ |
| *Kandidat/in 2* | ☐ |
| ... | ... |

**Muster für die Feststellung des Wahlergebnisses im Sitzungsprotokoll**

*Bei der Wahl zum / zur Betriebsratsvorsitzenden haben die Kandidatinnen / Kandidaten die folgende Anzahl an Stimmen erhalten:*

| KANDIDATEN | STIMMENZAHL |
|---|---|
| *Kandidat/in 1* | *... [Anzahl Stimmen]* |
| *Kandidat/in 2* | *... [Anzahl Stimmen]* |
| ... | ... |

*Zum / Zur Betriebsratsvorsitzenden ist damit ... [Name] gewählt.*

### Beispiel für die Feststellung des Wahlergebnisses im Sitzungsprotokoll

*Bei der Wahl zum/zur Betriebsratsvorsitzenden haben die Kandidatinnen/Kandidaten die folgende Anzahl an Stimmen erhalten:*

| KANDIDATEN | STIMMENZAHL |
|---|---|
| Horst Held | 2 |
| Susanne Sieger | 5 |
| Bernd Blender | 2 |

*Zur Betriebsratsvorsitzenden ist damit Susanne Sieger gewählt.*

## Wahl des stellvertretenden Betriebsratsvorsitzenden – M288

### → Situation

Der stellvertretende Betriebsratsvorsitzende muss (neu) gewählt werden.

### → Hintergrund

Nach jeder Neuwahl des Betriebsrats muss nach der Wahl des Betriebsratsvorsitzenden auch ein Stellvertreter gewählt werden.

Während der laufenden Amtsperiode muss der Betriebsrat immer dann unverzüglich einen neuen stellvertretenden Betriebsratsvorsitzenden wählen, wenn der für die laufende Amtsperiode ursprünglich gewählte stellvertretende Betriebsratsvorsitzende vorzeitig aus seinem Amt ausscheiden sollte.

| | |
|---|---|
| Rechtsgrundlage | § 26 Absatz 1 BetrVG |
| Erforderliche Stimmenmehrheit | Einfache Mehrheit: Gewählt ist, wer die meisten Stimmen erhalten hat. |
| Verfahren | Geheime Wahl, wenn ein Betriebsratsmitglied dies beantragt. |
| Nächste Schritte | Arbeitgeber informieren Muster M291 . |

→ **M288**

**Muster für den Tagesordnungspunkt**

*Wahl des / der stellvertretenden Betriebsratsvorsitzenden*

**Muster für einen Stimmzettel**

*Stimmzettel für die Wahl des / der stellvertretenden Betriebsratsvorsitzenden*

| | |
|---|---|
| *Kandidat/in 1* | ☐ |
| *Kandidat/in 2* | ☐ |
| ... | ... |

**Muster für die Feststellung des Wahlergebnisses im Sitzungsprotokoll**

*Bei der Wahl zum / zur stellvertretenden Betriebsratsvorsitzenden haben die Kandidatinnen / Kandidaten die folgende Anzahl an Stimmen erhalten:*

| KANDIDATEN | STIMMENZAHL |
|---|---|
| *Kandidat/in 1* | *... [Anzahl Stimmen]* |
| *Kandidat/in 2* | *... [Anzahl Stimmen]* |
| ... | ... |

*Zum / Zur stellvertretenden Betriebsratsvorsitzenden ist damit ... [Name] gewählt.*

**Beispiel für die Feststellung des Wahlergebnisses im Sitzungsprotokoll**

*Bei der Wahl zum / zur stellvertretenden Betriebsratsvorsitzenden haben die Kandidatinnen / Kandidaten die folgende Anzahl an Stimmen erhalten:*

| KANDIDATEN | STIMMENZAHL |
|---|---|
| *Horst Held* | 6 |
| *Norbert Null* | 1 |
| *Bernd Blender* | 2 |

*Zum stellvertretenden Betriebsratsvorsitzenden ist damit Horst Held gewählt.*

## 02. Beschlüsse

### Betriebsratsvorsitzenden abberufen - M289

**→ Situation**

Der Betriebsrat möchte den Betriebsratsvorsitzenden abberufen.

**→ Hintergrund**

Der Betriebsrat kann den amtierenden Betriebsratsvorsitzenden jederzeit abberufen, um anschließend einen neuen Betriebsratsvorsitzenden zu wählen. Ein besonderer Grund muss für die Abberufung nicht vorliegen.

| | |
|---|---|
| Rechtsgrundlage | § 26 Absatz 1 BetrVG |
| Erforderliche Stimmenmehrheit | Einfache Mehrheit |
| Form | – |
| Nächste Schritte | 1. Neuen Betriebsratsvorsitzenden wählen Muster M287.<br>2. Abberufenes Betriebsratsmitglied informieren (wenn bei Beschlussfassung nicht anwesend).<br>3. Arbeitgeber informieren Muster M292. |

**→ M289**

**Muster für den Tagesordnungspunkt**

*Abberufung des / der Betriebsratsvorsitzenden*

**Muster für den Beschlusstext**

*Herr / Frau ... [Name] wird als Betriebsratsvorsitzende/r abberufen.*

*Abstimmungsergebnis:*
*Ja ... / Nein ... / Enthaltungen ...*

## Stellvertretenden Betriebsratsvorsitzenden abberufen – M290

### → Situation

Der Betriebsrat möchte den stellvertretenden Betriebsratsvorsitzenden abberufen.

### → Hintergrund

Der Betriebsrat kann auch den stellvertretenden Betriebsratsvorsitzenden jederzeit abberufen, um anschließend einen neuen stellvertretenden Vorsitzenden zu wählen. Ein besonderer Grund muss für die Abberufung nicht vorliegen.

| | |
|---|---|
| Rechtsgrundlage | § 26 Absatz 1 BetrVG |
| Erforderliche Stimmenmehrheit | Einfache Mehrheit |
| Form | – |
| Nächste Schritte | 1. Neuen stellvertretenden Betriebsratsvorsitzenden wählen Muster M288.<br>2. Abberufenes Betriebsratsmitglied informieren (wenn bei Beschlussfassung nicht anwesend).<br>3. Arbeitgeber informieren Muster M292. |

### → M290

**Muster für den Tagesordnungspunkt**

*Abberufung des/der stellvertretenden Betriebsratsvorsitzenden*

**Muster für den Beschlusstext**

*Herr/Frau ... [Name] wird als stellvertretende/r Betriebsratsvorsitzende/r abberufen.*

*Abstimmungsergebnis:*
*Ja ... / Nein ... / Enthaltungen ...*

## 03. Schreiben

### Arbeitgeber über Wahl des Betriebsratsvorsitzenden und Stellvertreters informieren - M291

Muster für ein Schreiben, mit dem der Betriebsrat den Arbeitgeber darüber informiert, wer zum Betriebsratsvorsitzenden und wer zum stellvertretenden Betriebsratsvorsitzenden gewählt worden ist.

Absender → Betriebsrat
Empfänger → Arbeitgeber

#### → Hintergrund

Der Betriebsratsvorsitzende - und im Verhinderungsfall der stellvertretende Betriebsratsvorsitzende - ist der Ansprechpartner für den Arbeitgeber. Wenn der Arbeitgeber den Betriebsrat über etwas informieren oder beim Betriebsrat etwas beantragen will, muss er sich an den Betriebsratsvorsitzenden wenden. Deshalb ist es wichtig, den Arbeitgeber unverzüglich über die erfolgte Wahl des Betriebsratsvorsitzenden und dessen Stellvertreter zu informieren.

#### → Rechtsgrundlage

§26 Absatz 1 BetrVG

#### → Vorherige Beschlussfassung?

Betriebsratsvorsitzender und stellvertretender Vorsitzender werden durch Wahlen bestimmt Muster M287 und M288.

#### → M291

*Wahl des Betriebsratsvorsitzenden und des Stellvertreters*

*Sehr geehrte Damen und Herren,*

*ich möchte Ihnen mitteilen, dass der Betriebsrat mich in seiner Sitzung am ... [Datum] zum/zur Betriebsratsvorsitzenden gewählt hat. Herr/Frau ... [Name] ist zum/zur stellvertretenden Betriebsratsvorsitzenden gewählt worden.*

*Als Betriebsratsvorsitzende/r stehe ich Ihnen zukünftig in allen Angelegenheiten, die den Betriebsrat betreffen, als Ansprechpartner zur Verfügung. Im Falle meiner Verhinderung wenden Sie sich bitte an den/die stellvertretende Betriebsratsvorsitzende/n Herrn/Frau ... [Name].*

*Mit freundlichen Grüßen*

______________________

*(BETRIEBSRATSVORSITZENDE/R)*

## Mitteilung an Arbeitgeber über Neuwahl des Betriebsratsvorsitzenden – M292

Muster für ein Schreiben, mit dem der Betriebsrat den Arbeitgeber darüber informiert, dass ein neuer Betriebsratsvorsitzender gewählt worden ist.

Absender → Betriebsrat
Empfänger → Arbeitgeber

### → Hintergrund

Der Betriebsratsvorsitzende wird normalerweise für die gesamte Amtszeit des Betriebsrats gewählt. Es kann aber vorkommen, dass der Betriebsratsvorsitzende sein Amt vor Ablauf der Amtszeit des Betriebsrats verliert, zum Beispiel dadurch, dass der Betriebsratsvorsitzende aus dem Arbeitsverhältnis ausscheidet.

Immer dann, wenn der Betriebsratsvorsitzende vorzeitig aus diesem Amt ausscheidet, muss unverzüglich ein neuer Betriebsratsvorsitzender gewählt und der Arbeitgeber über die Neuwahl informiert werden.

### → Rechtsgrundlage

§ 26 Absatz 1 BetrVG

### → Vorherige Beschlussfassung?

Der Betriebsratsvorsitzende wird gewählt Muster M287.

### → M292

*Neuwahl des Betriebsratsvorsitzenden*

*Sehr geehrte Damen und Herren,*

*ich möchte Ihnen mitteilen, dass der Betriebsrat mich in seiner Sitzung am ... [Datum] zum / zur neuen Betriebsratsvorsitzenden gewählt hat. Die Amtszeit des / der bisherigen Betriebsratsvorsitzenden Herrn / Frau ... [Name] ist vorzeitig durch ... [Grund angeben] beendet worden.*

*Als neue/r Betriebsratsvorsitzende/r stehe ich Ihnen zukünftig in allen Angelegenheiten, die den Betriebsrat betreffen, als Ansprechpartner zur Verfügung. Im Falle meiner Verhinderung wenden Sie sich bitte an den / die stellvertretende Betriebsratsvorsitzende Herrn / Frau ... [Name].*

*Mit freundlichen Grüßen*

____________________________

*(BETRIEBSRATSVORSITZENDE/R)*

## Betriebsratsvorsitzender als Ansprechpartner des Arbeitgebers – M293

Muster für ein Schreiben, mit dem der Betriebsrat den Arbeitgeber darauf hinweist, dass dieser sich immer an den Betriebsratsvorsitzenden wenden muss, wenn er dem Betriebsrat etwas mitteilen oder beim Betriebsrat etwas beantragen will.

Absender → Betriebsrat
Empfänger → Arbeitgeber

### → Hintergrund

Wenn der Arbeitgeber dem Betriebsrat etwas mitteilen oder er beim Betriebsrat etwas beantragen will, muss er sich an den Betriebsratsvorsitzenden wenden. Ein „einfaches" Betriebsratsmitglied ist nicht dafür zuständig, Informationen oder Anträge für den Betriebsrat vom Arbeitgeber entgegenzunehmen.

Wenn der Arbeitgeber dies nicht beachtet und er sich in Betriebsratsangelegenheiten nicht an den Betriebsratsvorsitzenden, sondern an andere Betriebsratsmitglieder wendet, kann es angebracht sein, den Arbeitgeber darauf hinzuweisen, dass der Betriebsratsvorsitzende dafür zuständig ist, an den Betriebsrat gerichtete Erklärungen entgegenzunehmen.

### → Rechtsgrundlage

§ 26 Absatz 2 BetrVG

### → Vorherige Beschlussfassung?

Nein.

### → M293

*Abgabe von Erklärungen und Mitteilung von Informationen gegenüber dem Betriebsrat*

*Sehr geehrte Damen und Herren,*

*es ist jetzt bereits mehrfach vorgekommen, dass Sie Informationen über bestimmte für den Betriebsrat relevante Sachverhalte und sonstige gegenüber dem Betriebsrat abzugebende Erklärungen nicht direkt an den Betriebsratsvorsitzenden, sondern an ein anderes Betriebsratsmitglied übermittelt haben. Zuletzt haben Sie das Betriebsratsmitglied ... [Name] am ... [Datum] über ... [Thema] informiert. Das Betriebsratsmitglied ... [Name] hat dem Betriebsratsvorsitzenden hiervon berichtet.*

*Der Betriebsrat erlaubt sich aus diesem Anlass den Hinweis, dass nach § 26 Absatz 2 BetrVG allein der Betriebsratsvorsitzende der Vertreter des Betriebsrats ist. Deshalb sind Erklärungen, die dem Betriebsrat gegenüber abzugeben sind, an den Betriebsratsvorsitzenden zu richten. Im Falle der Verhinderung des Betriebsratsvorsitzenden ist der/die stellvertretende Vorsitzende Herr/Frau ... [Name] für die Entgegennahme von für den Betriebsrat bestimmten Erklärungen zuständig.*

*Wird eine an den Betriebsrat gerichtete Erklärung nicht gegenüber dem Betriebsratsvorsitzenden abgegeben, entfaltet diese grundsätzlich erst dann rechtliche Wirkung, wenn der Betriebsratsvorsitzende von ihr Kenntnis erlangt. Erst mit dem*

*Zugang einer Erklärung bzw. Information beim Betriebsratsvorsitzenden beginnen eventuelle Fristen für den Betriebsrat zu laufen.*

*Mit freundlichen Grüßen*

______________________________

*(BETRIEBSRATSVORSITZENDE/R)*

## Arbeitgeber über Verhinderung des Betriebsratsvorsitzenden informieren - M294

Muster für ein Schreiben, mit dem der Betriebsratsvorsitzende den Arbeitgeber darüber informiert, dass er vorübergehend sein Amt nicht ausüben wird und der Betriebsrat in dieser Zeit von dem stellvertretenden Vorsitzenden vertreten wird.

Absender → Betriebsratsvorsitzender
Empfänger → Arbeitgeber

### → Hintergrund

Wenn der Betriebsratsvorsitzende sein Amt vorübergehend nicht ausüben kann, wird der Betriebsrat in dieser Zeit von dem stellvertretenden Betriebsratsvorsitzenden vertreten. Wenn eine solche Situation absehbar ist, sollte der Betriebsratsvorsitzende den Arbeitgeber darüber informieren.

### → Rechtsgrundlage

§ 26 Absatz 2 BetrVG

### → Vorherige Beschlussfassung?

Nein.

### → M294

*Verhinderung des Betriebsratsvorsitzenden*

*Sehr geehrte Damen und Herren,*

*ich möchte Ihnen mitteilen, dass ich wegen meines Urlaubs vom ... [Datum] bis zum ... [Datum] nicht im Betrieb sein werde. Der Betriebsrat wird in dieser Zeit von dem / der stellvertretenden Betriebsratsvorsitzenden Herrn / Frau... [Name] vertreten. Bitte wenden Sie sich während meiner Abwesenheit in allen den Betriebsrat betreffenden Angelegenheiten direkt an Herrn / Frau ... [Name].*

*Mit freundlichen Grüßen*

________________________

*(BETRIEBSRATSVORSITZENDE/R)*

## Stellvertreter informiert Arbeitgeber über Verhinderung des Betriebsratsvorsitzenden - M295

Muster für ein Schreiben, mit dem der stellvertretende Betriebsratsvorsitzende den Arbeitgeber darüber informiert, dass der Betriebsratsvorsitzende vorübergehend sein Amt nicht ausüben wird und der Betriebsrat in dieser Zeit von ihm als stellvertretendem Vorsitzenden vertreten wird.

Absender → Stellvertretender Betriebsratsvorsitzender
Empfänger → Arbeitgeber

### → Hintergrund

Siehe zunächst die Erläuterung zu Muster M294.

Wenn der Betriebsratsvorsitzende vorübergehend verhindert ist, kann auch der stellvertretende Betriebsratsvorsitzende den Arbeitgeber benachrichtigen.

### → Rechtsgrundlage

§ 26 Absatz 2 BetrVG

### → Vorherige Beschlussfassung?

Nein.

### → M295

*Verhinderung des Betriebsratsvorsitzenden*

*Sehr geehrte Damen und Herren,*

*ich möchte Ihnen mitteilen, dass der/die Betriebsratsvorsitzende Herr/Frau ... [Name] bis auf Weiteres an der Amtsausübung verhindert ist. Der Betriebsrat wird während der Dauer der Verhinderung des/der Betriebsratsvorsitzenden von mir als stellvertretendem/r Betriebsratsvorsitzenden vertreten. Bitte wenden Sie sich bis auf Weiteres in allen den Betriebsrat betreffenden Angelegenheiten direkt an mich.*

*Mit freundlichen Grüßen*

______________________________

*(STELLVERTRETENDE/R BETRIEBSRATS-VORSITZENDE/R)*

→

# Betriebsratsschulungen

Für die ordnungsgemäße Ausübung ihres Betriebsratsamts benötigen Betriebsratsmitglieder spezielle Fachkenntnisse, über die Arbeitnehmer normalerweise nicht verfügen. Dazu gehören insbesondere Kenntnisse im Arbeitsrecht und speziell im Betriebsverfassungsrecht.

Um die nötigen Fachkenntnisse erwerben zu können, dürfen Betriebsratsmitglieder während der Arbeitszeit auf Kosten des Arbeitgebers an entsprechenden Schulungen teilnehmen. Derartige Betriebsratsschulungen werden deutschlandweit von verschiedenen Veranstaltern als Präsenzschulungen zum Beispiel in Tagungshotels angeboten oder als Onlineschulungen über das Internet („externe Schulung“, Muster M296). Viele Veranstalter bieten aber auch firmeninterne Schulungen für Betriebsräte an. Bei diesen firmeninternen Schulungen wird eine Betriebsratsschulung speziell für den Betriebsrat eines einzelnen Unternehmens durchgeführt Muster M297.

Bei den Betriebsratsschulungen, an denen Betriebsratsmitglieder auf Kosten des Arbeitgebers teilnehmen dürfen, werden zwei Arten von Schulungen unterschieden: Grundlagenschulungen und Spezialschulungen. Bei den Grundlagenschulungen geht es um Schulungen, in denen den Betriebsratsmitgliedern Kenntnisse vermitteln werden, die jedes Betriebsratsmitglied in jedem Unternehmen benötigt, um sein Amt ordnungsgemäß ausüben zu können. Dazu gehören vor allem Grundkenntnisse im Betriebsverfassungsrecht und im Arbeitsrecht. Diese Schulungen werden von den Anbietern zum Beispiel bezeichnet als „Betriebsverfassungsrecht 1“, „Betriebsverfassungsrecht 2“, „Betriebsverfassungsrecht 3“ sowie „Arbeitsrecht 1“, „Arbeitsrecht 2“ und „Arbeitsrecht 3“. Bei den Spezialschulungen geht es dagegen um die Vermittlung von Kenntnissen, die für die Betriebsratsarbeit erforderlich sein können, die aber nicht unbedingt jedes Betriebsratsmitglied in jedem Unternehmen für die ordnungsgemäße Amtsausübung braucht. Ein Beispiel für eine Spezialschulung ist eine Schulung zu dem Thema, wie der Betriebsrat gegen Mobbing im Betrieb vorgehen kann Muster M300.

An den Grundlagenschulungen darf grundsätzlich jedes Betriebsratsmitglied teilnehmen, ohne dass die Erforderlichkeit der Schulungsteilnahme gegenüber dem Arbeitgeber besonders begründet werden muss Muster M298. Wenn ein Betriebsratsmitglied dagegen an einer Spezialschulung teilnehmen soll, muss die Erforderlichkeit der Schulungsteilnahme gegenüber dem Arbeitgeber näher begründet werden Muster M299.

## 01. Beschlüsse

### Teilnahme von Betriebsratsmitgliedern an einer externen Schulung – M296

**→ Situation**

Bestimmte Betriebsratsmitglieder sollen an einer Betriebsratsschulung teilnehmen, die für Betriebsratsmitglieder aus verschiedenen Betrieben offensteht (externe Schulung).

**→ Hintergrund**

Betriebsratsmitglieder dürfen während der Arbeitszeit auf Kosten des Arbeitgebers an Betriebsratsschulungen teilnehmen. Wann ein Betriebsratsmitglied an welcher Schulung teilnimmt, darf das Betriebsratsmitglied aber nicht selbst entscheiden. Vielmehr muss der Betriebsrat durch Beschluss bestimmen, welche Betriebsratsmitglieder wann an welcher Schulung teilnehmen sollen.

| | |
|---|---|
| Rechtsgrundlage | § 37 Absatz 6 Satz 1 BetrVG, § 40 Absatz 1 BetrVG |
| Erforderliche Stimmenmehrheit | Einfache Mehrheit |
| Form | – |
| Nächste Schritte | Arbeitgeber informieren Muster M298 und M299. |

**→ M296**

**Muster für den Tagesordnungspunkt**

*Entsendung von Betriebsratsmitgliedern zu der Schulung ... [Bezeichnung der Schulung]*

**Muster für den Beschlusstext**

*Der Betriebsrat entsendet die folgenden Betriebsratsmitglieder auf die vom ... [Datum] bis ... [Datum] in ... [Ort] stattfindende Betriebsratsschulung ... [Bezeichnung der Schulung] des Schulungsveranstalters ... [Name des Veranstalters]:*

*... [Namen der Betriebsratsmitglieder]*

*Abstimmungsergebnis:*
*Ja ... / Nein ... / Enthaltungen ...*

**Beispiel für den Tagesordnungspunkt**

*Entsendung von Betriebsratsmitgliedern zu der Schulung „Betriebsrat 1"*

**Beispiel für den Beschlusstext**

*Der Betriebsrat entsendet die folgenden Betriebsratsmitglieder auf die vom 27.06. bis 30.06.2022 in Berlin stattfindende Betriebsratsschulung „Betriebsrat 1" des Schulungsveranstalters „ABC Seminare":*

1. *Susanne Sieger*
2. *Horst Held*
3. *Ronny Riese*

*Abstimmungsergebnis:*
*Ja … / Nein … / Enthaltungen …*

## Veranstaltung einer firmeninternen Schulung – M297

### → Situation

Der Betriebsrat möchte eine firmeninterne Betriebsratsschulung durchführen, an der nur Betriebsratsmitglieder aus dem eigenen Gremium teilnehmen („Inhouse-Schulung").

### → Hintergrund

Wenn ein Betriebsrat mehrere Betriebsratsmitglieder schulen lassen will, kann es sinnvoll sein, eine firmeninterne Betriebsratsschulung durchzuführen. Ab einer gewissen Teilnehmerzahl ist eine firmeninterne Schulung in der Regel günstiger als eine externe Schulung, an der auch noch Betriebsratsmitglieder aus anderen Unternehmen teilnehmen. Außerdem kann bei einer firmeninternen Schulung besser auf die individuelle Situation im konkreten Betrieb eingegangen werden.

Wenn der Betriebsrat eine firmeninterne Schulung durchführen will, sollte er zunächst ein entsprechendes Angebot eines Schulungsveranstalters einholen und dann durch Beschluss darüber entscheiden, ob das Angebot angenommen werden soll. Der Betriebsrat muss außerdem durch Beschluss darüber entscheiden, welche Betriebsratsmitglieder an der Schulung teilnehmen sollen.

| | |
|---|---|
| Rechtsgrundlage | § 37 Absatz 6 Satz 1 BetrVG, § 40 Absatz 1 BetrVG |
| Erforderliche Stimmenmehrheit | Einfache Mehrheit |
| Form | – |
| Nächste Schritte | Arbeitgeber informieren Muster M301. |

→ **M297**

**Muster für den Tagesordnungspunkt**

*Durchführung einer firmeninternen Betriebsratsschulung*

**Muster für den Beschlusstext**

*Der Betriebsrat nimmt das Angebot des Schulungsveranstalters [Name des Veranstalters] vom … [Datum] über die Durchführung einer firmeninternen Betriebsratsschulung mit dem Titel … [Bezeichnung der Schulung] an.*

*An dieser Schulung sollen die folgenden Betriebsratsmitglieder teilnehmen:*

*… [Namen der Betriebsratsmitglieder]*

*Abstimmungsergebnis:*
*Ja … / Nein … / Enthaltungen …*

## 02. Schreiben

### Arbeitgeber über Teilnahme von Betriebsratsmitgliedern an Grundlagenschulung informieren – M298

Muster für ein Schreiben, mit dem der Betriebsrat den Arbeitgeber über die beabsichtigte Teilnahme von Betriebsratsmitgliedern an einer Grundlagenschulung informiert.

Absender → Betriebsrat
Empfänger → Arbeitgeber

**→ Hintergrund**
Die Teilnahme eines Betriebsratsmitglieds an einer Grundlagenschulung ist normalerweise unproblematisch. Grundsätzlich darf jedes Betriebsratsmitglied auf Kosten des Arbeitgebers an allen Grundlagenschulungen teilnehmen. Die Teilnahme eines Betriebsratsmitglieds an einer Schulung, auf der Grundlagenkenntnisse vermittelt werden, muss gegenüber dem Arbeitgeber nicht besonders begründet werden.

**→ Rechtsgrundlage**
§ 37 Absatz 6 Satz 1 BetrVG, § 40 Absatz 1 BetrVG

**→ Vorherige Beschlussfassung?**
Ja, siehe Muster M296.

**→ M298**

*Teilnahme von Betriebsratsmitgliedern an einer Betriebsratsschulung*

*Sehr geehrte Damen und Herren,*

*der Betriebsrat hat in seiner Sitzung am ... [Datum] beschlossen, die Betriebsratsmitglieder ... [Name], ... [Name] und ... [Name] an einer Betriebsratsschulung des Veranstalters ... [Name] mit dem Titel ... [Name der Schulung] teilnehmen zu lassen. Die Schulung findet vom ... [Datum] bis ... [Datum] in ... [Ort] statt. Weitere Informationen zu dieser Schulung können Sie der Internetseite des Schulungsveranstalters entnehmen: ... [Internetadresse]. Einen Ausdruck dieser Internetseite haben wir beigefügt.*

*In der Schulung werden Grundkenntnisse im Arbeitsrecht bzw. Betriebsverfassungsrecht vermittelt, ohne die ein Betriebsratsmitglied seine Aufgaben nicht ordnungsgemäß wahrnehmen kann. Nach der Rechtsprechung des Bundesarbeitsgerichts ist die Teilnahme eines Betriebsratsmitglieds an einer solchen Schulung grundsätzlich immer erforderlich im Sinne des § 37 Absatz 6 BetrVG.*

*Der Betriebsrat geht deshalb davon aus, dass Sie mit der Teilnahme der oben genannten Betriebsratsmitglieder an der Schulungsveranstaltung einverstanden sind. Wir haben diesem Schreiben die Anmeldeformulare für die Veranstaltung beigefügt und bitten Sie, diese gegen-*

*zuzeichnen und innerhalb einer Woche wieder bei uns einzureichen.*

*Mit freundlichen Grüßen*

______________________________
*(BETRIEBSRATSVORSITZENDE/R)*

## Arbeitgeber über Teilnahme eines Betriebsratsmitglieds an Spezialschulung informieren – M299

Muster für ein Schreiben, mit dem der Betriebsrat den Arbeitgeber über die beabsichtigte Teilnahme eines Betriebsratsmitglieds an einer Spezialschulung informiert.

Absender → Betriebsrat
Empfänger → Arbeitgeber

### → Hintergrund

Wenn ein Betriebsratsmitglied nicht an einer Grundlagenschulung, sondern an einer Schulung zu einem speziellen Thema teilnehmen soll, muss der Betriebsrat die Erforderlichkeit der Schulungsteilnahme gegenüber dem Arbeitgeber näher begründen. Der Betriebsrat muss dem Arbeitgeber erläutern, dass für den Betriebsrat aktuell eine konkrete Aufgabe ansteht und der Betriebsrat die auf der Schulung vermittelten Kenntnisse benötigt, um diese Aufgabe sachgerecht wahrnehmen zu können (siehe als Beispiel dazu auch das Muster M300).

### → Rechtsgrundlage

§ 37 Absatz 6 Satz 1 BetrVG, § 40 Absatz 1 BetrVG

### → Vorherige Beschlussfassung?

Ja, siehe Muster M296.

### → M299

*Teilnahme eines Betriebsratsmitglieds an einer Betriebsratsschulung*

*Sehr geehrte Damen und Herren,*

*der Betriebsrat hat in seiner Sitzung am ... [Datum] beschlossen, das Betriebsratsmitglied ... [Name] an einer Schulungsveranstaltung des Veranstalters ... [Name] mit dem Titel ... [Name der Schulung] teilnehmen zu lassen. Die Schulung findet vom ... [Datum] bis zum ... [Datum] in ... [Ort] statt. Weitere Informationen zu dieser Schulung können Sie der Internetseite des Schulungsveranstalters entnehmen: ... [Internetadresse]. Einen Ausdruck dieser Internetseite haben wir beigefügt.*

*Die Teilnahme des Betriebsratsmitglieds ... [Name] an dieser Schulung ist im Sinne des § 37 Absatz 6 Satz 1 BetrVG erforderlich. Wir haben bei uns im Betrieb die Situation, dass ... [Beschreibung des Anlasses für die Schulungsteilnahme]. Es gehört zu den Aufgaben des Betriebsrats, sich um diese Angelegenheit zu kümmern. Leider verfügt aber kein Betriebsratsmitglied über die nötigen Kenntnisse, um diese Aufgabe sachgerecht in Angriff nehmen zu können. In der oben genannten Schulung werden jedoch genau diese Kenntnisse vermittelt.*

*Der Betriebsrat geht deshalb davon aus, dass Sie mit der Teilnahme des Herrn / der Frau ... [Name] an der Schulung einverstanden sind. Wir haben diesem Schreiben das Anmeldeformular für die Veranstaltung beigelegt und bitten Sie, dieses gegenzuzeichnen und innerhalb einer Woche wieder bei uns einzureichen.*

*Mit freundlichen Grüßen*

______________________________

*(BETRIEBSRATSVORSITZENDE/R)*

## Arbeitgeber über Teilnahme eines Betriebsratsmitglieds an Schulung gegen Mobbing informieren – M300

Muster für ein Schreiben, mit dem der Betriebsrat den Arbeitgeber über die beabsichtigte Teilnahme eines Betriebsratsmitglieds an einer Schulung zum Thema Mobbing informiert.

Absender → Betriebsrat
Empfänger → Arbeitgeber

### → Hintergrund

Der Betriebsrat hat die Aufgabe, sich gegen Mobbing im Betrieb einzusetzen. Um wirksam gegen Mobbing vorgehen zu können, sind besondere Kenntnisse erforderlich. Da Mobbing aber nicht in jedem Betrieb vorkommt, handelt es sich bei einer Betriebsratsschulung, in der es darum geht, wie der Betriebsrat gegen Mobbing vorgehen kann, nicht um eine Grundlagenschulung, sondern um eine Spezialschulung. Der Betriebsrat muss die Teilnahme eines Betriebsratsmitglieds an einer solchen Schulung deshalb besonders begründen.

### → Rechtsgrundlage

§ 37 Absatz 6 Satz 1 BetrVG, § 40 Absatz 1 BetrVG

### → Vorherige Beschlussfassung?

Ja, siehe Muster M296.

### → M300

*Teilnahme eines Betriebsratsmitglieds an einer Betriebsratsschulung*

*Sehr geehrte Damen und Herren,*

*der Betriebsrat hat in seiner Sitzung am ... [Datum] beschlossen, das Betriebsratsmitglied ... [Name] an einer Schulungsveranstaltung des Veranstalters ... [Name] mit dem Titel „So erkennt und verhindert der Betriebsrat Mobbing am Arbeitsplatz“ teilnehmen zu lassen. Die Schulung findet vom ... [Datum] bis zum ... [Datum] in ... [Ort] statt. Weitere Informationen zu dieser Schulung können Sie der Internetseite des Schulungsveranstalters entnehmen: ... [Internetadresse]. Einen Ausdruck dieser Internetseite haben wir beigefügt.*

*Die Teilnahme des Betriebsratsmitglieds ... [Name] an dieser Schulung ist im Sinne des § 37 Absatz 6 Satz 1 BetrVG erforderlich. Der Betriebsrat hat aktuell zwei Beschwerden von Kollegen vorliegen, die sich darüber beklagen, von anderen Kollegen gemobbt zu werden. Es gehört nach § 75 Absatz 1 BetrVG zu den Aufgaben des Betriebsrats, darüber zu wachen, dass alle im Betrieb tätigen Personen nach Recht und Billigkeit behandelt werden. Dazu gehört insbesondere auch, gegen Mobbing im Betrieb einzutreten.*

*Leider verfügt keines der Betriebsratsmitglieder aus unserem Gremium über Kenntnisse darüber, wie Mobbing am Arbeitsplatz effektiv entgegengetreten werden kann.*

*In der oben genannten Schulung werden jedoch genau diese Kenntnisse vermittelt.*

*Der Betriebsrat geht deshalb davon aus, dass Sie mit der Teilnahme des Herrn / der Frau ... [Name] an der Schulung einverstanden sind. Wir haben diesem Schreiben das Anmeldeformular für die Veranstaltung beigelegt und bitten Sie, dieses gegenzuzeichnen und innerhalb einer Woche wieder bei uns einzureichen.*

*Mit freundlichen Grüßen*

______________________________

*(BETRIEBSRATSVORSITZENDE/R)*

## Arbeitgeber über Veranstaltung einer firmeninternen Betriebsratsschulung informieren – M301

Muster für ein Schreiben, mit dem der Betriebsrat den Arbeitgeber darüber informiert, dass er eine firmeninterne Betriebsratsschulung durchführen möchte.

Absender → Betriebsrat
Empfänger → Arbeitgeber

### → Hintergrund

Siehe die Erläuterung zu dem entsprechenden Betriebsratsbeschluss Muster M297.

### → Rechtsgrundlage

§ 37 Absatz 6 Satz 1 BetrVG, § 40 Absatz 1 BetrVG

### → Vorherige Beschlussfassung?

Ja, siehe Muster M297.

### → M301

*Firmeninterne Betriebsratsschulung*

*Sehr geehrte Damen und Herren,*

*der Betriebsrat hat in seiner Sitzung am ... [Datum] beschlossen, eine firmeninterne Betriebsratsschulung durchzuführen, damit sämtliche Betriebsratsmitglieder die für die ordnungsgemäße Amtsausübung nötigen Grundkenntnisse im Betriebsverfassungsrecht vermittelt bekommen. An der Schulung sollen die folgenden Betriebsratsmitglieder teilnehmen:*

*... [Namen]*

*Der Betriebsrat hat hierzu verschiedene Angebote eingeholt und sich für das Angebot des Anbieters ... [Name] entschieden. Wir übersenden Ihnen dieses Angebot und den dazugehörenden Schulungsvertrag anliegend. Wir bitten Sie, den Schulungsvertrag als Arbeitgeber gegenzuzeichnen und diesen wieder bei uns einzureichen.*

*Die Schulung soll vom ... [Datum] bis ... [Datum] durchgeführt werden. Bitte teilen Sie uns mit, ob Sie mit diesem Termin einverstanden sind.*

*Mit freundlichen Grüßen*

________________________

*(BETRIEBSRATSVORSITZENDE/R)*

→

# Individuelle Ansprüche von Betriebsratsmitgliedern

Betriebsratsmitglieder haben mit dem Betriebsratsamt ein unentgeltliches Ehrenamt übernommen. Durch die Übernahme dieses Ehrenamts sollen den Betriebsratsmitgliedern keine Nachteile entstehen. Insbesondere soll vermieden werden, dass Betriebsratsmitglieder durch ihre Betriebsratstätigkeit finanzielle Nachteile oder Einbußen an ihrer persönlichen Freizeit erleiden. Um das Entstehen solcher Nachteile zu verhindern, sieht das Gesetz für Betriebsratsmitglieder verschiedene Ansprüche gegen den Arbeitgeber vor.

Damit Betriebsratsmitgliedern durch ihre Betriebsratstätigkeit keine finanziellen Nachteile entstehen, haben diese zunächst einmal einen Anspruch darauf, dass der Arbeitgeber ihnen die Kosten erstattet, die ihnen durch die Ausübung ihrer Betriebsratstätigkeit entstehen Muster M302 und M304.

Finanzielle Nachteile können einem Betriebsratsmitglied auch dadurch entstehen, dass es sich wegen seiner Betriebsratstätigkeit nicht mehr in gleichem Maße seiner beruflichen Entwicklung widmen kann wie ein Arbeitnehmer ohne Betriebsratsamt. Da einem Betriebsratsmitglied aber auch keine finanziellen Nachteile bei der Entwicklung seines Gehalts entstehen sollen, können Betriebsratsmitglieder verlangen, dass ihr Gehalt fortlaufend an das Gehalt vergleichbarer Arbeitnehmer mit betriebsüblicher Entwicklung angepasst wird. Wenn also ein solcher vergleichbarer Arbeitnehmer eine Gehaltserhöhung erhält, hat auch ein Betriebsratsmitglied einen Anspruch auf eine entsprechende Gehaltserhöhung.

Um das Bestehen eines solchen Anspruchs prüfen zu können, haben Betriebsratsmitglieder gegen den Arbeitgeber einen Anspruch auf Auskunft über die Höhe des Gehalts vergleichbarer Arbeitnehmer mit betriebsüblicher Entwicklung Muster M306.

Betriebsratsmitglieder sollen durch ihre Betriebsratstätigkeit auch keine Einbußen an ihrer Freizeit erleiden. Deshalb kann ein Betriebsratsmitglied, das Betriebsratsarbeit außerhalb seiner eigentlichen Arbeitszeit leisten musste, vom Arbeitgeber dafür Freizeitausgleich verlangen Muster M307. Sofern dieser Freizeitausgleich vom Arbeitgeber nicht gewährt werden kann, steht dem Betriebsratsmitglied ein Anspruch auf Bezahlung der für die Betriebsratsarbeit aufgewendeten Zeit zu Muster M308.

Nicht zuletzt haben Betriebsratsmitglieder ganz allgemein einen Anspruch darauf, wegen ihrer Betriebsratstätigkeit nicht benachteiligt zu werden Muster M303.

Bei den soeben dargestellten Ansprüchen handelt es sich um individuelle Ansprüche der einzelnen Betriebsratsmitglieder, die diese selbst gegenüber dem Arbeitgeber geltend machen können und grundsätzlich auch müssen. Es ist jedoch auch denkbar, dass der Betriebsrat den Arbeitgeber auffordert, derartige Ansprüche einzelner Betriebsratsmitglieder zu erfüllen Muster M302 und M303.

## 01. Beschlüsse

### Kostenerstattungsanspruch eines Betriebsratsmitglieds – M302

**→ Situation**

Der Betriebsrat möchte den Arbeitgeber auffordern, einem Betriebsratsmitglied Kosten zu erstatten, die dem Betriebsratsmitglied durch die Ausübung einer Betriebsratstätigkeit entstanden sind.

**→ Hintergrund**

Einem Betriebsratsmitglied können durch die Ausübung einer Betriebsratstätigkeit Kosten entstehen, zum Beispiel Reisekosten. Wenn einem Betriebsratsmitglied durch die Ausübung einer erforderlichen Betriebsratstätigkeit Kosten entstehen, kann es diese Kosten vom Arbeitgeber erstattet verlangen.

Bei dem Anspruch eines Betriebsratsmitglieds auf Kostenerstattung handelt es sich um einen individuellen Anspruch des Betriebsratsmitglieds, den das Betriebsratsmitglied selbst geltend machen kann Muster M304. Kostenerstattungsansprüche von Betriebsratsmitgliedern können aber auch vom Betriebsrat geltend gemacht werden.

| | |
|---|---|
| Rechtsgrundlage | § 40 Absatz 1 BetrVG |
| Erforderliche Stimmenmehrheit | Einfache Mehrheit |
| Form | – |
| Nächste Schritte | Arbeitgeber auffordern (siehe als Beispiel für Reisekosten das Muster M305). |

**→ M302**

**Muster für den Tagesordnungspunkt**

*Kostenerstattung für Betriebsratsmitglied wegen ... [kostenauslösende Betriebsratstätigkeit]*

**Muster für den Beschlusstext**

*Der Arbeitgeber soll aufgefordert werden, die dem Betriebsratsmitglied ... [Name] durch ... [Betriebsratstätigkeit] entstandenen Kosten in Höhe von insgesamt ... Euro zu erstatten.*

*Abstimmungsergebnis:*
*Ja ... / Nein ... / Enthaltungen ...*

**Beispiel für den Tagesordnungspunkt**

*Kostenerstattung wegen Teilnahme an Gesamtbetriebsratssitzung*

**Beispiel für den Beschlusstext**

*Der Arbeitgeber soll aufgefordert werden, die dem Betriebsratsmitglied Susanne Sieger durch die Teilnahme an der Gesamtbetriebsratssitzung am 16.09.2022 in München entstandenen Fahrt- und Übernachtungskosten in Höhe von insgesamt 250 Euro zu erstatten.*

*Abstimmungsergebnis:*
*Ja ... / Nein ... / Enthaltungen ...*

## Benachteiligung eines Betriebsratsmitglieds – M303

### → Situation

Der Betriebsrat möchte den Arbeitgeber auffordern, ein Betriebsratsmitglied nicht zu benachteiligen.

### → Hintergrund

Betriebsratsmitglieder dürfen wegen ihrer Tätigkeit nicht vom Arbeitgeber benachteiligt werden. Falls ein Betriebsratsmitglied wegen seiner Tätigkeit vom Arbeitgeber benachteiligt wird, kann das Betriebsratsmitglied vom Arbeitgeber verlangen, die Benachteiligung zu beseitigen. Dieser Anspruch kann von dem Betriebsratsmitglied selbst geltend gemacht werden. Es ist aber auch möglich, dass der Betriebsrat sich schützend vor das Betriebsratsmitglied stellt und den Arbeitgeber auffordert, die Benachteiligung des Betriebsratsmitglieds abzustellen.

| | |
|---|---|
| Rechtsgrundlage | § 78 Satz 2 BetrVG, § 119 Absatz 1 Nr. 3 BetrVG |
| Erforderliche Stimmenmehrheit | Einfache Mehrheit |
| Form | – |
| Nächste Schritte | Arbeitgeber auffordern Muster M309. |

### → M303

**Muster für den Tagesordnungspunkt**

*Benachteiligung des Betriebsratsmitglieds … [Name]*

**Muster für den Beschlusstext**

*Der Arbeitgeber soll aufgefordert werden, die Benachteiligung des Betriebsratsmitglieds … [Name] rückgängig zu machen / zu beseitigen / zu unterlassen und … [vom Arbeitgeber vorzunehmende Handlung].*

*Abstimmungsergebnis:*
*Ja … / Nein … / Enthaltungen …*

**Beispiel für den Tagesordnungspunkt**

*Abmahnung des Betriebsratsmitglieds Horst Held*

**Beispiel für den Beschlusstext**

*Der Arbeitgeber soll aufgefordert werden, die Benachteiligung des Betriebsratsmitglieds Horst Held rückgängig zu machen und die mit Schreiben vom 20.09.2022 erteilte Abmahnung aus der Personalakte zu entfernen.*

*Abstimmungsergebnis:*
*Ja … / Nein … / Enthaltungen …*

## 02. Schreiben

### Erstattung von Reisekosten – M304

Muster für ein Schreiben, mit dem ein Betriebsratsmitglied den Arbeitgeber zur Erstattung von Reisekosten auffordert.

Absender → Betriebsratsmitglied
Empfänger → Arbeitgeber

**→ Hintergrund**
Wenn ein Betriebsratsmitglied für die Wahrnehmung einer Betriebsratstätigkeit verreisen muss, kann es die dadurch entstehenden Reisekosten vom Arbeitgeber erstattet verlangen.

**→ Rechtsgrundlage**
§ 40 Absatz 1 BetrVG

**→ M304**

*Erstattung von Reisekosten als Betriebsratsmitglied*

*Sehr geehrte Damen und Herren,*

*ich habe als Gesamtbetriebsratsmitglied am 30.06.2022 an einer Sitzung des Gesamtbetriebsrats in München teilgenommen.*

*Durch die Teilnahme an der Gesamtbetriebsratssitzung sind mir Fahrtkosten entstanden. Ich bin zu der Sitzung mit dem Zug gefahren. Der Fahrpreis für die Hin- und Rückfahrt betrug insgesamt 120 Euro. Eine Kopie der Fahrkarte habe ich diesem Schreiben beigelegt.*

*Bei den durch die Teilnahme an der Gesamtbetriebsratssitzung entstandenen Reisekosten handelt es sich um erforderliche Kosten der Betriebsratstätigkeit gemäß § 40 Absatz 1 BetrVG. Ich bitte Sie deshalb, mir diese Kosten zu erstatten und den Betrag in Höhe von 120 Euro innerhalb von zwei Wochen auf mein Ihnen bekanntes Konto zu überweisen.*

*Mit freundlichen Grüßen*

______________________
*(BETRIEBSRATSMITGLIED)*

## Erstattung von Reisekosten, Aufforderung durch den Betriebsrat – M305

Muster für ein Schreiben, mit dem der Betriebsrat den Arbeitgeber dazu auffordert, einem Betriebsratsmitglied Reisekosten zu erstatten.

Absender → Betriebsrat
Empfänger → Arbeitgeber

### → Hintergrund

Siehe die Erläuterung zu dem entsprechenden Betriebsratsbeschluss Muster M302.

### → Rechtsgrundlage

§ 40 Absatz 1 BetrVG

### → Vorherige Beschlussfassung?

Ja, siehe Muster M302.

### → M305

*Fahrt- und Übernachtungskosten des Betriebsratsmitglieds Susanne Sieger*

*Sehr geehrte Damen und Herren,*

*das Betriebsratsmitglied Susanne Sieger hat am 30.06.2022 an einer Sitzung des Gesamtbetriebsrats in München teilgenommen.*

*Durch die Teilnahme an der Gesamtbetriebsratssitzung sind Frau Sieger Fahrtkosten entstanden. Sie ist zu der Sitzung mit dem Zug gefahren. Der Fahrpreis für die Hin- und Rückfahrt betrug insgesamt 120 Euro.*

*Bei den durch die Teilnahme an der Gesamtbetriebsratssitzung entstandenen Reisekosten handelt es sich um erforderliche Kosten der Betriebsratstätigkeit gemäß § 40 Absatz 1 BetrVG. Wir bitten Sie, Frau Sieger diese Kosten zu erstatten und den Betrag in Höhe von 120 Euro innerhalb von zwei Wochen auszuzahlen.*

*Mit freundlichen Grüßen*

_______________________
*(BETRIEBSRATSVORSITZENDE/R)*

## Auskunft über das Gehalt vergleichbarer Arbeitnehmer – M306

Muster für ein Schreiben, mit dem ein Betriebsratsmitglied den Arbeitgeber auffordert, ihm die Höhe des Gehalts vergleichbarer Arbeitnehmer mit betriebsüblicher Entwicklung mitzuteilen.

Absender → Betriebsratsmitglied
Empfänger → Arbeitgeber

### → Hintergrund

Betriebsratsmitglieder haben gegenüber dem Arbeitgeber einen Anspruch darauf, dass ihr Gehalt fortlaufend an das Gehalt mit ihnen vergleichbarer Arbeitnehmer mit betriebsüblicher Entwicklung angepasst wird. Damit die Betriebsratsmitglieder das Bestehen eines solchen Anspruchs prüfen können, können sie vom Arbeitgeber eine Auskunft über die Höhe der Gehälter dieser vergleichbaren Arbeitnehmer verlangen.

### → Rechtsgrundlage

§ 37 Absatz 4 BetrVG in Verbindung mit § 242 BGB

### → M306

*Auskunft über die Höhe des Gehalts vergleichbarer Arbeitnehmer mit betriebsüblicher Entwicklung*

*Sehr geehrte Damen und Herren,*

*als Betriebsratsmitglied habe ich nach § 37 Absatz 4 BetrVG einen Anspruch auf Anpassung meines Gehalts an das Gehalt vergleichbarer Arbeitnehmer mit betriebsüblicher Entwicklung. Um diesen Anspruch geltend machen zu können, benötige ich von Ihnen eine Auskunft über die aktuelle Höhe des Gehalts der mit mir im Zeitpunkt der Amtsübernahme vergleichbaren Arbeitnehmer, die eine betriebsübliche Entwicklung genommen haben.*

*Nach meiner Auffassung sind die folgenden Kolleginnen und Kollegen im Zeitpunkt meiner Amtsübernahme mit mir vergleichbar gewesen und haben eine betriebsübliche Entwicklung genommen:*

*... [Name]*

*... [Name]*

*... [Name]*

*Bitte teilen Sie mir innerhalb von zwei Wochen die Höhe ihrer Gehälter mit.*

*Mit freundlichen Grüßen*

______________________

*(BETRIEBSRATSMITGLIED)*

## Freizeitausgleich für Betriebsratstätigkeit außerhalb der Arbeitszeit – M307

Muster für ein Schreiben, mit dem ein Betriebsratsmitglied den Arbeitgeber dazu auffordert, ihm Freizeitausgleich zu gewähren, weil es eine Betriebsratstätigkeit außerhalb seiner Arbeitszeit geleistet hat.

Absender → Betriebsratsmitglied
Empfänger → Arbeitgeber

### → Hintergrund

Betriebsratsmitglieder erledigen ihre Betriebsratsaufgaben normalerweise während ihrer persönlichen Arbeitszeit. Dies ist aber nicht immer möglich. Wenn ein Betriebsratsmitglied aus betriebsbedingten Gründen eine Betriebsratstätigkeit außerhalb seiner Arbeitszeit erledigt hat, soll es dadurch keine Freizeiteinbuße erleiden. Ein Betriebsratsmitglied hat deshalb in einem solchen Fall einen Anspruch auf Freizeitausgleich gegen den Arbeitgeber.

### → Rechtsgrundlage

§ 37 Absatz 3 Satz 1 BetrVG

### → M307

*Betriebsratstätigkeit außerhalb der Arbeitszeit*

*Sehr geehrte Damen und Herren,*

*am 04.07.2022 habe ich in der Zeit von 10:00 Uhr bis 12:30 Uhr, insgesamt also 2 Stunden und 30 Minuten, an einer Betriebsratssitzung teilgenommen. Diese Betriebsratssitzung fand während der Frühschicht statt. Ich selbst hatte in dieser Woche Spätschicht. Die Sitzung fand demnach außerhalb meiner normalen Arbeitszeit statt.*

*Nach § 37 Absatz 3 BetrVG habe ich deshalb für die Zeit meiner Teilnahme an der Betriebsratssitzung (also 2 Stunden und 30 Minuten) Anspruch auf Arbeitsbefreiung unter Fortzahlung des Arbeitsentgelts.*
*Ich bitte Sie, mir die Arbeitsbefreiung am 15.07.2022 in der Zeit von 12:30 Uhr bis 15:00 Uhr zu gewähren. Bitte teilen Sie mir kurzfristig mit, ob Sie damit einverstanden sind.*

*Mit freundlichen Grüßen*

____________________

*(BETRIEBSRATSMITGLIED)*

## Bezahlung von Betriebsratstätigkeit außerhalb der Arbeitszeit – M308

Muster für ein Schreiben, mit dem ein Betriebsratsmitglied den Arbeitgeber dazu auffordert, ihm eine außerhalb seiner Arbeitszeit geleistete Betriebsratstätigkeit zu vergüten.

Absender → Betriebsratsmitglied
Empfänger → Arbeitgeber

### → Hintergrund

Wenn ein Betriebsratsmitglied aus betriebsbedingten Gründen eine Betriebsratstätigkeit außerhalb seiner Arbeitszeit geleistet hat, erwirbt es dadurch einen Anspruch auf Freizeitausgleich gegen den Arbeitgeber (siehe Muster M307). Wenn dieser Freizeitausgleich vom Arbeitgeber aus betriebsbedingten Gründen nicht innerhalb eines Monats gewährt wird, kann das Betriebsratsmitglied vom Arbeitgeber verlangen, dass ihm die außerhalb der Arbeitszeit geleistete Betriebsratstätigkeit wie Mehrarbeit bezahlt wird.

### → Rechtsgrundlage

§ 37 Absatz 3 Satz 3 BetrVG

### → M308

*Betriebsratstätigkeit außerhalb der Arbeitszeit*

*Sehr geehrte Damen und Herren,*

*mit Schreiben vom 05.07.2022 hatte ich Sie darum gebeten, mir für die von mir am 04.07.2022 in der Zeit von 10:00 Uhr bis 12:30 Uhr geleistete Betriebsratstätigkeit Freizeitausgleich zu gewähren, weil ich diese Betriebsratstätigkeit außerhalb meiner Arbeitszeit geleistet habe.*

*Bis heute ist mir der Freizeitausgleich nicht gewährt worden. Ich bitte Sie deshalb, mir die außerhalb meiner Arbeitszeit geleistete Betriebsratstätigkeit gemäß § 37 Absatz 3 Satz 3 BetrVG wie Mehrarbeit zu vergüten und dies bei meiner nächsten Gehaltsabrechnung zu berücksichtigen. Nach meiner Berechnung steht mir für die außerhalb meiner Arbeitszeit geleistete Betriebsratstätigkeit ein Vergütungsanspruch in Höhe von 75,80 Euro brutto zu.*

*Mit freundlichen Grüßen*

______________________

*(BETRIEBSRATSMITGLIED)*

## Aufforderung an Arbeitgeber, ein Betriebsratsmitglied nicht zu benachteiligen – M309

Muster für ein Schreiben, mit dem der Betriebsrat den Arbeitgeber dazu auffordert, ein Betriebsratsmitglied nicht zu benachteiligen.

Absender → Betriebsrat
Empfänger → Arbeitgeber

### → Hintergrund

Siehe die Erläuterung zu dem entsprechenden Betriebsratsbeschluss Muster M303.

### → Rechtsgrundlage

§78 Satz 2 BetrVG, §119 Absatz 1 Nr. 3 BetrVG

### → Vorherige Beschlussfassung?

Ja, siehe Muster M303.

### → M309

*Unterlassung der Benachteiligung eines Betriebsratsmitglieds*

*Sehr geehrte Damen und Herren,*

*der Betriebsrat hat davon erfahren, dass Sie dem Betriebsratsmitglied Horst Held eine Abmahnung erteilt haben, weil dieser am 30.05.2022 ungefähr 20 Minuten zu spät an seinem Arbeitsplatz erschienen ist. Am gleichen Tag sind auch vier weitere Mitarbeiter zu spät an ihrem Arbeitsplatz erschienen. Gegenüber diesen Mitarbeitern haben Sie aber keine Abmahnung ausgesprochen.*

*Mit der erteilten Abmahnung stellen Sie das Betriebsratsmitglied Horst Held schlechter als die Kolleginnen und Kollegen, die ebenfalls zu spät gekommen sind. Da kein sachlicher Grund für diese Ungleichbehandlung ersichtlich ist, gehen wir davon aus, dass diese wegen der Betriebsratstätigkeit des Kollegen erfolgt ist. Damit haben Sie gegen §78 Satz 2 BetrVG verstoßen. Nach dieser Vorschrift ist es verboten, ein Betriebsratsmitglied wegen seiner Tätigkeit zu benachteiligen. Der Betriebsrat fordert Sie deshalb dazu auf, die benachteiligende Maßnahme wieder rückgängig zu machen und die Abmahnung aus der Personalakte des Kollegen zu entfernen.*

*Wir weisen darauf hin, dass ein Betriebsratsmitglied, das wegen seiner Tätigkeit benachteiligt wird, aus §78 Satz 2 BetrVG einen gesetzlichen Anspruch auf Unter-*

*lassung und Beseitigung der Benachteiligung hat. Dieser Anspruch kann notfalls auch mit gerichtlicher Hilfe durchgesetzt werden. Wir müssen Sie außerdem darauf hinweisen, dass die Benachteiligung eines Betriebsratsmitglieds um seiner Tätigkeit willen nach §119 Absatz 1 Nr. 3 BetrVG eine Straftat darstellt, die mit Freiheitsstrafe von bis zu einem Jahr oder mit Geldstrafe bestraft wird. Der Betriebsrat ist nach §119 Absatz 2 BetrVG dazu berechtigt, bei einer Benachteiligung eines Betriebsratsmitglieds einen Strafantrag zu stellen.*

*Mit freundlichen Grüßen*

______________________________

*(BETRIEBSRATSVORSITZENDE/R)*

→

# Rücktritt und Niederlegung von Ämtern

Mit dem Betriebsratsamt haben die Betriebsratsmitglieder ein unentgeltliches Ehrenamt übernommen, zu dessen Übernahme sie nicht verpflichtet waren. Da kein Arbeitnehmer zur Übernahme eines Betriebsratsamts verpflichtet ist, müssen Betriebsratsmitglieder das übernommene Amt auch nicht bis zum vorgesehenen Ablauf der Amtszeit fortführen, wenn sie dies nicht wollen. Betriebsratsmitglieder können vielmehr jederzeit von ihrem Amt zurücktreten bzw. ihr Amt niederlegen Muster M310. Ein bestimmter Grund muss dafür nicht vorliegen.

Betriebsratsmitglieder können zusätzlich zu ihrem Betriebsratsamt auch noch weitere Ämter im Zusammenhang mit ihrer Betriebsratsmitgliedschaft übernehmen, zum Beispiel das Amt des Betriebsratsvorsitzenden oder die Mitgliedschaft im Gesamtbetriebsrat. Die Übernahme eines zusätzlichen Amtes gilt normalerweise für die gesamte Amtszeit des Betriebsrats. Ein Betriebsratsmitglied, welches ein zusätzliches Amt übernommen hat, kann aber auch vor Ablauf der Amtszeit des Betriebsrats jederzeit von einem zusätzlichen Amt zurücktreten bzw. dieses niederlegen Muster M312 bis M317. Das Betriebsratsmitglied ist danach wieder „einfaches" Betriebsratsmitglied ohne zusätzliches Amt.

**Schreiben**

## Rücktritt als Betriebsratsmitglied – M310

Muster für ein Schreiben, mit dem ein Betriebsratsmitglied seinen Rücktritt erklärt.

Absender → Betriebsratsmitglied
Empfänger → Betriebsratsvorsitzender

### → Hintergrund

Ein Betriebsratsmitglied kann jederzeit von seinem Amt zurücktreten bzw. sein Amt niederlegen. Die Amtsniederlegung muss gegenüber dem Betriebsratsvorsitzenden erklärt werden. Mit dem Zugang der Erklärung beim Betriebsratsvorsitzenden endet die Mitgliedschaft des Betriebsratsmitglieds im Betriebsrat.

Ein bestimmter Grund ist für die Amtsniederlegung nicht erforderlich. Deshalb muss das Betriebsratsmitglied dem Betriebsratsvorsitzenden auch keinen Grund für seine Amtsniederlegung nennen. Um die Rücktrittserklärung nicht allzu schroff klingen zu lassen, kann in dieser einfach auf „persönliche Gründe“ verwiesen werden.

### → Rechtsgrundlage

§ 24 Absatz 1 Nr. 2 BetrVG

### → M310

*Niederlegung meines Amtes als Betriebsratsmitglied*

*Lieber Kollege / Liebe Kollegin ... [Name des / der Betriebsratsvorsitzenden],*

*hiermit lege ich mein Amt als Betriebsratsmitglied nieder. Meine Amtsniederlegung hat persönliche Gründe.*

*Ich bitte Dich, mir den Zugang dieser Erklärung der Amtsniederlegung schriftlich zu bestätigen.*

*Mit freundlichen Grüßen*

______________________

*(BETRIEBSRATSMITGLIED)*

## Rücktritt als Ersatzmitglied - M311

Muster für ein Schreiben, mit dem ein Ersatzmitglied seinen Rücktritt erklärt.

Absender → Ersatzmitglied
Empfänger → Betriebsratsvorsitzender

### → Hintergrund

Auch ein Ersatzmitglied kann - wie ein Betriebsratsmitglied - jederzeit ohne Grund sein Amt niederlegen. Die Amtsniederlegung muss gegenüber dem Betriebsratsvorsitzenden erklärt werden. Mit dem Zugang der Erklärung beim Betriebsratsvorsitzenden verliert das Ersatzmitglied sein Amt und rückt deshalb nicht mehr in den Betriebsrat nach, wenn ein reguläres Betriebsratsmitglied verhindert ist oder aus dem Betriebsrat ausscheidet.

### → Rechtsgrundlage

§ 25 BetrVG in Verbindung mit § 24 Absatz 1 Nr. 2 BetrVG

### → M311

*Niederlegung meines Amtes als Ersatzmitglied*

*Lieber Kollege / Liebe Kollegin ... [Name des / der Betriebsratsvorsitzenden],*

*hiermit lege ich mein Amt als Ersatzmitglied des Betriebsrats nieder. Meine Amtsniederlegung hat persönliche Gründe.*

*Ich bitte Dich, mir den Zugang dieser Erklärung der Amtsniederlegung schriftlich zu bestätigen.*

*Mit freundlichen Grüßen*

______________________

*(BETRIEBSRATSMITGLIED)*

## Rücktritt als Mitglied des Betriebsausschusses – M312

Muster für ein Schreiben, mit dem ein Betriebsratsmitglied sein Amt als Betriebsausschussmitglied niederlegt.

Absender → Betriebsratsmitglied
Empfänger → Betriebsratsvorsitzender

### → Hintergrund

Betriebsratsmitglieder, die in den Betriebsausschuss gewählt worden sind, können ihr Amt als Betriebsausschussmitglied niederlegen. Ein bestimmter Grund ist für die Amtsniederlegung nicht erforderlich. Die Amtsniederlegung muss gegenüber dem Betriebsratsvorsitzenden erklärt werden, der zugleich auch Vorsitzender des Betriebsausschusses ist.

Mit der Niederlegung des Amtes als Betriebsausschussmitglied endet für das Betriebsratsmitglied nur die Mitgliedschaft im Betriebsausschuss. Es bleibt weiterhin Betriebsratsmitglied.

### → Rechtsgrundlage

§ 27 Absatz 1 Satz 3 BetrVG in Verbindung mit § 24 Absatz 1 Nr. 2 BetrVG analog

### → M312

*Niederlegung meines Amtes als Mitglied des Betriebsausschusses*

*Lieber Kollege / Liebe Kollegin ... [Name des / der Betriebsratsvorsitzenden],*

*hiermit lege ich mein Amt als Mitglied des Betriebsausschusses nieder. Meine Amtsniederlegung hat persönliche Gründe.*

*Mein Amt als Betriebsratsmitglied werde ich weiterhin wahrnehmen.*

*Ich bitte Dich, mir den Zugang dieser Erklärung der Amtsniederlegung schriftlich zu bestätigen.*

*Mit freundlichen Grüßen*

______________________

*(BETRIEBSRATSMITGLIED)*

## Rücktritt als Ausschussmitglied - M313

Muster für ein Schreiben, mit dem ein Betriebsratsmitglied sein Amt als Mitglied eines Ausschusses des Betriebsrats niederlegt.

Absender → Betriebsratsmitglied
Empfänger → Betriebsratsvorsitzender, Ausschussvorsitzender

### → Hintergrund

Betriebsratsmitglieder, die in einen Ausschuss des Betriebsrats gewählt worden sind, können ihr Amt als Ausschussmitglied niederlegen. Ein bestimmter Grund ist für die Amtsniederlegung nicht erforderlich. Die Amtsniederlegung sollte gegenüber dem Betriebsratsvorsitzenden und zugleich auch gegenüber dem Vorsitzenden des Ausschusses erklärt werden.

Mit der Niederlegung des Amtes als Ausschussmitglied endet für das Betriebsratsmitglied nur die Mitgliedschaft in dem Ausschuss. Es bleibt weiterhin Betriebsratsmitglied.

### → Rechtsgrundlage

§ 28 Absatz 1 Satz 2 BetrVG, § 27 Absatz 1 Satz 3 BetrVG in Verbindung mit § 24 Absatz 1 Nr. 2 BetrVG analog

### → M313

*Niederlegung meines Amtes als Mitglied des ... [Name des Ausschusses]*

*Lieber Kollege / Liebe Kollegin ... [Name des / der Vorsitzenden],*

*hiermit lege ich mein Amt als Mitglied des ... [Name des Ausschusses] nieder. Meine Amtsniederlegung hat persönliche Gründe.*

*Mein Amt als Betriebsratsmitglied werde ich weiterhin wahrnehmen.*

*Ich bitte Dich, mir den Zugang dieser Erklärung der Amtsniederlegung schriftlich zu bestätigen.*

*Mit freundlichen Grüßen*

______________________

*(BETRIEBSRATSMITGLIED)*

## Rücktritt als Betriebsratsvorsitzender – M314

Muster für ein Schreiben, mit dem der Betriebsratsvorsitzende sein Amt niederlegt.

Absender → Betriebsratsvorsitzender
Empfänger → Betriebsrat

### → Hintergrund

Der Betriebsratsvorsitzende kann sein Amt jederzeit niederlegen, ohne dass dafür ein bestimmter Grund vorliegen muss. Die Amtsniederlegung erfolgt durch eine entsprechende Erklärung gegenüber dem Betriebsratsgremium. Mit dem Zugang der Erklärung beim Betriebsrat verliert der Betriebsratsvorsitzende sein Amt, er bleibt aber weiterhin Betriebsratsmitglied.

### → Rechtsgrundlage

§ 26 Absatz 1 BetrVG in Verbindung mit § 24 Absatz 1 Nr. 2 BetrVG analog

### → M314

*Niederlegung meines Amtes als Betriebsratsvorsitzende/r*

*Liebe Kolleginnen und Kollegen,*

*hiermit lege ich mein Amt als Betriebsratsvorsitzende/r nieder. Meine Amtsniederlegung hat persönliche Gründe.*

*Mein Amt als Betriebsratsmitglied werde ich weiterhin wahrnehmen.*

*Mit freundlichen Grüßen*

______________________________

*(BETRIEBSRATSVORSITZENDE/R)*

## Rücktritt als stellvertretender Betriebsratsvorsitzender - M315

Muster für ein Schreiben, mit dem der stellvertretende Betriebsratsvorsitzende sein Amt niederlegt.

Absender → Stellvertretender Betriebsratsvorsitzender
Empfänger → Betriebsratsvorsitzender

### → Hintergrund

Der stellvertretende Betriebsratsvorsitzende kann sein Amt jederzeit niederlegen, ohne dass dafür ein bestimmter Grund vorliegen muss. Die Amtsniederlegung erfolgt durch eine entsprechende Erklärung gegenüber dem Betriebsratsvorsitzenden. Mit dem Zugang der Erklärung beim Betriebsratsvorsitzenden verliert der stellvertretende Betriebsratsvorsitzende sein Amt, er bleibt aber weiterhin Betriebsratsmitglied.

### → Rechtsgrundlage

§ 26 Absatz 1 BetrVG in Verbindung mit § 24 Absatz 1 Nr. 2 BetrVG analog

### → M315

*Niederlegung meines Amtes als stellvertretende/r Betriebsratsvorsitzende/r*

*Lieber Kollege / Liebe Kollegin ... [Name des / der Betriebsratsvorsitzenden],*

*hiermit lege ich mein Amt als stellvertretende/r Betriebsratsvorsitzende/r nieder. Meine Amtsniederlegung hat persönliche Gründe.*

*Mein Amt als Betriebsratsmitglied werde ich weiterhin wahrnehmen.*

*Ich bitte Dich, mir den Zugang dieser Erklärung der Amtsniederlegung schriftlich zu bestätigen.*

*Mit freundlichen Grüßen*

____________________________

*(STELLVERTRETENDE/R BETRIEBSRATSVORSITZENDE/R)*

## Rücktritt als Gesamtbetriebsratsmitglied – M316

Muster für ein Schreiben, mit dem ein Betriebsratsmitglied sein Amt als Mitglied im Gesamtbetriebsrat niederlegt.

Absender → Betriebsratsmitglied
Empfänger → Gesamtbetriebsratsvorsitzender

### → Hintergrund

Ein Betriebsratsmitglied, das von seinem Gremium in den Gesamtbetriebsrat entsandt worden ist, kann sein Amt als Gesamtbetriebsratsmitglied jederzeit niederlegen. Ein bestimmter Grund ist für die Amtsniederlegung nicht erforderlich. Die Amtsniederlegung erfolgt durch eine entsprechende Erklärung gegenüber dem Vorsitzenden des Gesamtbetriebsrats. Mit dem Zugang der Erklärung beim Gesamtbetriebsratsvorsitzenden endet die Mitgliedschaft des Betriebsratsmitglieds im Gesamtbetriebsrat, es bleibt aber weiterhin Betriebsratsmitglied.

### → Rechtsgrundlage

§ 49 BetrVG

### → M316

*Niederlegung meines Amtes als Gesamtbetriebsratsmitglied*

*Lieber Kollege / Liebe Kollegin ... [Name des / der Gesamtbetriebsratsvorsitzenden],*

*hiermit lege ich mein Amt als Mitglied des Gesamtbetriebsrats nieder. Meine Amtsniederlegung hat persönliche Gründe.*

*Mein Amt als Betriebsratsmitglied werde ich weiterhin wahrnehmen.*

*Ich bitte Dich, mir den Zugang dieser Erklärung der Amtsniederlegung schriftlich zu bestätigen.*

*Mit freundlichen Grüßen*

____________________

*(BETRIEBSRATSMITGLIED)*

## Rücktritt als Schriftführer - M317

Muster für ein Schreiben, mit dem ein Betriebsratsmitglied sein Amt als Schriftführer niederlegt.

Absender → Betriebsratsmitglied
Empfänger → Betriebsratsvorsitzender

### → Hintergrund

Ein Betriebsratsmitglied, das zum Schriftführer gewählt worden ist, kann sein Amt jederzeit niederlegen, ohne dass dafür ein bestimmter Grund vorliegen muss. Die Amtsniederlegung erfolgt durch eine entsprechende Erklärung gegenüber dem Betriebsratsvorsitzenden. Mit der Amtsniederlegung verliert das Betriebsratsmitglied nur sein Amt als Schriftführer, es bleibt weiterhin Betriebsratsmitglied.

### → Rechtsgrundlage

§ 27 Absatz 3 BetrVG in Verbindung mit § 24 Absatz 1 Nr. 2 BetrVG analog

### → M317

*Niederlegung meines Amtes als Schriftführer/in*

*Lieber Kollege / Liebe Kollegin ... [Name des / der Betriebsratsvorsitzenden],*

*hiermit lege ich mein Amt als Schriftführer/in nieder. Meine Amtsniederlegung hat persönliche Gründe.*

*Mein Amt als Betriebsratsmitglied werde ich weiterhin wahrnehmen.*

*Ich bitte Dich, mir den Zugang dieser Erklärung der Amtsniederlegung schriftlich zu bestätigen.*

*Mit freundlichen Grüßen*

____________________

*(BETRIEBSRATSMITGLIED)*

→

# Ersatzmitglieder

Wenn ein reguläres Betriebsratsmitglied vorübergehend an der Amtsausübung verhindert ist oder endgültig aus dem Betriebsrat ausscheidet, rückt ein Ersatzmitglied in den Betriebsrat nach. Das nachrückende Ersatzmitglied hat dann dieselben Rechte und Pflichten wie ein reguläres Betriebsratsmitglied. Das Nachrücken eines Ersatzmitglieds in den Betriebsrat vollzieht sich sowohl in dem Fall der vorübergehenden Verhinderung eines Betriebsratsmitglieds als auch in dem Fall des Ausscheidens eines Betriebsratsmitglieds aus dem Betriebsrat automatisch kraft Gesetzes, ohne dass dafür noch irgendetwas veranlasst werden müsste. In beiden Fällen kann es jedoch angebracht sein, das Ersatzmitglied und den Arbeitgeber zu informieren Muster M318 bis M321.

Ein Betriebsratsmitglied ist dann vorübergehend an der Amtsausübung verhindert, wenn es sein Amt aus bestimmten Gründen zeitweise nicht ausüben kann oder nicht ausüben muss. Das ist zum Beispiel dann der Fall, wenn ein Betriebsratsmitglied arbeitsunfähig erkrankt ist oder wenn es Urlaub hat. In einem solchen Fall rückt ein Ersatzmitglied so lange in den Betriebsrat nach, wie das reguläre Betriebsratsmitglied an der Amtsausübung verhindert ist Muster M318 und M319.

Wenn ein reguläres Betriebsratsmitglied endgültig aus dem Betriebsrat ausscheidet, rückt ein Ersatzmitglied dauerhaft in den Betriebsrat nach. Das Ersatzmitglied bleibt dann bis zum Ende der Amtszeit des Betriebsratsgremiums vollwertiges Betriebsratsmitglied Muster M320 und M321.

## Schreiben

### Ersatzmitglied über vorübergehendes Nachrücken informieren – M318

Muster für ein Schreiben, mit dem der Betriebsrat ein Ersatzmitglied darüber informiert, dass es vorübergehend in den Betriebsrat nachrückt.

Absender → Betriebsrat
Empfänger → Ersatzmitglied

**→ Hintergrund**
Im Falle der vorübergehenden Verhinderung eines regulären Betriebsratsmitglieds rückt das Ersatzmitglied zwar automatisch in den Betriebsrat nach. Insbesondere in dem Fall, dass das Ersatzmitglied von der Verhinderung des regulären Betriebsratsmitglieds keine Kenntnis hat, sollte das Ersatzmitglied aber über sein Nachrücken informiert werden.

**→ Rechtsgrundlage**
§ 25 Absatz 1 Satz 2 BetrVG

**→ Vorherige Beschlussfassung?**
Nein.

**→ M318**

*Vorübergehendes Nachrücken als Ersatzmitglied*

*Lieber Kollege / Liebe Kollegin ... [Name],*

*ich möchte Dich darüber informieren, dass Du wegen der vorübergehenden Verhinderung des Betriebsratsmitglieds ... [Name] in der Zeit vom ... [Datum] bis ... [Datum] / ab sofort bis zum Ende der Verhinderung des Betriebsratsmitglieds als Ersatzmitglied nachrückst.*

*Während der Dauer der Verhinderung des Kollegen / der Kollegin ... [Name] bist Du ein vollwertiges Betriebsratsmitglied und hast auch alle Rechte und Pflichten eines Betriebsratsmitglieds. Zu Deinen Aufgaben gehört in dieser Zeit insbesondere die Teilnahme an den Sitzungen des Betriebsrats.*

*Für Rückfragen stehe ich Dir selbstverständlich gern zur Verfügung.*

*Mit freundlichen Grüßen*

______________________________
*(BETRIEBSRATSVORSITZENDE/R)*

## Arbeitgeber über vorübergehendes Nachrücken eines Ersatzmitglieds informieren – M319

Muster für ein Schreiben, mit dem der Betriebsrat den Arbeitgeber darüber informiert, dass ein Ersatzmitglied vorübergehend in den Betriebsrat nachrückt.

Absender → Betriebsrat
Empfänger → Arbeitgeber

### → Hintergrund

Es kann sinnvoll sein, den Arbeitgeber zu informieren, wenn ein Ersatzmitglied vorübergehend in den Betriebsrat nachrückt. Das gilt insbesondere dann, wenn ein reguläres Betriebsratsmitglied für einen längeren Zeitraum ausfällt.

### → Rechtsgrundlage

§ 25 Absatz 1 Satz 2 BetrVG

### → Vorherige Beschlussfassung?

Nein.

### → M319

*Vorübergehendes Nachrücken eines Ersatzmitglieds*

*Sehr geehrte Damen und Herren,*

*ich möchte Sie darüber informieren, dass wegen der vorübergehenden Verhinderung des Betriebsratsmitglieds ... [Name] in der Zeit vom ... [Datum] bis ... [Datum] / ab sofort bis zum Ende der Verhinderung des Betriebsratsmitglieds Herr / Frau ... [Name] als Ersatzmitglied in den Betriebsrat nachrückt.*

*Während der Dauer der Verhinderung des Kollegen / der Kollegin ... [Name] ist Herr / Frau ... [Name] ein vollwertiges Betriebsratsmitglied und hat auch alle Rechte und Pflichten eines Betriebsratsmitglieds.*

*Ich bitte Sie, den Vorgesetzten des Herrn / der Frau ... [Name] über das Nachrücken in den Betriebsrat zu informieren und bei der Arbeitseinteilung darauf Rücksicht zu nehmen, dass Herr / Frau ... [Name] während der Dauer des Nachrückens mit einem erheblichen Anteil seiner / ihrer Arbeitszeit Betriebsratsaufgaben zu erledigen hat.*

*Mit freundlichen Grüßen*

______________________________

*(BETRIEBSRATSVORSITZENDE/R)*

## Ersatzmitglied über ein dauerhaftes Nachrücken informieren – M320

Muster für ein Schreiben, mit dem der Betriebsrat ein Ersatzmitglied darüber informiert, dass es dauerhaft in den Betriebsrat nachrückt.

Absender → Betriebsrat
Empfänger → Ersatzmitglied

### → Hintergrund

Auch bei einem dauerhaften Nachrücken in den Betriebsrat kann es angebracht sein, das Ersatzmitglied ausdrücklich über das Nachrücken zu informieren. Das gilt vor allem dann, wenn das Ersatzmitglied von dem Ausscheiden des regulären Betriebsratsmitglieds aus dem Betriebsrat keine Kenntnis hat.

### → Rechtsgrundlage

§ 25 Absatz 1 Satz 1 BetrVG

### → Vorherige Beschlussfassung?

Nein.

### → M320

*Dauerhaftes Nachrücken als Ersatzmitglied*

*Lieber Kollege / Liebe Kollegin ... [Name],*

*ich möchte Dich darüber informieren, dass Du wegen des Ausscheidens des Betriebsratsmitglieds ... [Name] aus dem Betriebsratsamt als Ersatzmitglied in den Betriebsrat nachrückst.*

*Ab dem ... [Datum] / Ab sofort bist Du bis zum Ende der laufenden Amtsperiode des Betriebsrats ein vollwertiges Mitglied des Betriebsrats und hast auch alle Rechte und Pflichten eines Betriebsratsmitglieds. Zu Deinen Aufgaben als Betriebsratsmitglied gehört insbesondere die Teilnahme an den Sitzungen des Betriebsrats.*

*Für Rückfragen stehe ich Dir selbstverständlich gern zur Verfügung.*

*Mit freundlichen Grüßen*

_______________________

*(BETRIEBSRATSVORSITZENDE/R)*

## Arbeitgeber über dauerhaftes Nachrücken eines Ersatzmitglieds informieren – M321

Muster für ein Schreiben, mit dem der Betriebsrat den Arbeitgeber darüber informiert, dass ein Ersatzmitglied dauerhaft in den Betriebsrat nachrückt.

Absender → Betriebsrat
Empfänger → Arbeitgeber

### → Hintergrund

Wenn ein Ersatzmitglied dauerhaft in den Betriebsrat nachrückt, kann es sinnvoll sein, den Arbeitgeber darüber zu informieren. Das gilt insbesondere dann, wenn der Arbeitgeber (noch) keine Kenntnis von dem Ausscheiden des regulären Betriebsratsmitglieds hat (zum Beispiel im Falle des Rücktritts eines Betriebsratsmitglieds).

### → Rechtsgrundlage

§ 25 Absatz 1 Satz 1 BetrVG

### → Vorherige Beschlussfassung?

Nein.

### → M321

*Dauerhaftes Nachrücken eines Ersatzmitglieds*

*Sehr geehrte Damen und Herren,*

*ich möchte Sie darüber informieren, dass wegen des Ausscheidens des Betriebsratsmitglieds ... [Name] aus dem Betriebsratsamt das Ersatzmitglied Herr / Frau ... [Name] in den Betriebsrat nachrückt. Herr / Frau ... [Name] ist nunmehr ein vollwertiges Mitglied des Betriebsrats und hat bis zum Ende der Amtszeit des Betriebsrats alle Rechte und Pflichten eines Betriebsratsmitglieds.*

*Ich bitte Sie, den Vorgesetzten des Herrn / der Frau ... [Name] über das Nachrücken in den Betriebsrat zu informieren und bei der Arbeitseinteilung darauf Rücksicht zu nehmen, dass Herr / Frau ... [Name] zukünftig mit einem erheblichen Anteil seiner / ihrer Arbeitszeit Betriebsratsaufgaben zu erledigen hat.*

*Mit freundlichen Grüßen*

___________________________

*(BETRIEBSRATSVORSITZENDE/R)*

# Anhang

*Klug finden anstatt dumm suchen.*

→

# Paragrafenregister

| BetrVG | THEMENGEBIET | MUSTER | ART | NR. | SEITE |
|---|---|---|---|---|---|
| § 13 | Rücktritt des Betriebsrats | Rücktritt des Betriebsrats | Beschluss | M151 | 257 |
| § 13 | Rücktritt des Betriebsrats | Arbeitgeber über Rücktritt des Betriebsrats informieren | Schreiben | M152 | 258 |
| § 13 | Neuwahl des Betriebsrats | Arbeitgeber über Erfordernis der vorzeitigen Neuwahl des Betriebsrats informieren | Schreiben | M268 | 429 |
| § 16 | Neuwahl des Betriebsrats | Wahlvorstand bestellen | Beschluss | M262 | 421 |
| § 16 | Neuwahl des Betriebsrats | Anzahl der Wahlvorstandsmitglieder erhöhen | Beschluss | M263 | 423 |
| § 16 | Neuwahl des Betriebsrats | Suche nach Wahlvorstandsmitgliedern | Schreiben | M266 | 427 |
| § 16 | Neuwahl des Betriebsrats | Arbeitgeber über Bestellung eines Wahlvorstands informieren | Schreiben | M267 | 428 |
| § 22 | Rücktritt des Betriebsrats | Arbeitgeber über Rücktritt des Betriebsrats informieren | Schreiben | M152 | 258 |
| § 24 | Rücktritt von Ämtern | Rücktritt als Betriebsratsmitglied | Schreiben | M310 | 493 |
| § 25 | Rücktritt von Ämtern | Rücktritt als Ersatzmitglied | Schreiben | M311 | 494 |
| § 25 | Ersatzmitglieder | Ersatzmitglied über vorübergehendes Nachrücken informieren | Schreiben | M318 | 503 |
| § 25 | Ersatzmitglieder | Arbeitgeber über vorübergehendes Nachrücken eines Ersatzmitglieds informieren | Schreiben | M319 | 504 |
| § 25 | Ersatzmitglieder | Ersatzmitglied über ein dauerhaftes Nachrücken informieren | Schreiben | M320 | 505 |
| § 25 | Ersatzmitglieder | Arbeitgeber über dauerhaftes Nachrücken eines Ersatzmitglieds informieren | Schreiben | M321 | 506 |
| § 26 | Betriebsratsvorsitzender | Wahl des Betriebsratsvorsitzenden | Wahlen | M287 | 459 |
| § 26 | Betriebsratsvorsitzender | Wahl des stellvertretenden Betriebsratsvorsitzenden | Wahlen | M288 | 460 |
| § 26 | Betriebsratsvorsitzender | Betriebsratsvorsitzenden abberufen | Beschluss | M289 | 462 |

| BetrVG | THEMENGEBIET | MUSTER | ART | NR. | SEITE |
|---|---|---|---|---|---|
| § 27 | Rücktritt von Ämtern | Rücktritt als Mitglied des Betriebsausschusses | Schreiben | M312 | 495 |
| § 27 | Rücktritt von Ämtern | Rücktritt als Schriftführer | Schreiben | M317 | 500 |
| § 27 | Ausschüsse des Betriebsrats | Ausschussmitglied abberufen | Beschluss | M88 | 168 |
| § 27 | Ausschüsse des Betriebsrats | Wahl der Ausschussmitglieder (Verhältniswahl) | Wahlen | M90 | 171 |
| § 27 | Ausschüsse des Betriebsrats | Wahl der Ausschussmitglieder (Mehrheitswahl) | Wahlen | M91 | 174 |
| § 27 | Ausschüsse des Betriebsrats | Ausschussmitglied über Abberufung informieren Arbeitgeber über Neubesetzung | Schreiben | M96 | 180 |
| § 27 | Ausschüsse des Betriebsrats | Arbeitgeber über Neubesetzung eines Ausschusses informieren | Schreiben | M97 | 181 |
| § 27 | Ausschüsse des Betriebsrats | Arbeitgeber über Widerruf der Übertragung von Aufgaben auf einen Ausschuss informieren | Schreiben | M100 | 184 |
| § 28 | Ausschüsse des Betriebsrats | Ausschussmitglied abberufen | Beschluss | M88 | 168 |
| § 28 | Ausschüsse des Betriebsrats | Wahl der Ausschussmitglieder (Verhältniswahl) | Wahlen | M90 | 171 |
| § 28 | Ausschüsse des Betriebsrats | Wahl der Ausschussmitglieder (Mehrheitswahl) | Wahlen | M91 | 174 |
| § 28 | Ausschüsse des Betriebsrats | Ausschussmitglied über Abberufung informieren Arbeitgeber über Neubesetzung | Schreiben | M96 | 180 |
| § 28 | Ausschüsse des Betriebsrats | Arbeitgeber über Neubesetzung eines Ausschusses informieren | Schreiben | M97 | 181 |
| § 28 | Ausschüsse des Betriebsrats | Arbeitgeber über Widerruf der Übertragung von Aufgaben auf einen Ausschuss informieren | Schreiben | M100 | 184 |
| § 28 | Ausschüsse des Betriebsrats | Vorbereitenden Ausschuss bilden | Beschluss | M81 | 157 |
| § 28 | Ausschüsse des Betriebsrats | Ausschuss mit selbständiger Entscheidungskompetenz bilden | Beschluss | M82 | 158 |

| BetrVG | THEMENGEBIET | MUSTER | ART | NR. | SEITE |
|---|---|---|---|---|---|
| § 29 | Betriebsratssitzungen | Einladung eines Vertreters der JAV zu einer Betriebsratssitzung | Schreiben | M60 | 125 |
| § 29 | Betriebsratssitzungen | Einladung der gesamten JAV zu einer Betriebsratssitzung | Schreiben | M61 | 126 |
| § 29 | Betriebsratssitzungen | Einladung des Arbeitgebers zu einer Betriebsratssitzung | Schreiben | M63 | 128 |
| § 29 | Betriebsratssitzungen | Antrag von Betriebsratsmitgliedern auf Einberufung einer Betriebsratssitzung | Schreiben | M64 | 131 |
| § 29 | Betriebsratssitzungen | Antrag von Betriebsratsmitgliedern auf Einberufung einer Betriebsratssitzung ablehnen | Schreiben | M65 | 133 |
| § 29 | Betriebsratssitzungen | Antrag von Betriebsratsmitgliedern auf Ergänzung der Tagesordnung | Schreiben | M66 | 134 |
| § 29 | Betriebsratssitzungen | Antrag von Betriebsratsmitgliedern auf Ergänzung der Tagesordnung einer Betriebsratssitzung ablehnen | Schreiben | M67 | 136 |
| § 29 | Betriebsratssitzungen | Betriebsratsmitglied auffordern, Teilnahme an Betriebsratssitzung rechtzeitig abzusagen | Schreiben | M70 | 139 |
| § 29 | Betriebsratssitzungen | Tagesordnung einer Betriebsratssitzung | Sonstiges Muster | M73 | 144 |
| § 30 | Betriebsratssitzungen | Regelmäßige Betriebsratssitzungen | Beschluss | M48 | 113 |
| § 30 | Betriebsratssitzungen | Einladung zu einer Betriebsratssitzung per Videokonferenz | Schreiben | M54 | 119 |
| § 30 | Betriebsratssitzungen | Einladung zu einer gemischten Betriebsratssitzung („hybride Sitzung“) | Schreiben | M55 | 120 |
| § 30 | Betriebsratssitzungen | Widerspruch gegen die Durchführung einer Betriebsratssitzung per Videokonferenz | Schreiben | M56 | 121 |
| § 30 | Betriebsratssitzungen | Arbeitgeber über den Zeitpunkt einer Betriebsratssitzung informieren | Schreiben | M68 | 137 |
| § 30 | Betriebsratssitzungen | Arbeitgeber über den Zeitpunkt der regelmäßigen Betriebsratssitzungen informieren | Schreiben | M69 | 138 |
| § 30 | Geschäftsordnung des Betriebsrats | Regelung zu Betriebsratssitzungen mittels Video- und Telefonkonferenz | Beschluss | M144 | 244 |

| BetrVG | THEMENGEBIET | MUSTER | ART | NR. | SEITE |
|---|---|---|---|---|---|
| § 31 | Betriebsratssitzungen | Einladung einer Gewerkschaft zu einer Betriebsratssitzung | Schreiben | M62 | 127 |
| § 32 | Betriebsratssitzungen | Einladung der Schwerbehinderten-vertretung zu einer Betriebsratssitzung | Schreiben | M59 | 124 |
| § 34 | Betriebsratssitzungen | Einspruch gegen Sitzungsprotokoll | Schreiben | M71 | 141 |
| § 34 | Betriebsratssitzungen | Übersendung eines Auszugs aus dem Sitzungsprotokoll an den Arbeitgeber | Schreiben | M72 | 142 |
| § 34 | Betriebsratssitzungen | Protokoll einer Betriebsratssitzung | Sonstiges Muster | M74 | 145 |
| § 34 | Betriebsratssitzungen | Anwesenheitsliste einer Betriebsratssitzung | Sonstiges Muster | M75 | 148 |
| § 36 | Geschäftsordnung des Betriebsrats | Geschäftsordnung des Betriebsrats | Beschluss | M142 | 239 |
| § 36 | Geschäftsordnung des Betriebsrats | Änderung oder Ergänzung der Geschäftsordnung | Beschluss | M143 | 242 |
| § 36 | Geschäftsordnung des Betriebsrats | Regelung zu Betriebsratssitzungen mittels Video- und Telefonkonferenz | Beschluss | M144 | 244 |
| § 36 | Geschäftsordnung des Betriebsrats | Übersendung der Geschäftsordnung an die Betriebsratsmitglieder | Schreiben | M145 | 247 |
| § 37 | Arbeitsbefreiung von Betriebsratsmitgliedern | Arbeitgeber zur Versetzung eines Betriebs-ratsmitglieds in die Normalschicht auffordern | Beschluss | M271 | 437 |
| § 37 | Arbeitsbefreiung von Betriebsratsmitgliedern | Arbeitgeber zur Verringerung des Arbeits-pensums eines Betriebsratsmitglieds auffordern | Beschluss | M272 | 438 |
| § 37 | Arbeitsbefreiung von Betriebsratsmitgliedern | Abmeldung eines Betriebsratsmitglieds | Schreiben | M273 | 439 |
| § 37 | Arbeitsbefreiung von Betriebsratsmitgliedern | Vorübergehende Arbeitsbefreiung eines Betriebsratsmitglieds mit der gesamten Arbeitszeit | Schreiben | M274 | 440 |

| BetrVG | THEMENGEBIET | MUSTER | ART | NR. | SEITE |
|---|---|---|---|---|---|
| § 38 | Freistellung von Betriebsratsmitgliedern | Aufteilung der Freistellungen in Teilfreistellungen | Beschluss | M279 | 447 |
| § 38 | Freistellung von Betriebsratsmitgliedern | Abberufung eines Betriebsratsmitglieds aus der Freistellung | Beschluss | M280 | 449 |
| § 38 | Freistellung von Betriebsratsmitgliedern | Wahl der freizustellenden Betriebsrats-mitglieder (Verhältniswahl) | Wahlen | M281 | 450 |
| § 38 | Freistellung von Betriebsratsmitgliedern | Wahl der freizustellenden Betriebsrats-mitglieder (Mehrheitswahl) | Wahlen | M282 | 452 |
| § 38 | Freistellung von Betriebsratsmitgliedern | Abmeldung eines freigestellten Betriebs-ratsmitglieds bei Verlassen des Betriebs | Schreiben | M283 | 454 |
| § 38 | Freistellung von Betriebsratsmitgliedern | Arbeitgeber zur Beratung über die Freistellung von Betriebsratsmitgliedern einladen | Schreiben | M284 | 455 |
| § 38 | Freistellung von Betriebsratsmitgliedern | Freizustellende Betriebsratsmitglieder gegenüber dem Arbeitgeber bekannt geben | Schreiben | M285 | 456 |
| § 38 | Freistellung von Betriebsratsmitgliedern | Arbeitgeber informieren, dass sein Einverständnis mit Freistellungen wegen Fristablaufs als erteilt gilt | Schreiben | M286 | 457 |
| § 39 | Sprechstunden des Betriebsrats | Einrichtung von Sprechstunden | Beschluss | M146 | 249 |
| § 39 | Sprechstunden des Betriebsrats | Anrufen der Einigungsstelle wegen der Einrichtung von Sprechstunden | Beschluss | M147 | 250 |
| § 39 | Sprechstunden des Betriebsrats | Arbeitgeber über Einrichtung von Sprechstunden informieren | Beschluss | M148 | 251 |
| § 39 | Sprechstunden des Betriebsrats | Anrufen der Einigungsstelle wegen Einrichtung von Sprechstunden | Schreiben | M149 | 252 |
| § 39 | Sprechstunden des Betriebsrats | Bekanntmachung der Sprechstunden gegenüber der Belegschaft | Schreiben | M150 | 254 |

| BetrVG | THEMENGEBIET | MUSTER | ART | NR. | SEITE |
|---|---|---|---|---|---|
| § 40 | Arbeitsgericht | Gerichtsverfahren einleiten | Beschluss | M5 | 43 |
| § 40 | Arbeitsgericht | Rechtsanwalt beauftragen, weil Arbeitgeber ein Gerichtsverfahren eingeleitet hat | Beschluss | M6 | 44 |
| § 40 | Arbeitsgericht | Beschwerde gegen Beschluss des Arbeitsgerichts einlegen | Beschluss | M7 | 46 |
| § 40 | Rechtsanwälte und Sachverständige hinzuziehen | Rechtsanwalt als Berater in einem rechtlichen Konflikt beauftragen | Beschluss | M43 | 99 |
| § 40 | Rechtsanwälte und Sachverständige hinzuziehen | Rechtsanwalt mit außergerichtlicher Tätigkeit beauftragen | Beschluss | M44 | 100 |
| § 40 | Räume, Arbeitsmittel und Personal für den Betriebsrat | Betriebsratsbüro | Beschluss | M119 | 207 |
| § 40 | Räume, Arbeitsmittel und Personal für den Betriebsrat | Ausstattung des Betriebsratsbüros | Beschluss | M120 | 208 |
| § 40 | Räume, Arbeitsmittel und Personal für den Betriebsrat | Büromaterial für den Betriebsrat | Beschluss | M121 | 209 |
| § 40 | Räume, Arbeitsmittel und Personal für den Betriebsrat | pc und Drucker für den Betriebsrat | Beschluss | M122 | 210 |
| § 40 | Räume, Arbeitsmittel und Personal für den Betriebsrat | Internetzugang für den Betriebsrat | Beschluss | M123 | 211 |
| § 40 | Räume, Arbeitsmittel und Personal für den Betriebsrat | Betriebliche E-Mail-Adresse für den Betriebsrat | Beschluss | M124 | 212 |
| § 40 | Räume, Arbeitsmittel und Personal für den Betriebsrat | Betriebsrat-Homepage im firmeninternen Intranet | Beschluss | M125 | 213 |

| BetrVG | THEMENGEBIET | MUSTER | ART | NR. | SEITE |
|---|---|---|---|---|---|
| § 40 | Räume, Arbeitsmittel und Personal für den Betriebsrat | Mobiltelefon für ein Betriebsratsmitglied | Beschluss | M126 | 214 |
| § 40 | Räume, Arbeitsmittel und Personal für den Betriebsrat | Notebook für ein Betriebsratsmitglied | Beschluss | M127 | 215 |
| § 40 | Räume, Arbeitsmittel und Personal für den Betriebsrat | Fachliteratur für den Betriebsrat | Beschluss | M128 | 216 |
| § 40 | Räume, Arbeitsmittel und Personal für den Betriebsrat | Fachzeitschrift für den Betriebsrat | Beschluss | M129 | 217 |
| § 40 | Räume, Arbeitsmittel und Personal für den Betriebsrat | Büropersonal für den Betriebsrat | Beschluss | M130 | 218 |
| § 40 | Räume, Arbeitsmittel und Personal für den Betriebsrat | Betriebsratsbüro | Schreiben | M131 | 219 |
| § 40 | Räume, Arbeitsmittel und Personal für den Betriebsrat | Büromaterial für den Betriebsrat | Schreiben | M132 | 221 |
| § 40 | Räume, Arbeitsmittel und Personal für den Betriebsrat | PC und Drucker für den Betriebsrat | Schreiben | M133 | 222 |
| § 40 | Räume, Arbeitsmittel und Personal für den Betriebsrat | Internetzugang für den Betriebsrat | Schreiben | M134 | 224 |
| § 40 | Räume, Arbeitsmittel und Personal für den Betriebsrat | Betriebliche E-Mail-Adresse für den Betriebsrat | Schreiben | M135 | 226 |
| § 40 | Räume, Arbeitsmittel und Personal für den Betriebsrat | Betriebsrat-Homepage im firmeninternen Intranet | Schreiben | M136 | 227 |

| BetrVG | THEMENGEBIET | MUSTER | ART | NR. | SEITE |
|---|---|---|---|---|---|
| § 40 | Räume, Arbeitsmittel und Personal für den Betriebsrat | Mobiltelefon für ein Betriebsratsmitglied | Schreiben | M137 | 228 |
| § 40 | Räume, Arbeitsmittel und Personal für den Betriebsrat | Notebook für ein Betriebsratsmitglied | Schreiben | M138 | 230 |
| § 40 | Räume, Arbeitsmittel und Personal für den Betriebsrat | Fachliteratur für den Betriebsrat | Schreiben | M139 | 232 |
| § 40 | Räume, Arbeitsmittel und Personal für den Betriebsrat | Fachzeitschrift für den Betriebsrat | Schreiben | M140 | 234 |
| § 40 | Räume, Arbeitsmittel und Personal für den Betriebsrat | Büropersonal für den Betriebsrat | Schreiben | M141 | 235 |
| § 40 | Ansprüche von Betriebsratsmitgliedern | Kostenerstattungsanspruch eines Betriebsratsmitglieds | Beschluss | M302 | 483 |
| § 40 | Ansprüche von Betriebsratsmitgliedern | Erstattung von Reisekosten | Schreiben | M304 | 485 |
| § 40 | Ansprüche von Betriebsratsmitgliedern | Erstattung von Reisekosten, Aufforderung durch den Betriebsrat | Schreiben | M305 | 486 |
| § 42 | Betriebsversammlungen | Externe Person an Betriebsversammlung teilnehmen lassen | Beschluss | M253 | 405 |
| § 42 | Betriebsversammlungen | Einladung eines externen Teilnehmers zu einer Betriebsversammlung | Schreiben | M257 | 410 |
| § 43 | Betriebsversammlungen | Betriebsversammlung einberufen | Beschluss | M251 | 403 |
| § 43 | Betriebsversammlungen | Tagesordnung einer Betriebsversammlung festlegen | Beschluss | M252 | 404 |
| § 43 | Betriebsversammlungen | Einladung zu einer Betriebsversammlung | Schreiben | M254 | 406 |
| § 43 | Betriebsversammlungen | Einladung des Arbeitgebers zu einer Betriebsversammlung | Schreiben | M255 | 407 |
| § 43 | Betriebsversammlungen | Arbeitgeber zur Erstattung seines Berichts auf einer Betriebsversammlung auffordern | Schreiben | M258 | 412 |

| BetrVG | THEMENGEBIET | MUSTER | ART | NR. | SEITE |
|---|---|---|---|---|---|
| § 45 | Betriebsversammlungen | Tagesordnung einer Betriebsversammlung festlegen | Schreiben | M252 | 404 |
| § 46 | Betriebsversammlungen | Gewerkschaft über eine Betriebsversammlung informieren | Schreiben | M256 | 408 |
| § 47 | Gesamtbetriebsrat | Betriebsratsmitglied in den Gesamtbetriebsrat entsenden | Beschluss | M102 | 187 |
| § 47 | Gesamtbetriebsrat | Ersatzmitglied für den Gesamtbetriebsrat bestellen | Beschluss | M103 | 188 |
| § 47 | Gesamtbetriebsrat | Informationen zur Bildung eines Gesamtbetriebsrats einholen | Schreiben | M110 | 195 |
| § 47 | Gesamtbetriebsrat | Entsendung von Betriebsratsmitgliedern in den Gesamtbetriebsrat | Schreiben | M112 | 198 |
| § 49 | Gesamtbetriebsrat | Gesamtbetriebsratsmitglied abberufen | Beschluss | M104 | 189 |
| § 49 | Rücktritt und Niederlegung von Ämtern | Rücktritt als Gesamtbetriebsratsmitglied | Schreiben | M316 | 499 |
| § 50 | Gesamtbetriebsrat | Aufgabe auf Gesamtbetriebsrat übertragen (ohne Vorbehalt) | Beschluss | M105 | 190 |
| § 50 | Gesamtbetriebsrat | Aufgabe auf Gesamtbetriebsrat übertragen (mit Vorbehalt) | Beschluss | M106 | 191 |
| § 50 | Gesamtbetriebsrat | Übertragung einer Aufgabe auf den Gesamtbetriebsrat widerrufen | Beschluss | M107 | 192 |
| § 50 | Gesamtbetriebsrat | Aufgabe auf den Gesamtbetriebsrat übertragen (ohne Vorbehalt) | Schreiben | M113 | 199 |
| § 50 | Gesamtbetriebsrat | Aufgabe auf den Gesamtbetriebsrat übertragen (mit Vorbehalt) | Schreiben | M114 | 200 |
| § 50 | Gesamtbetriebsrat | Arbeitgeber über Übertragung einer Aufgabe auf den Gesamtbetriebsrat informieren | Schreiben | M115 | 201 |
| § 50 | Gesamtbetriebsrat | Übertragung einer Aufgabe auf den Gesamtbetriebsrat widerrufen | Schreiben | M116 | 203 |
| § 50 | Gesamtbetriebsrat | Arbeitgeber über Widerruf der Beauftragung des Gesamtbetriebsrats informieren | Schreiben | M117 | 204 |

| BetrVG | THEMENGEBIET | MUSTER | ART | NR. | SEITE |
|---|---|---|---|---|---|
| § 51 | Gesamtbetriebsrat | Einladung zur konstituierenden Sitzung des Gesamtbetriebsrats | Schreiben | M111 | 196 |
| § 53 | Gesamtbetriebsrat | Einberufung der Betriebsräteversammlung | Beschluss | M108 | 193 |
| § 53 | Gesamtbetriebsrat | Tagesordnung der Betriebsräteversammlung | Beschluss | M109 | 194 |
| § 53 | Gesamtbetriebsrat | Einladung zur Betriebsräteversammlung | Schreiben | M118 | 205 |
| § 63 | Wahl der Jugend- und Auszubildenden-vertretung | Wahlvorstand bestellen | Beschluss | M259 | 415 |
| § 63 | Wahl der Jugend- und Auszubildenden-vertretung | Suche nach Wahlvorstandsmitgliedern | Schreiben | M260 | 417 |
| § 63 | Wahl der Jugend- und Auszubildenden-vertretung | Arbeitgeber über Bestellung eines Wahlvorstands informieren | Schreiben | M261 | 418 |
| § 67 | Betriebsratssitzungen | Einladung eines Vertreters der JAV zu einer Betriebsratssitzung | Schreiben | M60 | 125 |
| § 67 | Betriebsratssitzungen | Einladung der gesamten JAV zu einer Betriebsratssitzung | Schreiben | M61 | 126 |
| § 74 | Vertrauensvolle Zusammenarbeit | Zustimmung oder Ablehnung zu einem Anliegen des Arbeitgebers | Beschluss | M1 | 37 |
| § 74 | Vertrauensvolle Zusammenarbeit | Ablehnung eines Anliegens des Arbeitgebers | Schreiben | M3 | 39 |
| § 74 | Vertrauensvolle Zusammenarbeit | Zurückweisen des Vorwurfs eines Verstoßes gegen den Grundsatz der vertrauensvollen Zusammenarbeit | Schreiben | M4 | 40 |
| § 74 | Einigungsstelle | Ablehnung der Bildung einer Einigungsstelle | Schreiben | M17 | 62 |

| BetrVG | THEMENGEBIET | MUSTER | ART | NR. | SEITE |
|---|---|---|---|---|---|
| §76 | Einigungsstelle | Betriebsrat will Einigungsstelle anrufen | Beschluss | M9 | 51 |
| §76 | Einigungsstelle | Gerichtliches Bestellungsverfahren einleiten | Beschluss | M10 | 52 |
| §76 | Einigungsstelle | Arbeitgeber will Einigungsstelle anrufen | Beschluss | M11 | 54 |
| §76 | Einigungsstelle | Anderen Vorsitzenden oder andere Anzahl an Beisitzern vorschlagen | Beschluss | M12 | 55 |
| §76 | Einigungsstelle | Beisitzer bestellen | Beschluss | M13 | 56 |
| §76 | Einigungsstelle | Anrufen der Einigungsstelle | Schreiben | M15 | 60 |
| §76 | Einigungsstelle | Antwort auf Schreiben des Arbeitgebers bei Einverständnis | Schreiben | M16 | 61 |
| §76 | Einigungsstelle | Ablehnung der Bildung einer Einigungsstelle | Schreiben | M17 | 62 |
| §76 | Einigungsstelle | Ablehnung des vorgeschlagenen Vorsitzenden | Schreiben | M18 | 63 |
| §76 | Einigungsstelle | Ablehnung der Anzahl der Beisitzer | Schreiben | M19 | 64 |
| §77 | Einigungsstelle | Kündigung eines Einigungsstellenspruchs | Beschluss | M14 | 58 |
| §77 | Einigungsstelle | Kündigung eines Einigungsstellenspruchs | Schreiben | M20 | 65 |
| §77 | Betriebsvereinbarungen abschließen | Über eine Betriebsvereinbarung verhandeln | Beschluss | M177 | 299 |
| §77 | Betriebsvereinbarungen abschließen | Betriebsvereinbarung abschließen | Beschluss | M178 | 300 |
| §77 | Betriebsvereinbarungen abschließen | Einhaltung einer Betriebsvereinbarung | Beschluss | M179 | 301 |
| §77 | Betriebsvereinbarungen abschließen | Betriebsvereinbarung kündigen | Beschluss | M180 | 303 |
| §77 | Betriebsvereinbarungen abschließen | Arbeitgeber zu Verhandlungen über eine Betriebsvereinbarung auffordern | Schreiben | M181 | 304 |
| §77 | Betriebsvereinbarungen abschließen | Arbeitgeber zu Verhandlungen über Betriebsvereinbarung zu mitbestimmungspflichtigem Thema auffordern | Schreiben | M182 | 305 |

| BetrVG | THEMENGEBIET | MUSTER | ART | NR. | SEITE |
|---|---|---|---|---|---|
| §77 | Betriebsvereinbarungen abschließen | Arbeitgeber zu Verhandlungen über eine Betriebsvereinbarung zur Arbeitszeit auffordern | Schreiben | M183 | 306 |
| §77 | Betriebsvereinbarungen abschließen | Arbeitgeber zur Einhaltung einer Betriebsvereinbarung auffordern | Schreiben | M184 | 307 |
| §77 | Betriebsvereinbarungen abschließen | Kündigung einer Betriebsvereinbarung | Schreiben | M185 | 308 |
| §78 | Störung und Behinderung des Betriebsrats | Zur Unterlassung der Störung und Behinderung der Betriebsratstätigkeit auffordern | Beschluss | M21 | 67 |
| §78 | Störung und Behinderung des Betriebsrats | Zur Unterlassung der Störung und Behinderung der Betriebsratstätigkeit auffordern | Schreiben | M23 | 70 |
| §78 | Ansprüche von Betriebsratsmitgliedern | Benachteiligung eines Betriebsratsmitglieds | Beschluss | M303 | 484 |
| §78 | Ansprüche von Betriebsratsmitgliedern | Aufforderung an Arbeitgeber, ein Betriebsratsmitglied nicht zu benachteiligen | Schreiben | M309 | 490 |
| §80 | Auskünfte und Informationen einholen | Auskunftsverlangen | Beschluss | M25 | 75 |
| §80 | Auskünfte und Informationen einholen | Vorlage von Unterlagen | Beschluss | M26 | 76 |
| §80 | Auskünfte und Informationen einholen | Einblick in die Gehaltslisten (Betriebsrat mit Betriebsausschuss) | Beschluss | M27 | 77 |
| §80 | Auskünfte und Informationen einholen | Einblick in die Gehaltslisten (Betriebsrat ohne Betriebsausschuss) | Beschluss | M28 | 78 |
| §80 | Auskünfte und Informationen einholen | Betriebliche Auskunftsperson | Beschluss | M30 | 80 |
| §80 | Auskünfte und Informationen einholen | Auskunft über Arbeitszeiten | Schreiben | M31 | 82 |
| §80 | Auskünfte und Informationen einholen | Vorlage von Unterlagen | Schreiben | M32 | 83 |
| §80 | Auskünfte und Informationen einholen | Einblick in die Gehaltslisten (Betriebsrat mit Betriebsausschuss) | Schreiben | M33 | 84 |

| BetrVG | THEMENGEBIET | MUSTER | ART | NR. | SEITE |
|---|---|---|---|---|---|
| § 80 | Auskünfte und Informationen einholen | Einblick in die Gehaltslisten (Betriebsrat ohne Betriebsausschuss) | Schreiben | M34 | 85 |
| § 80 | Auskünfte und Informationen einholen | Auskunft über zusätzliche Gehaltsbestandteile | Schreiben | M35 | 87 |
| § 80 | Auskünfte und Informationen einholen | Betriebliche Auskunftsperson | Schreiben | M40 | 92 |
| § 80 | Betriebsänderung, Interessenausgleich und Sozialplan | Informationen und Unterlagen zu geplanter Betriebsänderung anfordern | Beschluss | M238 | 383 |
| § 80 | Betriebsänderung, Interessenausgleich und Sozialplan | Informationen und Unterlagen zu geplanter Betriebsänderung anfordern | Schreiben | M244 | 392 |
| § 80 | Betriebsänderung, Interessenausgleich und Sozialplan | Berater bei Betriebsänderung hinzuziehen (Unternehmen mit bis zu 300 Arbeitnehmern) | Beschluss | M240 | 386 |
| § 80 | Betriebsänderung, Interessenausgleich und Sozialplan | Berater bei Betriebsänderung hinzuziehen (Unternehmen mit bis zu 300 Arbeitnehmern) | Schreiben | M246 | 395 |
| § 80 | Rechtsanwälte und Sachverständige hinzuziehen | Externen Sachverständigen hinzuziehen | Beschluss | M41 | 95 |
| § 80 | Rechtsanwälte und Sachverständige hinzuziehen | Rechtsanwalt als Sachverständigen hinzuziehen | Beschluss | M42 | 97 |
| § 80 | Rechtsanwälte und Sachverständige hinzuziehen | Angebot eines Sachverständigen einholen | Schreiben | M45 | 103 |
| § 80 | Rechtsanwälte und Sachverständige hinzuziehen | Arbeitgeber um Zustimmung zur Hinzuziehung eines Sachverständigen bitten | Schreiben | M46 | 104 |
| § 80 | Rechtsanwälte und Sachverständige hinzuziehen | Arbeitgeber um Zustimmung zur Hinzuziehung eines Rechtsanwalts als Sachverständigen bitten | Schreiben | M47 | 106 |

| BetrVG | THEMENGEBIET | MUSTER | ART | NR. | SEITE |
|---|---|---|---|---|---|
| § 80 | Gesamtbetriebsrat | Informationen zur Bildung eines Gesamtbetriebsrats einholen | Schreiben | M110 | 195 |
| § 80 | Überwachung des Arbeitgebers | Arbeitgeber zur Einhaltung einer gesetzlichen Vorschrift auffordern | Beschluss | M153 | 265 |
| § 80 | Überwachung des Arbeitgebers | Arbeitgeber zur Einhaltung des Arbeitszeitgesetzes auffordern | Schreiben | M154 | 266 |
| § 80 | Überwachung des Arbeitgebers | Arbeitgeber zur Einhaltung des Gleichbehandlungsgrundsatzes auffordern | Schreiben | M155 | 268 |
| § 85 | Beschwerden und Vorschläge von Arbeitnehmern | Berechtigung der Beschwerde eines Arbeitnehmers | Beschluss | M156 | 271 |
| § 85 | Beschwerden und Vorschläge von Arbeitnehmern | Anrufen der Einigungsstelle wegen der Beschwerde eines Arbeitnehmers | Beschluss | M157 | 272 |
| § 85 | Beschwerden und Vorschläge von Arbeitnehmern | Eingangsbestätigung für Beschwerde oder Vorschlag eines Arbeitnehmers | Schreiben | M160 | 275 |
| § 85 | Beschwerden und Vorschläge von Arbeitnehmern | Arbeitnehmer informieren, dass Betriebsrat seine Beschwerde für unberechtigt hält | Schreiben | M161 | 276 |
| § 85 | Beschwerden und Vorschläge von Arbeitnehmern | Arbeitgeber auffordern, einer Beschwerde eines Arbeitnehmers abzuhelfen | Schreiben | M162 | 277 |
| § 85 | Beschwerden und Vorschläge von Arbeitnehmern | Arbeitgeber auffordern, Betriebsrat über Behandlung einer Beschwerde zu informieren | Schreiben | M163 | 279 |
| § 85 | Beschwerden und Vorschläge von Arbeitnehmern | Anrufen der Einigungsstelle wegen der Beschwerde eines Arbeitnehmers | Schreiben | M164 | 280 |

| BetrVG | THEMENGEBIET | MUSTER | ART | NR. | SEITE |
|---|---|---|---|---|---|
| § 86a | Beschwerden und Vorschläge von Arbeitnehmern | Befassen / Nichtbefassen mit dem Vorschlag eines Arbeitnehmers | Beschluss | M158 | 273 |
| § 86a | Beschwerden und Vorschläge von Arbeitnehmern | Entscheidung über den Vorschlag eines Arbeitnehmers | Beschluss | M159 | 274 |
| § 86a | Beschwerden und Vorschläge von Arbeitnehmern | Eingangsbestätigung für Beschwerde oder Vorschlag eines Arbeitnehmers | Schreiben | M160 | 275 |
| § 86a | Beschwerden und Vorschläge von Arbeitnehmern | Arbeitnehmer informieren, dass sich der Betriebsrat nicht mit seinem Vorschlag befassen wird | Schreiben | M165 | 282 |
| § 86a | Beschwerden und Vorschläge von Arbeitnehmern | Ablehnung des Vorschlags eines Arbeitnehmers | Schreiben | M166 | 283 |
| § 87 | Mitbestimmungsrechte wahrnehmen | Zustimmung zu mitbestimmungspflichtiger Maßnahme erteilen oder verweigern | Beschluss | M167 | 285 |
| § 87 | Mitbestimmungsrechte wahrnehmen | Arbeitgeber zur Unterlassung einer mitbestimmungspflichtigen Maßnahme auffordern | Beschluss | M168 | 287 |
| § 87 | Mitbestimmungsrechte wahrnehmen | Arbeitgeber zur Beachtung eines Mitbestimmungsrechts auffordern | Beschluss | M169 | 288 |
| § 87 | Mitbestimmungsrechte wahrnehmen | Initiativrecht ausüben | Beschluss | M170 | 289 |
| § 87 | Mitbestimmungsrechte wahrnehmen | Ablehnung einer mitbestimmungspflichtigen Maßnahme | Schreiben | M171 | 290 |
| § 87 | Mitbestimmungsrechte wahrnehmen | Vorsorglicher Hinweis auf die Mitbestimmungspflichtigkeit einer Maßnahme | Schreiben | M172 | 291 |
| § 87 | Mitbestimmungsrechte wahrnehmen | Arbeitgeber zur Unterlassung einer mitbestimmungspflichtigen Maßnahme auffordern | Schreiben | M173 | 292 |

| BetrVG | THEMENGEBIET | MUSTER | ART | NR. | SEITE |
|---|---|---|---|---|---|
| § 87 | Mitbestimmungsrechte wahrnehmen | Arbeitgeber zur Beachtung eines Mitbestimmungsrechts auffordern | Schreiben | M174 | 293 |
| § 87 | Mitbestimmungsrechte wahrnehmen | Arbeitgeber zur Beachtung eines Mitbestimmungsrechts auffordern (Beispiel) | Schreiben | M175 | 294 |
| § 87 | Mitbestimmungsrechte wahrnehmen | Initiativrecht ausüben (Beispiel) | Schreiben | M176 | 296 |
| § 93 | Allgemeine personelle Angelegenheiten | Innerbetriebliche Stellenausschreibung | Beschluss | M186 | 311 |
| § 93 | Allgemeine personelle Angelegenheiten | Verlangen nach innerbetrieblicher Stellenausschreibung | Schreiben | M190 | 315 |
| § 94 | Allgemeine personelle Angelegenheiten | Zustimmung zu Personalfragebögen, Beurteilungsgrundsätzen oder Auswahlrichtlinien erteilen oder verweigern | Beschluss | M187 | 312 |
| § 94 | Allgemeine personelle Angelegenheiten | Über eine Betriebsvereinbarung zu Beurteilungsgrundsätzen oder Auswahlrichtlinien verhandeln | Beschluss | M188 | 313 |
| § 94 | Allgemeine personelle Angelegenheiten | Kündigung der Zustimmung zu Personalfragebogen, Beurteilungsgrundsätzen oder Auswahlrichtlinien | Beschluss | M189 | 314 |
| § 94 | Allgemeine personelle Angelegenheiten | Zustimmung zu Personalfragebogen, Beurteilungsgrundsätzen oder Auswahlrichtlinien erteilen | Schreiben | M191 | 316 |
| § 94 | Allgemeine personelle Angelegenheiten | Zustimmung zu Personalfragebogen, Beurteilungsgrundsätzen oder Auswahlrichtlinien verweigern | Schreiben | M192 | 317 |
| § 94 | Allgemeine personelle Angelegenheiten | Arbeitgeber den Abschluss einer Betriebsvereinbarung zu Beurteilungsgrundsätzen oder Auswahlrichtlinien anbieten | Schreiben | M193 | 318 |
| § 94 | Allgemeine personelle Angelegenheiten | Kündigung der Zustimmung zu Personalfragebogen, Beurteilungsgrundsätzen oder Auswahlrichtlinien | Schreiben | M194 | 319 |

| BetrVG | THEMENGEBIET | MUSTER | ART | NR. | SEITE |
|---|---|---|---|---|---|
| § 95 | Allgemeine personelle Angelegenheiten | Zustimmung zu Personalfragebögen, Beurteilungsgrundsätzen oder Auswahlrichtlinien erteilen oder verweigern | Beschluss | M187 | 312 |
| § 95 | Allgemeine personelle Angelegenheiten | Über eine Betriebsvereinbarung zu Beurteilungsgrundsätzen oder Auswahlrichtlinien verhandeln | Beschluss | M188 | 313 |
| § 95 | Allgemeine personelle Angelegenheiten | Kündigung der Zustimmung zu Personalfragebogen, Beurteilungsgrundsätzen oder Auswahlrichtlinien | Beschluss | M189 | 314 |
| § 95 | Allgemeine personelle Angelegenheiten | Zustimmung zu Personalfragebogen, Beurteilungsgrundsätzen oder Auswahlrichtlinien erteilen | Schreiben | M191 | 316 |
| § 95 | Allgemeine personelle Angelegenheiten | Zustimmung zu Personalfragebogen, Beurteilungsgrundsätzen oder Auswahlrichtlinien verweigern | Schreiben | M192 | 317 |
| § 95 | Allgemeine personelle Angelegenheiten | Arbeitgeber den Abschluss einer Betriebsvereinbarung zu Beurteilungsgrundsätzen oder Auswahlrichtlinien anbieten | Schreiben | M193 | 318 |
| § 95 | Allgemeine personelle Angelegenheiten | Kündigung der Zustimmung zu Personalfragebogen, Beurteilungsgrundsätzen oder Auswahlrichtlinien | Schreiben | M194 | 319 |
| § 96 | Berufsbildungsmaßnahmen | Arbeitgeber zur Ermittlung des Berufsbildungsbedarfs auffordern | Beschluss | M195 | 321 |
| § 96 | Berufsbildungsmaßnahmen | Arbeitgeber zur Durchführung von Berufsbildungsmaßnahmen auffordern | Beschluss | M196 | 322 |
| § 96 | Berufsbildungsmaßnahmen | Arbeitgeber zur Ermittlung des Berufsbildungsbedarfs auffordern | Schreiben | M200 | 326 |
| § 96 | Berufsbildungsmaßnahmen | Vorschlag zur Durchführung von nicht erzwingbaren Berufsbildungsmaßnahmen | Schreiben | M201 | 327 |
| § 97 | Berufsbildungsmaßnahmen | Arbeitgeber zur Durchführung von Berufsbildungsmaßnahmen auffordern | Beschluss | M196 | 322 |
| § 97 | Berufsbildungsmaßnahmen | Arbeitgeber zur Durchführung von erzwingbaren Berufsbildungsmaßnahmen auffordern | Schreiben | M202 | 328 |

| BetrVG | THEMENGEBIET | MUSTER | ART | NR. | SEITE |
|---|---|---|---|---|---|
| § 98 | Berufsbildungs-maßnahmen | Teilnehmer für eine Berufsbildungs-maßnahme vorschlagen | Beschluss | M197 | 323 |
| § 98 | Berufsbildungs-maßnahmen | Widerspruch gegen Bestellung einer mit der Durchführung der betrieblichen Berufsbildung beauftragten Person | Beschluss | M198 | 324 |
| § 98 | Berufsbildungs-maßnahmen | Abberufung einer mit der Durchführung der betrieblichen Berufsbildung beauftragten Person | Beschluss | M199 | 325 |
| § 98 | Berufsbildungs-maßnahmen | Teilnehmer für eine Berufsbildungs-maßnahme vorschlagen | Schreiben | M203 | 329 |
| § 98 | Berufsbildungs-maßnahmen | Widerspruch gegen Bestellung einer mit der Durchführung der betrieblichen Berufsbildung beauftragten Person | Schreiben | M204 | 330 |
| § 98 | Berufsbildungs-maßnahmen | Abberufung einer mit der Durchführung der betrieblichen Berufsbildung beauftragten Person | Schreiben | M205 | 332 |
| § 99 | Personelle Einzelmaßnahmen | Zustimmung zu einer Einstellung, Eingruppierung, Umgruppierung oder Versetzung erteilen oder verweigern | Beschluss | M206 | 335 |
| § 99 | Personelle Einzelmaßnahmen | Weitere Informationen zu einer Einstellung, Eingruppierung, Umgruppierung oder Versetzung verlangen | Schreiben | M210 | 340 |
| § 99 | Personelle Einzelmaßnahmen | Zustimmung zu einer Einstellung, Eingruppierung, Umgruppierung oder Versetzung erteilen | Schreiben | M211 | 342 |
| § 99 | Personelle Einzelmaßnahmen | Zustimmungsverweigerung zu einer Ein-stellung, Eingruppierung, Umgruppierung oder Versetzung (Grundmuster) | Schreiben | M212 | 343 |
| § 99 | Personelle Einzelmaßnahmen | Zustimmungsverweigerung zu einer Einstellung (Beispiel 1) | Schreiben | M213 | 344 |
| § 99 | Personelle Einzelmaßnahmen | Zustimmungsverweigerung zu einer Einstellung (Beispiel 2) | Schreiben | M214 | 346 |
| § 99 | Personelle Einzelmaßnahmen | Zustimmungsverweigerung zu einer Einstellung (Beispiel 3) | Schreiben | M215 | 347 |

| BetrVG | THEMENGEBIET | MUSTER | ART | NR. | SEITE |
|---|---|---|---|---|---|
| § 99 | Personelle Einzelmaßnahmen | Zustimmungsverweigerung zu einer Einstellung (Beispiel 4) | Schreiben | M216 | 348 |
| § 99 | Personelle Einzelmaßnahmen | Zustimmungsverweigerung zu einer Einstellung (Beispiel 5) | Schreiben | M217 | 350 |
| § 99 | Personelle Einzelmaßnahmen | Zustimmungsverweigerung zu einer Eingruppierung oder Umgruppierung | Schreiben | M218 | 352 |
| § 99 | Personelle Einzelmaßnahmen | Zustimmungsverweigerung zu einer Versetzung (Beispiel 1) | Schreiben | M219 | 353 |
| § 99 | Personelle Einzelmaßnahmen | Zustimmungsverweigerung zu einer Versetzung (Beispiel 2) | Schreiben | M220 | 354 |
| § 99 | Personelle Einzelmaßnahmen | Zustimmungsverweigerung und Bestreiten der dringenden Erforderlichkeit der vorläufigen Durchführung einer Einstellung, Eingruppierung, Umgruppierung oder Versetzung | Schreiben | M222 | 358 |
| § 100 | Personelle Einzelmaßnahmen | Bestreiten der dringenden Erforderlichkeit der vorläufigen Durchführung einer Einstellung, Eingruppierung, Umgruppierung oder Versetzung | Beschluss | M207 | 337 |
| § 100 | Personelle Einzelmaßnahmen | Bestreiten der dringenden Erforderlichkeit der vorläufigen Durchführung einer Einstellung, Eingruppierung, Umgruppierung oder Versetzung | Schreiben | M221 | 356 |
| § 100 | Personelle Einzelmaßnahmen | Zustimmungsverweigerung und Bestreiten der dringenden Erforderlichkeit der vorläufigen Durchführung einer Einstellung, Eingruppierung, Umgruppierung oder Versetzung | Schreiben | M222 | 358 |
| § 102 | Kündigung von Arbeitnehmern | Bedenken gegen eine Kündigung äußern | Beschluss | M225 | 364 |
| § 102 | Kündigung von Arbeitnehmern | Einer Kündigung widersprechen | Beschluss | M226 | 365 |
| § 102 | Kündigung von Arbeitnehmern | Einer Kündigung zustimmen | Beschluss | M227 | 366 |

| BetrVG | THEMENGEBIET | MUSTER | ART | NR. | SEITE |
|---|---|---|---|---|---|
| § 102 | Kündigung von Arbeitnehmern | Keine Stellungnahme zu einer Kündigung abgeben | Beschluss | M228 | 367 |
| § 102 | Kündigung von Arbeitnehmern | Bedenken gegen ordentliche Kündigung (Beispiel) | Schreiben | M230 | 370 |
| § 102 | Kündigung von Arbeitnehmern | Bedenken gegen außerordentliche Kündigung (Beispiel) | Schreiben | M231 | 372 |
| § 102 | Kündigung von Arbeitnehmern | Widerspruch gegen ordentliche Kündigung (Beispiel 1) | Schreiben | M232 | 374 |
| § 102 | Kündigung von Arbeitnehmern | Widerspruch gegen ordentliche Kündigung (Beispiel 2) | Schreiben | M233 | 376 |
| § 102 | Kündigung von Arbeitnehmern | Zustimmung zu einer Kündigung | Schreiben | M234 | 378 |
| § 102 | Kündigung von Arbeitnehmern | Keine Stellungnahme zu einer Kündigung | Schreiben | M235 | 379 |
| § 102 | Kündigung von Arbeitnehmern | Stellungnahme zu einer außerordentlichen und hilfsweise ordentlichen Kündigung | Schreiben | M236 | 380 |
| § 103 | Personelle Einzelmaßnahmen | Zustimmung zur Versetzung eines Betriebsratsmitglieds erteilen oder verweigern | Beschluss | M208 | 338 |
| § 103 | Personelle Einzelmaßnahmen | Nichterteilung der Zustimmung zur Versetzung eines Betriebsratsmitglieds | Schreiben | M223 | 359 |
| § 103 | Kündigung von Arbeitnehmern | Zustimmung zur Kündigung eines Betriebsratsmitglieds erteilen oder verweigern | Beschluss | M229 | 368 |
| § 103 | Kündigung von Arbeitnehmern | Nichterteilung der Zustimmung zur Kündigung eines Betriebsratsmitglieds | Schreiben | M237 | 381 |
| § 104 | Personelle Einzelmaßnahmen | Aufforderung zur Entlassung oder Versetzung eines betriebsstörenden Arbeitnehmers | Beschluss | M209 | 339 |
| § 104 | Personelle Einzelmaßnahmen | Aufforderung zur Entlassung oder Versetzung eines betriebsstörenden Arbeitnehmers | Schreiben | M224 | 360 |

| BetrVG | THEMENGEBIET | MUSTER | ART | NR. | SEITE |
|---|---|---|---|---|---|
| § 111 | Betriebsänderung, Interessenausgleich und Sozialplan | Arbeitgeber zu Verhandlungen über einen Sozialplan auffordern | Schreiben | M248 | 398 |
| § 111 | Betriebsänderung, Interessenausgleich und Sozialplan | Arbeitgeber zur Unterlassung einer Betriebsänderung auffordern | Schreiben | M249 | 399 |
| § 112 | Betriebsänderung, Interessenausgleich und Sozialplan | Bundesagentur für Arbeit um Vermittlung bitten | Beschluss | M243 | 391 |
| § 112 | Betriebsänderung, Interessenausgleich und Sozialplan | Bundesagentur für Arbeit um Vermittlung bitten | Schreiben | M250 | 400 |
| § 119 | Störung und Behinderung des Betriebsrats | Strafanzeige gegen Arbeitgeber | Beschluss | M22 | 68 |
| § 119 | Störung und Behinderung des Betriebsrats | Strafanzeige gegen Arbeitgeber | Schreiben | M24 | 71 |

→

# Stichwortverzeichnis

## A



## B

# C



# D

# E



# F



# G



# I

## J



## K



## L



## M



## N



## O



## P

# R



# S



# T



# U



# V

# W



# Z